JOGOS PARA ATORES
E NÃO ATORES

Augusto Boal

JOGOS PARA ATORES E NÃO ATORES

Organização de Julián Boal
Estabelecimento de texto de Till Baumann
Posfácio de Sérgio de Carvalho

editora■34

EDITORA 34

Editora 34 Ltda.
Rua Hungria, 592 Jardim Europa CEP 01455-000
São Paulo - SP Brasil Tel/Fax (11) 3811-6777 www.editora34.com.br

Copyright © Editora 34 Ltda., 2025
© Estate of Augusto Boal, 2025
by arrangement with Literarische Agentur Mertin Inh. Nicole Witt e.K.,
Frankfurt am Main, Germany.

A FOTOCÓPIA DE QUALQUER FOLHA DESTE LIVRO É ILEGAL E CONFIGURA UMA
APROPRIAÇÃO INDEVIDA DOS DIREITOS INTELECTUAIS E PATRIMONIAIS DO AUTOR.

Edição conforme o Acordo Ortográfico da Língua Portuguesa.

Imagem de capa:
*Augusto Boal ministra oficina em Porto Rico, década de 1980,
acervo do Instituto Augusto Boal*

Capa, projeto gráfico e editoração eletrônica:
Franciosi & Malta Produção Gráfica

Revisão:
Milton Ohata, Beatriz de Freitas Moreira

1ª Edição - 2025

CIP - Brasil. Catalogação-na-Fonte
(Sindicato Nacional dos Editores de Livros, RJ, Brasil)

B724j
Boal, Augusto, 1931-2009
    Jogos para atores e não atores / organização de Julián Boal; estabelecimento de texto de Till Baumann; posfácio de Sérgio de Carvalho — São Paulo: Editora 34, 2025 (1ª Edição).
    416 p.

ISBN 978-65-5525-225-5

1. Representação teatral. 2. Teatro — Aspectos políticos. 3. Preparação do ator. I. Boal, Julián. II. Baumann, Till. III. Carvalho, Sérgio de. IV. Título.

CDD - 792.028

JOGOS PARA ATORES E NÃO ATORES

Nota editorial 7

Propostas preliminares 11
Pós-escrito 14
Prefácio: A belíssima fábula de Xuá-Xuá,
    a fêmea pré-humana que descobriu o teatro 16

1. O Teatro do Oprimido na Europa 25
    Introdução (1977-79) 25
    Teatro Imagem 27
    Primeiras experiências com o Teatro Invisível 32
    Teatro Fórum 45
    Uma experiência em Godrano
        (ou o último espect-ator protagonista) 58

2. A estrutura de interpretação do ator 71
    A emoção prioritária 71
    Racionalizando a emoção 80
    À procura do tempo perdido 82
    Estrutura dialética da interpretação 85

3. O arsenal do Teatro do Oprimido 95
    Introdução: Um novo sistema de exercícios e jogos
        do Teatro do Oprimido 95
    Primeira categoria: sentir tudo o que se toca 97
    Segunda categoria: escutar tudo o que se ouve 128
    Terceira categoria: ativando os vários sentidos 150
    Quarta categoria: ver tudo o que se olha 165
    Quinta categoria: a memória dos sentidos 214
    Algumas técnicas do Teatro Imagem 217
    Técnicas gerais de ensaio 268
    Ensaios para a preparação
        de um modelo do Teatro Fórum
        ou qualquer outro tipo de espetáculo 279

4. Teatro Fórum: dúvidas e certezas
    21 temas fundamentais 299

Apêndices
    Entrevista para a edição portuguesa (1978) 333
    Ao povo, os meios de produção teatral (1979) 348
    A especialização e o ofício,
        a vocação e a linguagem (1980) 372
    Prefácio à 2ª edição inglesa (2002) 383

Posfácio, *Sérgio de Carvalho* 395

Sobre o autor 412
Créditos das imagens.. 414

Nota editorial

Esta edição brasileira, publicada originalmente pela Cosac Naify em 2015, é a mais completa dentre as dezenas que circulam atualmente pelo mundo em várias línguas. Baseia-se na última edição em português revista pelo autor (1998) e incorpora acréscimos substantivos feitos por Augusto Boal nas edições espanhola (2001), inglesa (2002) e francesa (2004), consolidados na edição alemã de 2013, sob a responsabilidade de Till Baumann. Esses acréscimos foram traduzidos do alemão por Barbara Wagner Mastrobuono, também responsável pela tradução do posfácio à edição inglesa. Além disso, Julián Boal, organizador da presente edição, adicionou como apêndices uma entrevista para a edição portuguesa (1978), uma entrevista inédita em português para a edição francesa de *Teatro do Oprimido* (1979), um capítulo de *Stop: c'est magique* (1980), bem como o prefácio do autor, também inéditos em português, para a edição inglesa de *Jogos para atores e não atores* (2002). A entrevista para a edição francesa foi traduzida por Celia Euvaldo.

XV TEATRO IN PIAZZA

Dimostrazione spettacolo di

AUGUSTO BOAL

sulle tecniche del «teatro invisibile»

collabora all'intervento il gruppo teatrale UDI di Perugia

20 Luglio - P.tta di Via della Loggia
21   »   - P.tta del Magistero
22   »   - P.tta di S. Giovanni del Fosso

ore 21 precise

INGRESSO LIBERO

Para Jaqueline e Émile Copfermann, que foram essenciais na minha vida e no meu trabalho teatral na França.

Para Julián Boal, que nasceu no mesmo ano que *Teatro do Oprimido* e que trabalhou comigo na nova edição deste livro.

Theater Workshop von Augusto Boal

in Gießen
vom 5.-9. Okt. 87

jeweils 13-18h
nähere Informat.
tel: 06403/5859
(Helmut)
werktags von 8-10h zu erreichen

Propostas preliminares

O Teatro do Oprimido é teatro na acepção mais arcaica da palavra: todos os seres humanos são atores, porque agem, e espectadores, porque observam. Somos todos "espect-atores". O Teatro do Oprimido é uma forma de teatro, entre todas as outras.

Este livro é um sistema de exercícios (monólogos corporais), jogos (diálogos corporais), técnicas de Teatro Imagem e técnicas de ensaio que podem ser utilizadas por atores (aqueles que fazem da arte da interpretação sua profissão e seu ofício), assim como por não atores (isto é, todo mundo). Todo mundo atua, age, interpreta. Somos todos atores. Até mesmo os atores! Teatro é algo que existe dentro da cada ser humano e pode ser praticado na solidão de um elevador, em frente a um espelho, no Maracanã ou em praça pública para milhares de espectadores. Em qualquer lugar... até mesmo dentro dos teatros.

A linguagem teatral é a linguagem humana por excelência, e a mais essencial. Sobre o palco, atores fazem exatamente aquilo que fazemos na vida cotidiana, a toda hora e em todo lugar. Os atores falam, andam, exprimem ideias e revelam paixões, exatamente como todos nós em nossas vidas no corriqueiro dia a dia. A única diferença entre nós e eles consiste em que os atores são conscientes de estarem usando essa linguagem, tornando-se, com isso, mais aptos a utilizá-la. Os não atores, ao contrário, ignoram estar fazendo teatro, falando teatro, isto é, usando a linguagem teatral, assim como Monsieur Jourdain, a personagem de *O burguês fidalgo* de Molière, ignorava estar falando em prosa, quando falava.

Muitos jogos, exercícios e técnicas deste livro são inventados, originais e completamente novos. Alguns outros, antigos, foram modificados para melhor servir ao nosso objetivo, isto é, desenvolver em todos a capacidade de se expressar através do teatro. As origens dos exercícios são variadas, como fica claro pelos seus títulos. Alguns são tão velhos como Bruegel (ver seu quadro *Jogos infantis*, 1560), outros se encontram em processo de desenvolvimento, e alguns ainda precisam ser inventados.

Para esta edição brasileira — baseada nas últimas versões inglesa e francesa, e que se torna, assim, a mais completa de todas —, incluí os mais recentes jogos e exercícios com os quais venho trabalhando. Acrescentei também algumas pequenas notas de como podem atores profissionais utilizar certos jogos e técnicas na criação de personagens shakespearianas, aproveitando a experiência que fiz com o Centro do Teatro do Oprimido (CTO), no Rio de Janeiro, e com 26 atores da Royal Shakespeare Company, em Stratford-upon-Avon, em julho de 1997. Em alguns casos, indiquei esses procedimentos possíveis, anotando a palavra "Hamlet" para identificá-los, embora, é claro, o mesmo possa ser feito com qualquer outra peça, clássica ou moderna.

O elemento mais importante do teatro é o corpo humano; é impossível fazer teatro sem o corpo humano. Por essa razão, este livro utiliza os movimentos físicos, formas, volumes, relações físicas. Nada deve ser feito com violência ou dor em um exercício ou jogo, mas, ao contrário, devemos sempre sentir prazer e aumentar a nossa capacidade de compreender. Os exercícios e jogos não devem ser feitos dentro do espírito de competição — devemos tentar ser sempre melhores do que nós mesmos, e nunca melhores do que os outros.

Este livro não é um livro de receitas. Seu intuito é clarificar as intenções do Teatro do Oprimido e oferecer a todos um instrumental de trabalho, um verdadeiro arsenal. Quero lembrar que pode ser usado igualmente por atores, profissionais e amadores, assim como por professores e terapeutas e também no trabalho político, pedagógico ou social.

Esta edição — repito, a mais completa! — inclui também uma introdução, escrita muitos anos atrás, que narra algumas experiências que vivi nos primeiros anos da minha estada na Europa, a partir de 1976 até dez anos depois, quando voltei a morar no Brasil. Inclui ainda uma explanação teórica sobre meu método e notas sobre meus primeiros trabalhos teatrais como diretor do Teatro de Arena de São Paulo, onde comecei minha carreira artística. Este é um dos meus primeiros livros, e é também, com suas revisões e aditamentos, um dos mais recentes. Mistura coisas de um passado muito antigo com outras de anteontem. Teve a mais longa e tortuosa (e exitosa, diga-se de passagem!) trajetória de todos os meus livros: foi escrito em espanhol e publicado na Argentina em 1973, estando eu exilado naquele país. Foi traduzido para o português de Portugal — não é o mesmo, juro, não é! — em 1977; teve mais de quinze edições a partir de 1979, quando foi traduzido em francês, e mudou de *200 exercícios e jogos para atores e não atores* com ganas de dizer algo através do teatro para simplesmente *Jogos para atores e não atores* (sem mencionar, no novo título, o número de jogos e exercícios, que são agora mais de quatrocentos!). O livro foi totalmente revisto para a primeira edição inglesa de 1995 e agora, paradoxo!, retraduzido para esta edição revista e aumentada, que é uma tradução de uma tradução, de uma tradução aportuguesada, traduzida para o inglês e o francês, e retraduzida em brasileiro. Felizmente, eu ainda falo português e pude rever o resultado final.

Com este livro, espero estar dando alguma contribuição ao teatro brasileiro. Creio que o teatro deve trazer felicidade, deve ajudar-nos a conhecermos melhor a nós mesmos e ao nosso tempo. O nosso desejo é o de melhor conhecer o mundo que habitamos para que possamos transformá-lo da melhor maneira. O teatro é uma forma de conhecimento e deve ser também um meio de transformar a sociedade. O teatro pode nos ajudar a construir o futuro, em vez de mansamente esperar por ele.

Pós-escrito

Atores e não atores — somos todos seres humanos, somos todos artistas, somos todos atores!

Não seria maravilhoso assistir a uma peça de dança onde os dançarinos dançassem durante a primeira metade do espetáculo e o público dançasse durante a segunda? Não seria maravilhoso um musical onde os atores cantassem na primeira parte e na segunda todos nós cantássemos?

Imagine uma apresentação de teatro onde nós, os artistas, apresentássemos primeiro nossa visão de mundo para que na segunda parte o público pudesse criar seu próprio mundo, inventar seu próprio futuro, experimentar seus próprios ideais?

Vamos criar esse mundo juntos primeiro no teatro, na ficção, para estarmos preparados para fazê-lo na vida real.

É assim que deviam ser os magos: primeiro, nos encantam com sua magia, e só no final ensinam os truques. É assim que deviam ser os artistas: criativos, mas também ensinar ao público como ser criativo e fazer arte, para que possamos todos fazer arte juntos.

Artistas são testemunhas da própria época: não devem impor ao público sua visão de mundo ou sociedade, e também não devem influenciar a maneira do público de tomar decisões. E mais, uma vez que terminarem de apresentar sua obra artística, devem ajudar os outros a estimular o artista dentro de si, não importando o quão tímidos e pouco desenvolvidos eles possam ser, fragmentos de pensamentos não nascidos, uma sensibilidade atrofiada.

Este livro tenta desenvolver aquilo que todos, sendo ou não atores, têm dentro de si: o teatro. Nós somos todos teatro, até quando não fazemos teatro. Todos os exercícios, jogos e técnicas deste livro podem ser usados por qualquer um — atores profissionais experientes devem usar este trabalho para expandir ainda mais as possibilidades, já que o teatro é sua profissão. Não atores devem ir até onde têm condições de chegar, já que o teatro é seu recurso.

Para dar sentido a isso que estou querendo dizer, vou começar a contar de algumas apresentações maravilhosas realizadas por não atores.

Prefácio

A belíssima fábula de Xuá-Xuá, a fêmea pré-humana que descobriu o teatro

A palavra "teatro" é tão rica de significados diferentes — alguns se complementando, outros se contradizendo! — que nunca sabemos ao certo sobre o que estamos falando quando falamos de teatro. De qual teatro estamos falando?

Antes de mais nada, teatro é um lugar, um edifício, uma construção especialmente projetada para espetáculos, shows, representações teatrais. Nesse sentido, o termo "teatro" engloba toda a parafernália da produção teatral — cenografia, luz, figurinos etc. — e todos os seus agentes — autores, atores, diretores e outros.

Teatro pode ser também o lugar onde se passam certos acontecimentos importantes, cômicos ou trágicos, a que somos obrigados a assistir a certa distância, como espectadores paralisados: o teatro do crime, o teatro da guerra, o teatro das paixões humanas.

Podemos chamar igualmente de teatro os grandes acontecimentos sociais: a inauguração de um monumento, o batismo de um navio de guerra, a sagração de um rei, uma parada militar, uma missa (especialmente a do papa no Aterro do Flamengo, com direito a show musical), um baile (especialmente o da Ilha Fiscal). Essas manifestações podem ser igualmente designadas pela palavra "rito".

Pode-se também dar o nome de "teatro" às ações repetitivas da vida cotidiana: nós encenamos a peça do café da manhã, a cena de ir para o trabalho, o ato de trabalhar, o epílogo do jantar, o almoço épico com toda a família no domingo etc. Nesses casos, procedemos como atores numa longa temporada de sucesso, que repetem sempre o mesmo texto, com os mesmos parceiros, executando os mesmos movimentos, nas mesmas horas, por milhares de vezes. A existência humana pode ser uma sucessão de mecanizações tão rígida e desprovida de vida quanto os movimentos de uma máquina. Esse tipo de "teatro" incrustado em nossas vidas pode também ser chamado de "ritual profano".

Frases como "fazer drama", "fazer uma cena" ou, em francês, *"faire du théâtre"* são usadas para descrever situações em que as pessoas manipulam, exageram ou distorcem a verdade. Nesse sentido, teatro e mentira são sinônimos.

Porém, no sentido mais arcaico do termo, teatro é a capacidade dos seres humanos, ausente nos animais, de se observarem a si mesmos em ação. Os humanos são capazes de se ver no ato de ver, capazes de pensar suas emoções e de se emocionar com seus pensamentos. Eles podem se ver aqui e se imaginar adiante, podem ver-se como são agora e imaginar-se como serão amanhã.

É por isso que os seres humanos são capazes de *identificar* (eles mesmos e os outros) e não somente *reconhecer*. O gato *reconhece* seu dono, que o alimenta e afaga, no entanto, não pode identificá-lo como professor, médico, poeta, amante. *Identificar* é a capacidade de ver além daquilo que os olhos olham, de escutar além daquilo que os ouvidos ouvem, de sentir além daquilo que toca a pele e de pensar além do significado das palavras.

Posso identificar um amigo por um gesto, um pintor por seu estilo, um político pelas leis que vota. Mesmo na ausência de uma pessoa, posso identificar sua marca, seus traços, suas ações, seus méritos.

Uma fábula chinesa muito antiga — 10 mil anos anterior ao nascimento de Cristo[1] — conta a belíssima história de Xuá-Xuá, a fêmea pré-humana que fez a extraordinária descoberta do teatro. Segundo essa antiga fábula, foi uma mulher, e não um homem, quem fez essa descoberta fundamental. Os homens, por sua vez, apoderaram-se dessa arte maravilhosa e, em algumas épocas, chegaram a excluir as mulheres como atrizes — como no tempo de Shakespeare, quando rapazes interpretavam rainhas e princesas. Pior ainda, nas representações das tragédias gregas, as mulheres (algumas vezes) não eram admitidas nem sequer como espectadoras. Por ser o teatro uma arte tão forte e poderosa, os homens inventaram novas maneiras de usar essa descoberta

---

[1] Essa fábula me foi contada pelo último descendente de Xuá-Xuá, que, depois disso, morreu. (N. do A.)

essencialmente feminina. As mulheres inventaram a arte e os homens, os ardis e artifícios: o edifício teatral, o palco, o cenário, a dramaturgia, a interpretação etc.

Xuá-Xuá viveu há dezenas de milhares de anos, quando as pré-mulheres e os pré-homens ainda vagavam pelas montanhas e pelos vales, à margem dos rios e dos mares, pelos bosques e florestas, matando outros animais para se alimentarem, comendo plantas e frutos, bebendo de rios e dormindo em cavernas. Isso foi muito antes de Neandertal e Cro-Magnon, antes do *Homo sapiens* e do *Homo habilis*; e já eram quase humanos na sua aparência, no tamanho de seus cérebros e na sua imensa crueldade.

Esses seres pré-humanos viviam em hordas para melhor se defenderem dos outros animais, tão selvagens quanto eles. Xuá-Xuá evidentemente não se chamava assim, não tinha nem esse nem nenhum outro nome, mesmo porque não se havia ainda inventado nenhuma linguagem falada ou escrita, nem mesmo o "protomundo", a primeira língua humana, fonte de todas as outras. Xuá-Xuá era a mais bela fêmea de sua horda; Li-Peng, três anos mais velho, o mais forte dos machos. Naturalmente, eles se sentiam atraídos um pelo outro, gostavam de ficar juntos, de nadar juntos, de subir em árvores juntos, de sentir os odores mútuos, de se lamber, tocar, abraçar, de fazer sexo juntos, sem saber ao certo o que estavam fazendo. Era bom estar um com o outro. Juntos.

Eram felizes, tão felizes quanto dois pré-humanos podiam ser.

Um belo dia, Xuá-Xuá sentiu que seu corpo se transformava: seu ventre crescia mais e mais, além da elegância. Ela tornou-se tímida, teve vergonha daquilo que se passava com seu corpo, e decidiu evitar Li-Peng. Ele não compreendia nada do que se passava. Sua Xuá-Xuá não era mais a Xuá-Xuá que ele amava, nem no físico, nem no comportamento. Os dois amantes se distanciaram. Xuá-Xuá preferiu ficar só, vendo seu ventre inchar.

Li-Peng, abandonado, decidiu caçar outras fêmeas, mas sem ter a esperança de encontrar nenhuma outra parecida com seu primeiro amor. É uma triste sina quando o primeiro amor é o mais completo, o mais pleno e total.

Uma noite, Xuá-Xuá sentiu seu ventre mexer-se: quando estava prestes a dormir, o ventre começou a balançar da direita para a esquerda e da esquerda para a direita, sem obedecer à sua vontade. Com o passar do tempo, seu ventre inchava mais e mais, sacudindo, involuntário, por conta dos chutes de pequeninos pés importunos. Li-Peng, de longe, assistia a Xuá-Xuá com tristeza e curiosidade. Ele a observava imobilizado, como simples e bem-educado espectador daquele comportamento feminino incompreensível.

Dentro do ventre da mãe, Lig-Lig-Lé — assim se chamava o menino, mesmo não se chamando com esse nome, nem com nenhum outro, porque nenhuma linguagem fora inventada (no entanto, trata-se de uma fábula chinesa muito antiga, em que as liberdades e as licenças poéticas são sempre permitidas e bem-vindas) — Lig-Lig-Lé, dizia eu, crescia e se desenvolvia no ventre materno. Ele, porém, não podia distinguir os limites do seu próprio corpo: seria a superfície da sua pele o limite do seu corpo, que flutuava no líquido amniótico como em uma piscina de água morna? Ou mais, Lig-Lig-Lé se estenderia até os limites do corpo de sua mãe, que o protegia? Seria isso o mundo, o que se estendia além do corpo da mãe?

Seu próprio corpo, sua mãe e o mundo inteiro formavam, para ele, uma só e completa unidade. Ele era eles, e eles eram ele. Eis por que, ainda hoje, quando mergulhamos nossos corpos nus na água, na banheira ou no mar, sentimos novamente as sensações primeiras e confundimos nosso corpo com o mundo inteiro. Terra-mãe!

E isso acontecia dessa forma porque os sentidos do menino ainda não eram totalmente ativos. Ele não podia ver porque seus olhos estavam fechados. Não sentia odores porque não havia atmosfera no seu pequeno mundo fechado e, sem ar, não podia respirar. Não sentia gosto porque era alimentado pelo cordão umbilical, e não por sua própria boca e sua língua. Tinha poucas sensações táteis, porque sua pele tocava sempre o mesmo líquido amniótico, sempre com a mesma temperatura, e Lig-Lig-Lé não tinha como comparar. Com efeito, nós sabemos que toda sensação é uma comparação, nós podemos entender um som porque somos capazes de escutar o silêncio; sentimos os perfumes porque somos capazes de reconhecer o mau cheiro.

A primeira sensação, mais clara, que o menino teve, foi ouvir. Lig-Lig-Lé era estimulado concretamente pelo ouvido. Entendia perfeitamente bem certos ritmos contínuos, alguns sons periódicos e alguns barulhos aleatórios. Os batimentos cardíacos da mãe e os do seu próprio coração eram ritmos contínuos, ritmos de base, que o guiavam e lhe davam suporte para integrar todos os outros sons e ruídos — assim como, numa orquestra, o ritmo é essencial. Escutava seu sangue e o de sua mãe correndo em suas veias, como uma música melodiosa — é tão importante a melodia —; escutava os ruídos gástricos e algumas vozes vindas do exterior — são inevitáveis. Suas primeiras sensações foram acústicas. E ele era capaz de organizar os sons, orquestrá-los.

A música é a mais arcaica das artes, a mais profundamente enraizada em nós, porque ela começa quando ainda estamos no útero de nossas mães. Ela nos ajuda a organizar o mundo, embora não nos faça entendê-lo. É uma arte pré-humana, criada antes do nascimento.

Todas as demais artes são posteriores à música e só aparecem quando os outros sentidos se desenvolvem e se plenificam. Com um mês de idade, a criança começa a ver. Inicialmente sombras, que serão mais nítidas com o passar do tempo. Mas o que é que mesmo nós, os adultos, podemos ver? Vemos uma torrente infinita de imagens em movimento. Eis por que necessitamos das artes plásticas para fixar essas imagens, para imobilizá-las, coisa que é impossível fazer no dia a dia. A fotografia e o impressionismo vieram posteriormente para imobilizar o próprio movimento em si mesmo, vieram capturá-lo; paradoxo: o movimento imóvel! O cinema veio para submetê-lo, dominá-lo. O cinema ordena o movimento. Essas artes olham a realidade de um ponto de vista externo. A dança, ao contrário, penetra no movimento e o organiza desde o seu interior, usando os sons e os silêncios como suporte para essa estruturação visual; a dança traduz o som em imagens, em movimento: torna o som visível, palpável.

São estes os três sentidos artísticos — a audição e a visão são os principais, e, entre os atores, e, ocasionalmente, entre atores e espectadores, o tato. Os outros dois, o olfato e o paladar, concernem à vida animal e cotidiana. Normalmente, nenhum espectador lambe ou cheira o elenco. Mas acontece...

Voltando à nossa bela história chinesa: alguns meses depois, durante uma linda manhã de sol, Xuá-Xuá deitou-se à margem de um rio e deu à luz um menino. De longe, Li-Peng a observava, escondido atrás de uma árvore, incapaz de qualquer ação: espectador amedrontado!

Era pura magia! Xuá-Xuá olhava o seu bebê, sem compreender aquilo que tinha surgido de dentro dela. Aquele corpinho minúsculo que parecia com o seu era sem dúvida uma parte sua, que antes estava dentro dela e agora estava fora. Mãe e filho eram a mesma pessoa. A prova concreta disso era que aquele pequeno corpo — parte indissociável de Xuá-Xuá — queria incessantemente retornar a ela, juntar seu pequeno corpo ao grande corpo, sugar seu seio para recriar o cordão umbilical. Pensando assim, ela se acalmava: os dois eram ela mesma, e ela era os dois. De longe, Li-Peng observava. Bom espectador.

O bebê se desenvolveu rapidamente; aprendeu a andar sozinho, a comer outros alimentos além do leite de sua mãe. Tornou-se mais independente. Algumas vezes, o pequeno corpo não obedecia mais ao grande corpo. Xuá-Xuá ficou aterrorizada. Era como se ordenasse às suas mãos que rezassem e elas insistissem em lutar boxe. Como se ordenasse às suas pernas que se cruzassem e sentassem, e elas insistissem em andar e correr. Uma verdadeira rebelião de uma pequena parte de seu corpo. Uma parte pequena, mas muito querida, muito amada e aguerrida. Ela olhava seus dois "eus": o ela-mãe e o ela-criança. Os dois eram ela mesma; mas a parte pequena era desobediente, travessa, malcriada. Atrás da sua árvore, Li-Peng observava o "ela grande" e o "ela pequena". E guardava suas distâncias, observando.

Uma noite, Xuá-Xuá estava dormindo. Li-Peng, curioso, observava. Ele não conseguia entender a relação entre Xuá-Xuá e seu filho e queria criar sua própria relação com aquele menino. Quando Lig-Lig-Lé acordou, Li-Peng tentou atrair sua atenção. Xuá-Xuá ainda dormia quando os dois (pai e filho) partiram, como bons companheiros. Desde o início, Li-Peng soube perfeitamente que ele e Lig-Lig-Lé eram duas pessoas diferentes, pois que ele não sabia ser Lig-Lig-Lé seu filho, já que não via nenhuma relação de causalidade entre as brincadeirinhas do casal e o nascimento do bebê. Ele era ele e a criança era o *outro*.

Ele ensinou seu filho a caçar, pescar etc. Lig-Lig-Lé estava feliz. Xuá-Xuá, ao contrário, ficou desesperada quando acordou e não viu o pequeno corpo ao seu lado. Ela chorava cada vez mais e com maior sofrimento porque perdera uma parte bem-amada de si mesma. Gritava e gritava, entre vales e montanhas, esperando que seus gritos fossem ouvidos, mas Li-Peng e Lig-Lig-Lé estavam longe demais para ouvi-la e, quando a ouviam, mais se afastavam.

No entanto, como eles pertenciam à mesma horda, Xuá-Xuá reencontrou pai e filho alguns dias mais tarde. Tentou recuperar seu filho, mas o pequeno corpo disse não, porque agora estava feliz com seu pai, que lhe ensinava coisas que sua mãe ignorava.

Ouvindo o peremptório "Não!", Xuá-Xuá foi obrigada a aceitar que aquele pequeno corpo, mesmo tendo saído do seu ventre, obra sua — ele era ela! —, era também outra pessoa com seus próprios desejos e vontades. A recusa de Lig-Lig-Lé em obedecer à mãe a fez compreender que eles eram dois, e não apenas um. Ela não queria estar junto de Li-Peng, entretanto esse era o desejo de Lig-Lig-Lé: cada um havia feito a sua escolha, cada um tinha sua opinião e seus sentimentos. Eles eram dois indivíduos diferentes, e ela precisava aceitar essa diferença para que o diálogo fosse possível. Então havia duas escolhas possíveis, duas opiniões, dois sentimentos diferentes: isto é, duas pessoas, dois indivíduos.

Esse reconhecimento obrigou Xuá-Xuá a olhar para si mesma e a ver-se como apenas uma mulher, uma mãe, uma dos dois: obrigou-a a se identificar e a identificar os outros. Quem era ela? Quem era o filho e quem era Li-Peng? Onde estavam e para onde iam? E quando? E agora? E amanhã? E depois? Teria ela outros homens, assim como Li-Peng teve outras mulheres? E seriam todos tão predadores como Li-Peng? O que aconteceria se o seu ventre crescesse outra vez? Xuá-Xuá procurava respostas. Ela procurava a si mesma, ela se olhava: ela e os outros, ela e ela mesma; aqui e lá, hoje e amanhã.

Quando perdeu seu filho, Xuá-Xuá encontrou-se a si mesma e descobriu o teatro.

Nesse momento, o teatro foi descoberto! Quando Xuá-Xuá renunciou a ter seu filho totalmente para si. Quando aceitou que ele fosse um outro, outra pessoa. Ela se viu separando-se de uma parte de si mesma. Naquele momento, ela foi ao mesmo tempo atriz e espectadora. Ela agia e ela se observava: era duas pessoas em uma só — ela mesma! Era *espect-atriz*. Como somos todos *espect-atores*. Descobrindo o teatro, o ser se descobre humano.

O teatro é isto: a arte de nos vermos a nós mesmos, a arte de nos vermos vendo!

1. O Teatro do Oprimido na Europa

INTRODUÇÃO (1977-79)

O Teatro do Oprimido começa a engatinhar, a se organizar, a se sistematizar e a se reconhecer como Método.

Nas páginas que seguem, vou contar algumas experiências realizadas em alguns países europeus no começo do meu exílio naquele continente.[1] Todas as experiências foram precárias, feitas com pouco tempo. Duas semanas em Portugal, uma semana em Paris, duas em Estocolmo e cinco dias em Godrano, pequeno vilarejo da Sicília, perto de Palermo. Essas experiências relatam meus primeiros contatos com o trabalho teatral europeu. São ainda experiências tímidas e iniciais, são tentativas. Em meus livros posteriores, tais experiências estão redimensionadas, principalmente em *Teatro Legislativo* (que conta a minha mais recente experiência, como vereador do Rio de Janeiro — a de transformar o desejo em lei! Treze leis vindas da população, por meio do teatro, são hoje lei!) — e em *O arco-íris do desejo*, que desenvolve as técnicas introspectivas, subjetivas do Teatro do Oprimido. Leia todos!

Naqueles países, só havia tempo para explicar aos participantes das oficinas ou dos eventuais espetáculos o funcionamento das diferentes técnicas, sem, no entanto, fazer uma análise mais profunda. Os grupos que comigo trabalhavam eram formados por pessoas de distintas profissões e interesses. E o objetivo dessas oficinas era simplesmente informativo. Por isso tentei seguir sempre o mesmo esquema básico:

---

[1] Esta introdução foi escrita nos primeiros anos de meu exílio europeu e reflete as minhas e as nossas preocupações da época. O mundo era bem diferente deste em que hoje vivemos. E, se não fizermos alguma coisa, vai ficar ainda pior! (N. do A.)

1ª ação: Dois dias de trabalho de integração do grupo, com exercícios, jogos e discussões sobre a situação política e econômica na América Latina, assim como sobre o teatro popular existente em alguns de nossos países. Os participantes dos grupos com os quais eu trabalhava conheciam pouco da nossa realidade. Isso era necessário, já que os grupos eram bastante heterogêneos: em Paris, os atores vinham de vários grupos (Aquarium, Z, La Grande Cuillère, Carmagnole, La Tempête). Em Estocolmo, eram atores e os espectadores do Festival Escandinavo de Skeppsholmen (suecos, noruegueses, finlandeses, dinamarqueses e imigrantes). Em Portugal, gente de todos os lugares e, somente em Godrano, atores de um mesmo grupo, inclusive da mesma vila. Essas pessoas queriam saber de onde eu vinha e o que fazia; não tinham, em geral, nenhuma informação mais precisa sobre as ditaduras latino-americanas daquela época. No começo do meu trabalho na Europa, o Teatro do Oprimido era apresentado como um método latino-americano. Só muito mais tarde se separou de suas origens geográficas e culturais, principalmente a partir da criação da série de técnicas introspectivas de *O arco-íris do desejo*, totalmente elaboradas na Europa.

Mesmo quando se trata de grupos homogêneos, creio que esta introdução é igualmente necessária. Os atores têm que trabalhar com seus corpos para melhor conhecê-los e torná-los mais expressivos. Os exercícios usados nos dois primeiros dias foram aqueles que descrevo no segundo capítulo deste livro. Quando, mais tarde, apresentamos nossos espetáculos ao público, iniciamos as sessões com os mesmos exercícios para que os espectadores entrassem em relação de confiança conosco, desinibidos.

2ª ação: Durante os dois dias seguintes, continuávamos fazendo exercícios e jogos e iniciávamos a preparação de cenas de Teatro Invisível e de Teatro Fórum.

3ª ação: No quinto dia, apresentávamos as cenas do Teatro Invisível e, no sexto, as do Teatro Fórum.

O contato com o público, no caso do Teatro Fórum, era estabelecido sempre de acordo com a mesma sequência: exercícios, jogos, Teatro Imagem e, por fim, cenas de Teatro Fórum. Os temas tratados eram sempre propostos pelo grupo ou pelos espect-atores. Jamais me permiti impor, nem sequer propor, alguma ação. Tratando-se de um teatro que se quer libertador, é indispensável permitir que os próprios interessados proponham seus temas. Como o tempo de preparação era curto, não chegávamos a produzir peças inteiras, somente algumas cenas e, mesmo assim, improvisadas.

TEATRO IMAGEM

Naquela época, utilizávamos técnicas muito simples, quase intuitivas. Mais tarde, desenvolvemos outras mais elaboradas e complexas, especialmente em O *arco-íris do desejo*, que trata das opressões interiorizadas. As desse relato, no entanto, são de 1976. A assim chamada *imagem de transição* tinha por objetivo ajudar os participantes a pensar com imagens, a debater um problema sem o uso da palavra, usando apenas os próprios corpos (posições corporais, expressões fisionômicas, distâncias e proximidades etc.) e objetos. Aqui, apresentamos um relato singelo de algumas dessas primeiras experiências.

Imagem de transição
(os começos do Teatro Imagem)

1ª ação: Pede-se que os espect-atores esculpam como escultores um grupo de estátuas, isto é, imagens formadas pelos corpos dos outros participantes e por objetos encontrados no local, que mostrem visualmente um pensamento coletivo, uma opinião generalizada, sobre um tema dado. Por exemplo, na França: o desemprego; em Portugal, a família; na Suécia, a opressão sexual masculina e feminina. Um após outro, os espect-atores mostram suas estátuas. O primeiro vai à frente e constrói sua imagem: se o público não estiver de acordo, um segundo espect-ator refará as estátuas de outra forma. Se o público ainda não concordar, outros espect-atores poderão modificar, em parte, a estátua-base (inicial), ou completá-la, ou fazer outra completamente diferente, que será trabalhada por outros participantes. Quando finalmente houver um consenso, teremos então a Imagem Real, que é sempre a representação de uma opressão.

2ª ação: Pede-se, desta vez, que os espect-atores construam uma imagem ideal, na qual a opressão tenha desaparecido e que represente a sociedade que se deseja construir, que representa o "sonho": imagem na qual os problemas atuais tenham sido superados. Sempre são imagens de paz, tranquilidade, amor.

3ª ação: Retorna-se à imagem real e o debate tem início: cada espect-ator, por sua vez, tem o direito de modificar a estátua real, a fim de mostrar visualmente como será possível, a partir dessa realidade concreta, criar a realidade que desejamos: como será possível passar dessa imagem, que é a da realidade atual, àquela outra, a imagem ideal, que é o que desejamos. Constroem-se assim as imagens de transição.

4ª ação: Os espect-atores devem se exprimir com rapidez, não apenas para ganhar tempo, mas principalmente para evitar que pensem com palavras e em seguida transformem, ou traduzam, suas palavras em representações concretas. Deve-se procurar que o espect-ator pense com suas próprias imagens, que fale com suas mãos, como um escultor. Finalmente, pede-se que os atores que estão interpretando as estátuas modifiquem, eles mesmos, a realidade opressiva, em câmera lenta ou por movimentos intermitentes. Cada estátua (ator) deve agir como agiria a personagem que ele encarna, e não como ele mesmo agiria, revelando sua personalidade. Seus movimentos serão os movimentos do desejo da personagem-estátua, e não os seus próprios.

Exemplos

1. "O amor"

Na Suécia, uma jovem de 18 anos mostrou, como imagem de uma repressão que ela mesma sofria, uma mulher deitada, de pernas abertas, e um homem sobre ela, na posição mais convencional de fazer amor, a chamada "papai e mamãe" (imagem real). Pedi que os espect-atores fizessem a imagem ideal correspondente a essa mesma cena. Um homem se aproximou e inverteu as posições: a mulher por cima e o homem por baixo. A jovem protestou e fez sua própria estátua: homem e mulher juntos, face a face, pernas entrelaçadas. Aquela era a sua representação de dois seres humanos, duas pessoas fazendo amor. Muito ingênuo, *naïf*, mas também sincero.

2. *"A família"*

Em Portugal, representaram uma família de uma província do interior: um homem sentado à cabeceira da mesa, a mulher que lhe serve um prato de sopa, de pé ao lado dele, e muitas pessoas jovens sentadas à mesa. Todos olhavam para o "chefe da família" enquanto comiam. Essa era a imagem tida como consensual da "família portuguesa" naquela região do país. Tempos mais tarde, um rapaz de Lisboa refez a cena mais ou menos da mesma maneira, salvo que todos aqueles que estavam sentados à mesa estavam agora sentados de um lado da mesa; todos, menos o chefe da família, tinham os olhos cravados em um ponto fixo que os hipnotizava: a televisão. O poder do "chefe de família" tinha sido abalado pelo poder de informação da TV. No entanto, o pai continuava no seu posto, agora apenas simbólico.

O mesmo tema foi representado da seguinte forma nos Estados Unidos: um homem, em posição central, sentado no sofá, e os outros familiares espalhados pela sala; nos braços do sofá, no chão, alguém deitado, prato nas mãos, assistindo à televisão. A mesa posta, em um canto da sala, servia somente para pousar as panelas. Como um clichê, todos mascavam chicletes. Outras cenas de "família" foram igualmente apresentadas, mas essa era a que predominava. E isso aconteceu em mais de uma cidade dos Estados Unidos.

Na França, a visão foi similar, com a diferença de que as personagens não estavam juntas: uma no chão, quase deitada, vendo televisão; outra apoiada na porta, virando o pescoço para ver melhor etc.

Todas as representações correspondiam à gama das "famílias" verdadeiras, existentes: o pai como o chefe, a televisão como centro, os outros membros da família integrados ou não etc. Analisando-se cada imagem, tem-se uma visão mais clara do que pensam os participantes sobre os temas propostos. Especialmente no trabalho com adolescentes ou crianças, muitas vezes é difícil entender o que eles querem dizer com as palavras que usam, pois devem aprender a usá-las e, quase sempre, usam um vocabulário restrito, que aprendem com dificuldades. As imagens, porém, são sua própria criação e, por isso, sentem maior facilidade em expressar, por esse meio, seus pensamentos. Imagens são mais fáceis de inventar do que as palavras. E, até certo ponto, mais ricas em significados possíveis, mais polissêmicas.

3. *"Os imigrantes"*

Na Suécia, um imigrante propôs que se representasse a imagem real dos imigrantes. As diferentes imagens foram estas: um homem de braços estendidos, pedindo ajuda; outro trabalhando duramente; uma jovem negra deitada no chão, miserável. E assim por diante. Expressões de desespero. Pedi, então, a sete suecos que demonstrassem com seus corpos a maneira como eles próprios se viam em relação aos imigrantes, isto é, a imagem real deles próprios, em face desse problema. Todos mostraram atitudes de solidariedade: braços abertos, mãos estendidas em sinal de ajuda etc. Pedi imediatamente que as imagens dos imigrantes voltassem à cena, e que os dois grupos — suecos e imigrantes — tentassem se relacionar, primeiro como estátuas imóveis, depois em sequências lentas. Era extraordinário ver que, apesar do enorme esforço que faziam, e que era visível, ninguém se tocava fisicamente. Pedidos e ofertas de ajuda não se encaixavam, mantinham-se separados. Deixei o exercício se prolongar, e o público via que a ajuda era puramente fictícia, ou, pelo menos, teórica: boas intenções. Isso ficou ainda mais evidente quando insisti em que o exercício continuasse um pouco mais; o público estupefato podia constatar que nenhum dos braços abertos se aproximava da jovem negra que gritava por ajuda. Os braços continuavam abertos e nunca se fechavam em abraços: desse modo, podíamos ver o *desejo* de ajudar, e não o *ato*.

Mais tarde, um dos participantes suecos declarou que sentira vontade de ajudar e que isso tinha sido mostrado por sua atitude. Ele não teve, no entanto, vontade de segurar a mão da jovem negra. Explicou, em seguida, que somente no final compreendera que, se sua vontade era real, se era verdadeira (apesar de que se tratava de um "jogo" — era verdadeira dentro das regras daquele jogo), por outro lado, a existência, dentro dessa mesma realidade lúdica, daquela jovem negra também era real, tão real como ele próprio — isto é, real dentro da realidade do exercício, que era verdadeiro, e que, dentro dessa realidade da ficção, ele não tinha feito nada para ajudar. Isso quer dizer que ele se deu conta de que, se o seu desejo tivesse sido verdadeiro, ele teria verdadeiramente ajudado a verdadeira jovem negra que estava lá, verdadeiramente. (Lembro que "a imagem do real é real enquanto imagem" — esse é um dos conceitos básicos do Teatro do Oprimido.)

4. "Terceira idade"

Ainda na Suécia, alguém propôs o tema da "terceira idade"; os jovens representaram velhos improdutivos, contemplativos, esperando a morte, pedindo ajuda para atravessar a rua e atrapalhando o trânsito. Imagens criadas, é lógico, a partir do ponto de vista deles, jovens. Em seguida, quando pedi a esses mesmos jovens que entrassem em contato com os velhos que tinham representado e mostrassem a "imagem ideal", todos, de início, mostraram a si mesmos dando de comer aos velhos, ajudando-os a atravessar a rua ou a tomar banho. Em todas as cenas, todos agiam mais ou menos como se fossem enfermeiros, e os velhos eram tão improdutivos e inúteis como antes.

Eu lhes pedi, então, que mostrassem outra vez a imagem real e que tentassem, em câmera lenta, uma transição para a imagem ideal, através do que seria a imagem da transição possível. Muito lentamente, os jovens que estavam "dentro" das imagens de velhos, os que tinham sido esculpidos pelos outros, um após o outro, interpretando, vivenciando, as imagens dos velhos, sentindo-se dentro dessas imagens, sentiram-se "humanizados" e passaram a representar os velhos envolvidos em atividades produtivas ou criativas: cuidar de crianças, ler um livro, pintar um quadro, dar aulas etc. No fim, a simples contemplação desapareceu. Os jovens compreenderam que a velhice (ou, eufemisticamente, a terceira idade) não é necessariamente improdutiva: a pessoa idosa está viva, por isso é capaz, cada um na sua medida e desejo, de ação, de atividade.

Em poucos países talvez essa verdade seja compreendida. No Brasil, em 1995, em uma peça produzida por um dos grupos organizados pelo Centro de Teatro do Oprimido (CTO-Rio), uma filha impede a mãe de se casar, alegando que isso é coisa para gente jovem — mesmo sabendo que a mãe tinha um pretendente da mesma idade...

5. *"O desemprego"*

Na França, o tema proposto foi o desemprego. Em geral, todas as cenas eram muito parecidas: uma fila interminável, que começava diante de uma jovem que batia à máquina; ao seu redor, outras pessoas trabalhando, sem prestar a menor atenção às pessoas da fila, que esperavam impacientes, com os rostos tristes.

Na Dinamarca, o tema foi representado da mesma maneira, com a diferença de que as pessoas que estavam na fila, os desempregados, eram sorridentes e distribuíam panfletos políticos. Parece que, na Dinamarca, a Seguridade Social é mais generosa e os desempregados chegam a receber até 90% do seu salário; eles tiram proveito dessa situação, engajando-se em várias outras atividades, inclusive políticas.

Em Portugal, o mesmo tema foi encarado de forma mais completa e metafórica: a mesma fila aparecia e, ao seu lado, uma figura formada por três homens que erguiam três mulheres, formando uma pirâmide coroada por braços estendidos e mãos segurando um pão. Quando a cena se colocava em movimento, davam primeiro um pão, depois outro, e outro mais a um policial, que os entregava a um homem (distante do local em que os pães eram produzidos), deitado e comendo. O homem dava ao policial uma migalha dos pães que recebia, o policial guardava metade para si e dava a outra metade às pessoas da pirâmide que produziam os pães. Por outro lado, as pessoas na fila esperavam sua vez de entrar na pirâmide, e começar a produzir os pães, e de ganhar a migalha.

Esses são alguns exemplos simples, que mostram o início do Teatro Imagem. Mais exemplos estão no capítulo dedicado a essa parte do Teatro do Oprimido.

PRIMEIRAS EXPERIÊNCIAS COM O TEATRO INVISÍVEL

Deve ficar claro: Teatro Invisível é teatro! Cada peça deve ter um texto escrito, que servirá de base para a parte chamada "Fórum". Esse texto será inevitavelmente modificado segundo as circunstâncias, para se adaptar às intervenções dos espect-atores.

O tema escolhido deve ser empolgante, do interesse dos futuros espect-atores. A partir desse tema estrutura-se uma pequena peça. Os atores devem interpretar suas personagens como se estivessem em um teatro tradicional representando para espect-atores tradicionais. No entanto, quando o espetáculo estiver pronto, ele será representado em um lugar que não é um teatro e para espectadores que não têm conhecimento de que são espectadores. Para essa experiência europeia (nos anos de 1976 e 1977), fizemos espetáculos no metrô de Paris, nos *ferryboats*, restaurantes e ruas de Estocolmo, e até no palco de um teatro em que eu fazia uma conferência.

Torno a repetir: no Teatro Invisível, os atores devem interpretar como verdadeiros atores, o mais stanislavskianamente possível.

Exemplos

1. Abuso sexual

Este espetáculo invisível foi encenado três vezes no metrô de Paris, no percurso Vincennes-Neuilly, em julho de 1976, quando dirigi a minha primeira oficina do Teatro do Oprimido na França, para atores do complexo de teatros da Cartoucherie de Vincennes. O teatro escolhido era sempre o último vagão antes da primeira classe (que foi posteriormente abolida em 1981, pelo governo socialista), no meio da composição.

1ª ação: O grupo (menos dois atores) embarcou na primeira estação. A representação em si acontecia a partir da segunda estação: duas atrizes, em pé, ficaram próximas à porta central. Uma terceira atriz, a Vítima, sentou-se ao lado do Ator Tunisiano, numa cadeira próxima à porta. Um pouco mais atrás ficaram a Mãe com seu Filho, ambos atores. Outros atores estavam dispersos pelo vagão. Nas duas primeiras estações, tudo transcorreria normalmente. Os atores liam jornal ou puxavam conversa com os passageiros etc.

2ª ação: Na terceira estação entrou o ator que fazia o Agressor. Ele deveria sentar-se ao lado da Vítima, ou ficar em pé ao seu lado, caso o lugar estivesse tomado. Algum tempo depois ele começou a apoiar sua perna sobre a perna da moça, que protestou imediatamente. O Agressor alegou que fora só um acidente, que nada acontecera. Ninguém tomou partido da Vítima. Um pouco mais tarde, o Agressor atacou novamente: além de apoiar a perna, passou ostensivamente a mão nas coxas da Vítima. Ela ficou indignada, mas ninguém a defendeu. Ela então resolveu ficar em pé. O Tunisiano aproveitou a oportunidade para defender... o Agressor, argumentando que as mulheres reclamam de tudo e veem agressões sexuais em qualquer acidente banal. As duas atrizes apenas observavam, silenciosas, com ar de desoladas. Concluiu-se assim a segunda ação.

3ª ação: Na quinta estação, entrou outro ator, o Agredido; um ator realmente muito bonito, ou, pelo menos, o mais bonito que conseguimos no nosso elenco. Bastou que ele entrasse para que as duas atrizes que estavam perto da porta, a Feminista e sua Amiga, falassem em voz alta sobre a beleza do rapaz. Algum tempo depois a Feminista foi até o Agredido e lhe perguntou as horas; ele respondeu. Ela perguntou em qual estação ele iria descer e ele protestou:

"Eu lhe fiz alguma pergunta? Eu estou querendo saber em qual estação você vai descer? O que você quer?"

"Se você tivesse me perguntado, eu teria respondido: vou descer na République e, se você quiser descer comigo, nós poderemos passar bons momentos juntos."

Enquanto falava, ela acariciava o rapaz, sob o olhar surpreso dos outros passageiros, que mal podiam acreditar em cena tão insólita. O rapaz tentava escapar, mas ela o impedia:

"Sabe que você é muito bonito? Sabe que eu estou com uma vontade louca de te beijar?"

O Agredido tentava escapar, mas estava preso entre a Feminista e sua Amiga, que cobrava o direito de beijá-lo também. Dessa vez, os passageiros tomaram partido... contra as mulheres.

A essa altura, muitos passageiros estavam intervindo diretamente na ação. O Agressor da primeira cena tomou a defesa do Agredido. A Vítima ficou ao lado das feministas, alegando que, se ela não fora defendida minutos antes, por que deveriam agora defender o Agredido? Se o homem tem o direito de assediar as mulheres, elas também têm o direito de pôr suas mãos sobre um homem se ele as atrair de alguma forma.

4ª ação: A Vítima, a Feminista e a Amiga resolveram atacar juntas o primeiro Agressor, que fugiu, com elas atrás, ameaçando tirar as calças dele. Os outros atores continuaram no vagão para escutar o que diziam os passageiros e também para orientar um pouco a conversação sobre a estupidez que é o abuso sexual no metrô de Paris, ou seja lá onde for.

Para ter certeza de que todo o vagão estava ciente daquilo que se passava, a Mãe perguntou ao seu Filho o que foi que aconteceu. O rapaz que testemunhava a cena contou tudo o que viu em voz alta (de tal forma que os demais passageiros pudessem ouvi-lo). Funcionou como uma espécie de locutor esportivo, dando detalhes que os passageiros não podiam ver direito.

No decorrer das cenas, houve episódios deliciosos, como o de uma senhora que exclamou: "Ela tem toda a razão, é uma beleza mesmo esse rapaz, e nós deveríamos ter esse direito sim!".

Ou um senhor que defendeu com veemência o "direito masculino": "É uma lei da natureza! Se diante de uma mulher bonita um homem não tomar uma atitude, é porque a natureza falhou...".

Para ele, o assédio masculino era isto: uma lei da natureza, mas o mesmo gesto partindo de uma mulher não seria natural, e sim uma aberração. Pior ainda, outro homem acrescentou que, se uma mulher é agredida sexualmente, é porque alguma ela aprontou: a culpa é sempre da mulher, que é quem sempre provoca!

Um dos homens que defendiam essa estranha teoria estava acompanhado justamente por sua mulher. O Tunisiano não perdeu tempo: "Vocês acham isso? Acham que os homens têm direito de passar a mão nas mulheres no metrô?".

"Sim, eu acho. Elas provocam!", respondeu o homem.

"Desculpe, então: era exatamente isso que eu ia fazer com a sua esposa", e fez menção de acariciá-la. Por pouco não houve briga. O Tunisiano teve de se desculpar e descer antes da estação prevista.

Em uma dessas representações, o escândalo foi tão grande que o metrô parou na estação seguinte e os passageiros desceram para ver o que se passava. Porém, os protagonistas (o Agressor, a Vítima, a Feminista e a Amiga) ficaram encurralados em um canto da estação. Eles não estavam preparados para esse acidente, esse prolongamento do "espetáculo", porque só tinham um texto escrito para o tempo exato entre as duas estações. Isso fez com que improvisassem bem uns cinco minutos, sem nenhum plano preconcebido, e com os espect-atores/passageiros exigindo que a Vítima fosse em frente e tirasse as roupas do Agressor.

Nessa cena, o tema da peça estava bem claro: nem homens, nem mulheres, têm o direito de agredir quem quer que seja. Entretanto, para que essa peça tenha uma dimensão política, é necessário, como já disse, que cinquenta grupos a interpretem 150 vezes no mesmo dia, na mesma cidade! Nessas condições, pode ser que os abusos dessa natureza venham a cessar ou, ao menos, diminuir, ou a fazer com que os agressores temam a possibilidade de se transformar em vítimas eles também.

2. *O bebê da rainha Sílvia*

Durante o Festival de Skeppsholmen, em Estocolmo, trabalhei com muitos grupos diferentes. A todos contei minha experiência em Paris, e eles também quiseram fazer Teatro Invisível no metrô. Preparamos muitas cenas e escolhemos o dia 10 de julho, dia de muitos espetáculos no festival, para a nossa primeira apresentação.

A novidade se espalhou rapidamente; e, ainda que trabalhássemos em laboratório (cada grupo com no máximo trinta participantes), muitas pessoas ficaram sabendo do que faríamos. Resultado: na manhã seguinte o *Svenska Dagbladet*, um dos principais jornais da Suécia, publicou minha foto com uma enorme legenda que anunciava a *première* do Teatro Invisível no metrô de Estocolmo e, ainda por cima, aconselhava os passageiros "a não se surpreenderem com essa nova expressão teatral...".

Decidimos trocar de "teatro"! Estocolmo (*stock-holm*, a ilha dos pilotis) é um arquipélago. Catorze ilhas ao centro e mais de mil em toda a extensão da "cidade-arquipélago". Os *ferryboats* são um meio de transporte importante e eficaz. Decidimos então que nossa apresentação seria num *ferryboat*.

A apresentação estava marcada para acontecer, mais ou menos, na mesma hora prevista para o nascimento do filho da rainha Sílvia.

O grupo me contara que havia um descontentamento geral por conta do custo da reforma do hospital onde deveria nascer o príncipe ou a princesa. Quatro médicos foram destacados para observar e acompanhar a parturiente real. A assistência médica sueca tem sido uma das melhores do mundo, mas muitos suecos se queixam das insuficiências nesse domínio.

1ª ação: Uma jovem grávida (com uma barriga postiça) discutia com uma amiga e mostrava sua grande admiração pela rainha Sílvia e sua crescente ansiedade por conta do nascimento do herdeiro real. Falava do bebê da rainha, mas não do próprio, que estaria prestes a nascer também. Ela enumerava todos os elogios imagináveis sobre a família real. Um ator, que interpretava um passageiro qualquer, discordou. Detalhes sobre o custo de vida, salários, os benefícios com que contava a família real, república *versus* realeza, medicina e socialismo etc.

2ª ação: A jovem grávida começou a sentir as dores do parto. Imediatamente, apresentou-se um ator, interpretando um médico, propondo-se ajudá-la. Ela recusou sua ajuda:

"De onde vem o senhor? Onde foi que se formou em medicina? Qual é a sua especialidade?"

"Venho do hospital onde trabalho à noite. Já assisti cinco partos hoje, e um a mais para mim não será trabalho algum..."

"É justamente por isso que eu não quero que você me ajude. Quando tive meu primeiro filho, o médico que me atendeu estava tão cansado que acabou me fazendo uma cesariana inútil, somente porque queria acabar rapidamente e não queria esperar.[2] Agora, eu quero que um dos quatro médicos da rainha me atenda — vocês sabem há quantas semanas eles estão esperando sem fazer nada; devem estar bem descansados agora. Quem me levará lá? Eu quero que alguém me leve até um dos quatro médicos da rainha, e não deixo por menos!"

A cena prosseguiu com os atores discutindo com os espect-atores a respeito do sistema hospitalar sueco, que era o assunto da peça. Metade dos passageiros aderiu vivamente ao debate e a outra metade o acompanhou com bastante atenção.

---

[2] De passagem, quero dizer que isso realmente tinha acontecido com a atriz. (N. do A.)

3ª ação: Na linha Djurgården-Slussen, a travessia dura exatamente sete minutos, o tempo de duração do espetáculo. Quando o barco chegou ao porto, a tripulação já tinha contatado o hospital pelo rádio e uma ambulância já estava à espera para atender nossa jovem grávida. Como, para minha brasileira surpresa, os atores já haviam previsto que isso poderia acontecer, tínhamos também um carro à nossa disposição e a jovem grávida pôde recusar a ambulância e partir na companhia dos amigos, enquanto, no porto, a discussão continuava.

3. Racismo 1: o grego

Esse espetáculo foi encenado em dois restaurantes diferentes, ambos ao ar livre — era verão. O tema proposto pelos atores parece ter realmente grande importância na Suécia, onde o preconceito contra os estrangeiros é grande. "Olho de cachorro" é o nome que se dá aos estrangeiros que têm olhos de todas as cores (a maior parte da população natural do país tem olhos azuis).

1ª ação: Uma mulher e seu marido sentados à mesa de um restaurante, discutindo em voz alta. Ela reprova o excessivo gosto do marido pelas outras mulheres, o fato de ele não ajudar em casa, não cuidar dos filhos etc. Ele tentava defender seus "direitos de homem".

2ª ação: Uma jovem, amante do marido, sentou-se em outra mesa. O marido deixou sua mulher, apesar dos protestos, e foi sentar-se com a amante. Diálogo amoroso.

3ª ação: Entra um jovem grego, procurando um lugar para sentar. A mulher o convida para sentar-se com ela. Para seu espanto, a mulher tenta seduzi-lo.

4ª ação: O marido, vendo sua mulher acompanhada, volta para o lado dela e tenta expulsar o grego, a quem agride verbalmente por causa da sua nacionalidade. A mulher exige que o grego fique com ela. O garçom é obrigado a intervir porque o marido ordena que ele expulse o grego do restaurante, enquanto a mulher quer que expulse o marido. A discussão alastrou-se por todo o restaurante, animada. O marido irritou-se, não pelo fato de sua mulher estar com outro homem, mas porque o homem era... um grego. Ele disse isso, em voz alta, para todos os presentes: muitos acharam natural...

Nas duas vezes que essa cena foi realizada, a participação do público foi muito intensa. Na segunda vez, eu estava sentado ao lado de um jornalista sueco que fazia a cobertura da história. Em uma mesa mais distante, estavam alguns de seus amigos. Segundo ele, todos se diziam antirracistas, e aquela cena racista estava acontecendo diante deles. No entanto, foram os únicos que não quiseram tomar parte da discussão. Eram antirracistas, na teoria: na prática, tinham mais o que comer... Mas eles eram exceção, pois a discussão foi bastante vivaz. Naquele dia, não se discutiu apenas a respeito de racismo, mas também do direito de uma mulher casada se vingar do marido.

4. Racismo 2: a mulher negra
Essa peça foi interpretada também em um *ferryboat*.

1ª ação: O grupo pegou novamente o *ferryboat* em Slussen, só que dessa vez na direção contrária, para Djurgården (Jardim Zoológico). O barco estava lotado. Esse foi o espetáculo mais explosivo, mais violento, e que provocou as reações mais enérgicas. No primeiro momento, uma atriz negra sentou-se em um lugar estratégico e visível. Um italiano, um trabalhador e uma mulher bêbada sentaram-se ou ficaram em pé um pouco mais longe. A bêbada, que tinha sido uma das primeiras a entrar, era uma grande atriz — chamava-se Eva. Tinha nas mãos uma garrafa de cerveja e saudava com reverência todos os passageiros que entravam, dizendo amabilidades a uns, provocando outros e escandalizando a maior parte com o seu comportamento, digamos, liberal.

2ª ação: O barco partiu. Algum tempo depois, o italiano se aproximou da jovem negra e mandou que se levantasse: "Ela que é negra está sentada, e eu que sou branco fico de pé? Não tem cabimento".

Discussão violenta sobre os direitos raciais. A jovem negra, furiosa, levantou-se, o italiano sentou-se e pôs-se a ler um jornal italiano. A bêbada, que, como todo mundo, tinha assistido à cena, aproximou-se do italiano.

3ª ação: A bêbada exigiu que o italiano se levantasse e lhe cedesse o lugar.

"Você disse que aqui era um país de brancos, com certeza, mas de brancos suecos, e você é italiano. Sai daí."

Nova discussão sobre o país, as raças e os direitos do homem. Finalmente o italiano saiu.

4ª ação: O trabalhador se aproximou da mulher bêbada. Ele exigia que ela lhe cedesse o lugar porque ela, mesmo sendo sueca, estava bêbada e improdutiva. Segundo ele, a prioridade para se sentar não era somente uma questão de raça e nacionalidade, mas também de classe social: ele era branco, sueco e trabalhava em um escritório. Revolta geral. O efeito cumulativo foi extraordinário. Muita gente defendeu a bêbada, protestando e criticando aquelas diferenças de direitos, de nacionalidades, de raças ou de classes.

5ª ação: Um ator quis convencer a jovem negra a voltar ao seu lugar; ela recusou a "caridade". Vários atores, sentados ao redor, levantaram-se para protestar contra o preconceito e cada um apresentava suas razões: "Eu me levanto porque sou brasileiro!"; "Eu me levanto porque sou indiano!"; "Eu me levanto porque sou pobre!"; "Eu me levanto porque estou desempregado!"; "Eu me levanto...". Destes, alguns eram atores do grupo, porém muitos eram verdadeiros usuários do *ferryboat* que, em nenhum momento, perceberam que a cena havia sido ensaiada.

O resultado foi inacreditável e maravilhoso. Além dos resultados da discussão, foi muito bonito e teatral ver vários lugares livres em sinal de protesto, enquanto a maioria dos passageiros ficava amontoada e comprimida do outro lado do barco.

Depois do espetáculo, o ator que interpretou o trabalhador, profissional de longa data, me disse que jamais ficara tão nervoso antes de uma estreia, e que nunca sentira tanto medo. E disse também que raramente tinha se sentido tão feliz participando de um espetáculo.

5. *Piquenique nas ruas de Estocolmo*

Para mim, Estocolmo é uma cidade agradável. Vivi durante quinze anos em São Paulo, onde existem ruas que passam por cima de outras: as pessoas que moram no terceiro andar ficam com os canos de descarga dos carros na altura de suas janelas, e as que moram no primeiro e no segundo pavimentos veem os automóveis circulando acima de suas cabeças. Eis por que, para mim, Estocolmo é uma cidade agradável e sadia, ecologicamente correta, digamos assim.

Mas não é bem isso que pensam seus habitantes. Eles têm suas queixas. Dizem que a cidade foi planejada para carros, e não para pedestres, o que consideram um insulto. Por isso, escolheram esse tema e montaram a seguinte peça:

1ª ação: Uma família (pai, mãe, filho, filha) põe uma mesa com flores, xícaras, uma garrafa térmica com chá, biscoitos etc., tudo isso bem no meio da calçada, e começa a tomar chá. Três carros, dirigidos por outros atores, estacionaram não muito longe para observar.

2ª ação: Dois atores que interpretavam o papel de transeuntes trovejavam, reclamavam, dizendo que a calçada foi feita para as pessoas andarem e não para sentarem e tomarem chá. A família, após uma pequena discussão, cedeu: "Já que não podemos pôr a mesa na calçada, que é dos pedestres, nós a colocaremos no meio da rua, porque o excesso de carros polui a atmosfera...".

3ª ação: Os nossos três carros arrancaram juntos e a família lhes fez sinal para parar. Os carros pararam, bloqueando a rua e paralisando o trânsito. A família arrumou a mesa, com vaso de flores, xícaras, garrafa térmica, biscoitos e tudo o mais no meio da rua, e recomeçou a tomar seu chá, com uma fleuma toda britânica. Os atores dos três carros agiam como motoristas normais e protestavam contra a família: para eles, as ruas tinham sido feitas para os carros correrem, e não para transeuntes tomarem chá.

4ª ação: A família e os motoristas tentavam convencer os espect--atores a apoiar sua causa. Em poucos minutos, a rua estava atravancada de ônibus, carros, táxis e motocicletas, que buzinavam. Os atores tentavam convencer os motoristas a tomar chá. Alguns aceitaram, outros se indignaram:

"Por que vocês não vão tomar chá em casa?"

"Porque não temos um carro assim, lindo, como o seu. Porque não temos tempo. Trabalhamos em Estocolmo e vivemos em Saltsjöbaden, e nosso tempo de almoço no trabalho não nos permite ir até em casa e é por isso que... etc. Além disso, vocês estão poluindo a cidade e nós não..."

Os argumentos se contrapunham. Os atores se entusiasmaram e continuaram a improvisar muito além dos seus textos. Como os espect--atores respondiam maravilhosamente bem, a improvisação se estendeu por mais um quarto de hora, o que é uma enormidade para esse tipo de manifestação teatral, principalmente levando em conta que a praça escolhida, bem no centro da cidade, Stüreplan, é sempre muito movimentada. As justificativas iam a bom passo... até a chegada da polícia.

5a. O ato não ensaiado: chega a polícia!

O Teatro Invisível esbarra quase sempre num problema importante: a segurança. O Teatro Invisível oferece cenas de ficção, mas, sem os atenuantes ritualísticos do teatro convencional, essa ficção torna-se realidade. O Teatro Invisível não é realismo: é realidade.

É nessa realidade que tudo se passa. Uma jovem que assedia um rapaz no metrô de Paris, uma mulher que sente as dores do parto em um *ferryboat* em Estocolmo, uma mulher negra que é expulsa de seu lugar, um grego que disputa com um marido sueco a companhia de sua mulher, uma família que toma seu chá no meio da rua — tudo isso é realidade, mesmo que tenha sido ensaiado. Realidade e ficção se interpenetram, mas nós sabemos que a ficção é sempre uma das múltiplas formas que a realidade assume, tão real como qualquer outra. Tudo é real: a única ficção que existe é a palavra "ficção", porque designa uma coisa que não existe!

A família é de verdade, o chá com torradas é de verdade, e a polícia que a surpreendeu também era verdadeira. Eles chegaram com dois carros e um camburão. A polícia de Estocolmo tem instalada uma rede de câmeras de televisão, de maneira que os pontos estratégicos da cidade estão sob a permanente vigilância dos seus olhos invisíveis. O Teatro Invisível foi visto pelas câmeras invisíveis conectadas à central de polícia invisível... Para cúmulo, a câmera que nos detectou estava instalada no dedo indicador de uma estátua de um herói nacional que apontava o futuro...

Se a cena tivesse durado apenas o tempo previsto, os protagonistas teriam tempo de ir embora na santa paz de Deus, mas o entusiasmo dos atores e dos espectadores (que chegaram a formar uma roda e dançar ao ritmo das buzinas furiosas dos táxis e dos ônibus) deu à polícia o tempo necessário para sua entrada espetacular. Resolvemos confessar que se tratava de uma cena de teatro, contudo isso só piorou as coisas porque revelava igualmente a nossa predeterminação.

O sargento, num ato reflexo, quis prender os "atores"; mas como poderia saber quem era ator e quem não era? Decidiu então que qualquer um que estivesse tocando alguma coisa na cena (sentado em uma cadeira, segurando uma xícara de chá, ou mesmo comendo um biscoitinho) era automaticamente ator.

Algumas pessoas foram presas — entre as quais alguns atores, mas também algumas senhoras que estavam passando na hora e apenas tinham cometido o crime de aceitar um biscoito de chocolate... —, e os antecedentes criminais de cada um foram verificados através do rádio. Como ninguém tinha antecedentes — essa tinha sido, para todos, a primeira transgressão à lei! —, foram imediatamente postos em liberdade.

Jamais se deve explicar ao público que o Teatro Invisível é teatro, senão se perde o impacto. No entanto, neste caso, nós não tínhamos outra opção a não ser contar à polícia. Mas tenho a impressão de que a polícia não compreendeu a natureza da nossa experiência estética...

6. *As crianças da plateia*

Em minha última conferência no festival, eu tinha um público de mais ou menos setecentos adultos e cerca de cinquenta crianças endiabradas, nervosas e excessivamente criativas. É inacreditável a tolerância que se tem com as crianças na Suécia: elas fazem o que lhes vem à cabeça, sem que sofram a menor repressão, ou simples repreensão. Que ótimo... para elas! Durante as representações, crianças subiram em cena e chegaram mesmo a falar no microfone durante um espetáculo musical. Nada lhes aconteceu, ninguém lhes fez a menor reprimenda.

Em minha última conferência, eu deveria explicar o que era o Teatro Invisível e contar sobre os espetáculos que já tínhamos feito. Os atores, no entanto, tiveram uma ideia melhor. Prepararam uma cena de Teatro Invisível a respeito do comportamento das crianças. O resultado foi fantástico.

1ª ação: Os atores estavam espalhados em meio ao público. Combinamos que, logo que eu começasse a falar de Teatro Invisível, daria um sinal, colocando as mãos na cabeça. Chegada a hora, um ator se levantou e propôs em sueco (a conferência era em inglês, naturalmente) que as crianças fossem expulsas da sala porque não se podia entender uma só palavra do que eu dizia e porque elas incomodavam todos os presentes.

2ª ação: Uma atriz defendeu o direito de as crianças participarem da conferência, mesmo sem compreendê-la. Um ator resolveu expulsar uma criança da sala, outro segurou a criança e impediu que a expulsassem. Ações e palavras eram feitas e ditas de forma clara, mas com toda a delicadeza, sem nenhuma violência: o Teatro Invisível não comete violências, apenas revela as violências que porventura existam na sociedade! De diversos pontos da sala, brotavam fragmentos do diálogo que tínhamos preparado, aos quais se juntavam as intervenções espontâneas do público. Eu perguntei, em inglês, o que estava acontecendo, embora soubesse muito bem e tivesse ensaiado aquelas ações. Era uma daquelas situações explosivas, daquelas em que todos no teatro participam.

3ª ação: A um segundo sinal, dado por mim, todos os atores abandonaram o debate, subiram à cena e eu os convidei a receber os aplausos do público, como em um espetáculo convencional. Somente nesse momento o público compreendeu que se tratava de uma cena de Teatro Invisível. Dessa forma, compreendeu-se melhor o que era o Teatro Invisível. Já não era necessário dizer mais nada, e passamos à etapa seguinte...

7. *Teatro Invisível na televisão*

Em 1988, Cecilia Thumim e eu dirigimos uma série de cenas de Teatro Invisível na TV Manchete, dentro um programa chamado *Aventura*, dirigido por Fernando Barbosa Lima. Cada domingo apresentávamos uma cena de dez a quinze minutos e utilizamos vários embriões que já tínhamos testado com o Centro de Teatro do Oprimido (CTO-Rio) e também antes em outros países. Entre estes, estava "O negro que se vende": um ator negro com um cartaz no qual se escreveram seu nome, idade, utilidades gerais e... preço. O homem queria se vender como escravo. Fizemos a peça na feira do Leme. Outros atores protestaram contra a venda, embora o negro alegasse que um escravo no século XVIII vivia melhor do que um operário não qualificado hoje em dia; a mulher também protestava alegando que outras pessoas estavam em situação pior do que a dele e não protestavam: era o que bastava para que essas pessoas começassem a protestar, apoiando o negro. Finalmente, entrava em cena (digo, na feira) um comprador que levava consigo o negro. O debate continuava por mais de uma hora. Na TV recebíamos sempre muitas cartas comentando o tema.

Além dessas, muitas outras, como a da mulher que oferecia uma garrafa de vinho a um jovem que protestava e alimentava uma discussão sobre os direitos do homem e da mulher à sedução; a da mulher com a coleira de cachorro no pescoço; a do rapaz que se queria vestir com saia e blusa no mercado do Saara — veio a polícia, mas a plateia defendia bravamente o direito do rapaz; e assim por diante.

No programa, eu sempre insistia em que não se tratava de nenhuma variante da "câmera indiscreta". No Teatro Invisível existe uma peça que se desenrolará mesmo sem a participação dos espectadores. Estes, por sua vez, não são obrigados nem induzidos a entrar em cena: entram se quiserem e quando o desejarem. Jamais fazemos qualquer coisa que exponha os participantes ao ridículo e que, deles, revele mais do que aquilo que desejam revelar.

TEATRO FÓRUM

No Teatro Invisível, o espectador torna-se protagonista da ação, um espect-ator, porém sem que disso tenha consciência. Ele é o protagonista da realidade que vê, mas ignora a sua origem fictícia: atua sem saber que atua, em uma situação que foi, em seus largos traços, ensaiada... e ele não participou dos ensaios.

Eis por que é essencial ir além e fazer a plateia participar de uma ação dramática com pleno conhecimento de causa. Para encorajá-la a participar, é preciso, primeiro, que o tema proposto seja do seu interesse; segundo, é necessário "aquecê-la" com exercícios e jogos. O Teatro Imagem é uma ferramenta essencial para envolver o espectador, estimulando a sua criatividade.

Antes de ir para a Europa, eu já tinha feito muito Teatro Fórum em vários países da América Latina, mas sempre como "oficina", nunca como "espetáculo". Entretanto, já presenciei inúmeras apresentações europeias de Teatro Fórum.

Na América Latina, o público era, em geral, pouco numeroso e homogêneo; os espect-atores eram sempre trabalhadores de uma mesma fábrica, moradores de um mesmo quarteirão, fiéis da mesma igreja, estudantes de uma mesma universidade etc. Na Europa, além desse tipo de "oficina-fórum", fiz, logo no início do meu exílio naquele continente, apresentações para centenas de pessoas totalmente desconhecidas umas das outras. Naturalmente, quando se apresenta uma peça-fórum para uma plateia heterogênea, é normal que o tema seja mais geral e abrangente.

Na América Latina, a maioria das peças que fizemos tinha um estilo muito "realista", referia-se a uma situação conhecida por todos e acontecia em um local igualmente reconhecível; já na Europa, as cenas tendem para o "simbolismo", como no caso de Portugal, em um trabalho sobre a reforma agrária (ver pp. 51-3).

As regras do jogo

O Teatro Fórum é um tipo de luta ou jogo e, como todo jogo e toda luta, tem suas regras. Elas podem ser modificadas, mas sempre existirão, para que todos participem e para que uma discussão profunda e fecunda possa nascer. Devemos evitar o "fórum selvagem", em que cada um faz o que quer e substitui quem bem entende. As regras do Teatro Fórum foram "descobertas" e não "inventadas" — são necessárias para que se produza o efeito desejado: o aprendizado dos mecanismos pelos quais uma opressão se produz, a descoberta de táticas e estratégias para evitá-la e o ensaio dessas práticas.

Dramaturgia
1. O texto deve caracterizar claramente a natureza de cada personagem, deve identificá-las com precisão, para que o espect-ator reconheça a ideologia de cada uma. Existem muitas formas e estilos em teatro, e todas são boas e ótimas, mas todas têm igualmente suas limitações: o Teatro Fórum se aplica ao estudo de situações sociais bem claras e definidas — opressões interiorizadas devem ser estudadas com as técnicas de *O arco-íris do desejo*.

2. As soluções propostas pelo protagonista dentro da estrutura da peça que servirá de modelo ao debate-fórum devem conter pelo menos uma falha política ou social a ser analisada durante a sessão de fórum. Esses erros devem ser expressos claramente, e cuidadosamente ensaiados, em situações bem definidas. Isso acontece porque o Teatro Fórum não é teatro-propaganda, não é o velho teatro didático; ao contrário, é pedagógico no sentido em que todos aprendemos juntos, atores e plateia. A peça — ou "modelo" — deve apresentar um erro, uma falha, para que os espect-atores possam ser estimulados a encontrar soluções e a inventar novos modos de confrontar a opressão. Nós propomos boas questões, contudo cabe à plateia fornecer boas respostas.

3. A peça pode ser realista, simbolista, expressionista, de qualquer gênero, estilo ou forma, ou formato, exceto "surrealista" ou irracional — porque o objetivo é discutir sobre situações concretas, usando para isso a linguagem teatral.

Encenação

1. Os atores devem ter uma expressão corporal que exprima com clareza as ideologias, o trabalho, a função social, a profissão etc. das suas personagens, através dos seus movimentos e gestos. É importante que as personagens realizem ações e *façam coisas significativas*, sem as quais os espect-atores, ao substituírem as personagens, serão levados a sentar em suas cadeiras e a fazer "fórum" sem teatro — somente falando (sem ações) como um rádio-fórum. É importante que todos os movimentos e gestos sejam significantes com significados, sejam verdadeiramente ação dramática, e não pura atividade física, sem significados.

2. Cada cena deve encontrar a "expressão" exata do tema que esteja tratando. Essa expressão deve ser encontrada, de preferência, em comum acordo com os participantes.

3. Cada personagem deve ser representada "visualmente", de maneira a ser reconhecida independentemente do seu discurso falado; o figurino deve conter elementos essenciais à personagem, para que os espect-atores possam também utilizá-los quando substituírem os atores, e devem ser de fácil compreensão.

O espetáculo-jogo

O espetáculo é um "jogo" artístico e intelectual entre artistas e espect-atores. É necessário que o "Coringa"[3] explique aos espectadores as regras do jogo e que os convide a fazer alguns exercícios de aquecimento e de "comunhão" teatral.

1. Em um primeiro momento, o espetáculo é representado como um espetáculo convencional, em que se mostra determinada imagem do mundo. As cenas devem conter o conflito que se deseja resolver, a opressão que se deseja combater.

2. Pergunta-se, em seguida, se os espect-atores estão de acordo com as soluções propostas pelo protagonista. Provavelmente, eles dirão que não. Informa-se ao público que o espetáculo será refeito, tal como da primeira vez. O "jogo-luta" está na tentativa dos atores de refazerem o espetáculo como antes e no esforço dos espectadores para modificá-lo, apresentando sempre novas soluções possíveis e viáveis, novas alternativas. Em outras palavras, os atores representam determinada visão do mundo e consequentemente tentarão manter esse mundo tal como é, fazendo com que as coisas continuem exatamente da mesma maneira... a menos que um espect-ator possa intervir e mudar a aceitação do mundo, *tal como está*, por uma visão do mundo *como ele deve vir a ser*. É preciso criar certa tensão nos espect-atores; se ninguém mudar o mundo, ele ficará como está e, se ninguém mudar a peça, ela também ficará como é.

3. Informa-se aos espectadores que o primeiro passo que devem dar é tomar o lugar do protagonista, quando este estiver cometendo um erro, ou optando por uma alternativa falsa ou insuficiente, e procurar uma solução melhor para a situação que a peça apresenta. O espect-ator deve se aproximar da cena e gritar "Para!". Os atores deverão imediatamente congelar a cena, imobilizando-se em seus lugares. Imediatamente, o espect-ator deve dizer onde quer que a cena seja recomeçada, indicando uma frase, momento ou movimento, a partir do

---

[3] Sobre a função do Coringa no método de interpretação criado pelo autor, ver "O Sistema Coringa", em Augusto Boal, *Teatro do Oprimido e outras poéticas políticas*, São Paulo, Editora 34, 2019, pp. 173-215. (N. da E.)

qual se retoma a ação. A peça recomeça no ponto indicado, tendo agora o espectador como protagonista.

4. O ator substituído não ficará totalmente fora do jogo; deverá ficar como um tipo de "ego auxiliar", a fim de encorajar o espect-ator e de corrigi-lo, caso eventualmente se engane em alguma coisa essencial. Em Portugal, por exemplo, uma camponesa que substituiu a atriz que fazia o papel de uma proprietária pôs-se a gritar "Viva o socialismo! Viva o socialismo!". A atriz, "ego auxiliar", teve que lhe explicar que, em geral, os proprietários não são entusiastas do socialismo...

5. A partir do momento em que o espect-ator toma o lugar do protagonista e propõe uma nova solução, todos os outros atores se transformam em agentes de opressão ou, se já exerciam essa opressão, eles a intensificam, a fim de mostrar ao espect-ator o quanto será difícil transformar a realidade — salvo, é claro, as personagens aliadas do protagonista. O jogo consiste nessa luta entre o espect-ator — que tenta uma nova solução para mudar o mundo — e os atores que tentam oprimi-lo, como seria o caso na realidade verdadeira, em que tentam obrigá-lo a aceitar o mundo tal como está.

6. É claro que o objetivo do fórum não é ganhar, mas permitir que aprendamos e nos exercitemos. Os espect-atores, pondo em cena suas ideias, exercitam-se para a ação na "vida real"; atores e plateia, igualmente atuando, aprendem as possíveis consequências de suas ações. Aprendem o arsenal dos opressores e as possíveis táticas e estratégias dos oprimidos. O "fórum" é um jogo, é lúdico e é uma maneira rica de aprender uns com os outros.

7. Se o espect-ator renuncia, ou esgota as ações que tinha planejado, sai do jogo; o ator protagonista retoma seu papel, e o espetáculo caminhará naturalmente para o final conhecido. Outro espect-ator poderá se aproximar da cena e falar "Para!", depois dizer onde quer que a peça seja retomada — como num *videotape*, podemos ir para a frente ou para trás —, e uma nova solução pode ser tentada, e tantas quantos espect-atores desejarem intervir. A peça começará sempre a partir do ponto que o espect-ator desejar examinar. Após cada intervenção, o Coringa (que é o mestre de cerimônias do espetáculo) deverá fazer um claro resumo do significado de cada alternativa proposta e igualmente interrogar a plateia se algo lhe escapa, ou se alguém discorda:

não se trata de vencer a discussão, mas de esclarecer pensamentos, opiniões e propostas.

8. Num determinado momento, algum espect-ator poderá romper com a opressão imposta pela estrutura da peça e improvisada pelos atores. Então, os atores é que deverão abdicar de suas personagens, cada um por sua vez ou todos juntos. A partir daí, outros espect-atores serão convidados a tomar os lugares dos atores, a fim de mostrar novas formas de opressão que os atores talvez desconheçam. Esse é o jogo do espect-ator protagonista contra os espect-atores opressores. A opressão é posta ao exame dos espect-atores, que também discutem (através de suas ações) os meios para combatê-la. Todos os atores, fora de cena, continuam a trabalhar como "egos auxiliares", e cada ator deve ajudar e estimular o espect-ator correspondente à sua personagem.

9. Um dos atores deve exercer também a função de Coringa. Cabe a ele explicar as regras do jogo, corrigir erros e encorajar uns e outros a interromper a cena e intervir: se os espectadores não puderem mudar o mundo, tudo ficará como está. E, se quiserem mudá-lo — pois ninguém vai fazê-lo em seu lugar —, devem começar por ensaiar as mudanças mudando as imagens que a peça-fórum lhes apresenta: é um ensaio, um treino. Sempre estaremos mais bem preparados para enfrentar uma necessária ação futura se a ensaiarmos hoje, no presente.

10. Ninguém deve imaginar soluções miraculosas: as estratégias propostas e o conhecimento adquirido nesse processo são as estratégias propostas pelo grupo que pratica essa sessão de Teatro Fórum, bem como o conhecimento de que esse grupo é capaz. Talvez no dia seguinte, outro grupo, com outras pessoas, chegaria a propostas diferentes e a outros conhecimentos. O Coringa não é um conferencista, não é o dono da verdade. O seu trabalho consiste em fazer com que as pessoas que sabem um pouco mais exponham seu conhecimento, e que aqueles que se atrevem pouco ousem um pouco mais, mostrando aquilo de que são capazes.

Quando o "fórum" termina, pode-se deixar os espectadores insatisfeitos, querendo continuar a discussão, principalmente se o tema tratado não for urgente; caso seja, caso se trate de uma ação que deverá ser praticada no dia seguinte, então, sim, então deve-se propor um modelo de ação "para o futuro". Esse modelo deve ser interpretado pelos espect-atores que, no dia seguinte, participarão dessa ação. É um treino, um ensaio, uma forma de se fortalecer.

Exemplos de Teatro Fórum

1. A reforma agrária vista de um banco de praça

Em Portugal, depois de 25 de abril de 1974, o povo empreendeu, ele mesmo, a reforma agrária. Não esperaram a lei ser aprovada; simplesmente ocuparam as terras improdutivas e as tornaram produtivas. Atualmente (1977-78), o governo pretende criar uma lei agrária que mudará as conquistas populares nesse sentido, devolvendo as terras para seus antigos proprietários (que não fazem uso delas).

1ª ação: A cena se desenrola em dois bancos de um jardim. Um homem, o latifundiário, descansa mansamente sobre os dois bancos. Entram sete homens e mulheres cantando "Grândola, Vila Morena", de José Afonso, canção de protesto que foi usada como o sinal que deu início à insurreição militar que pôs fim aos cinquenta anos de ditadura de Salazar e Caetano. Os sete homens e mulheres expulsam o latifundiário de um dos bancos; porém, um banco só é pequeno demais para todos, e eles não se sentem à vontade.

2ª ação: Todos se põem a trabalhar, fazendo a mímica do trabalho na terra, cantando outras canções populares, enquanto discutem sobre a necessidade de levar sua conquista para os bancos públicos. Eles protestam contra a improdutividade do latifundiário, que tem um banco só para ele, porém as opiniões estão divididas: enquanto uns querem expulsar o latifundiário do segundo banco, outros optam por trabalhar naquilo que já conquistaram.

3ª ação: Chega um policial com uma ordem judicial que obriga o grupo a evacuar vinte centímetros do seu banco ("a lei do retorno"). Nova divisão: uns optam por ceder, outros não, porque fazer uma concessão poderia significar uma vitória para as forças de reação, que poderiam tentar gradualmente recuperar mais terreno. Finalmente, cedem: vinte centímetros é coisa pouca.

4ª ação: O latifundiário, protegido pelo policial, senta-se no lugar que ficou vazio, no banco. Os sete outros se amontoam no espaço que restou. O latifundiário abre um enorme guarda-chuva, tapando a luz dos outros. Os sete protestam. O policial diz que o latifundiário tem direito de fazer aquilo porque, se as terras podem ser apropriadas, o mesmo não acontece com o ar e o céu. Eles se dividem: uns querem lutar, outros se contentam com o pouco que já obtiveram e querem paz, a qualquer preço.

5ª ação: O policial insiste na necessidade de levantar um muro dividindo o banco em duas partes. Esse muro deve ser construído em "terras" que não pertençam a ninguém. Evidentemente, a intenção é de que ele seja construído no lado que pertence ao grupo, e não do lado pertencente ao antigo proprietário. Novas discussões, novas divisões, novas concessões. Um dos sete abandona a luta, outro também se vai, depois um terceiro e um quarto. Aos poucos desistem, o grupo se desintegra.

6ª ação: O policial anuncia que a ocupação não tem mais sentido porque a maioria dos ocupantes abandonou as terras. Em consequência, os três são considerados simples ladrões, e não um grupo social, com seus direitos, e os últimos são expulsos. O latifundiário restaura seus direitos sobre os dois bancos do jardim.

Fórum: Essa cena foi representada no Porto e em Vila Nova de Gaia. Na primeira apresentação havia mil pessoas na praça, ao ar livre. Primeiro, encenamos o "modelo", depois iniciamos o "fórum". Já na segunda apresentação, vários espect-atores deram suas versões de resistência ao contra-ataque do latifundiário. Mas o melhor momento foi o protesto de uma mulher da plateia. Sobre a modesta cena havia alguns espect-atores que discutiam entre eles, como personagens, sobre as melhores táticas a utilizar. Em dado momento concluíram que todos estavam de acordo e que o fórum lhes tinha sido útil. Nesse ponto a mulher na plateia disse: "Aí estão vocês no palco, falando de opressão; no entanto, só há homens em cena. Em contrapartida, aqui embaixo há mulheres que continuam sendo oprimidas, porque continuamos tão inativas quanto antes, e apenas assistimos aos homens atuando!".

Um dos espect-atores, então, convidou algumas mulheres para mostrar suas opiniões e sentimentos, em diferentes papéis, e o fórum foi recomeçado. Somente um homem ficou autorizado a continuar em cena: o que interpretou o policial. Isso porque a mulher argumentou:

"Como o policial é o opressor mesmo, não há nenhum problema em ser interpretado por um homem".

2. *Julgamento popular de um "pide"*

A polícia secreta especial (Polícia Internacional e de Defesa do Estado — PIDE), durante o regime de Salazar e Caetano, era extremamente brutal e repressora. A cena que servia de modelo representava o momento em que uma personagem reconhecia, na praça, um de seus torturadores e tentava prendê-lo. As personagens se dividem: umas acham que a justiça popular devia continuar a ser feita pelos antigos órgãos institucionais. Por isso, quando aparece um soldado, são tentadas a obedecer e a reconhecer, nele, a encarnação da "autoridade" — primeiro erro. Depois, examinando um salvo-conduto, fornecido para o pide pelas autoridades militares, o soldado decide liberá-lo, mesmo se tratando de um antigo torturador — segundo erro, porque nenhum salvo-conduto tem valor superior à vontade popular.

Fórum: Em uma das versões dessa cena, mostramos um "tribunal popular", da maneira como imaginávamos que fosse. De imediato, os espect-atores nos mostraram quão longe estávamos da realidade: em um tribunal popular não se encontram as mesmas funções que em instâncias jurídicas burguesas. Por exemplo, o advogado de defesa não existe, o que há é um júri formado por pessoas do povo que ouvem as evidências e que julgam, acusam ou impõem uma pena. Em Vila Nova de Gaia, o público estava particularmente entusiasmado. As personagens do júri se voltaram com tal raiva contra o espect-ator que representava o pide que chegaram mesmo a querer agredi-lo fisicamente. O pobre espect-ator precisou ir à farmácia para dar dois pontos na testa. O Teatro Fórum pode ser violento, às vezes; e isso deve ser evitado a todo custo. A segurança física de todos os participantes deve ser assegurada.

3. *Líder no trabalho, escrava em casa*

Em Paris, durante a greve dos trabalhadores do departamento de contabilidade eletrônica de um banco, fizemos um espetáculo de Teatro Fórum a respeito de uma mulher que, ao mesmo tempo que era líder sindical no trabalho, era escrava em casa.

1ª ação: Trabalho excessivo, fluxo de clientes. Desde que o banco fecha, a Líder Sindical tenta organizar seus companheiros, telefona para uns e outros, marca reuniões, encontros, e todos seguem seus conselhos.

2ª ação: Chega (de fora) o Marido da Líder. Buzina. Ela resiste, mas acaba por abandonar tudo e ir embora com o Marido.

3ª ação: Em casa. Ela cuida do Marido, que a repreende pelas atividades depois do horário de trabalho, o que, segundo ele, a impede de cuidar dos deveres do lar. Ela dá banho na filha caprichosa, que exige atenção contínua. A cena termina com a mulher completamente escrava da família.

Fórum: Muitas mulheres participaram do fórum no papel da protagonista, tentando romper a opressão. Quando isso acontecia, os próprios companheiros do banco se transformavam em opressores e a faziam ceder ao Marido. Mesmo quando queria continuar com suas atividades, contrariando a vontade do Marido, contrariando a vontade dos colegas, seu chefe se contrapunha e praticamente a expulsava. Assim foi, até que uma espect-atriz apresentou a melhor forma de resistência: não permitir a entrada do Marido. Nesse momento o Ator-Marido, renunciou, saiu de cena e permitiu que outros espect-atores assumissem a sua personagem e tentassem experimentar novas formas de opressão marital: telefonemas, chantagem emocional, mentiras etc.

Durante a cena que se passava em casa, aconteceu algo curioso: a Líder estava tão absorvida pelo trabalho que não dava a menor importância nem à sua filha nem ao seu marido. A menina, no banho, que a princípio gritava "Mamã, mamã, mamã...", gritava "Papa... papa... papa..." para o Marido, que passou a cuidar das tarefas domésticas.

4. A volta ao trabalho no Crédit Lyonnais

No mesmo dia, e para a mesma plateia, representamos outra cena que mostrava a volta ao trabalho depois da greve. A cena estava centrada sobre a figura de um "fura-greve". No modelo, o Fura-Greve ficava em total ostracismo: ninguém queria falar com ele e todos o maltratavam.

Logo no início do fórum, fomos surpreendidos por dois acontecimentos. Primeiro, os espect-atores, que eram os funcionários do banco, refutaram nossa visão; eles redirecionaram completamente a cena, mostrando que aquilo que tínhamos apresentado como um "banco" se assemelhava mais a um serviço burocrático dos Correios.

Em segundo lugar, aqueles espect-atores agiram em cena de forma totalmente oposta à nossa. Em vez de isolar o Fura-Greve, tentaram, de todas as maneiras, persuadi-lo a adotar uma posição favorável a todos, tentaram seduzi-lo.

5. A usina nuclear

Na Suécia, a controvérsia sobre o uso da energia nuclear e a construção de usinas atômicas era intensa nos anos 1970. Diz-se que o principal motivo da queda do primeiro-ministro Olof Palme[4] teria sido o fato de ele ter afirmado que continuaria com sua política nuclear. Seus adversários eram contra, e depois, uma vez no poder, acabaram fazendo o mesmo... Lá, como aqui...

1ª ação: Eva está no seu escritório de arquitetura e engenharia, trabalhando. A cena mostra os colegas, o chefe, os problemas do dia a dia, o esforço para conseguir novos projetos, a rotina dura de buscar trabalho. Mostra a falta de projetos e contratos, o risco de serem obrigados a fechar o escritório, o desânimo.

2ª ação: Eva em casa. O marido está desempregado, os filhos não economizam e estão sempre precisando de mais dinheiro. Uma Amiga passa em sua casa e as duas saem juntas. Vão, justamente, a uma manifestação contra a construção de novas usinas atômicas.

3ª ação: De volta ao escritório. O chefe entra gritando de alegria, um novo projeto foi aceito. Todos comemoram! Abrem um champanhe! Agora, sim, o trabalho vai recomeçar: vai haver dinheiro! Alegria enorme... até que... o chefe explica que o projeto será para desenvolver um sistema de refrigeração para uma usina nuclear. Eva se divide. Ela quer o trabalho, que é a sua fonte de renda, e precisa dele, até para apoiar seus companheiros que desejam trabalhar. Mas essa situação propõe um problema moral para ela. Eva apresenta todas as razões que tem para não aceitar esse novo projeto, e os seus companheiros

---

[4] Olof Palme foi assassinado alguns anos depois, quando saía de um cinema. (N. do A.)

mostram as razões contrárias. Eva, contra sua própria vontade e contra sua ideologia, acaba aceitando o novo contrato.

Fórum: Nessa peça, como em todas as outras do Teatro Fórum, é claro que a protagonista deve cometer um erro e não se portar como uma heroína. O que se deseja é que os espect-atores intervenham e mostrem o que julgam ser a boa solução, a melhor saída, o caminho justo. As pessoas gritavam quando Eva se submetia. É importante que a protagonista renuncie ou se submeta (depois de haver lutado, é claro: nenhuma protagonista provocaria em ninguém o desejo de substituí-la se não fosse vista lutando antes de perder), porque esse "*unhappy ending*" no modelo provoca igualmente a intensificação da luta — o jogo ator/opressor *versus* espect-ator/oprimido — quando depois, no Fórum, se trata de buscar soluções ou alternativas para que Eva possa dizer não.

Cada vez que um espect-ator se dava por vencido e abandonava o papel da protagonista, a peça retornava de imediato em direção ao "sim" de Eva. O público voltava a se agitar, até que alguém gritasse "Para!"; a cena parava e o novo espect-ator tentava encontrar uma solução, partindo da primeira cena, da segunda ou até mesmo da terceira. Tudo era analisado: o desemprego do Marido, a mania consumista da Filha, a própria indecisão de Eva. Algumas vezes as análises eram puramente "psicológicas", até que alguém mostrasse o lado político do problema.

Estamos contra ou a favor das usinas nucleares? Pode alguém ser contra o progresso científico? Pode a palavra "progresso" ser aplicada à ciência quando esta nos leva a descobrir armas nucleares? Muita gente não sabia o que dizer, e alguma coisa aprendia com o debate teatral.

Discutia-se também a questão de onde depositar o "lixo nuclear". Sobretudo isso se falava, sempre através do teatro.

Por duas vezes tive oportunidade de participar de espetáculos com temática semelhante. A primeira, nos Estados Unidos, onde havia sido escrita uma peça semelhante, sobre os habitantes de uma cidade que produzia o *napalm* usado na Guerra do Vietnã. Na peça norte-americana, os habitantes terminam por aceitar a fábrica, concluindo que seu fechamento seria economicamente ruinoso... Ruinoso para quem? A segunda vez foi em Lisboa: lá tem uma refinaria que aumenta sensivelmente a ocorrência de câncer no pulmão... no entanto, ela é de grande importância econômica. Lá também, os habitantes optaram por conviver com os riscos causados pela poluição, preferindo manter seus empregos.

Com esse exemplo, torna-se bastante claro o funcionamento do Teatro Fórum: ele trabalha da maneira oposta a *Um inimigo do povo*, a belíssima peça de Ibsen, em que a personagem principal, dr. Stockmann, diante do mesmo dilema, opta pela atitude heroica e solitária.

Quem, de fato, toma essa atitude heroica? A personagem, a ficção. E o que eu quero é que o espectador tenha uma atitude heroica, não a personagem. Me parece claro que, se Stockmann é um herói e prefere ficar sozinho, não comprometendo seus princípios morais, isso só poderá servir como exemplo. No entanto, é catártico — Stockmann teve uma atitude heroica e quer que eu simpatize com essa atitude. Ela pode esvaziar meu próprio desejo de ser um herói. Claro que o diretor pode levar o texto para o lado oposto.

No Teatro Fórum, o mecanismo funciona ao contrário. A personagem cede e eu, espectador, sou chamado a corrigi-la, mostrando à plateia uma melhor maneira de agir. Retifico sua ação. Fazendo isso na ficção da peça, invadindo a cena, estarei me preparando para fazer o mesmo na realidade. Realizando essas ações na ficção do teatro, eu me preparo, treino, para realizá-las também na minha vida real. No teatro me familiarizo com os problemas que enfrentarei na realidade: meu próprio medo do desemprego, os argumentos dos meus companheiros etc. Na ficção, ensaio a ação! O Teatro Fórum não produz catarse: produz um estimulante para o nosso desejo de mudar o mundo. Produz a *dinamização*!

Todo o sistema do Teatro do Oprimido foi desenvolvido em resposta a um momento político bastante particular e concreto. Quando, em 1971, a ditadura no Brasil tornou impossível a apresentação de espetáculos populares sobre temas políticos, começamos a trabalhar com as técnicas do Teatro-Jornal: uma forma de teatro fácil de ser praticada por pessoas inexperientes, permitindo que grupos populares produzissem o seu próprio teatro. Na Argentina, antes das eleições de 1973, quando a repressão recuou um pouco (mas não completamente), nós apresentávamos o Teatro Invisível em trens, restaurantes, nas filas das lojas e em mercados. Quando, no Peru, a situação melhorou, começamos a desenvolver várias formas de Teatro Fórum, para que o espect-ator reassumisse plenamente sua função de protagonista; nós acreditávamos, naquela época, que o povo não estava longe de ter um papel a desempenhar no futuro. Era 1973...

Na realidade, todas essas formas de teatro foram criadas quando fomos expulsos do teatro tradicional e institucional. Uma experiência que eu adoraria tentar: fazer Teatro Fórum dentro de um teatro convencional, com uma hora exata para dar início ao espetáculo, com cenários, figurinos e com textos escritos previamente por um autor sozinho ou coletivamente.

A ideia do Teatro Fórum, do diálogo entre artistas e público, não se restringe ao teatro e se baseia, sim, na crença de que todos nós somos artistas, mesmo aqueles que jamais se profissionalizaram ou pensaram nisso. Mas não seria maravilhoso ver um espetáculo de dança em que os dançarinos dançassem o primeiro ato e, no segundo, mostrassem aos espectadores como dançar? Não seria maravilhoso um espetáculo musical em que os atores cantassem na primeira parte e, na segunda, cantássemos todos?

Igualmente maravilhoso seria um espetáculo teatral em que, no primeiro ato, os artistas nos mostrassem sua visão do mundo e, no segundo, a plateia pudesse inventar um mundo novo.

Eu penso que é assim como os mágicos devem ser: primeiro, fazem sua mágica, encantando a todos com sua arte; depois nos ensinam seus truques. Ensinar é um segundo prazer estético! É assim que devem ser os artistas-criadores, mas devem também ensinar o público a criar, como fazer arte, para que nós possamos usar essa arte, que é de todos, todos juntos.

UMA EXPERIÊNCIA EM GODRANO
(OU O ÚLTIMO ESPECT-ATOR PROTAGONISTA)

Godrano é uma pequena cidade na Sicília, a quarenta quilômetros de Palermo. Há muitas coisas que Godrano não tem: hotel, hospital, supermercado, cinema, teatro — nem mesmo um posto de gasolina ou jornaleiro. Quem quiser ler um jornal deve ir até Villafrati, a dez minutos de automóvel. Godrano tem poucas coisas: bar, igreja, um telefone público, dois açougues, duas mercearias e também um posto dos *carabinieri* (polícia).

Godrano situa-se no vale de Busambra, província da Busambra, dominado por uma montanha com o mesmo nome. Bem no meio da montanha há uma fissura, um precipício. É nesse precipício que a máfia local, que domina a região, joga os corpos de numerosos trabalhadores e líderes camponeses.

Existem muitas máfias. A primeira, a de Salvatore Giuliano, era uma forma pré-revolucionária de organização popular.

O povo armado, o povo revoltado, mas, também, um povo sem estratégia para tomar o poder, sem ideologia para exercê-lo. Por isso, essa máfia foi derrotada. Em seguida, surgiram as máfias antipopulares, a máfia do peixe (no litoral), que costumava comprar a caixa de sardinha de onze quilos a mil liras e revendia no mercado a seiscentas liras o quilo (1977). Aquele que se opusesse recebia uma advertência: tinha a casa totalmente incendiada. Em caso de reincidência, aplicava-se a solução definitiva: atirava-se o pescador no precipício de Busambra. Havia também as máfias da construção civil, dos vegetais e do pasto...

Porque Godrano é um *paese* essencialmente rural, moram lá em torno de mil pessoas e nove mil vacas. Por que tantas vacas? Por que nove vacas para cada ser humano? Porque o Mercado Comum Europeu obrigava a Itália a comprar carne em outros países. E a carne que se comia em Palermo, distante quarenta quilômetros de Godrano, viajava em bifes de avião, quando poderia muito bem ir a pé, de Godrano. Enquanto as vacas europeias alimentavam os habitantes de Palermo, as vacas de Godrano sofrem de longevidade, de senilidade e morrem esclerosadas.

E estas nem sequer são vacas sagradas, que também morrem longevas, na Índia.

Na realidade, Godrano tem mais de dois mil habitantes registrados em cartório, mas a metade emigra e se espalha pelo mundo. Vão para a Alemanha, a Suíça, a Suécia, a Argentina, o Brasil... Eles vão atrás de algum parente, algum amigo ou alguma esperança. Mas nenhum desses emigrantes deixa de pensar no seu *bel paese*. Eis por que se constrói tanto em Godrano, pois que todos pensam em voltar um dia. Há cada vez menos gente nesse povoado, e cada vez mais casas. Quanto mais cresce em casas, mais se esvazia em homens. Um dia os emigrantes voltarão... Hoje, ainda, também é assim em Xique-Xique, no interior da Bahia...

Assim era Godrano, em 1977, uma vila pacífica. Uma vila profundamente infeliz.

Feminismo em Godrano

Todo mundo era infeliz, e entre os mais infelizes estavam as mulheres e as moças. Todos eram oprimidos, e as mais oprimidas eram as mulheres casadas ou para casar. Eu costumava caminhar à tarde pelas ruas do povoado e via, em frente de cada casa, uma mulher sentada, bordando: estava preparando o seu enxoval, ou o da filha. O enxoval se chama *corredo* e o *corredo* é uma instituição nacional na Itália. Na Sicília, é ainda mais terrível e alienante que no resto do país.

Contaram-me que antigamente era frequente, e hoje ainda acontece, que as famílias dos noivos se reúnam antes do casamento para celebrar o que eles chamam de "apreciação". Pais, mães, tios e tias, irmãos e irmãs, e por vezes um amigo, todos juntos visitam a família da noiva, que lhes apresenta as peças do *corredo*.

"Esse lençol custou vinte mil liras."

"Não é possível, vale muito menos. Vi um igual, na Paoletti, só que muito melhor e pela metade do preço..."

Discutem até chegar a uma cifra aproximada e passam para outra peça do enxoval. Desfilam, diante de todos, a camisola de núpcias, lenços e lençóis, tapetes e abajur.

Quando todos estiverem de acordo, anotam-se todos os itens em uma lista, com uma cópia para cada família. Em seguida, e até o casamento, as peças ficam expostas, por uma ou duas semanas; a visita é aberta para familiares e amigos.

O noivo não precisava estar presente à apreciação do *corredo*, nem tem *corredo* ele mesmo. O que significa, em aritmética simples, que 1 noiva + 1 enxoval = noivo. O que demonstra a diferença aritmética entre noivo e noiva, entre o homem e a mulher: o enxoval.

Outro "detalhe" importante dos casamentos em Godrano: era obrigatório que a noiva fosse virgem. Até recentemente (e ainda pode acontecer), em muitos lugares da Sicília, era costume, na noite seguinte à de núpcias, que o homem mostrasse o lençol sujo de sangue, na janela do seu quarto, em sua casa, para que todos pudessem ver que a noiva era virgem. Ninguém perguntava se o noivo também era...

Hoje em dia, os costumes se modificaram, mas ainda continuam terrivelmente antifeministas. Por exemplo, às quatro horas da manhã, depois das bodas, a família invade o quarto do casal para servir o café da manhã. Aproveitam para saber das novidades: "Então, tudo correu bem?"; "Tudo certo?"; "Passaram bem a noite?".

A *polícia novamente*

Dois jornais de Palermo publicaram entrevistas comigo antes do espetáculo. Imediatamente o chefe dos *carabinieri*, em Palermo, alarmado, telefonou ao *brigadiere* de Godrano, perguntando-lhe por que não tinha detectado a presença de um estrangeiro. A partir dessa repreensão, os *carabinieri* mostraram-se vigilantes a todos os nossos movimentos e, logo que souberam que tínhamos um projeto de apresentar um espetáculo na praça principal, decidiram proibi-lo. Vieram nos comunicar a decisão e, quando me viram, tiveram um susto: naquela época eu usava o cabelo comprido demais para a Sicília e poncho colombiano multicolorido — vocês têm toda razão: eu exagerava! Discutimos a liberdade de expressão artística. Houve muita discussão, com os policiais sempre olhando para as cores do meu poncho.

Finalmente o *brigadiere* concordou em liberar o espetáculo desde que obtivéssemos autorização de Palermo, o que causaria uma demora de três dias de transações burocráticas. Impossível! Havia outra dificuldade: nosso espetáculo não tinha um texto que pudesse ser julgado, era totalmente improvisado.

O chefe dos *carabinieri* reiterou suas objeções: afinal de contas, o diretor é um estrangeiro e, ainda pior, antigo preso político que se "veste desse jeito e não corta o cabelo", e pode causar perturbações político-sociais em povoado tão pacífico. Quem conhece suas ideias, e que mal poderão fazer aos habitantes de Godrano? Pelas dúvidas, melhor proibir!

Meus anfitriões explicaram-lhe as teorias do Teatro do Oprimido e os policiais escutaram atentamente. Explicaram que, não importavam quais fossem as minhas ideias, elas não causariam nenhum mal porque, pelo método do TO, eu só trazia uma nova maneira de fazer teatro. As ideias deveriam ser dadas pelos próprios habitantes de Godrano, não por mim.

"Você está querendo dizer que é o povo de Godrano que irá se expressar no Teatro Fórum? Está querendo dizer que o povo vai falar o que pensa, o que quer, que vai ensaiar ações que julgue necessárias para se libertar?"

"Exatamente. As ideias do Boal não contam: só as nossas!"

Eu tenho que admitir que nesse ponto o policial teve um momento de rara lucidez e disse: "Mas isso é muito mais subversivo e muito mais perigoso do que eu pensava. Agora, sim, a peça está proibidíssima!".

Estávamos desolados, até que alguém sugeriu irmos falar com o *sindaco* (o prefeito), que era, legalmente, a maior autoridade do povoado. Hesitamos, porque em nossa segunda peça o prefeito era personagem e, mais precisamente, era o opressor principal. Mas não havia outra saída, e lá fomos nós à prefeitura, que era a própria casa do prefeito.

O *sindaco* ficou entusiasmado com a possibilidade de ter um espetáculo de teatro em seu povoado; disse que os de Villafrati iam morrer de inveja e autorizou o espetáculo. E disse mais: prometeu não ir a Palermo no fim de semana, como era seu hábito, e ficar em Godrano para prestigiar o evento. Nós argumentamos que não era preciso, nada disso, bastaria uma pequena autorização escrita, mas o *sindaco*, eufórico, prometeu (ou ameaçou!) que viria. Em nome da cultura e do livre-pensamento, o *sindaco* assumiu toda a responsabilidade e nós pudemos voltar ao trabalho.

Os oprimidos face a face com o opressor

No sábado estávamos todos na praça central. Quando digo todos, digo todos mesmo, todos os habitantes do povoado. Toda a vila tomou conhecimento do espetáculo, alguns quiseram participar, outros somente assistir, e outros ainda ficaram olhando pelas janelas.

Foi uma experiência maravilhosa, por várias razões. Primeiro por ter sido a primeira vez, em Teatro Fórum, que tive um público formado tanto por oprimidos quanto por opressores. Na América Latina e na Europa, encenei muitos espetáculos, mas sempre e só com os oprimidos. Em Godrano, os adversários estavam face a face.

A família

Primeiro fizemos alguns exercícios e jogos, não só para aquecer o público e a plateia, mas também para criar uma atmosfera agradável e certa "conexão artística". Depois começamos a primeira cena, baseada em um acontecimento real da aldeia.

1ª ação: Giuseppina, uma jovem de vinte anos, quer sair depois do jantar. Pede permissão à mãe. A mãe responde que depende do pai. Giuseppina diz que um dos seus irmãos vai lhe fazer companhia; as duas preparam o jantar.

2ª ação: O pai chega furioso com tudo e com todos. A desculpa é o custo de vida, a má-educação que a mulher dá aos filhos, os filhos imprestáveis, a cooperativa que os homens tinham intenção de fazer e que não progride... Chegam os filhos. Cada um exerce uma opressão diferente sobre Giuseppina. O primeiro, casca-grossa, diz que lugar de mulher é em casa e, quanto mais estúpida e ignorante ela for, mais feliz será. O segundo, o mais jovem, aponta até os menores defeitos da irmã, denuncia que ela flerta com o filho do vizinho etc. O terceiro banca o bom-moço; ele acompanha a irmã, contanto que ela lhe seja obediente. Giuseppina pergunta se ela pode sair à noite, mas, justamente naquela noite, eles estão muito ocupados. Um vai jogar futebol, o outro jogar cartas e o terceiro precisa fazer lição de casa.

3ª ação: O pai proíbe a filha de sair. Os irmãos podem fazer o que bem entenderem, porque são homens. Giuseppina tem de ficar e lavar a louça, porque é mulher.

Fórum

Logo que terminou a cena-modelo, e antes que começasse a discussão em fórum, houve várias reações masculinas: dois maridos ordenaram às suas mulheres que voltassem para casa. As duas se recusaram e ficaram até o fim. Elas não tiveram coragem de subir à cena, mas tiveram coragem de ficar contra a vontade dos maridos.

Outros homens começaram a dizer que aquele não era um problema sério e que nós deveríamos discutir somente os problemas sérios, como o preço do tijolo e da argamassa. As mulheres protestaram, dizendo que, se aquilo dizia respeito a elas, era muito sério, sim.

O fórum começou, com a mesa do jantar posta em plena praça. Três moças se ofereceram para substituir a atriz que fazia Giuseppina e tentar romper a opressão. Os opressores, no entanto, eram muito bem "treinados" e, uma a uma, as três voltaram para "a louça e a cozinha". Conseguiam dizer um pouco de tudo que pensavam, mas eram finalmente derrotadas. A quarta moça subiu à cena e mostrou o que seria, para ela, a única solução: força. Contrariando a vontade paterna, ela sai de qualquer maneira e o pai termina por aceitar a solução, fingindo que dava permissão. O *sindaco*, que não tinha filha, estava maravilhado com essa nova forma de teatro... Assistia risonho a todas as conversas.

Enfim começou a segunda parte do fórum, e os espect-atores foram incentivados a substituir outras figuras e mostrar ao público e aos atores novas formas de opressão. Em suas representações ingênuas (no melhor sentido da palavra) e por não estarem cientes do real poder do teatro, os espect-atores frequentemente revelavam os seus reais pensamentos, sentimentos e desejos ao desempenhar o papel de opressor. Um homem corpulento quis substituir o pai e expulsou primeiro as crianças e então a mãe de casa: "Suma dessa casa, vai lá viver com o seu amante!". Segundo seu pensamento reacionário, se a filha comete um pecado, é porque a mãe é *putana*. As mulheres protestaram furiosas!

Ao fim do fórum dessa primeira peça, uma das espectadoras comentou: "Nós tivemos coragem de dizer o que pensamos, aqui em praça pública, na frente de todos, mas não temos a mesma coragem de dizer as mesmas coisas em casa. Porém, com os homens, aconteceu o contrário: existem coisas que eles não se cansam de dizer em casa, mas tiveram medo de dizer aqui, na frente de todo mundo".

A transferência da sala de jantar para o meio da rua teve outros efeitos. Houve ainda outro momento importante, quando um rapaz tomou o lugar da protagonista. Quando era uma moça que interpretava Giuseppina, provocava identificação imediata em todas as outras jovens presentes. Com o rapaz, ao contrário, a identificação não existiu; as moças observavam o rapaz, elas o viam "representar", interessavam-se pelo que dizia, mas não se identificavam com ele.

Qual a consequência prática dessa não identificação? O ator/homem era visto por elas como "ator". A espect-atriz, ao contrário, era uma delas, uma mulher em cena — não uma atriz! — falando em nome de todas as outras. Não em seu lugar, mas em seu nome! *Ele representava, ela vivia!*

Quando um ator interpreta um ato de liberação, ele o faz em lugar do espectador e provoca a catarse. Quando um espect-ator faz a mesma ação em cena, ele o faz em nome de todos os outros espectadores, já que eles sabem que, caso não concordem com o que está sendo dito, eles mesmos podem subir ao palco e mostrar o que pensam — provocando a dinamização em lugar da catarse. Não é suficiente que o teatro evite a catarse — o que precisamos é de um teatro que gere dinamização.

Por fim, se os homens não ficaram muito contentes, as mulheres, ao contrário, ficaram felizes demais. No dia seguinte, quando perguntamos à mãe de Giuseppina o que ela tinha achado do espetáculo, ela respondeu: "Eu achei sensacional e todas as minhas amigas adoraram a performance da minha filha. Elas me disseram que em suas casas as coisas acontecem da mesma maneira. Os problemas são os mesmos. E uma de minhas amigas disse que deveríamos procurar por soluções juntas".

A cooperativa: a personagem assume seu próprio papel e expulsa o ator

Na segunda cena-modelo, as personagens eram os camponeses do povoado e... o *sindaco*. Havia um *sindaco* em cena, o ator, e outro, o seu modelo, na plateia.

Em Godrano, os criadores de vacas tentavam criar uma cooperativa para resolver o problema da falta de mercado para a sua lã. Acusavam o *sindaco* de não lhes ajudar e ainda impedir a cooperativa de alcançar seus objetivos. Eles mesmos prepararam a cena e a interpretaram. Eu fiz sugestões apenas sobre o formato da peça, não sobre o conteúdo.

1ª ação: Três membros da cooperativa discutem sobre o papel do *sindaco* na criação da cooperativa e resolvem ir até ele e exigir que tome as medidas que acham necessárias. Todos de acordo.

2ª ação: Entra o *sindaco* na companhia do presidente da cooperativa. O primeiro explica que escolheu esse homem para presidente por se tratar de uma pessoa com grande conhecimento no assunto. Os três associados protestam, declarando que o presidente deve ser um habitante de Godrano, que conheça os seus problemas, e não uma pessoa de fora, que não conheça nada. O *sindaco* defende sua posição e termina por impor sua vontade.

3ª ação: O presidente expõe seu plano, propondo que a sede da cooperativa seja em outro lugar que não o *paese*, onde as condições não são ideais. Os associados novamente protestam, mas são convencidos pela hábil argumentação do *sindaco* e do presidente.

4ª ação: O *sindaco* insiste em ter a assinatura dos associados em um papel que servirá para os procedimentos oficiais. Os associados recusam, mas são novamente derrotados e acabam assinando.

É lógico que o *sindaco* se reconheceu desde a primeira cena. Ele me perguntava: "Quem é esse *sindaco*? É parecido com quem?".

E eu respondia, tentando parecer sincero: "Com ninguém... é um *sindaco* absolutamente simbólico. Só isso...".

"Simbólico? Sei..."

Fórum

No início do fórum, havia uma tensão muito grande, como era de esperar. O acusado estava lá, no meio do público, e, enquanto falava o ator-*sindaco*, o povo podia ver a cara amarrada do verdadeiro *sindaco*, que também tentava sorrir e aparentar bom humor, mas o incômodo era demais. Quando alguém gritava "Para!", o ator saía de cena e um camponês entrava no seu lugar para dar sua versão dos fatos e do comportamento das autoridades presentes. Lágrimas nos olhos, um espect-ator gritava que, se a cooperativa tivesse existido, se tivesse funcionado como deveria, ele não teria sido forçado a emigrar para a Alemanha. Outro denunciou as vantagens que o *sindaco* obtinha com o não funcionamento da cooperativa. Outro propôs, sempre dentro do espetáculo-fórum, que o *sindaco* fosse excluído da cooperativa.

O *sindaco*, na plateia, escutava tudo, avaliava secamente todas as acusações e preparava sua resposta.

Chegou o momento inevitável. Como o ator que interpretava o seu papel não era seu aliado — muito pelo contrário —, não o defendia como ele gostaria de se ver defendido. Não resistindo mais, o próprio *sindaco* gritou "Para!", saltou para a cena e tomou o lugar do ator que o interpretava. Isso aconteceu na Sicília, terra de Pirandello, mas a motivação do choque entre figura e realidade e a dissolução dos limites teatrais são bem diferentes daquela que inspirou o autor de *Seis personagens à procura de um autor*.[5] Não tinham nada de metafísica, eram o que podia haver de mais concreto, motivações políticas. A *polis* inteira estava na praça, discutindo os atos dos seus governantes, questionando esses atos e condenando-os.

Vivemos, então, uma experiência desconcertante a partir daquele momento. O *sindaco*, que entrara em um jogo teatral, queria transformá-lo em outro jogo, que ele conhecia bem e dominava melhor: o jogo político.

"Bem, agora vamos falar sério. Vocês fizeram teatro, brincaram com coisas sérias. Agora nós vamos falar sério."

---

[5] Luigi Pirandello (1867-1936), o dramaturgo siciliano modernista, é particularmente conhecido pelas obras em que as figuras rompem os limites da peça ("Teatro no teatro"). (N. do A.)

O que queria o *sindaco*? Queria simplesmente jogar o seu próprio jogo. Na política da região, era *ele* quem dava a palavra a quem *ele* quisesse, *quando quisesse*; era ele quem guiava as ações, interrompendo-as ou modificando-as, conforme seu desejo. Ninguém tinha coragem de se opor à sua vontade. Ele já ocupava o seu posto há aproximadamente dezessete anos.

Contudo, no jogo do fórum, a *democracia teatral* subiu à cena. Ali não importava quem era o espectador e qualquer um podia gritar "Para!" e dizer o que pensava e propor o que quisesse. Os camponeses sabiam disso e alguém respondeu: "Não, nós não vamos falar sério coisa nenhuma: vamos 'falar teatro'!".

Nesse jogo, todos os participantes tinham igual poder. Essa democracia não agradava ao *sindaco*, porque, logo que ele começava a dizer alguma coisa que não fosse verdadeira, alguém gritava "Para!", subia à cena, contradizia-o, apresentava provas e argumentos contrários.

Qualquer um poderia fazê-lo naquela democracia teatral.

Também uma jovem, uma espect-atriz, que protestava de forma veemente, condenou o *sindaco* francamente na frente de todos, no meio da praça. Ela falava tanto e tão frequente que provocou o seguinte diálogo: "Leve a sua filha daqui porque, se ela continuar dizendo essas coisas, nunca mais vai arranjar namorado em Godrano!". "Não tem importância", respondeu orgulhosa a mãe da moça, "eu pago a passagem pra ela ir procurar namorado em Palermo...".

O *sindaco* tentou substituir o jogo teatral por um jogo de política local que o favoreceria, mas sempre ouvia o mesmo grito: "Para!". Finalmente ele perdeu a razão, ficou fora de si e começou a gritar: "É a minha cooperativa, sim, se vocês quiserem uma, inventem outra para vocês".

O espetáculo começou às nove horas da noite e às duas da manhã ainda tinha gente discutindo na praça. O Teatro Fórum se transformou em fórum, pura e simplesmente. Prolongando-se até a manhã seguinte, até outros *paesi*, até Villafrati, até Mezzojuso, porque as pessoas dessas cidades que tinham ido a Godrano queriam fazer Teatro Fórum em suas cidades, para também discutir seus problemas.

No Teatro Fórum uma ideia nunca deve ser imposta. O Teatro Fórum não prega nada, não é dogmático, não tenta manipular as pessoas. No melhor dos casos, liberta os espect-atores, os incentiva e os transforma em atores — e em seres de ação.

Todas essas experiências se referem ao início do Teatro Fórum. As experiências mais recentes, sobretudo as realizadas pelo Centro de Teatro do Oprimido (CTO-RJ) com dezenove grupos de teatro popular em toda a cidade do Rio de Janeiro, durante o meu mandato como vereador na Câmara Municipal (1993-96), estão relatadas com detalhes no meu livro *Teatro Legislativo*.

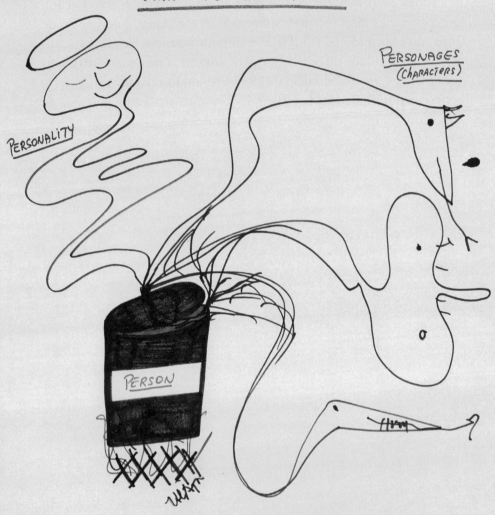

2. A estrutura de interpretação do ator

Neste capítulo explico o início do trabalho no Teatro de Arena de São Paulo, na fase "nacionalista" de valorização de tudo o que fosse nacional: buscava-se mesmo uma forma brasileira de interpretar.

A EMOÇÃO PRIORITÁRIA

Em 1956 comecei a trabalhar no Teatro de Arena, do qual fui diretor artístico até a data em que tive de sair do Brasil, em 1971, exilado.

Naquela época o teatro brasileiro passou a ser dominado por diretores italianos, que forçavam formatos pré-fabricados nas apresentações. No palco até se falava português com sotaque italiano. No Arena, criamos um Laboratório de Interpretação no qual estudamos metodicamente os trabalhos de Stanislávski, que era quase desconhecido no Brasil. Na Escola de Teatro do Serviço Nacional de Teatro, no Rio de Janeiro, eu havia assistido a algumas aulas de Luiza Barreto Leite e de Sadi Cabral sobre o grande diretor russo; em Nova York, tinha também assistido a algumas aulas no famoso Actors Studio, como ouvinte (diria mesmo como "vidente", porque via mais do que entendia o que escutava).

Nossa primeira proposta foi a de valorizar a emoção, torná-la primeira e prioritária, para que ela pudesse determinar, livremente, a forma final. Não queríamos valorizar o que chamavam naquela época de "técnica", isto é, representar sem realmente sentir nada do que se representava. Queríamos sentir.

Mas, como podemos esperar que as emoções se manifestem "livremente" através do corpo do ator, se tal instrumento (nosso corpo) está mecanizado, muscularmente automatizado e insensível em 90% das suas possibilidades? Uma nova emoção, quando a sentimos, corre o risco de ser cristalizada pelo nosso comportamento mecanizado, pelas nossas formas habituais de agir e de nos expressar. É como se vivêssemos dentro de escafandros musculares: seja qual for a emoção que sentirmos dentro dessa vestimenta, nossa aparência exterior será sempre a do escafandro.

Por que é que o corpo do ator está mecanizado? Pela incessante repetição de gestos e de expressões. Nossos sentidos têm enorme capacidade para registrar sensações e igual capacidade para selecionar e hierarquizar essas sensações; para exprimir nossas ideias e emoções, e para selecionar e hierarquizar essas emoções e essas ideias.

Por exemplo: o olho pode captar uma infinita variedade de cores, qualquer que seja o objeto da sua atenção — uma rua, uma sala, um quadro, um animal. Há muitos milhares de cores verdes, de tonalidades de verde, perfeitamente perceptíveis pelo olho humano. Mas o nosso olho cataloga, classifica os milhares de "verdes" dentro da gama de "verde", que engloba todos os "verdes". O mesmo se passa com o ouvido e os sons, e com os outros sentidos e suas sensações específicas — ouvimos milhares de sons e ruídos simultâneos, mas prestamos atenção em uns poucos, desprezando os restantes. Uma pessoa que conduz um carro tem à sua frente um desfilar torrencial de diferentes sensações. Andar de bicicleta implica uma complicadíssima estrutura de movimentos musculares e de sensações táteis, mas os sentidos selecionam os estímulos mais importantes e os processos musculares mais exatos para essa atividade. Cada atividade humana — desde a mais comum e corriqueira, como, por exemplo, andar a pé — é uma operação extremamente complicada, só possível porque os sentidos são capazes de selecionar; ainda que captem todas as sensações, os sentidos apresentam-nas à consciência segundo determinada hierarquia e segundo certa estrutura. Nós repetimos esse processo de filtragem durante toda nossa vida.

Isso torna-se mais claro quando uma pessoa sai do seu ambiente habitual, quando visita uma cidade desconhecida, em um país desconhecido: lá, as pessoas vestem-se de maneira diferente, falam com um ritmo diferente e diferentes melodias, os ruídos não são os mesmos, as cores são outras, as caras têm fisionomias diferentes. Tudo parece maravilhoso, inesperado, fantástico. Fica-se excitadíssimo ao absorver tantas sensações novas. Ao fim de alguns dias, os sentimentos aprendem novamente a selecionar e a estruturar os novos estímulos e volta-se à rotina anterior.

Imaginemos o que acontece quando um índio vem à cidade ou quando um habitante de um grande centro urbano se perde na selva. Para o índio, os ruídos da selva são perfeitamente naturais, reconhecíveis, e os seus sentidos acostumaram-se a selecioná-los e a ordená-los; ele consegue orientar-se pelo som do vento nas árvores e pela luminosidade do sol entre as folhas. Em contrapartida, o que para nós é natural e rotineiro pode enlouquecer o índio, incapaz de estruturar as sensações produzidas por uma grande cidade. O mesmo nos aconteceria se nos perdêssemos na selva.

Esse processo de estruturação e seleção produzido pelos sentidos leva à mecanização, porque os sentidos selecionam sempre os mesmos estímulos da mesma maneira.

Quando começamos com os Laboratórios de Interpretação, ainda não pensávamos nas *máscaras sociais*. Naquela época, a mecanização era entendida apenas sob uma forma puramente física: ao desenvolver sempre os mesmos movimentos, cada pessoa mecaniza o seu corpo para melhor efetuá-los, privando-se então de possíveis alternativas para cada situação original. Podemos rir de mil maneiras diferentes, mas quando nos contam uma piada não nos pomos a pensar num modo original de rir, e rimos sempre da mesma maneira, mais ou menos intensamente.

As rugas aparecem porque os nossos rostos não variam as suas expressões fisionômicas habituais; a repetição de determinadas estruturas musculares acaba por deixar a sua marca estampada em nossos rostos.

Que é o sectário senão uma pessoa (de direita ou de esquerda) que mecanizou todos os seus pensamentos e todas as suas respostas? Mesmo diante de novos fatos, reage de velhas maneiras, hábitos antigos.

O ator, como todo ser humano, tem suas sensações, suas ações e reações mecanizadas, e por isso é necessário começar pela sua "desmecanização", pelo seu amaciamento, para torná-lo capaz de assumir as mecanizações da personagem que vai interpretar. As mecanizações da personagem são diferentes das mecanizações do ator. É necessário que o ator volte a sentir certas emoções e sensações das quais já se desabituou, que amplifique a sua capacidade de sentir e de se expressar.

Numa primeira fase, fazíamos exercícios sensoriais, seguindo em linhas gerais as indicações de Stanislávski. Dou aqui alguns exemplos.

Exercícios musculares

O ator, depois de relaxar todos os músculos do seu corpo e de tomar consciência de cada músculo, concentrando-se nele mentalmente, andava uns passos, curvava-se, apanhava no chão um objeto qualquer — um livro, por exemplo — e, movendo-se muito lentamente, tentava memorizar todas as estruturas musculares que intervinham na realização desses movimentos. Em seguida, repetia exatamente a mesma ação, porém agora devia recorrer à memória, pois fingia apanhar um objeto do chão, ativando e desativando os músculos ao lembrar-se da operação anterior, mas sem que o objeto estivesse presente nesta segunda vez.

Faziam-se muitos exercícios desse gênero, variando o objeto (uma chave, uma cadeira, um sapato, um balde d'água) ou tornando as ações mais complexas: vestir-se ou despir-se, primeiro com roupa e depois sem ela. Ou andar de bicicleta, com e depois sem bicicleta, deitado de costas sobre o solo para libertar os braços e as pernas.

Em todos os exercícios, o importante era que o ator tomasse consciência dos seus músculos, da enorme variedade de movimentos que poderia realizar. Outros exercícios: andar como fulano, rir como beltrano etc. Não se visava à exata imitação exterior, mas sobretudo à compreensão interior dos mecanismos de cada movimento. O que é que leva fulano a andar dessa maneira? O que é que faz com que beltrano ria desse modo?

Exercícios sensoriais

O ator ingere uma colher de mel; a seguir, um pouco de sal; depois, açúcar. Seguidamente terá que recordar os gostos e manifestar fisicamente todas as reações que acompanham a ingestão de açúcar, sal, mel etc.

Não se trata de fazer mímica: cara feia para o sal e rosto angelical para o açúcar e o mel, mas sim de sentir novamente as mesmas sensações, "de memória". O mesmo se pode fazer com cheiros.

Um exemplo: púnhamos música para tocar, e vários atores escutavam-na, prestando muita atenção à melodia, ao ritmo e ao compasso. Depois, em conjunto tentavam "ouvir" mentalmente a mesma música, dentro do mesmo ritmo e compasso, com os olhos fechados. Ao meu sinal, os atores tinham que começar imediatamente a cantá-la a partir da parte que estava sendo "ouvida" mentalmente, no momento em que eu dava o sinal: se houvesse coincidência, era porque todos estavam concentrados e haviam reproduzido com perfeição a música (melodia, ritmo e compasso).

Exercício de memória

Fazíamos exercícios de memória muito fáceis e cotidianamente. Antes de dormir, cada qual procurava lembrar-se minuciosa e cronologicamente de tudo o que se passara durante o dia, com o máximo de detalhes: cores, formas, fisionomias e tempo, revendo quase fotograficamente tudo o que se vira, reouvindo tudo o que se ouvira etc. Era frequente, também, que, ao chegar ao teatro, alguém perguntasse a um ator o que se passara desde a noite anterior, tendo ele que relatar todas as suas ações com todos os pormenores.

Era particularmente interessante fazer esse exercício quando dois ou mais atores tinham participado do mesmo acontecimento: uma festa, uma assembleia, um espetáculo teatral ou um jogo de futebol. O grupo comparava os dois relatos e procurava-se entender o porquê das divergências.

Os exercícios de memória podiam igualmente referir-se a coisas passadas há muitos anos. Por exemplo, cada ator fazia um relato pormenorizado de como tinha sido o seu casamento: quem assistiu, que música tocou, o que se comeu, como era a casa etc. Ou como tinha sido o enterro de um ente querido. Ou como foi no dia em que o Brasil, jogando contra o Uruguai, perdeu, absurda e inesperadamente, o Campeonato Mundial de Futebol, em 1950, no estádio do Maracanã: em que rádio ouviu o jogo? (Ainda não tínhamos TV.) Assistiu ao jogo? As pessoas choravam? Como? Que pessoas? Como dormiu naquela noite? Dormiu? Teve sonhos? Que sonhos? etc. etc.

Nos exercícios de memória, o mais importante é tentar lembrar-se de uma grande riqueza de pormenores concretos. É igualmente necessário que esse tipo de exercício seja praticado com absoluta regularidade, quase como rotina diária, de preferência em determinado momento do dia. Serve para desenvolver a memória, mas também para aumentar a atenção: cada qual sabe que terá de lembrar-se de tudo o que vê, ouve e sente, e assim aumentará extraordinariamente a sua capacidade de atenção, concentração e análise.

Exercícios de imaginação
Faziam-se muitos, semelhantes aos que são descritos mais à frente (câmara escura, contar uma história etc.)

Exercícios de emoção
Há um muro entre o que sente o ator e a forma final como expressa esse sentimento. Esse muro é formado pelas mecanizações do próprio ator. O ator sente as emoções de Hamlet: assim, sem o querer, expressará as emoções de Hamlet na forma com a qual expressaria suas próprias emoções, como ser humano. Mas o ator poderia igualmente escolher, entre as mil maneiras de sorrir, aquela que, segundo crê, seria a de Hamlet; entre as mil maneiras de se enfurecer, a que, segundo ele, seria a de Hamlet. Entre as mil maneiras de se angustiar ao pensar em "ser ou não ser", qual seria a de Hamlet?

Para tanto, deve-se começar por destruir o muro de mecanizações, a "máscara" do próprio ator. O teatro que se praticava comumente em São Paulo, naquela época (falo de 1956 até 1960, mais ou menos), pelo contrário, procurava fortalecer esse muro, endurecer ainda mais essas mecanizações, as "marcas registradas" de cada ator ou atriz, tentando criar as personagens sobre esse muro e sobre essas mecanizações; os atores não desempenhavam um papel, mas estavam sempre representando eles mesmos: as estrelas. Não era de admirar, portanto, que duas Antígonas, tão diferentes no texto, fossem tão iguais no palco; que uma peça de Górki fosse representada com uma cadência rítmica de voz igual à de uma personagem de Goldoni. Era uma escolha estética, e cada diretor faz a sua: respeito todas, mas não comungo com esta.

Nós queríamos que o ator pudesse anular as suas características pessoais e fizesse florescer outras: as da personagem. Estes e outros exercícios serviam para anular a chamada "personalidade" do ator (a sua forma e o seu molde, a sua máscara) e para permitir que nascesse a "personalidade" da personagem, que era, necessariamente, outra.

Mas como chegar a essa forma? Para nós, primeiro era necessário sentir as emoções da personagem como se fossem nossas (o mágico "se" de Stanislávski) e essas emoções encontrariam, no corpo descontraído do ator, a forma adequada e eficaz para transmitir ao espectador, e nele despertar emoções iguais às suas. Naquela época isso era o suficiente para nós.

Os exercícios de emoção passaram a ser rotineiros no Teatro de Arena; os atores praticavam-nos no palco ou em qualquer lugar, no escritório, na rua, nos restaurantes. Até no banheiro — falo no sentido literal. Todos os dias cada ator fazia pelo menos dois ou três exercícios de laboratório. Naquela época, a grande maioria dos nossos atores era muito jovem, sem grandes problemas financeiros, podendo, portanto, dedicar todas as horas do dia aos exercícios e aos espetáculos. Tiveram assim a possibilidade de praticar em conjunto, com os seus corpos e as suas emoções, sem ter que abandonar os estudos teóricos.

Frequentemente, as dificuldades da vida profissional fazem com que alguns atores estudem apenas enquanto frequentam as escolas e as faculdades; depois profissionalizam-se e passam a vida sem fazer nenhum outro treinamento, estudando apenas os diálogos das suas personagens. No Teatro de Arena, durante alguns anos, isso não aconteceu. E ao longo desses anos pudemos comprovar como é falso e antiartístico o sistema de produções isoladas, em que o ator trabalha numa produção e a seguir noutra e noutra ainda, sem a possibilidade de aprofundar o seu estudo conjuntamente com outros atores empenhados na mesma pesquisa. Pelo contrário, é extraordinariamente importante para os atores o trabalho coletivo, orientado para uma pesquisa comum. A produção isolada serve aos interesses empresariais — ainda que legítimos; os grupos permanentes, os *ensembles*, servem à arte teatral, aos atores e à função social e política do teatro.

Os exercícios de emoção, além disso, são fascinantes de ver e de praticar. Em dado momento do nosso desenvolvimento, chegamos a atribuir uma importância desmedida à emoção (todavia, não era muito clara para nós a importância da "ideia").

A partir de 1960, Stanislávski passou a ser largamente utilizado também em vários outros elencos teatrais brasileiros. Por vezes sucediam casos curiosos e aplicações discutíveis dos ensinamentos stanislavskianos sobre a "memória emotiva". Lembro-me do que aconteceu num teatro universitário da cidade de Salvador, Bahia. Um encenador norte-americano foi convidado a ensinar Stanislávski e a montar uma obra; escolheu *Um bonde chamado desejo*, de Tennessee Williams. Os ensaios iam bastante adiantados, quando o encenador decidiu trabalhar "em laboratório" a cena de Stella e Blanche DuBois no dia seguinte à tremenda luta entre as duas e Stanley Kowalski. Não havia maneira de conseguir fazer a cena; ensaiavam e tornavam a ensaiar, mudavam tudo, improvisavam, mas não havia maneira: a cena saía sempre sem a menor convicção. Até que o encenador decidiu recorrer às improvisações de memória emotiva. Ainda dessa vez a cena não teve o resultado desejado. O encenador explicou então à atriz que fazia o papel de Stella: "O problema é este: Stella lutou mortalmente com o marido, defendendo sua irmã. Mas ele chorou, ela se comoveu muito ao vê-lo tão frágil, ele a tomou nos braços, levou-a para o quarto, fizeram amor durante toda a noite, foi uma noite de loucura, e depois ela foi dormir... Ora, veja: a cena começa na manhã seguinte. Stella acorda depois de uma noite maravilhosa com muito sexo, está ainda cansadíssima, mas contente, sorri o tempo todo, está feliz. É uma mulher feliz. E isso é precisamente o que eu não sinto na sua interpretação. Vamos fazer assim: um exercício de memória emotiva. Procure recordar a noite mais bela da sua vida, a noite mais plenamente sexual, porque é isso que falta à cena...".

A pobre moça tímida olhou para ele assustada e confessou: "Eu sou virgem, *mister*".

Houve um momento em que ninguém soube o que dizer. Parecia que em tal caso não se poderia utilizar a memória emotiva stanislavskiana. Então, o ator que fazia Stanley deu uma ótima sugestão: "Não importa. Ela pode tentar lembrar de algo que lhe deu a maior felicidade... e pronto... depois se faz a transferência... Sei lá... O mágico 'se' não é isso?".

O encenador aceitou a proposta, foi feito o exercício e, em seguida, a cena, que saiu maravilhosa. Todos ficaram contentes, felizes, excitados e perguntaram à jovem como havia conseguido, o que fizera para adquirir aquele rosto tão sensual, tão feliz, tão atraente. Ela disse a verdade: "Olhem, enquanto falávamos de sexo e de como Stanley era maravilhoso na cama, eu me lembrei de uma tarde cheia de sol, quando comi três sorvetes seguidos debaixo de um coqueiro na praia de Itapuã...".

Esses casos de "transferência" extrema não são raros. Na verdade, é absolutamente inevitável um grau maior ou menor de "transferência": uma pessoa recorda a emoção que sentiu em determinadas circunstâncias, que aconteceram a ela e só a ela, e que são absolutamente singulares; ao serem transferidas para a personagem, é claro que mudam um pouco. Eu nunca matei ninguém, mas tive vontade disso: procuro lembrar-me da vontade que tive e faço a transferência para Hamlet quando mata o tio. A transferência é inevitável, porém não creio que se deva ir tão longe como no caso que conta Robert Lewis, relativamente a um ator famoso que fazia o público chorar quando puxava o revólver durante uma cena patética e apontava para a própria cabeça, preparando o dedo enquanto falava da inutilidade da sua vida, quase disparando o balaço final. O ator emocionava a plateia e a si próprio; os espectadores choravam quando o viam chorar, soluçavam quando ouviam a sua voz soluçante.

Quando Lewis lhe perguntou como conseguira tamanho impacto, tanta emoção transbordante, aquele tremendo choque no público e nele próprio, o ator respondeu: "Memória emotiva, meu velho. Você não leu Stanislávski? Pois aí está".

"Ah, sim...", disse Lewis. "Alguma vez você teve vontade de se matar, usou a memória emotiva e pronto... Foi assim?"

"Vontade de me matar? Eu amo a vida, meu velho. Nada disso."

"Então?"

"É o seguinte: quando levo o revólver à cabeça, tenho que pensar em alguma coisa triste, ameaçadora, terrível. Bom. E é isso que faço. Você se lembra que, quando aponto o revólver, olho para cima? É esse o segredo: eu me lembro de quando era pobre e vivia numa casa sem aquecimento ou luz elétrica, e sempre que tomava banho era de água fria. Aponto o revólver para a cabeça, olho para cima, para a ducha, penso na água fria caindo no meu corpo... Ah, meu velho, como sofro, como me vêm lágrimas aos olhos!"

RACIONALIZANDO A EMOÇÃO

Um exercício intenso de memória emotiva, ou qualquer exercício de emoção em geral, é muito perigoso se não se fizer, posteriormente, uma "racionalização" do que se passou. O ator descobre coisas importantes quando se aventura a sentir emoções em determinadas circunstâncias. Há casos extremos. Uma atriz famosa deixava-se levar de tal modo pela emoção no papel de Blanche DuBois que acabou por ser internada num hospital para doentes mentais. Isso não quer dizer que devemos rejeitar os exercícios de emoção; pelo contrário: deve-se fazê-los, mas com o objetivo de compreender a experiência, e não apenas senti-la.

Deve-se saber por que uma pessoa se emociona, qual a natureza dessa emoção, quais as suas causas e não apenas saber como se emociona.

O "porquê" é fundamental, pois para nós a experiência é importante; mas o "significado" da experiência é ainda mais importante. Queremos conhecer os fenômenos, mas sobretudo queremos conhecer as leis que regem os fenômenos. Para isto serve a arte: não só para mostrar como é o mundo, mas também para mostrar por que é assim e como se pode transformá-lo. Espero que ninguém esteja satisfeito com o mundo tal qual é: por isso há de transformá-lo.

A racionalização da emoção não se processa apenas depois de a emoção desaparecer, ela é imanente à própria emoção. Razão e emoção são indissociáveis. Existe uma simultaneidade entre o sentir e o pensar.

Dou um exemplo que se passou comigo. Senti uma das mais fortes emoções da minha vida quando morreu meu pai. Durante o velório, o enterro e a missa do sétimo dia, embora estivesse verdadeira e profundamente emocionado, nunca deixei de ver e analisar as coisas estranhas que acontecem em rituais como a missa, o enterro e o velório. Lembro-me de como mudavam as flores no caixão e da maneira fria e objetiva com que o homem explicava a necessidade de mudar as flores para o caixão ficar mais bonito. Lembro-me da cara de cada uma das pessoas que nos davam os pêsames, cada qual refletindo a sua maior ou menor amizade para conosco, para com a nossa família; lembro-me da expressão do rosto cansado do padre, talvez fosse o quarto ou quinto enterro do dia a que assistia.

Lembro-me de tudo porque analisei tudo no momento mesmo em que acontecia, sem que por isso me emocionasse menos. Era o meu pai, e por ele sempre tive a maior ternura.

Dou esse exemplo que se passou comigo, mas isso acontece, ou pode acontecer, a toda gente. Talvez aconteça mais frequentemente aos escritores, uma vez que são analistas por vocação. O exemplo de Dostoiévski é extraordinário. Em *O idiota*, o autor descreve com perfeição e riqueza de pormenores os ataques de epilepsia do protagonista. Dostoiévski era epiléptico e conseguia manter, durante os seus ataques, uma lucidez e uma objetividade suficientes para recordar as suas emoções e sensações e para ser capaz de descrevê-las e utilizá-las nos seus romances.

Nesse caso, o autor descreve suas emoções depois de tê-las sentido; mas o caso de Proust é ainda mais extraordinário, mais fantástico e não obstante real: enquanto estava morrendo, ditava à sua secretária um longo capítulo sobre a morte de um escritor, para adicionar a morte de Bergotte em *A prisioneira*, a quinta parte de seu romance *Em busca do tempo perdido*. E tinha objetividade suficiente para dizer à secretária em que páginas devia entrar esse capítulo, em que novela, e as alterações que ela deveria fazer nas novas edições: agora que realmente estava morrendo, corrigia a morte fictícia que tinha descrito anteriormente. E, quando acabou de descrever a agonia do escritor, morreu.

Não nos interessa se há aqui verdadeira simultaneidade, ou uma rapidíssima intermitência razão-emoção. O importante é assinalar o erro e corrigir os atores para quem tudo consiste em "emocionar-se".

Quando um ator se mostra incapaz de sentir, durante os ensaios, uma verdadeira emoção, é pena, e não se trata de um verdadeiro ator. Mas o ator que se descontrola, que se perde na ação da personagem, não comete erro menor.

Muitas vezes o descontrole é falso, trata-se de puro exibicionismo. Certo ator tornou-se famoso pela violência com que representava o papel de Otelo de forma terrivelmente emocionante e perigosa... para a atriz que representava Desdêmona. Quando se sentia possuído pela personagem, por várias vezes procurava estrangular Desdêmona a sério. Mais de uma vez tiveram que baixar o pano. As pessoas impressionavam-se com o tremendo poder de emoção desse ator. Na minha opinião, pelo contrário, acho que se deve denunciá-lo ao Sindicato dos Atores ou à polícia.

Isto deve ficar claro: a emoção "em si", desordenada e caótica, não vale nada. O importante na emoção é o seu significado. Não podemos falar de emoção sem razão ou, inversamente, de razão sem emoção: uma é o caos e a outra, matemática pura. É isso que diferencia aquilo que chamamos de ação dramática de mera atividade física. Bater uma porta pode ser uma ação dramática, contanto que a ação tenha um significado preciso, uma razão ou uma ideia por trás. Sem motivo ou ideia se trata apenas de uma atividade física.

À PROCURA DO TEMPO PERDIDO

Falei de Proust e convém desenvolver outro conceito proustiano que muito útil nos foi nessa época e tem a ver com o teatro empático stanislavskiano: o conceito de "procura de tempo perdido". Para Proust, nós só reconquistamos o tempo perdido (perdido ao vivê-lo) através da memória. Diz ele que, enquanto vivemos, não somos capazes de sentir plena e profundamente uma experiência porque não podemos dirigir essa experiência, a qual fica sujeita a mil e uma circunstâncias imponderáveis. A nossa subjetividade está escravizada à objetividade da realidade. Se amamos uma mulher, tantos são os acidentes do amor que não podemos desfrutá-lo e vivê-lo profundamente, a não ser quando, na procura do tempo perdido, o reencontramos na nossa memória. Na realidade objetiva, o amor está misturado com coisas menos essenciais: um ônibus que se atrasa, um encontro dificultoso, falta de dinheiro, incompreensões etc. Mas quando reconquistamos, através da memória, o episódio vivido, podemos purificar esse amor de tudo o que não lhe era essencial, e assim reconquistar o tempo perdido, e vivê-lo (ou revivê-lo? ou vivenciá-lo?) na memória.

Isso, segundo Proust, sucede não relativamente a um amor passado, mas a toda experiência vivida. Uma de suas personagens, Swann, pensa estar completa e loucamente apaixonada pela sua amada, sofre todos os horrores de incompreensão amorosa, até que, passado muito tempo, se separam. Anos depois, quando se encontra com a ex-amada, sofre um choque. Procura recordar tudo o que lhes acontecera, "ordena" a experiência vivida, revê subjetivamente todos os fatos sucedidos e conclui: "Como pude eu suportá-la durante tantos anos? Ela nem sequer era o meu tipo!".

Proust propõe inteira liberdade subjetiva para ordenar os fatos passados, as experiências vividas, despojadas precisamente daquilo a que poderíamos chamar vida. O "reviver", o "vivenciar", após o "viver". Nesse sentido, Proust tem muito a ver com o teatro stanislavskiano, que, de certo modo, também é "memória" — memória revivida, vivenciada. Toda vez que um ator representa uma figura, ele a representa pela primeira e última vez. Assim como nós vivemos cada minuto de nossas vidas pela primeira e última vez.

Há muito de proustiano em Stanislávski, e vice-versa. O ator deve ter, durante os ensaios, todo o tempo necessário para, fazendo exercícios (especialmente os de memória emotiva), reconquistar o "tempo perdido", ordenar subjetivamente a experiência viva, quer dizer, a da cena e a dos outros personagens e seus conflitos, que no teatro devem ser mostrados como atuais — acontecendo aqui e agora, diante dos espectadores! —, e não como recordações do passado.

No Arena, trabalhei com um ator de imaginação tão rica que inclusive imaginava como deviam ser as outras personagens e relacionava-se com elas tal como ele as via, sem se relacionar com os outros atores tal como ali se apresentavam. Essa hipertrofia da subjetividade era visível e notável nos atores saídos do Actors Studio. Todos pensavam tanto, imaginavam tantas coisas para cada frase, para cada "Bom dia, como vai?", para cada palavra que diziam, que a sua interpretação era extraordinariamente lenta e cheia de ações e atividades laterais e secundárias. Nenhum ator respondia a uma pergunta sem antes acariciar o corpo, coçar a cabeça, respirar fundo, assobiar, torcer o pescoço, olhar de soslaio, franzir o sobrolho e então, finalmente, responder que sim ou que não.

Esse tipo de interpretação sobrecarregada de intenções chegava mesmo ao extremo de mudar o estilo da peça que, de realista que era, tornava-se expressionista: o tempo real era o tempo subjetivo da personagem e não o tempo objetivo da inter-relação de personagens. Tchekhov, em muitas montagens baseadas nos seus textos, sofre com isso, quando os diretores não percebem que, nele, quando uma personagem lembra, o importante não é apenas a coisa lembrada, mas o fato de lembrá-la aqui e agora, diante desta ou daquela outra personagem. Teatro é sempre aqui e agora, mesmo quando a personagem começa por dizer "Você se lembra...?".

Ao compreender isso, compreendemos igualmente que a criação do ator deve ser, fundamentalmente, a criação de inter-relações com os outros atores (personagens). No início do nosso trabalho com Stanislávski, criávamos lagoas de emoção, profundas lagoas emocionais, mas a empatia, a ligação emocional personagem-espectador, é necessariamente dinâmica. Um excesso de proustianismo e de subjetividade pode levar à ruptura das relações entre as personagens e a criação de lagoas de emoção isoladas. Temos, ao contrário, que criar rios em movimento dinâmico, em lugar da mera exibição da emoção. Teatro é conflito, luta, movimento, transformação, e não simples exibição de estados de alma. É verbo, e não simples adjetivo.

A partir dessa constatação, começamos a dar mais valor ao conflito como fonte de teatralidade: a emoção dialética, como a chamávamos então. E verificamos que a emoção dialética é a forma de "emitir" o que se poderia chamar "subonda".

Explico: os seres humanos são capazes de "emitir" muito mais mensagens do que as que têm consciência de estar emitindo. E são capazes de receber muito mais mensagens do que as que supõem que estão recebendo. Por isso, a comunicação entre dois seres humanos pode-se dar em dois níveis: consciente ou inconsciente, quer dizer, em onda ou em "subonda", que é toda comunicação que se processa sem passar pela consciência.

Frequentemente, um ator representa o mesmo papel da mesma maneira em dois espetáculos consecutivos e pode acontecer que, num deles, os espectadores sejam totalmente apanhados pela empatia, e no outro não. No entanto, o ator tem a impressão de que interpretou as duas vezes exatamente da mesma forma.

Por que isso sucede? Porque, no segundo caso, a "subonda" do ator transmitia mensagens que nada tinham a ver com as que ele transmitia em onda, isto é, conscientemente. Podia estar declamando as angústias da personagem e pensando no que fazer depois do espetáculo...

O que faz com que as mensagens em onda e em subonda sejam absolutamente idênticas é a concentração do ator. Este nunca deve permitir uma mecanização que o leve a fazer coisas sempre iguais enquanto pensa noutra coisa. O ato de representar (atuar, interpretar) deve significar a completa entrega do ator à sua tarefa. E sua tarefa é o conflito. Se dois atores em uma cena ficarem tão atentos um ao outro quanto dois lutadores de boxe durante uma luta, então a cena será dinâmica e atraente. Se um dos dois só estiver preocupado com si mesmo, a cena ficará fragmentada e entediante.

ESTRUTURA DIALÉTICA DA INTERPRETAÇÃO

Devo explicar agora cada um dos elementos de uma interpretação dialética, tal como a praticávamos no Teatro de Arena de São Paulo.

A vontade
O conceito fundamental, para o ator, não é o ser da personagem mas o "querer". Não se deve perguntar quem é, mas o que quer. A primeira pergunta pode conduzir à formação de lagoas de emoção, enquanto a segunda é essencialmente dinâmica, dialética, conflitual e,

portanto, teatral. Mas a vontade escolhida pelo ator não pode ser arbitrária, antes será necessariamente a concreção de uma ideia, a tradução, em termos volitivos — eu quero! —, dessa ideia ou tese. A vontade não é a ideia: é a concreção da ideia. Não basta querer ser "feliz" em abstrato: é preciso criar algo que nos faça feliz. Não basta querer "poder e glória" em geral, há que concretamente querer matar o rei Duncan em circunstâncias muito concretas e objetivas. Portanto: ideia = vontade concreta (em circunstâncias determinadas).

Exercer uma vontade significa desejar alguma coisa, a qual deverá necessariamente ser concreta. Se o ator (ou atriz) entra em cena com desejos abstratos de felicidade, amor, poder etc., isso de nada lhe servirá; pelo contrário, terá que objetivamente querer fazer amor com fulana em circunstâncias concretas para, então, ser feliz e amar. É a concreção, a objetividade da meta que faz com que a vontade seja teatral. Todavia, essa meta e essa vontade, devendo ser concretas, devem ao mesmo tempo possuir um significado transcendente. Não basta que Macbeth deseje matar Duncan e herdar sua coroa. A luta entre Macbeth e todos os seus adversários não se reduz a lutas psicológicas entre gente que quer disputar o poder. Há uma ideia superior que está em discussão em toda a obra e que as personagens concretizam nas suas vontades. Duncan significa a legalidade feudal, Macbeth significa o advento da burguesia nascente — o direito do "eu posso" contra o direito do berço. Um tem o direito por nascimento, o outro tem o maquiavélico direito pelo seu próprio valor — ao qual Maquiavel chamava *virtù*. A ideia central dessa obra é a luta entre a burguesia e o feudalismo, e as vontades das personagens concretizam essa ideia central. A escolha da vontade, portanto, repito, não é arbitrária.

Da ideia central da obra deduzem-se as ideias centrais de cada personagem. Nesse caso, a ideia central da personagem Lady Macbeth, por exemplo, é a afirmação da *virtù* individual (burguesia) contra os direitos de linhagem. A ideia central da personagem deve responder ao "objetivo principal" stanislavskiano: ideia e vontade são uma e a mesma coisa, a primeira sob a forma abstrata e a segunda sob uma aparência concreta.

Uma vez escolhida a ideia central da obra, deve a mesma ser absolutamente respeitada, para que todas as vontades cresçam dentro de uma estrutura rígida de ideias. Essa estrutura de ideias é o esqueleto. Por isso, há que estabelecer qual é a ideia central da peça (ou do espetáculo) e a partir daí deduzir as ideias centrais de cada personagem, de modo que essas ideias centrais se confrontem num todo harmônico e conflitual (IDEIA CENTRAL = TESE × ANTÍTESE).

Ao observar a identidade "ideia = vontade" como criadora da emoção, devemos ter em conta que nem todas as ideias são teatrais. Ou melhor: são teatrais todas as ideias "em situação", e não na sua expressão abstrata. A ideia de que 2 × 2 = 4, por exemplo, pode não ser emocionante. Mas, se tomarmos essa mesma ideia em situação, quer dizer, na sua concreção dentro de circunstâncias específicas, se a traduzirmos em termos de vontade, poderemos chegar à emoção. Se se tratar de uma criança que procura desesperadamente aprender as primeira noções de aritmética, a ideia de que 2 × 2 = 4 pode ser tão emocionante como quando Einstein, com intensa vontade em circunstâncias específicas, descobre maravilhado que $E = mc^2$ é a fórmula da transformação da matéria em energia, coroando "concretamente" toda uma investigação científica "abstrata".

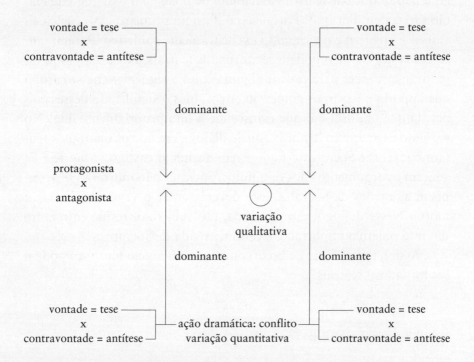

A estrutura de interpretação do ator

Em resumo: toda ideia, por mais abstrata que seja, pode ser teatral sempre que se apresente na sua forma concreta, em circunstâncias específicas em termos de vontade. Então se estabelecerá a relação ideia-vontade-emoção-forma teatral; quer dizer, a ideia abstrata, transformada em vontade concreta em determinadas circunstâncias, provocará no ator a emoção que, por si própria, irá descobrir a forma teatral adequada, válida e eficaz para o espectador.

O problema do estilo e outras questões surgem depois. Isto deve ficar bem claro: a essência da teatralidade é o conflito de vontades. Essas vontades devem ser subjetivas e objetivas ao mesmo tempo. Essas vontades devem perseguir metas que sejam também subjetivas e objetivas, simultaneamente. Vejamos dois exemplos: uma luta de boxe é um conflito de vontades, os dois antagonistas sabem perfeitamente o que querem, sabem como consegui-lo e lutam por isso. No entanto, uma luta de boxe não é necessariamente teatral. Também um diálogo de Platão apresenta personagens que exercem com intensidade as suas vontades: pretendem umas convencer as outras das suas próprias opiniões. Existe aqui igualmente um conflito de vontades. Mas também aqui não se trata de teatro. Nem a luta de boxe nem o diálogo de Platão são teatro. Por quê? Porque o conflito no primeiro caso é exclusivamente objetivo e no segundo exclusivamente subjetivo. Porém, tanto um como o outro podem ser tornados teatrais. Por exemplo: o lutador quer vencer para provar alguma coisa a alguém — nesse caso, o que importa não são os golpes objetivos, mas o significado desses golpes. O que importa é o que transcende à luta propriamente dita. No segundo caso, quero lembrar aquele diálogo em que os discípulos tentam convencer Sócrates a fugir e não aceitar o castigo, a morte.[1] Se vencem os argumentos dos discípulos, Sócrates não morrerá. Se se impõem as razões de Sócrates, este deverá tomar o veneno e aceitar a morte. Nesse diálogo, tão filosófico, tão subjetivo, reside entretanto um fato objetivo importante e central: a vida de Sócrates.

Assim, tanto a luta de boxe como uma discussão filosófica podem ser tornados "teatrais".

---

[1] Referência ao diálogo *Fédon*. (N. da E.)

Contravontade

Nenhuma emoção é pura, permanentemente idêntica a si mesma. O que se observa na realidade é o contrário: queremos e não queremos, amamos e não amamos, temos coragem e não a temos. Para que o ator viva de verdade em cena, é necessário que descubra a contravontade de cada uma das suas vontades. Em alguns casos, isso é óbvio. Hamlet está permanentemente querendo vingar a morte do pai e, ao mesmo tempo, não quer matar o tio, quer ser e quer não ser, a vontade e a contravontade revelam-se concreta e visivelmente ao espectador. O mesmo se passa com Brutus, que quer matar Júlio César, mas luta interiormente com a sua contravontade, o amor que sente por Júlio César. Macbeth quer ser rei, contudo hesita em assassinar o seu hóspede.

Noutros casos a contravontade não é tão aparente: Lady Macbeth parece monomotivada e sem conflito interior; o mesmo sucede com Cássio procurando convencer Brutus, ou com Iago em relação a Otelo. Seja, porém, qual for o grau de evidência da contravontade, ela deve existir sempre, deve ser analisada pelo ator em ensaios especiais, para que este possa efetivamente viver a personagem, aprofundá-la e realizá-la, e não apenas ilustrá-la.

Isso é importante para qualquer personagem, até para se poder interpretar um anjo medieval: há que estudar e sentir a sua contravontade, a sua hostilidade para com Deus. Quanto mais um ator puder desenvolver a contravontade, mais energicamente aparecerá a vontade. Reparem por exemplo em *Romeu e Julieta*: não é possível encontrar duas personagens que mais se amem, que mais se queiram, que menos contravontade aparentemente tenham — são pura vontade, puro amor. Mesmo assim, analisem a fonte de teatralidade de suas cenas e verão que existe sempre um conflito; conflito deles com os outros, deles com eles mesmos, de um com o outro. Vejam, por exemplo, a cena do rouxinol e da cotovia: ela quer que ele fique, que se amem uma vez mais; ele teme por sua vida, quer ir embora; ela vence; ele quer ficar; agora ela já não quer. Meu Deus, que menina!

Insisto: se um ator vai representar o papel de Romeu, deve amar a sua Julieta, é claro, não digo o contrário, mas deve igualmente procurar e sentir a sua contravontade: Julieta, por mais amorosa que seja, por mais bela, não deixa de ser, às vezes, vez por outra, uma chatinha, uma menina irritante e autoritária. O mesmo deve pensar Julieta do seu Romeu. E, porque têm também tais contravontades, devem ser as vontades ainda mais fortes e deve o amor explodir com maior energia e violência entre esses dois seres humanos de carne e osso, de vontades e contravontades.

O ator que usa só a vontade acaba ficando, em cena, com cara de parvo. Fica igual a si mesmo o tempo todo. Ama, ama, ama, ama, ama... A gente olha e lá está aquela cara amorosa; cinco minutos depois, a mesma cara; segundo ato, sempre igual. Quem se interessa em olhá-lo? O conflito interno de vontade e contravontade cria a dinâmica, cria a teatralidade da interpretação, e o ator nunca estará igual a si mesmo, porque estará em permanente movimento, para mais ou para menos, mesmo que não mude a qualidade.

Não se trata de procurar uma vontade contraditória dentro da personagem. É muito mais do que isso. Por exemplo: não se trata de contrapor a vontade que Iago tem de persuadir Otelo a matar Desdêmona ao medo que ele sente de que se descubra o seu plano. Não, não é isso. Há que procurar todo o amor por Otelo que existe em Iago: o seu ódio também é amor. A mesma emoção é dialética, não se trata de duas emoções que se contrapõem. O que não impede que, além da emoção-ódio (ódio contra amor), coexistam outras: medo etc. Mas, se também existe o medo, essa mesma emoção-medo, essa vontade de não fazer, deve ser dialética: assim, existirá também a coragem, a vontade de fazer como contravontade. Em termos gráficos vetoriais, teríamos algo parecido com o seguinte gráfico:

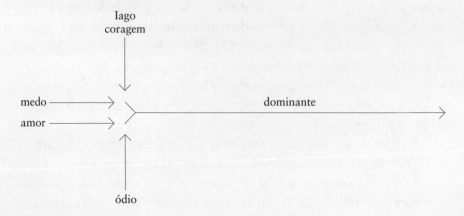

É importante que os atores trabalhem sempre as suas personagens em termos de vontade e contravontade: esse conflito fará com que o ator esteja sempre vivo, dinâmico em cena, sempre em movimento interior; se não houver contravontade, o ator permanecerá sempre idêntico a si mesmo, sempre estático, não teatral.

A vontade dominante

Do conflito interior entre vontade e contravontade resulta sempre, externamente, uma dominante, que é a vontade que se manifesta em conflito com as outras personagens. Por mais que os atores devam procurar todas as vontades e contravontades nas suas personagens, deverão sempre sintetizá-las à vontade dominante, que é formada pelo conflito de todas essas vontades. Quando o ator desenvolve, em grau extremo, as vontades interiores e não as exterioriza objetivamente, corre o risco de subjetivar demasiado sua personagem, tornando-a irreal. Quando o ator se compraz em mostrar a vida interior de sua personagem, esquecendo-se da realidade objetiva, quando o conflito entre a vontade e a contravontade passa a ser para ele mais importante que o conflito entre uma personagem e outra (quer dizer, dominante de um *versus* dominante de outro), acaba por interpretar uma autópsia da personagem, e não uma personagem viva, real, presente.

O que me parece realmente importante é que o ator tenha tempo para ensaiar cada uma das suas vontades e contravontades isoladamente, a fim de melhor compreendê-las e senti-las, como um pintor que primeiro escolhe as cores isoladas para depois misturá-las na tela. As vontades (e as ideias a que respondem, bem como as emoções que ocasionam) são as cores do ator; ele deve poder conhecê-las, gozá-las para depois usá-las. Por isso fazíamos tantos exercícios de "motivação isolada", "contravontade", "pausa artificial", "pensamento contrário", "circunstâncias opostas" etc., e todos tinham por objetivo proceder a essa análise. Mas devemos ter sempre presente que, em cada momento, há uma dominante que se impõe, mesmo que se trate de uma personagem tchekhoviana, impressionista, feita de mil pequenas vontades e contravontades. Sem fortalecer a dominante, torna-se impossível estruturar o espetáculo. Por mais que se voltem para dentro, as personagens vivem para fora. Por isso a "inter-relação" é fundamental.

A dominante de cada personagem, nas diferentes visões de uma mesma peça, nas diferentes concepções de diferentes diretores, dependerá naturalmente da ideia central que se estabelecer para cada versão dessa peça; mas todas as outras ideias possíveis poderão igualmente estar contidas, como vontades complementares dentro da personagem.

Um exemplo esclarecerá o assunto: de que trata a peça *Hamlet*? De um problema psicológico familiar ou de um golpe de Estado? Qual a ideia central?

Ernest Jones escreveu um livro sobre Hamlet em que analisa a incapacidade deste para se decidir a matar o rei Cláudio. Segundo ele, há uma identidade entre Hamlet e Édipo. Hamlet, no seu subconsciente, queria matar o pai e casar com a mãe. Outro homem, no entanto, é quem realiza essas duas ações que ele queria realizar. Hamlet identifica-se com esse homem, o rei Cláudio. Quando descobre que Cláudio é o assassino de seu pai, quer vingar-se, quer matá-lo. Mas como fazê-lo? Isso equivaleria a um suicídio. O dever filial de vingar a morte do pai luta contra o medo de matar um homem com quem se identificou subconscientemente. E Hamlet adia a execução todas as vezes que tem oportunidade de justiçá-lo. Entretanto, já no final da tragédia, quando Hamlet descobre que a espada com que Laertes o feriu estava envenenada e que morrerá fatalmente, então se decide a matar Cláudio e ele o faz sem nenhuma hesitação, nesse mesmo instante, como se pensasse: "Já estou morto, de modo que vou destruir completamente, neste homem, meu outro eu".

Mas Hamlet também pode ser analisado do ponto de vista do país e não da família, podendo-se escolher para ideia central o golpe de Estado planejado por Fortimbrás.

As duas ideias centrais (e há uma infinidade de outras possíveis) são completamente diferentes. A que for escolhida determinará as ideias centrais de cada personagem e determinará quais serão as dominantes, as vontades, fazendo, por sua vez, com que todas as outras ideias e vontades possíveis apareçam como contravontades. O amor de Hamlet por sua mãe pode perfeitamente aparecer numa versão "golpe de Estado" da obra, assim como o ódio do povo a seus opressores (entre os quais, Cláudio) pode aparecer numa versão psicanalítica. É importante determinar, a partir da ideia central escolhida, quais são as dominantes, reduzindo para segundo plano todas as outras possibilidades, e não fazer uma salada de ideias, vontades e emoções.

Variação qualitativa — variação quantitativa
É a própria ação dramática o movimento dos conflitos interiores e exteriores. Um conflito é teatral se está em movimento: por isso o ator deve distanciar-se voluntária e emocionalmente o mais possível do ponto de chegada; deve fazer a contrapreparação do que lhe vai suceder, para que a distância a percorrer seja máxima, e o movimento também máximo. Para que Iago tenha por fim coragem de mentir a Otelo, é necessário que a princípio a dominante seja o medo, pois do medo nascerá a coragem que se fortalecerá: a contravontade (coragem) tornar-se-á dominante. Essa mudança, essa variação quantitativa (mais e mais coragem, menos e menos medo), torna-se qualitativa (era antes o medo, agora é a coragem).

Esse era, sumariamente, o esquema utilizado por mim com os nossos atores do Teatro de Arena de São Paulo, e estes eram seus elementos básicos: Ideia Central da peça determinando a Ideia Central da personagem, traduzida esta em termos de vontade que se dialetizava (vontade e contravontade); do conflito de vontades nascia a ação (variação quantitativa e qualitativa). Esse era, digamos, o núcleo da personagem, o seu "motor".

A explicação dos exercícios, especialmente os de "aquecimento emocional", e os ensaios com e sem texto vão completar a compreensão do método que utilizávamos. Por outro lado, o nosso método "diretor", que passou a ser utilizado a partir da montagem de *Arena conta Zumbi* e que se caracterizava principalmente pela socialização das personagens (todos os atores interpretavam todas as personagens, abolindo-se a propriedade privada das personagens por parte dos atores), está explicado nos exercícios de "Máscaras e rituais" e na sequência dos "Pique-pique". Os restantes capítulos, nomeadamente os de "Aquecimentos", servem indiferentemente para qualquer método ou estilo de interpretação.

Buenos Aires, maio de 1974, e, mais tarde, Rio de Janeiro, 1998

3. O arsenal do Teatro do Oprimido

INTRODUÇÃO:
UM NOVO SISTEMA DE EXERCÍCIOS E JOGOS
DO TEATRO DO OPRIMIDO

Na poética do Teatro do Oprimido são utilizadas muitas palavras que podem, em outras circunstâncias, ter outros significados, e que têm, aqui, num sentido preciso, uma conotação particular. Então, palavras como "ritual", "máscara", "opressão" etc. serão explicadas à medida que se tornar necessário.

Neste livro, utilizo a palavra "exercício" para designar todo movimento físico, muscular, respiratório, motor, vocal que ajuda aquele que o faz a melhor conhecer e reconhecer seu corpo, seus músculos, seus nervos, suas estruturas musculares, suas relações com os outros corpos, a gravidade, objetos, espaços, dimensões, volumes, distâncias, pesos, velocidade e as relações entre essas diferentes forças. Os exercícios visam a um melhor conhecimento do corpo, de seus mecanismos, suas atrofias, suas hipertrofias, sua capacidade de recuperação, reestruturação, rearmonização. O exercício é uma "reflexão física" sobre si mesmo. Um monólogo, uma introversão.

Os jogos, em contrapartida, tratam da expressividade dos corpos como emissores e receptores de mensagens. Os jogos são um diálogo, eles exigem um interlocutor, eles são "extroversão".

Na realidade, os jogos e exercícios que aqui descrevo são antes de tudo "joguexercícios", havendo muito de exercício nos jogos, e vice-versa. A diferença é, portanto, didática.

Esse "arsenal" foi escolhido em função dos objetivos do Teatro do Oprimido. São exercícios e jogos de teatro e podem — e, creio, devem! — ser utilizados por todos os que praticam teatro, profissionais ou amadores, do Oprimido ou não! Em geral, uma parte foi adaptada às nossas necessidades (a partir dos jogos de infância, por exemplo), e a outra foi inventada durante nossa prática, através de mais de quarenta anos de atividade profissional.

As duas unidades

Partimos do princípio de que o ser humano é uma unidade, um todo indivisível. Cientistas têm demonstrado que os aparelhos físico e psíquico são totalmente ligados. O trabalho de Stanislávski sobre as ações físicas vai também nesse sentido; ideias, emoções e sensações estão indissoluvelmente entrelaçadas. Um movimento corporal "é" um pensamento. Um pensamento também se exprime corporalmente. É fácil compreender isso observando os casos mais evidentes: a ideia de comer pode provocar a salivação, a ideia de fazer amor pode provocar ereção, o amor pode provocar um sorriso, a raiva pode provocar o endurecimento da face etc. Isso será menos evidente quando se tratar de uma maneira particular de andar, de sentar, de comer, de beber, de falar. Portanto, todas as ideias, todas as imagens mentais, todas as emoções se revelam fisicamente.

Essa é a primeira unidade, a dos aparelhos físico e psíquico. A segunda é a dos cinco sentidos. Eles não existem em separado, estão todos ligados entre si. As atividades corporais são atividades do corpo inteiro. Nós respiramos com todo o corpo: com os braços, com as pernas, os pés etc., mesmo que os pulmões e o aparelho respiratório tenham importância prioritária no processo. Nós cantamos com o corpo todo, não somente com as cordas vocais. Fazemos amor com o corpo inteiro, não somente com os órgãos genitais.

O jogo de xadrez é um jogo muito intelectual, cerebral, no entanto os bons jogadores se envolvem também fisicamente em uma partida; eles sabem que o corpo inteiro pensa, não exclusivamente o cérebro.

As cinco categorias de jogos e exercícios

Nos capítulos que seguem, separei os exercícios e os jogos em cinco categorias diferentes. Na batalha do corpo contra o mundo, os sentidos sofrem, e começamos a sentir muito pouco daquilo que tocamos, a escutar muito pouco daquilo que ouvimos, a ver muito pouco daquilo que olhamos. Escutamos, sentimos e vemos segundo nossa especialidade. Os corpos se adaptam ao trabalho que devem realizar. Essa adaptação, por sua vez, leva à atrofia e à hipertrofia. Para que o corpo seja capaz de emitir e receber todas as mensagens possíveis, é preciso que ele seja rearmonizado. É nesse sentido que escolhi exercícios e jogos focados na desespecialização.

Na primeira categoria, procuramos diminuir a distância entre sentir e tocar; na segunda, entre escutar e ouvir; na terceira, tentamos desenvolver os vários sentidos ao mesmo tempo; na quarta categoria, tentamos ver tudo aquilo que olhamos. Finalmente, os sentidos têm também uma memória, e nós vamos trabalhar para despertá-la: é a quinta categoria.

Ninguém deve tentar ou dar continuidade a nenhum exercício se porventura tiver algum impedimento físico, como um problema de coluna, por exemplo. No Teatro do Oprimido ninguém é compelido a fazer nada que não queira. E cada um deve saber o que quer, e o que pode.

PRIMEIRA CATEGORIA: SENTIR TUDO O QUE SE TOCA

A morte endurece o corpo começando pelas articulações. Chaplin, o maior mímico, o palhaço, o bailarino, já não podia dobrar os joelhos no fim de sua vida.

Assim, são bons todos os exercícios que dividem o corpo nas suas partes, seus músculos, e todos aqueles em que se ganha controle cerebral sobre cada músculo e cada parte, tarso, metatarso e dedo, cabeça, tórax, pelve, pernas, braços, faces esquerda e direita etc.

O ponto principal é a sensibilidade ao toque. O nosso corpo nu está em contato constante com o ar e com nossas roupas, com outras partes do corpo e corpos de outras pessoas. Mas são poucas as coisas nas quais encostamos que realmente sentimos. Esta série de exercícios pode ajudar o ator a sentir melhor as coisas que toca. Trata-se de formas mecanizadas de andar e se mexer, da externalização de emoções, do sentir e descobrir novas estruturas musculares e novas maneiras de se expressar com o corpo, no palco e na vida.

É importante que os atores não comecem por exercícios violentos ou difíceis. Aconselho mesmo a que, antes de iniciarem uma sessão, os atores façam o "espreguiçar em pé", que é isto mesmo: devem fazer os movimentos naturais de se espreguiçar na cama, ao acordar, só que em pé.

PRIMEIRA SÉRIE: EXERCÍCIOS GERAIS

1. A cruz e o círculo
Começo pelo exercício que é, teoricamente, o mais fácil de fazer, mas que, por causa das mecanizações psicológicas e físicas, é difícil de realizar na prática. Como não há necessidade de preparação, os não atores se entregam sem medo; e, se forem prevenidos de que é quase impossível realizá-lo bem, não terão receio de não consegui-lo e se sentirão livres para tentar.

Pede-se que façam um círculo com a mão direita, grande ou pequeno, como puderem: é fácil e todo mundo faz. Pede-se, depois, que façam uma cruz com a mão esquerda; é ainda mais fácil, todos conseguem. Pede-se, então, que façam as duas coisas ao mesmo tempo. É quase impossível. Em um grupo de umas trinta pessoas, às vezes uma consegue. Dificilmente dois, e três é o recorde. Quaisquer figuras diferentes para cada mão também servirão, além do círculo e da cruz.

Variante: Pede-se que façam um círculo com o pé direito, durante um minuto. Esqueçam o pé e continuem a fazer o círculo. Pede-se, então, que escrevam seus nomes no ar, com a mão direita. Quase impossível. O pé tende a seguir a mão e a escrever o mesmo nome também. Para facilitar o exercício, tenta-se fazer um círculo com o pé esquerdo e escrever com a mão direita. É mais fácil, e algumas pessoas às vezes conseguem.

2. *Hipnotismo colombiano*

Um ator põe a mão a poucos centímetros do rosto de outro e este, como hipnotizado, deve manter o rosto sempre à mesma distância da mão do hipnotizador, os dedos e os cabelos, o queixo e o punho. O líder inicia uma série de movimentos com as mãos, para cima e para baixo, para os lados, retos e redondos, fazendo com que o companheiro faça com o corpo todas as estruturas musculares possíveis, a fim de se equilibrar e manter a mesma distância entre o rosto e a mão. A mão hipnotizadora pode mudar para fazer, por exemplo, com que o ator hipnotizado seja forçado a passar por entre as pernas do hipnotizador. As mãos do hipnotizador não devem jamais fazer movimentos muito rápidos, que não possam ser seguidos. O hipnotizador deve ajudar seu parceiro a assumir todas as posições ridículas, grotescas, não usuais: são precisamente essas que ajudam o ator a ativar estruturas musculares pouco usadas e a melhor sentir as mais usuais. O ator vai utilizar certos músculos *esquecidos* do seu corpo. Depois de uns minutos, trocam-se o hipnotizador e o hipnotizado. Depois de alguns minutos mais, os dois atores se hipnotizam um ao outro: ambos estendem sua mão direita, e ambos obedecem à mão do outro.

Variante 1: Hipnose com as duas mãos. Mesmo exercício. Dessa vez, o ator dirige dois de seus companheiros, um com cada mão. O líder não deve parar o movimento nem de uma mão nem da outra. Este exercício é para ele também. Pode cruzar suas mãos, obrigar um parceiro a passar por debaixo do outro (no entanto, não se devem tocar). Cada corpo deve procurar seu próprio equilíbrio sem se apoiar sobre outro. O líder não pode fazer movimentos muito violentos, ele não é um inimigo, mas um aliado, mesmo se ele está tentando sempre desequilibrar seus parceiros. Depois, troca-se de líder, de maneira que os três atores possam experimentar ser o hipnotizador. Depois de uns minutos, os três atores, em triângulo, hipnotizam-se uns aos outros, estendendo, à sua direita, sua mão direita e obedecendo à mão direita do outro, que lhe vem pela esquerda.

Variante 2: Hipnotismo com as mãos e com os pés. Como os precedentes, mas com quatro atores, um para cada pé e cada mão do líder. Este pode fazer qualquer movimento, inclusive dançar, cruzar os braços, dar voltas com o corpo pelo chão, saltar etc., mas sempre em câmera lenta. Os atores que seguem os pés devem seguir somente o dedão.

Variante 3: Com qualquer parte do corpo. Nessa variante, um ator vai ao centro e começa a mexer todo o seu corpo, olhando sempre numa só direção; os outros fazem um círculo ao redor dele. Um primeiro voluntário se aproxima e se deixa hipnotizar por uma parte do corpo do líder (o ator no centro); em seguida ele deve seguir todos os movimentos dessa parte do corpo, orelha, nariz, costas, nádegas, não importa qual. Um segundo ator se aproxima e faz o mesmo, podendo escolher qualquer parte do corpo de um ou de outro que já estejam na cena. O terceiro ator escolhe uma parte do corpo daqueles que estão no meio até que todos os atores se deixem hipnotizar pelos corpos dos outros. Nesse momento, o primeiro ator pode dar uma ou mais voltas com seu corpo, lentamente, porque seus movimentos ficarão muito magnificados quando repetidos pelo grupo, por causa da sua distância em relação ao centro do círculo. Em seguida, se o espaço for suficientemente grande, pode-se mandar que todos se afastem, ou se aproximem, da parte do corpo que os está hipnotizando.

3. *A menor superfície*

Cada ator estuda todas as posições que permitam seu corpo tocar o menos possível o chão, usando todas as variações possíveis. Os pés e as mãos, um pé e uma mão, sobre o rosto, a caixa torácica, costas, nádegas. É necessário que, num momento ou noutro, toda a superfície do corpo toque o chão. A passagem de uma posição a outra deve ser feita muito lentamente a fim de estimular todos os músculos que intervêm na transição e permitir ao ator se observar. O ator deve sentir a força da gravidade que o joga contra o chão, deve sentir que se trata de uma luta entre a sua força muscular e a gravidade, mediada pelo peso do seu corpo.

Os movimentos que fazemos no dia a dia terminam por mecanizar nossos corpos; aqui nós tratamos de desmecanizar, desestruturar, desmontar. Depois de alguns minutos, pede-se aos atores que façam duplas. Cada um deve tocar o corpo do outro na menor superfície possível de ambos os corpos e tocar o solo, também o mais minimamente possível. Cada um deve equilibrar o outro. Os dois corpos devem mover-se lentamente, sem interrupção, tentando descobrir cada vez uma nova posição, uma nova figura que deva em seguida ser mudada por uma outra e ainda outra.

Depois, pede-se que os atores façam grupos de quatro, talvez de oito, talvez todo o grupo. Se se puder trabalhar sobre a grama ou sobre um piso macio, é muito melhor. Nesse exercício, como em todos os outros exercícios físicos de comunicação muscular, é absolutamente proibido falar: a comunicação aqui é apenas muscular ou visual, nunca verbal. Falar, mesmo em voz baixa, obriga os atores a prestar atenção às palavras e não às imagens, nem aos contatos. Não é preciso fazer proezas, ser heroico, ou tentar ser melhor que os outros, nada de riscos. Na medida do possível, pode-se fazer tudo o que se puder fazer, sem obrigar ninguém a nada, sem forçar. Os movimentos, realizados por meio dos músculos, são apenas uma sugestão que o parceiro pode ou não aceitar.

4. *Empurrar um ao outro*

Este é um exercício muito importante, sobretudo porque mostra fisicamente o que deve ser a ação maiêutica[1] do ator durante uma sessão de Teatro Fórum. Ele trata de utilizar todas as nossas forças e, ao mesmo tempo, não nos permite vencer. Deve ser praticado por duplas que tenham mais ou menos o mesmo peso e a mesma força. Como em uma sessão de Teatro Fórum, os atores devem utilizar todos os seus conhecimentos, mas não derrubar os espect-atores, e sim estimulá-los a que inventem, criem, descubram.

Os atores, em dupla, um diante do outro, se seguram pelos ombros. Imagina-se uma linha no chão. Eles começam a se empurrar com toda a força e, quando um sente que seu adversário é mais fraco, diminui seu próprio esforço para não ultrapassar a linha, para não ser o

---

[1] Maiêutica: processo socrático de auxiliar uma pessoa a expor conscientemente concepções latentes na sua mente, através de perguntas, e sem que o filósofo ofereça ou imponha conceitos preexistentes. Nesse sentido, o Teatro do Oprimido é maiêutico, porque é através de perguntas que se processa o aprendizado entre os espectadores e os atores. (N. do A.)

vencedor. Se o outro aumentar sua força, o primeiro fará o mesmo e os dois utilizarão juntos toda a força de que forem capazes.

Em seguida, os atores fazem a mesma coisa com dois atores, costas contra costas. Depois, bunda contra bunda.

Depois, dança de costas: dois atores põem-se de costas e dançam sem música. É preciso que cada um tente compreender o outro, as intenções de seus movimentos.

Gangorra: Face a face, sentados no chão. Os atores seguram-se pelos braços. Não pelas mãos somente, porque fica mais difícil. E se sustentam com os pés colados no chão, muito perto, mas não um contra o outro. Em seguida um sobe e o outro desce; quando o segundo começar a subir, desce o primeiro, como uma verdadeira gangorra.

Pode-se ainda fazer grupos de quatro, em que cada um na sua vez sobe enquanto os outros recuam seus corpos. E, finalmente, a um sinal do diretor, sobem todos os quatro de uma só vez.

Dois atores ficam face a face. Eles mexem os braços lentamente, encostando um no outro. Os dois tentam simultaneamente encostar no rosto do outro e não permitir que toquem no próprio rosto. Os braços de um deslizam sobre os braços do outro. O importante é que estejam sempre em contato e em movimento contínuo, sempre flexível e nunca compulsório ou forçoso. Não se trata de uma luta — cada movimento oferecido pelo parceiro deve ser aceito. A única defesa possível é deixar que o braço do outro deslize sobre o seu, mas sem bloqueá-lo.

5. João-Bobo ou João-Teimoso

Pede-se ao grupo que faça um círculo com todos em pé, olhando para o centro. Depois pede-se que se inclinem em direção ao centro sem dobrar a cintura, arquear as costas, nem levantar os calcanhares, como a torre de Pisa. Pede-se que, em seguida, eles se inclinem para fora. Em seguida, que façam a mesma coisa para a esquerda, para a direita, sempre sem dobrar a cintura ou levantar os pés. Pede-se que façam um círculo no espaço com seus corpos, que inclinem para a frente, para a esquerda, para trás, para a direita, para o centro e em seguida a mesma coisa ao contrário, dentro, direita, fora, esquerda, várias vezes.

Um voluntário vai ao centro e fecha os olhos e faz a mesma coisa, só que desta vez ele se deixa tombar: todos os outros devem sustentá-

-lo com as mãos, permitindo que se incline até bem perto do chão. Em seguida, devem recolocá-lo novamente no centro, porém ele tombará em outra direção e será seguro sempre por, pelo menos, três companheiros. Ao fim pode-se ajudar o protagonista a rolar em círculo, pelas mãos dos companheiros, em vez de retornar em direção ao centro.

Variante: Duas pessoas somente, e uma terceira no meio que se deixe tombar, para a frente e para trás, sendo sustentada pelos dois companheiros.

6. *O círculo de nós*

Como preparação, faz-se a roda elástica. Os atores se dão as mãos formando uma roda. Depois, eles se afastam até que não consigam mais se tocar, a não ser com os dedos, embora seus corpos continuem a se afastar o mais que puderem. Depois de certo tempo, eles fazem o oposto e se juntam no centro, ocupando o menor espaço possível.

Essa roda pode ser combinada com exercício de voz. Os atores emitem sons que exprimem seus desejos de se tocarem afastando-se ou depois demonstram desejo de se afastarem enquanto estão se tocando.

Refaz-se o círculo, todos de mãos dadas; não se pode mudar a maneira de dar as mãos durante todo o exercício. Um dos atores começa a andar, puxando os outros (sempre lentamente, sem violência, com leveza) e passando por cima e por baixo das mãos dos companheiros à sua frente, de maneira a fazer um nó; em seguida um segundo ator faz o mesmo, formando outro nó, em seguida um outro e depois dois ou três, ao mesmo tempo, por cima e por baixo, até que todos façam todos os nós possíveis e que ninguém possa mais se mexer. Muito lentamente, sem violência, em silêncio, eles tentarão voltar à posição original.

Variante 1: Faz-se a mesma coisa com os olhos fechados. Nesse caso é preciso fazer muito lentamente para evitar choques.

Variante 2: Uma linha, em lugar de um círculo — é a variante dita "barbante".

Variante 3: Os atores se juntam em um bloco, levantam os braços, todos juntos, dão-se as mãos e cada um aperta as mãos de outros dois, separam-se e tentam criar um círculo, sem jamais soltarem as mãos, nem mudarem suas mãos de posição, ao agarrarem as dos outros.

7. O *círculo grego* — *o ator como sujeito*

Um ator no centro com muitos outros ao redor dele começa um movimento e todos os outros devem ajudá-lo a completar esse movimento. Exemplo: ele levanta um pé, alguém coloca seu próprio joelho sob esse pé para que ele suba. O protagonista faz o que quer, e os outros o ajudam a se levantar, a rolar, a se alongar, a subir, escalar etc. O protagonista deve se mover lentamente para permitir que os outros tenham tempo para descobrir suas intenções, só com o olhar. Para melhor descobri-las, os atores devem tocar não importa qual parte do corpo do protagonista e traduzir as mensagens musculares. Não se deve manipular o protagonista: a ele cabe decidir os próprios movimentos. Se possível, podem-se fazer dois ou mais grupos simultâneos e, nesse caso, os protagonistas podem trocar de grupo — e não os grupos de protagonista: são sempre os protagonistas que são sujeitos. O exercício termina quando o protagonista retorna docemente ao chão. Uma vez, na Itália, eu disse "Para!", e os atores deixaram o protagonista cair por terra. Isso é um erro grave.

8. *O ator-objeto*

Há duas maneiras de começar este exercício.

a) O protagonista sobe em uma mesa e se deixa cair de costas sobre oito atores, dispostos em duas filas de quatro, frente a frente, braços esticados, segurando, com as mãos bem abertas, o antebraço do companheiro em frente, prontos para sustentar o peso — não esquecendo de antes tirar pulseiras, relógios, anéis etc.

b) O ator corre, joga-se nos braços dos oito atores. Antes de saltar, ele grita forte e, ao seu grito, os atores esticam seus braços e se seguram frente a frente, formando uma rede.

Nos dois casos, o ator fica deitado sobre quatro pares de braços que o seguram. Nesse momento, outro ator segura seus braços e ainda outro seus pés; lançam o protagonista ao ar por três vezes, com os braços estendidos jogam-no para cima, e, com o protagonista virado para o chão (é perigoso que esteja com o ventre para cima), os outros oito atores o jogam para o alto, se ajoelham e o recebem embaixo. Depois disso, deitam o ator no chão e todos, ao mesmo tempo, começam a lhe fazer uma massagem uniforme, com as duas mãos, movendo para a direita e para a esquerda, de tal maneira que todo o corpo do protagonista seja tocado com a mesma intensidade (nem carinho nem agressão). Em seguida colocam-no de costas, repetindo-se a mesma massagem. O ator que está na cabeça massageia ao redor da cabeça, orelhas, nariz, pescoço, cabelo. Aquele que está a seus pés, os pés. Durante o exercício, os atores devem se comunicar apenas por olhares. Eles podem emitir um som uniforme como a massagem.

9. Levantar alguém de uma cadeira

Um ator se senta numa cadeira, outros tentam segurar seu corpo contra ela, usando o máximo de força, e ele tenta se levantar. Num determinado momento, o diretor grita "Já!", e todos, ao mesmo tempo, invertem o movimento e o lançam para o ar.

Variante 1: Um ator se deita no chão e os outros o seguram, de maneira firme e suave, nessa posição. Ao sinal, eles o levantam, sem jogá-lo para cima. Quando levantarem o corpo dele o mais alto possível, conseguirão movê-lo como se estivesse no mar sendo movido pelas ondas.

Variante 2: Em pé, em dupla. Um ator tenta, com todas as forças, levantar o braço enquanto o outro o segura firmemente contra o corpo. Após um ou dois minutos, o líder do *workshop* grita "Agora!": solta-se o braço, que tende a se levantar sozinho.

10. Equilíbrio do corpo com objetos

Pega-se um objeto qualquer, um lápis, uma bola, uma cadeira, um livro, uma mesa, uma pasta, um pedaço de papel, um selo postal, um pôster, um telefone, qualquer coisa. Procuram-se todas as posições e estruturas corporais nas quais se possa equilibrar esse objeto, usando todas as relações possíveis entre o corpo e o objeto — perto do corpo, à distância, em cima ou embaixo. O importante é estudar a relação corpo-objeto-gravidade.

Pode-se usar as mãos, mas apenas o mínimo indispensável. Depois de uns minutos, o diretor dará o sinal para que os atores troquem de objetos sem usar as mãos; mais alguns minutos, nova troca; depois o diretor pede que os atores recuperem os seus objetos iniciais, e cada um procura o seu, dando o objeto que traz consigo para o ator que tem o seu, até que o último ator tenha recuperado o seu objeto. Sempre com o corpo em câmera lenta, os atores recolocam os objetos nos lugares originais.

11. O balão como prolongamento do corpo

O diretor joga dois, três, muitos balões em direção aos atores, que devem mantê-los no alto, tocando-os com qualquer parte de seus corpos, como se estes fossem parte dos balões que estão tocando; os atores devem se encher de ar e tentar flutuar como se fossem balões.

12. Corrida das cadeiras

Em fila, cinco ou mais atores sobem cada um em uma cadeira. Uma outra cadeira, vazia, é a primeira da fila. Cada ator passa para a cadeira que está à sua frente, deixando vazia a última. Então, com as mãos, os atores passam a última cadeira, a que está vazia, para o primeiro lugar, e avançam mais uma vez mais uma cadeira, dando, outra vez, um passo à frente, repetindo todo o processo... e assim por diante, pondo a fila em movimento.

13. Ritmo com cadeiras

Cinco atores com uma cadeira cada. Cada um cria uma imagem com a cadeira e o seu próprio corpo. O líder numerará as imagens — 1, 2, 3, 4, 5. Em seguida, ele dirá um número, ou uma sequência de números, ritmicamente, e os participantes deverão adotar a posição referente àquele número.

Variante 1: O mesmo exercício, sem as cadeiras. Os atores usarão seus próprios corpos apenas. Os atores devem se mover pelo espaço enquanto os números são chamados.

Variante Hamlet: Nessa versão, os atores devem fazer imagens de cenas das personagens dessa (ou de qualquer outra) peça. No final do exercício, todos deverão saber quais figuras da peça foram mostradas.

14. Dança das cadeiras

É um jogo de crianças muito conhecido. Um círculo formado por cadeiras viradas para fora, tendo sempre uma cadeira a menos que o número de participantes. Os atores cantam e dançam uma música conhecida, andando em volta das cadeiras. Quando o diretor gritar "Já!", todos deverão se sentar. Aquele que ficar de pé sai do jogo, e uma cadeira é retirada. O jogo prossegue até que o último jogador se sente na última cadeira. Como alternativa, também é possível tocar música durante o exercício. Os atores deverão procurar um lugar para sentar quando a música acabar.

15. Movimento premeditado

Os atores se movem com premeditação, separando claramente o momento em que se premedita o movimento do momento em que o movimento é executado, como se não pudessem ser simultâneos. Esses movimentos devem ser feitos em todas as direções, em todos os níveis, sobre mesas, cadeiras, no chão, escadas, de maneira ordenada ou desordenada, caótica, em pé, deitados, inclinados, de quatro, mas sempre de forma premeditada e dividida: penso o que vou fazer e, depois, faço. Isso deve ocorrer sem hesitação, todos os movimentos precisam ser fluidos. O importante é refletir sobre seu próprio corpo, seus músculos, suas estruturas musculares. Assim, todos os movimentos serão planejados.

16. Dificuldade em relação aos corpos e aos objetos

Estamos acostumados a fazer movimentos mecanizados, inconscientemente. No entanto, tudo pode mudar se qualquer alteração mínima ocorrer com nossos corpos ou com os objetos. Se, por exemplo, um ator tem uma mão presa às costas, como ele poderá pôr a mesa? Se ele tem apenas um olho (o outro tapado) ou uma perna (a outra amarrada); se ele não pode ir para a frente, ou, se só pode ir para trás, ou andar para os lados; se seus dedos enrijecessem, como poderia ele se vestir ou acariciar alguém? Todas as transformações físicas provocam o aumento imediato da sensibilidade.

17. Dividir o movimento

Divide-se, em partes, um movimento contínuo (andar, por exemplo): primeiro uma perna, pausa; depois o braço, pausa; a outra perna, pausa... e assim por diante.

18. Descoordenação de movimentos coordenados

A coordenação de movimentos endurece os músculos e determina a máscara física. Neste exercício, o ator estuda seus movimentos, descoordenando-os: os braços separados das pernas ao andar; uma perna com um ritmo diferente da outra; uma mão gesticulando o contrário da outra; a mão descoordenada da boca que se abre para receber os alimentos; o dedo que se levanta antes que se abra a boca para pronunciar um discurso; os braços fazendo o movimento de equilibrar as pernas que cruzam, mas não ao mesmo tempo etc. Pode-se primeiro realizar uma ação qualquer e, depois, repeti-la com os movimentos descoordenados.

19. Círculo máximo e círculo mínimo

Os atores se dão as mãos em círculo e tentam fazê-lo ocupar o maior espaço possível, depois o menor, o maior, o menor...

Segunda série: as caminhadas

Entre todas as nossas mecanizações, nossa maneira de andar talvez seja a mais frequente. É verdade que temos nossa maneira individual de andar, muito particular em cada um de nós, sempre igual, quer dizer, mecanizada. Mas também é verdade que a adaptamos ao lugar em que estamos caminhando. O metrô de Paris, por exemplo, com seus longos corredores, faz com que aceleremos nossos passos. Certas ruas, ao contrário, nos fazem andar bem devagar. Eu — e todo mundo — ando de uma maneira completamente diferente na orla de Ipanema e no Quartier Latin de Paris, ou no Soho de Londres; nas ruas centrais de São Paulo ou nos sertões de Minas Gerais.

Mudar nossa maneira de andar nos faz ativar certas estruturas musculares pouco utilizadas e nos torna mais conscientes do nosso próprio corpo e de suas potencialidades.

A seguir algumas mudanças possíveis, como forma de exercícios.

1. Corrida em câmera lenta
Ganha o último a chegar. Uma vez começada a corrida, os atores não poderão interromper seus movimentos, que deverão ser executados o mais lentamente possível. Cada "corredor" deverá alongar as pernas ao máximo, a cada passo. O pé, para passar adiante da outra perna, deve passar sempre acima da altura do joelho. É preciso que o ator, ao avançar, estique bem o seu corpo, porque com esse movimento o pé vai romper o equilíbrio e, a cada centímetro que caminhar, uma nova estrutura muscular vai se organizar, instintivamente, ativando certos músculos adormecidos. Quando o pé tombar ao chão, deve-se ouvir o barulho. Imediatamente o outro pé se levanta. Esse exercício, que demanda grande equilíbrio, estimula todos os músculos do corpo. Outra regra: os dois pés jamais poderão estar ao mesmo tempo no chão. Desde que o pé direito esteja pousado, o pé esquerdo deve subir, e vice-versa. Sempre um pé só no chão.

2. O ângulo reto
Os atores se sentam no chão, braços esticados paralelos ao solo, pernas esticadas. Começam a caminhar com as nádegas, à direita e depois à esquerda, como se elas fossem os pés. O tamanho de cada passo deve ser o maior possível, mas não é necessário caminhar rapidamente, pois não se trata de uma corrida. Depois de percorrer certa distância, os atores devem voltar para trás, caminhando sobre seus próprios passos, com as nádegas. As pernas e os braços devem estar sempre esticados para a frente, em ângulo reto. A coluna deve estar sempre reta, formando um ângulo de 90° com os braços e as pernas.

3. O caranguejo
As duas mãos e os dois pés no chão. Anda-se como os caranguejos, para a esquerda e para a direita. Nunca para a frente ou para trás.

4. Pernas cruzadas
Em pé, lado a lado, dois atores se seguram pela cintura, apertando-se fortemente, e cruzam suas pernas, a direita de um com a esquerda do outro, erguendo-as para que elas não toquem o chão. Depois, começam uma caminhada em que cada um deve considerar o corpo do

outro como sua própria perna. Atenção, a ideia é andar e não pular. A perna (o ator) não ajuda, é o outro quem deve fazer todo o esforço para avançar a sua perna, isto é, o companheiro.

5. *O macaco*
Caminhar para a frente com as mãos sempre tocando o chão, a cabeça traçando uma linha horizontal em relação ao solo, como os macacos, que se deslocam melodiosamente. Saltar obstáculos melodiosamente.

6. *Andar de quatro*
O ator anda de quatro, para a frente e para trás.

7. *Passo do camelo*
Pé direito e mão direita. Pé esquerdo e mão esquerda. O camelo avança primeiro o lado esquerdo, depois o lado direito.

8. *Passo do elefante*
O mesmo que o exercício anterior, só que ao contrário: pé direito com a mão esquerda, e pé esquerdo com a mão direita: é assim que anda o elefante.

9. *Passo do canguru*
O ator abaixa-se e pega os tornozelos com as mãos. Anda para a frente, saltando como um canguru.

10. *Inclinados uns sobre os outros*
Dois atores, lado a lado, tocam-se pelos ombros (ombro esquerdo de um contra o ombro direito do outro), tentam caminhar assim inclinados, pondo os pés o mais distante possível um ator do outro.

Variante 1: O mesmo, com dois atores de cada lado (quatro ao todo) apoiados dois a dois.

Variante 2: Quatro atores, de costas, em um pequeno círculo, equilibrando-se nos pescoços e tentando colocar os pés o mais para a frente possível. Eles se movem pela sala nessa posição, parecendo um monstro de oito pernas.

11. *Corrida do saco*
Os pés agarrados ou dentro de um saco. Saltando primeiro para a frente, depois para trás, depois de lado.

12. *Carrinho de mão*
Como fazem as crianças: um ator no chão se apoia sobre as mãos e outro o segura pelos pés. Ele caminha com as mãos e o outro acompanha, como se fosse um carrinho de mão.

13. *"Como quereis"*
Tentando modificar a forma habitual de andar, inclusive o ritmo, e variando diversas vezes durante o exercício.

14. *Imitar os outros*
Os atores imitam diferentes formas de andar: devem andar como as pessoas de sua própria cidade, depois como pessoas de outra cidade, de outro país, de outra classe social, de outro partido político.

TERCEIRA SÉRIE: MASSAGENS

O termo "massagem" não é o mais adequado para designar esta série de exercícios. A melhor descrição seria um diálogo persuasivo entre os dedos de um parceiro e o corpo de outro. Esse diálogo deve ser feito sem violência, nem tampouco cócegas; nem agressão, nem carinho. Procuramos, acima de tudo, onde encontrar as tensões musculares. É um diálogo, uma tentativa de acalmar, de relaxar os endurecimentos, as rijezas musculares através de movimentos repetitivos, redondos e em forma de cruz, com a ponta dos dedos ou com a mão.

1. *Em círculo*
Os atores sentam-se em círculo, um atrás do outro, e cada um põe a mão sobre o ombro daquele que está à sua frente, guardando certa distância. Com os olhos fechados, tentam descobrir os pontos endurecidos do corpo do colega em frente; no pescoço, ao redor das orelhas, na cabeça, nos ombros, na coluna vertebral — durante alguns minu-

tos. O diretor determina que todos deem meia-volta, sempre com os olhos fechados, até que todo o círculo tenha virado na direção contrária. Retoma-se a massagem por alguns minutos. Depois, pede-se que cada um deite sobre a pessoa detrás, que deve continuar sua massagem, dessa vez na face, em volta dos olhos, nariz etc.

Variante: Face a face. Mesmo exercício, em pé, duas filas, uma diante da outra. Os parceiros frente a frente massageiam-se mutuamente os rostos, como no exercício anterior.

2. *O movimento que retorna*

Como no primeiro exercício. Desta vez, um ator designado faz um gesto repetitivo sobre o corpo daquele que está à sua frente, que deve repetir exatamente o mesmo gesto sobre o corpo do próximo, e assim por diante, até que o movimento retorne àquele que o fez primeiro, que, nesse momento, modifica o movimento ou o ritmo, até que este também retorne.

3. *Ondas do mar*

Dois parceiros da mesma altura, um de costas para o outro. O primeiro coloca suas nádegas pouco acima da linha das nádegas do outro e se deixa cair sobre ele. O segundo se dobra em direção ao chão, de maneira que seu parceiro possa se deitar sobre suas costas. Depois, ele fará movimentos suaves, para cima e para baixo, de maneira que o parceiro tenha a impressão de flutuar nas ondas do mar. Calmo, tranquilo, sem tensão, sem medo. Depois de alguns minutos, os parceiros mudarão de posição.

Variante: O mesmo, com mais duas pessoas assistindo. O exercício anterior não é tão fácil quanto parece. O principal erro consiste em que o ator põe, erroneamente, suas nádegas na mesma altura das do companheiro, e não acima. O segundo erro é a falta de confiança, o medo. Para facilitar, o ator pode fazer o mesmo exercício com dois colegas a seu lado, que o ajudarão a se deitar — isso pode acalmá-lo.

4. *O tapete rolante*

Todos deitados de costas, no chão, a primeira pessoa com os pés virados para "leste", a segunda para "oeste", lado a lado, de maneira que as cabeças fiquem juntas, mas os pés estejam em direções opostas. Todo mundo levanta os braços, quando a primeira pessoa se deita sobre essas mãos, e os que estão deitados começam a fazer o seu corpo avançar, de mão em mão, como se fossem um "tapete rolante". Chegando à outra extremidade — lá, um ator, em pé, o ajudará a se levantar —, o ator deverá deitar-se também, para esperar o companheiro que se deitou depois dele e que vem chegando, até que todos tenham feito o exercício.

Variante italiana: Todos deitados de costas no chão, cabeças no mesmo sentido. A primeira pessoa da fila começa a rolar sobre os corpos dos camaradas até chegar do outro lado. Tão logo ela parta, a segunda pessoa a segue, depois a terceira etc.

Variante Edam: Todos deitados de costas, um do lado do outro, como da primeira vez, as cabeças em direções opostas. Desta vez, deixa-se um pequeno espaço entre cada ator deitado. Vem o primeiro e se deita sobre os três primeiros atores deitados, no sentido perpendicular, isto é, em ângulo reto em relação a eles. O diretor dá o sinal e todos que estão deitados começam a rolar no mesmo sentido (como uma esteira rolante). Aquele que está sobre essa esteira vai "ser movido" na mesma direção. Uma segunda pessoa o segue, e assim por diante.

5. Massagem de costas
Dois atores, costas contra costas; cada um tenta massagear o outro com as suas costas, como um cavalo que se coça contra uma árvore.

6. O demônio
Uma boa maneira para liberar as tensões. O ator salta de um pé para o outro, fazendo com os braços movimentos parecidos com aqueles que se fazem para secar a água do corpo, ou para exorcizar o demônio (nos países onde eles existem, bem entendido...).

QUARTA SÉRIE: JOGOS DE INTEGRAÇÃO

1. Ninguém com ninguém (estilo Québec)
Em duplas; uma pessoa ficará sempre de fora. Essa pessoa, o líder,

dirá, em voz alta, as partes do corpo com as quais os parceiros deverão se tocar; por exemplo, "cabeça com cabeça" (os parceiros devem se tocar com as cabeças); "pé direito com cotovelo esquerdo" (o pé de um parceiro tem de tocar o cotovelo do outro, e vice-versa, ao mesmo tempo, se isso for possível), "orelha esquerda no umbigo" etc. Os contatos corporais são cumulativos, não se desfazem. Até que se torne impossível obedecer às novas instruções. Os atores podem fazer os contatos sentados, em pé, deitados etc. Quando for impossível continuar, o líder dirá "Ninguém com ninguém" e todos procurarão novas parcerias e um novo líder (o que sobrar sem parceiro) deverá dar prosseguimento ao jogo.

2. O urso de Poitiers

Um participante é escolhido para ser o urso de Poitiers (cidade francesa onde se pratica esse jogo). Dá as costas aos outros, que são os lenhadores. Estes devem estar trabalhando, em mímica. O urso deve emitir um enorme rugido, e todos os lenhadores cairão no chão ou ficarão imóveis mesmo de pé, sem fazer o menor movimento, totalmente congelados. O urso se aproximará de cada um deles, rugirá quanto quiser, poderá tocá-los, fazer cócegas, empurrá-los, tudo o que puder para fazer com que se mexam, riam, para obrigá-los a mostrar que estão vivos. Se isso acontecer, o lenhador se transformará em urso também, e os dois ursos irão fazer a mesma coisa com os outros lenhadores, que continuarão tentando não se mexer. Em seguida três, quatro ursos etc.

Este exercício-jogo é muito curioso porque ele produz o efeito exatamente contrário ao que seria o seu objetivo. O princípio é: se o lenhador adormecer seus sentidos, se conseguir não sentir nada, não ver nada, nada ouvir, se se fingir de morto, o urso não o atacará, porque os ursos não devoram mortos. A instrução "não sentir nada" provoca exatamente a reação oposta, e todos os sentidos se tornam hiperativados. Sente-se mais, escuta-se melhor, vê-se o que não se via, cheira-se o que não se cheirava — só fica de fora o paladar. O medo nos hipersensibiliza!

3. Sentando-se nas pernas uns dos outros

Um ator senta-se sobre uma cadeira, as pernas bem fechadas. Agarra na cintura de outro ator, que se senta sobre seus joelhos e que segura, ele mesmo, a cintura de um terceiro, e assim por diante, até que todos estejam sentados uns sobre os joelhos dos outros e o último sobre a cadeira. Começam a dizer juntos "Esquerda, direita" e a mexer o pé direito e o pé esquerdo, com ritmo. Tira-se a cadeira e ninguém cai. Porque estão todos sentados e agarrados uns nos outros. O primeiro da fila deve tentar se encaixar com o último — formando, assim, um círculo de pessoas sentadas, todas em movimento. Nesse momento, podem soltar a cintura dos outros porque não terão mais necessidade de se agarrar, todos estão confortavelmente sentados e equilibrados.

Variante 1: Podem se fazer três filas de pessoas sobre três cadeiras, para facilitar o encaixe. Ou quatro. Nesse caso, a primeira pessoa de uma fila tentará se encaixar na última pessoa da fila da frente, mais próxima.

Variante 2: Um exercício similar pode ser feito já em círculo, com os atores de pé. O círculo deve ser bastante regular, e os joelhos bem juntos. Conta-se até três e todos, bem devagar, sentam-se nos joelhos do parceiro de trás, sem cadeiras.

4. A carniça

É um jogo de crianças que todos conhecem. Um ator apoia suas mãos sobre os joelhos. Seu parceiro salta com as pernas abertas por cima das suas costas e para, também, com as mãos apoiadas sobre os joelhos; outro corre e salta sobre ele, e assim por diante. Esse jogo pode ser feito com várias pessoas, numa sucessão de costas a pular.

5. Jogo de Bruegel (jogo do alho)

Um jogo que tem quatro séculos. Ele figura no quadro *Jogos infantis*, de Bruegel. Aprendi em Portugal. Um ator (chamado "a Mãe") encosta-se em uma parede. Outros cinco atores ficam à sua frente, em fila, um atrás do outro, e cada um põe a cabeça por entre as pernas do que está na frente, fazendo a figura de um cavalo de dez patas. "A Mãe" põe a cabeça daquele que lhe está mais próximo embaixo do seu braço. O jogo começa quando os demais atores, um por um, tomam certa distância e atiram-se sobre o cavalo de cinco corpos, procurando chegar o mais perto possível da Mãe, e permanecendo onde caiu (nas costas do cavalo ou no chão). Quando cinco atores tiverem já saltado, a Mãe começa a balançar o corpo do cavalo para fazer com que os de cima caiam. Existem muitas variações do jogo do alho. Em geral, em Portugal, cada corredor pula gritando "Lá vai alho!" — daí o nome do jogo. Podem-se igualmente formar duas equipes; e ganha a que puder conservar o maior número de saltadores em cima do cavalo. (Nota: este jogo é um pouco violento e não se recomenda a não ser em casos de total segurança, em locais apropriados.) Eu o adicionei por achá-lo curioso e, além disso, ele mostra como os jogos mantêm sua continuidade ao longo dos séculos.

6. *Batatinha frita 1, 2, 3 (em francês, "Un, deux, trois, soleil!")*
Jogo muito conhecido também. Uma pessoa de frente para a parede, sem olhar os outros. Estes, que estão a certa distância, se aproximam. A pessoa que está na parede canta "Batatinha frita, 1, 2, 3!", lento ou rápido, em seguida, vira-se na direção daqueles que se aproximam. Nesse momento todos devem congelar e aquele que for surpreendido andando deve retornar ao ponto de partida. Aquele que tocar a pessoa que está na parede ganha o jogo.

Variante: A pessoa que está na parede vira-se sem aviso prévio. (Faz parte dos jogos de salão, mas servem para unificar o grupo.)

7. *As mil patas*
Todos sentados, com as pernas abertas, uns atrás dos outros. O diretor conta "1, 2, 3, já!", todos se viram, ao mesmo tempo, e montam sobre os ombros do amigo, que cai para a frente apoiando suas mãos no chão. A fila parece então ter mil patas. Em seguida, as mil patas devem caminhar. Para facilitar o exercício, deve-se começar com somente três participantes, depois quatro, evitando grupos muito numerosos, o que, além de tornar o exercício mais difícil, o torna mais perigoso.

8. Dança com maçã

Dois parceiros dançam tendo uma maçã entre suas cabeças e não podem deixá-la cair.

9. Papel colado

Uma pessoa no centro. As outras a tocam ou se tocam entre elas, mas com uma folha de papel entre as partes que se tocam. A pessoa do centro começa a se mexer e todo o grupo deve se mexer também, porém o papel deve ficar onde está, sem cair. A parte do corpo que toca o outro corpo pode ser a cabeça, o ombro, o pescoço, as nádegas, não importa qual. O exercício pode ser feito também em duplas apenas.

10. A espada de pau parisiense

Dois grupos, frente a frente, com um líder diante de cada grupo. Eles agem como se empunhassem uma espada de pau. Cada um pode dar seis golpes diferentes:

— fingindo que vai cortar a garganta dos seus adversários (é preciso que o golpe seja na altura da garganta do adversário, que deve se abaixar com rapidez, ao mesmo tempo que todos os de sua equipe);

— tentando atingir seus pés, ao que ele e sua equipe têm de pular, todos ao mesmo tempo;

— dar um golpe à esquerda e todos devem se esquivar, saltando para a direita;

— um golpe à direita e todos devem saltar para a esquerda;

— um golpe bem no meio do grupo — metade da equipe deve se esquivar para um lado e a outra metade para o outro;

— por último, o líder avança sua espada e o grupo adversário deve saltar para trás.

— o jogo começa quando o diretor indica quem vai golpear primeiro. Depois outro e outro, e assim por diante. Os líderes são neutros e não são atingidos pelos golpes, que são endereçados somente ao grupo. O diretor deve trocar os líderes várias vezes e, em seguida, determina que cada líder dê dois golpes seguidos, ao que os adversários devem reagir. Depois, devem dar três golpes seguidos e, finalmente, os dois líderes devem se golpear mutuamente, sem ordem preestabelecida, e suas respectivas equipes devem reagir a cada golpe.

11. Futebol americano

Todos os atores se encostam em uma parede, menos um, que fica na berlinda, de frente para o grupo. O diretor inicia o jogo e todos devem atravessar a sala e chegar na parede oposta. O ator na berlinda tenta agarrar qualquer um dos outros atores. Em seguida, ele e o seu prisioneiro, agora transformado em agarrador, devem, cada um, fazer outro prisioneiro. Dessa forma, serão quatro atores que deverão capturar quatro outros, depois oito, depois dezesseis etc. Só se pode capturar um jogador por vez.

Variante 1: A mesma coisa, com a diferença de que o ator na berlinda pode pegar os outros somente encostando neles e também pode pegar vários atores ao mesmo tempo. Essa é menos violenta.

Variante 2: Igual à anterior, exceto que o ator na berlinda tem as mãos amarradas. É a mais difícil.

12. Os três duelos irlandeses

Neste exercício, grupos de dois realizarão três duelos emocionantes e desgastantes.

Primeiro duelo: Face a face, dois atores separam seus joelhos e fazem como se estivessem sentados no ar; protegem cada joelho com uma das mãos, mas são obrigados a trocar de mãos com frequência: quando o fazem, tornam-se vulneráveis, deixando os joelhos descobertos. O objetivo do companheiro em frente deve ser tocar os seus joelhos sem ter os próprios tocados pelo adversário.

Segundo duelo: Os dois atores, face a face, devem se equilibrar em apenas um pé, mas podem trocar o pé que toca o solo com frequência: com o outro pé, o que está no ar tenta tocar o pé com o qual se equilibra seu companheiro — a ideia é tocar o adversário sem ser por ele tocado. Tocar, não dar pontapés!

Terceiro duelo: Face a face, cada ator tem o braço direito estendido e o indicador apontando o adversário, e cada um tem a mão esquerda atrás do seu corpo, em suas costas, a palma aberta; lutam como se tivessem espadas e tentam, com a mão direita e o indicador, tocar a palma da mão esquerda do adversário.

13. Tex Avery

Variante do Gato e Rato que todas as crianças conhecem: um "gato" persegue um "rato", enquanto todos os demais participantes formam duplas e passeiam de braço dado; o "rato" foge do "gato" que o persegue e se protege dando o braço a um dos membros dessas duplas, mas o outro membro se converte em novo "rato", que continua a fuga perseguido pelo mesmo "gato", a menos que este toque o "rato", e, nesse caso, os papéis se invertem. E o novo "gato", "ex-rato", corre atrás do novo "rato", "ex-gato". Evidente que não pode tocá-lo imediatamente, porque senão o jogo se paralisaria.

Variante: O "rato" também pode se salvar a qualquer momento ao dar o braço para um dos membros das duplas, mas desta vez o outro membro se converte em um "gato", e não em um "rato". A pessoa que antes era o "gato" agora troca de papel e vira um "rato", precisando fugir do novo "gato". Se o "gato" capturar o "rato", eles invertem os papéis.

Nessa variante, quando o "rato" se protege abraçando um dos membros das duplas, o outro membro, em vez de se transformar em novo "rato" e fugir, transforma-se em "cachorro" e passa a perseguir o "gato" perseguidor, que tenta escapar protegendo-se em outra dupla e liberando... um "cachorrão" ainda maior, e outro maior, e sempre maior; cada novo "cachorro", antes de atacar, deve saltar e urrar como um leão.

14. *Estátua de sal*

Um perseguidor e todos perseguidos: aquele que for tocado pelo perseguidor se converte em estátua de sal, congela em sua posição sempre com as pernas abertas — só pode ser liberado se alguém, ainda livre, passar por baixo delas. O jogo acaba quando todos os atores forem convertidos em estátuas de sal — ou quando todos estiverem completamente exaustos. Se um só perseguidor for pouco, após algum tempo de jogo, em uma segunda vez, designam-se dois, três ou mais, até que seja possível imobilizar o grupo.

15. Jogo do lenço

Duas filas, face a face, cada parceiro tem um número contrário ao do companheiro da fila em frente (em um grupo de doze pessoas, o número 1 está oposto ao número 6, o número 2 ao 5, o 3 ao 4 etc.); o diretor joga um lenço na linha divisória entre os dois grupos e diz um número, correspondente a dois adversários. Cada um tenta alcançar o lenço sem ser tocado pelo outro. O que perde muda de grupo.

Variante 1: Se uma pessoa consegue alcançar o objeto, mas é tocada pelos outros antes de voltar para sua fila, precisa deixar o objeto cair instantaneamente. Os dois podem tentar pegar o objeto sem serem tocados pelas outras pessoas. Isso pode acontecer o número de vezes que for necessário para retornarem às filas.

Variante 2: O diretor fica parado entre as fileiras segurando o lenço (ou algum outro objeto) na mão. Os atores não podem passar da linha do meio.

Variante 3: O diretor pode chamar dois ou três números; assim quatro ou seis pessoas tentarão pegar o lenço ao mesmo tempo.

16. Pequenos pacotes

Exercício desenvolvido a partir de um jogo infantil que estimula a concentração. Formam-se algumas filas com grupos de três ou mais atores, em fila indiana, todos olhando para o mesmo lado. Designam-se um perseguidor e um perseguido. O perseguido se protege entrando no fim ou no começo de qualquer uma das filas, em qualquer dos seus dois extremos, e liberando o ator que está no extremo oposto, que passa a ser o novo perseguido. Se ele for capturado, troca de papel com o perseguidor, contando até 5 antes de começar a perseguição.

17. Bons-dias

Jogo útil especialmente para iniciar espetáculos de Teatro Fórum, aquecendo a plateia. Cada pessoa deve dar bom-dia ou boa-noite a uma outra, dizer seu nome e não pode largar a mão dessa primeira pessoa antes de apertar a de uma outra, para dar bom-dia ou boa-noite, e assim por diante, formando-se redes de apertos de mão.

Variante: Se a plateia não for muito grande, os atores podem falar o nome da outra pessoa em vez do próprio.

18. Lendo jornais

Cada ator lê uma página de um jornal em voz alta; o diretor diz "Já!"; todos põem os jornais no chão e pisam nele. O diretor diz quem deve mudar de jornal: "Os que estiverem com uma camisa branca, ou tenham cabelos pretos, ou estiverem usando óculos etc.", e todos seguem rapidamente a instrução, trocando de jornais — o diretor retira um dos jornais a cada vez, e um dos atores ficará de fora.

19. Cadavre exquis

Um papel dobrado muitas vezes em pequenos pedaços: cada ator deve fazer um desenho utilizando as pequenas partes de traços que veem do papel anterior e sem ver qual o desenho que estava naquele papel.

Variante: Em vez de desenhar, o ator deve escrever uma frase, utilizando necessariamente, como primeira palavra, a última (e única) que viu do pedaço de papel anterior. Nos dois casos, depois que todos tiverem feito a sua parte, abre-se o grande papel e observa-se o desenho ou a escrita final. Era um procedimento muito usado pelos poetas surrealistas. Na versão para o palco, o grupo deve ser dividido em atores e público. Os atores saem da sala e então voltam, um por um. Cada um diz algumas frases, repetindo as últimas palavras quando o próximo ator entrar na sala. Esse tipo de jogo pode parecer simples, mas na realidade é muito estimulante para nossa fantasia e imaginação.

20. O paraquedas

Com um verdadeiro paraquedas de seda, os atores em volta fazem movimentos segurando sua borda para cima e para baixo: o "rato" embaixo do paraquedas e o "gato" em cima. Esses movimentos para cima e para baixo confundem o "gato", que deve alcançar o "rato".

Quinta série: a gravidade

Eis uma série longa. Deve ser realizada de forma suave, sem violência ou tensão. Cada ator deve estudar a força da gravidade, que é uma força real, que existe de verdade, e que nos suga em direção à Terra, 24 horas por dia. Trata-se de uma força enorme, tão grande quanto nosso peso! Se estico meus braços, será preciso um esforço enorme para mantê-los esticados, senão eles tombarão. Se eu não fizer um esforço enorme, minha cabeça cairá para a frente, porque ela não tem nenhuma razão especial para se manter reta sobre o meu pescoço. Sem um grande esforço da minha parte, minha língua não ficaria dentro da minha boca, meus joelhos dobrariam, meu umbigo tocaria o chão. Esse esforço faço permanentemente, a tal ponto que, dele, já não sou mais consciente.

É preciso esforço. Esforço equivalente ao nosso peso. Fazemos um esforço brutal, todos os dias, a toda hora, sem disso termos consciência.

Mas, mesmo que não tenhamos consciência desse esforço, nossos corpos se ressentem. Às vezes dizemos "Eu não fiz nada hoje, por que será que estou tão cansado?". Não é verdade: lutamos para impedir nossa língua de sair, nossos joelhos de se dobrarem, nossa cabeça de tombar... Já é alguma coisa. É enorme, tão enorme como a força contra a qual devemos lutar todos os dias, durante toda nossa vida: a gravidade.

Para lutar contra essa força, para poder usar sempre o menor esforço necessário, os corpos mecanizam seus movimentos e procuram a maneira mais econômica de andar, de sentar, de trabalhar etc. Isso tem prós e contras: por um lado, poupamos energia; por outro, nossas possibilidades de expressão pelo corpo se tornam limitadas, até que se reduzam a máscaras frígidas. O último exercício deve terminar em um momento positivo, no qual a gravidade é derrotada — senão os atores ficarão com a sensação de que nunca mais conseguirão se mover!

Este exercício nos ajudará a conhecer e reconhecer essas mecanizações. Durante esta série, deve-se prestar atenção em todos os músculos do nosso corpo, que estão sempre sendo ativados e desativados.

Horizontais
1. O ator, sem mexer o resto do corpo (que deve permanecer rígido), move apenas o pescoço e a cabeça para a frente; um companheiro pode ajudá-lo tocando no seu nariz e logo afastando o dedo: o nariz deve tentar seguir o dedo até onde puder, o mais afastado possível do

corpo, sem mover os pés. O movimento deve sempre seguir uma linha horizontal.

2. Sem mexer o resto do corpo, o ator move o pescoço e a cabeça para trás, o mais que puder. É sempre conveniente a ajuda de um companheiro que, com o seu dedo, indique o movimento, que deve ser sempre reto e horizontal.

3. O ator move o pescoço para a esquerda, pondo a cabeça sobre o ombro esquerdo, como se fosse um chapéu, mas sem torcê-la, sem olhar para os lados, sempre olhando em frente. O companheiro pode ajudá-lo tocando sua orelha com o dedo. Para facilitar, o ator pode cruzar as mãos em cima da própria cabeça e tentar tocar os cotovelos com as orelhas.

4. Idem, para a direita.

5. Todos os movimentos anteriores devem ser retos e horizontais, isto é, o nariz move-se paralelamente ao solo, sem curvas. Agora o ator move o pescoço circularmente, tentando tocar novamente os pontos extremos que tenha alcançado para a frente e para trás, para a esquerda e para a direita, em movimentos circulares, não retos. É importante que os olhos fitem fixamente um ponto, que todo o movimento seja feito pelo pescoço, e que a cabeça se mantenha sempre à mesma distância do chão, sem inclinar para baixo ou para cima.

6, 7, 8, 9, 10. Exatamente o mesmo para o tórax. É importante que o tórax se mova o máximo possível para a frente e para trás, para a direita e para a esquerda, e que se encha durante a respiração. Por isso se aconselha inspirar quando o tórax vai para trás e expirar quando vai para a frente, ou seja, o contrário do habitual.

11, 12, 13, 14, 15. Exatamente o mesmo para a pelve.

16. Marionete: Um ator pega um companheiro pelo colarinho da camisa e este deixa cair livremente a cabeça como uma marionete. O companheiro toca na sua cabeça, que deve se mover exclusivamente pela força da gravidade. Agora o ator pode movimentar a marionete como desejar.

17. Marionete: Idem, cabeça e braço direito. As demais partes do corpo permanecem rígidas. O braço direito e a cabeça devem estar completamente soltos, obedecendo apenas aos impulsos do companheiro e à força da gravidade.

18. Marionete: Idem, mais o braço esquerdo.

19. Marionete: Um companheiro segura o outro pela cintura, e toda a parte superior do corpo do ator se afrouxa, deixando-se cair.

20. O ator improvisa com movimentos básicos. Por exemplo, uma máquina de escrever: as mãos tocam nas teclas e, coordenadamente, a cabeça move-se "um espaço" para a esquerda, ou recua todos os espaços (o retrocesso do rolo), retrocesso (um espaço para a direita), maiúscula (a cabeça sobe), tecla vermelha (a cabeça corre para a esquerda). (Nota: Hoje, em 1998, me dou conta, olhando o meu computador Pentium de 230 megaherz, de que os tempos mudaram... mas a memória existe...)

Verticais
1. O ator, sentado no chão, com as pernas e os braços em ângulo reto em relação ao resto do corpo, divide-o verticalmente em duas partes, cada uma com um braço, uma perna, um ombro, metade da pelve e do tórax. Assim "caminha" sobre o traseiro, inclinando primeiro a parte direita do corpo para a frente e depois a parte esquerda, separando o mais possível as duas partes.

Depois de ter dado alguns "passos" para a frente, sempre com os braços e as pernas esticados, o ator recua.

2. Exatamente o mesmo com o ator deitado no chão, com os braços e as pernas esticados em linha reta, paralelos ao corpo. "Anda" para a frente e para trás.

3. Deitado no chão, o ator move-se para a direita e para a esquerda.

Sequência de movimentos retilíneos e redondos
Antes da realização deste exercício, é importante se familiarizar com a dinâmica dele. É particularmente importante que os atores tenham tempo de descanso para se recuperar e que recebam o encorajamento necessário para voltarem a se movimentar.

1. O ator move-se com movimentos exclusivamente retilíneos de pernas, braços e cabeça, como se fosse um robô (daqueles antigos, que eram assim; depois foram inventados robôs mais suaves). Os movimentos devem ser entrecortados, sem ritmos definidos, inesperados, sur-

preendentes. O movimento pendular dos braços não serve porque é circular. Todas as partes do corpo devem mover-se. Os atores são quase sempre levados a fazer movimentos bruscos, violentos, e isso deve ser evitado. Apesar de retos, os movimentos podem ser suaves, delicados. Devem ser. Deve-se começar por um braço, depois o outro, uma perna, depois a outra, o pescoço, e assim por diante. Os movimentos retos são mais bem executados se o ator tiver a consciência de que devem ser paralelos às paredes, ou ao chão, ou ao teto ou a qualquer diagonal da sala.

2. O ator caminha com movimentos redondos (circulares, ovais, helicoidais, elípticos etc.). Os braços rodam enquanto se movem para a frente e para trás, enquanto sobem e descem; a cabeça deve descrever curvas em relação ao chão, subindo e descendo, sem se manter nunca no mesmo nível. As pernas e todo o corpo sobem e descem. O movimento deve ser contínuo, suave, rítmico, redondo e lento. Os atores devem repetir diversas vezes os movimentos, procurando estudar (sentir) todos os músculos que são ativados e desativados durante sua realização. Só depois de terem bem estudado (sentido) um movimento é que devem passar a outro, igualmente redondo, curvo, helicoidal, elíptico etc. É importante que todo o corpo se ponha em movimento: cabeça, braços, dedos (que não devem nunca ser mantidos cerrados), tórax, quadris, pernas, pés. O exercício deve ser feito suavemente, sem violência, com prazer, quase sensualmente. Não deve doer nunca, deve aquecer.

3. Alternar movimentos redondos e movimentos retilíneos.

4. A parte direita do corpo faz movimentos redondos e a esquerda, retilíneos. Após alguns minutos eles são alternados.

5. A parte superior do corpo descreve movimentos redondos e a parte inferior, da cintura para baixo, retilíneos. Após alguns minutos, eles são alternados.

6. Todas as variações possíveis, com todas as partes do corpo que o ator tenha conseguido dominar e separar.

7. O ator caminha, separando o mais possível todas as partes do corpo, esticando até o limite extremo a cabeça, os braços e as pernas, tentando sentir a divisão vertical de todo o corpo. Caminha sobre a ponta dos pés com movimentos sempre retos. A seguir começa a fazer

movimentos circulares, lentamente, e a encolher o corpo, aproximando todas as suas partes, até que o movimento cessa, quando o formato do corpo se parecer com o de uma bola. Faz-se depois o mesmo movimento, ao contrário.

8. Os atores realizam todos os exercícios anteriores em "marcha a ré".

9. Os atores devem manter os joelhos dobrados e caminhar assim durante alguns minutos, sem se endireitar: evidencia-se aqui a luta entre a força muscular e a força da gravidade.

10. Os participantes podem fazer qualquer tipo de movimento (redondo ou retilíneo), para os lados ou para trás — nunca para a frente, como o habitual —, e sempre com os joelhos dobrados.

11. O ator deve começar a fazer um pouco menos de esforço que o habitual para continuar caminhando, para se deslocar. Um pouco menos e, imediatamente depois, um pouco mais. Ele deve estudar essas duas forças, a força muscular e a da gravidade. Tentar equilibrar a gravidade somente com a energia necessária, mas deve usar cada vez menos a força muscular necessária. Menos, menos, mais, menos, menos, menos, mais. Vitória difícil e lenta da gravidade. O ator se arrasta. Sempre variando entre um pouco mais de força e um pouco menos, mas sempre cada vez menos, fazendo com que seja cada vez mais difícil o movimento avante — porém, cada um deve tentar continuar a avançar, a se arrastar, mesmo tocando o chão com os joelhos, depois com as pernas, depois com a barriga, mais tarde também com o tórax etc.

12. Finalmente, após certo tempo, cada um renuncia a se mover e abandona, tendo o cuidado de terminar deitado de costas. É muito importante que isso só ocorra depois de um tempinho e que o ator não desista logo de cara, e sim investigue a dinâmica das forças. Eles devem desistir aos poucos.

13. É preciso que a maior parte possível do corpo toque o chão. O ator deve, então, tentar sentir o peso específico de cada parte do seu corpo: os dedos — ele tem dez dedos e deve senti-los em separado, e não em geral. Move primeiro os dedos, depois a mão direita, que se levanta e torna a cair; então, levanta-a mais alto e a deixa cair; depois, a mão esquerda se levanta e cai, levanta e cai; depois, a perna esquer-

da, a perna direita, uma, duas vezes se levantam e caem; depois, a cabeça se levanta e é mansamente depositada no solo; depois a cabeça e o tórax; depois o ator se vira de barriga para o chão.

14. Então, quando tiver sentido cada parte do seu corpo, o ator recomeça o movimento contrário, usando sempre a força muscular limite necessária: do "um pouco mais" para o "um pouco menos". Primeiro ele mexe um dedo, depois o corpo todo, usando sempre a força muscular limite, primeiro um pouco, depois um pouco mais, um pouco mais e por fim um pouco menos. O estudo, agora, se faz no sentido de um pouco mais. A mão se ergue e cai, se ergue de novo e torna a cair; então sobe um pouco mais e ainda um pouco mais. Os joelhos se erguem e caem, mas sobem de novo e sempre mais. O corpo começa a se mexer; quanto mais ele desce suavemente, mais ele recomeça.

15. O ator se move com dificuldade — essa dificuldade é real, porque se trata de vencer a força real da gravidade, contra a qual lutamos todos os dias. O ator avança com as mãos, depois os braços, depois também os joelhos, usando somente a força necessária, às vezes um pouco menos, às vezes um pouco mais, e mais, e mais. Ele se levanta. Ele cai ao chão, mas tem forças suficientes para se levantar novamente. Fica de cócoras. Primeiro olhava o solo, depois na horizontal; agora, de cócoras, começa a olhar o teto e a planejar muscularmente para se levantar e andar. Ele se levanta e fica em pé, andando.

16. O ator caminha. Agora é proibido olhar o chão, só para o alto. É preciso que caminhe com mais vida. Levanta os braços e tenta tocar o teto, anda e salta, e cada vez salta um pouco mais alto; todos tentam saltar um pouco mais alto, decolar do chão, mais alto, ainda mais alto. Tentam tocar o teto, uma vez, duas... depois devem gritar, quando saltarem, correndo para ganhar embalo, e gritam para alcançar o teto e decolar, voar, saltando o mais alto possível.

Esse exercício tem um momento de inflexão muito importante. Na primeira etapa, os participantes são vencidos pela gravidade. Isso causa certa angústia, tristeza. Sobretudo porque olham para o chão e se dão conta de uma realidade: a implacável força da gravidade, contra a qual devemos lutar continuamente. Quando os atores chegam à inércia, é preciso deixá-los descansar. É preciso dar-lhes todo o tempo de que precisam para recomeçar a se levantar. Eles têm de ser encorajados a se levantar, a se recuperar, a saltar, a olhar o teto. É preciso dizer-lhes que a gravidade é uma força muito poderosa, mas que cada um de nós tem uma força ainda maior do que ela.

Essa série deve terminar com euforia provocada pela nossa vitória corporal, embora estejamos todos fatigados, é verdade...

SEGUNDA CATEGORIA:
ESCUTAR TUDO O QUE SE OUVE

Primeira série: exercícios e jogos de ritmo

1. Roda de ritmo e movimento

Os atores formam um círculo; um deles vai ao centro e executa um movimento qualquer, por mais insólito que seja, acompanhado de um som (tanto o som como o movimento dentro de um ritmo inventado por ele próprio). Todos os atores o seguem, tentando reproduzir exatamente os seus movimentos e sons dentro do ritmo, o mais sincronicamente possível. O ator desafia outro, que vai ao centro do círculo e lentamente muda o movimento e o som, em outro ritmo, enquanto o primeiro ator volta para a roda. Todos agora seguem o segundo ator, que desafia um terceiro, e assim sucessivamente.

Aquele que vai ao centro pode fazer o ritmo corporal e musical que quiser, que mais lhe agrade, mas que não esteja habituado a fazer na vida real. Não se trata de dançar uma dança ou cantar uma música que todos conhecem. Não se deve temer o ridículo, o grotesco, o insólito. Se todos forem ridículos, ninguém será ridículo...

Todos devem tentar reproduzir, o mais precisamente possível, tudo o que são capazes de ver e ouvir: os mesmos movimentos, a mesma voz, o mesmo ritmo... Se uma mulher estiver no centro, os homens no círculo não devem imitar a versão "masculina" do movimento, mas reproduzir exatamente aquilo que estejam percebendo.

O que acontece então? Qual o mecanismo? Muito simples: ao tentar imitar a maneira do outro de se mexer, cantar etc., nós começamos a desfazer nossas próprias mecanizações. Imitando os outros, reestruturamos de várias maneiras diferentes (porque vários atores irão ao centro) nossa própria maneira de ser e de agir.

Não se deve fazer uma caricatura, porque ela nos levará a fazer coisas diferentes, porém sempre da mesma forma rígida. Devemos tentar compreender, sentir e reproduzir exatamente o exterior para melhor sentir o interior da pessoa que vai ao centro.

2. Jogo de ritmo e movimento

Formam-se duas equipes. A primeira, a um sinal do diretor, começa a fazer individualmente todos os tipos de sons e movimentos rítmicos que lhe ocorrerem. Os componentes desse grupo devem em poucos segundos unificar seus movimentos, ritmos e sons. O segundo grupo começa então a reproduzir os movimentos e ritmos do primeiro, em seguida os transformam em ritmos individuais, reunificam, passam para o outro grupo, e assim por diante.

3. Unificar o ritmo dentro do círculo

Todos os atores iniciam juntos um ritmo, com a voz, as mãos e as pernas; após alguns minutos, mudam lentamente, até que um ritmo novo se impõe, e assim sucessivamente, durante vários minutos.

Variante 1: Cada ator faz um ritmo isoladamente até que todos se unifiquem num único.

Variante 2: Todos os atores começam, a um sinal dado, a fazer um ritmo próprio e também um movimento para acompanhar esse ritmo. Depois de alguns minutos, tentam se aproximar uns dos outros, segundo as afinidades rítmicas. Os atores com maiores afinidades homogeneízam os seus ritmos até que todo o elenco esteja praticando o mesmo ritmo e o mesmo movimento. Isso pode não acontecer, mas não importa, desde que os grupos formados tenham seus ritmos e movimentos bem definidos.

Variante 3: Forma-se um círculo em que uma pessoa inicia um ritmo e todos o seguem; o diretor dá um sinal, o círculo se rompe e cada participante procura transformar aquele ritmo em outro que lhe seja individualmente mais agradável. O diretor dá outro sinal e todos voltam ao círculo, mas agora cada um com seu próprio som e seu próprio movimento: observam-se e tentam unificar todos os ritmos em um só. Quando isso acontece, o diretor dá outro sinal, rompe-se o círculo, todos se afastam, individualizam seus ritmos, retornam ao círculo e os reunificam.

4. *A máquina de ritmos*

Um ator vai ao centro e imagina que é uma peça de uma engrenagem de uma máquina complexa. Faz um movimento com seu corpo, rítmico, e, ao mesmo tempo, o som que essa peça da máquina deve produzir. Os outros atores prestam atenção, em círculo, ao redor da máquina. Um segundo ator se levanta e, com o seu corpo, acrescenta uma segunda peça à engrenagem, com outro som e outro movimento, que sejam complementares e não idênticos. Um terceiro ator faz o mesmo, e um quarto, até que todo o grupo esteja integrado em uma só máquina, múltipla, complexa, harmônica.

Quando todos estiverem integrados na máquina, o diretor diz ao primeiro ator para acelerar o ritmo — todos devem tentar seguir essa mudança no andamento. Quando a máquina estiver perto de explodir, o diretor determina que o primeiro ator diminua o ritmo, até que todas as pessoas terminem juntas o exercício.

Para que tudo corra bem, é preciso que cada ator tente realmente escutar o que está ouvindo.

Variante 1: Amor e Ódio — O mesmo exercício, com a seguinte modificação: todos os participantes devem imaginar uma máquina de ódio, depois uma de amor. Seja lá o que cada um entenda pelas palavras "ódio" e "amor". Devem continuar como parte da engrenagem de uma máquina e não de um ser humano, o que significa que os sons que produzem são os de uma máquina, não os de um ser humano. O exercício deve ser feito exclusivamente com movimentos e sons, sem palavras.

Variante 2: Região ou País — O mesmo, incluindo, além de uma emoção (ou várias), um tema. Por exemplo, regiões de um mesmo país de onde os participantes são originários: Alemanha (máquina prussiana, máquina bávara, máquina berlinense etc.); França (máquina bretã, parisiense, marselhesa etc.); Brasil (máquina carioca, baiana, mineira etc.); ou tendo como tema os partidos políticos: PT, PDT, PSDB, PFL etc. Ou, ainda, formas de teatro e de cinema: cinema mudo, circo, ópera, novela etc. Qualquer tema que o grupo queira trabalhar pode ser abrangido pela máquina, seja burocracia, autoritarismo, sexismo, racismo...

É extraordinário como a ideologia de um grupo, suas ideias políticas etc. podem se revelar em ritmo físico e sonoro. Tudo aquilo que pensamos e criticamos aparece.

Nota: este jogo é particularmente útil quando se quer, por exemplo, criar imagens de um tema para que não permaneça abstrato — burocracia, futuro, infância, saúde etc. Pede-se aos participantes que façam as máquinas de ritmo desses temas. Muitas vezes os atores já me ajudaram a fazer a *mise-en-scène* de uma peça usando este jogo.

Importante: este exercício trata do ritmo interno dos atores, não de clichês externos. Se o tema for "Rio de Janeiro" ou "Cidade do México", não é para representarem malandros cariocas ou homens usando *sombreros* dormindo embaixo de cactos. Às vezes o ritmo de um ritual social pode ficar evidente por uma simples mudança de tempo, mais do que por caretas. Trata-se de um exercício de ritmo, não de imagens.

Variante Hamlet: Uma máquina de ritmo é construída para uma peça, figura ou situação específica. Nesse caso, não se trata de construir uma máquina única, mas sim de estabelecer uma estrutura entre a relação das figuras.

5. Jogo peruano das bolas

Este jogo pode parecer mais complicado do que é: é simples e agradável. Cada ator imaginará estar de posse de uma bola de futebol, tênis, golfe, de praia, qualquer tipo de bola ou balão; os participantes devem imaginar o tipo de material do qual são feitas e jogar com essas bolas, repetindo um ritmo, com todo o corpo envolvido, não apenas as mãos ou os pés, e com a voz reproduzindo, ritmicamente, o som produzido pela bola ou balão. Os participantes terão algum tempo para estabelecer o ritmo corporal e sonoro, jogando pela sala, todos simultaneamente.

Depois de alguns minutos, o diretor dirá: "Preparar!". Nesse momento, cada participante escolhe um parceiro, e os dois devem continuar jogando com suas bolas, um na frente do outro, observando os mínimos detalhes do jogo do parceiro. Então o diretor dirá "Trocar as bolas!", e eles as trocarão, adotando, um do outro, os sons e movimentos rítmicos, o mais exatamente que puderem. E vão embora com suas novas bolas, as segundas.

Depois de alguns minutos em que cada participante brinca com essa segunda bola, outra vez o diretor dirá: "Preparar!". Os participantes deverão procurar outros parceiros que não os primeiros e, quando ouvirem "Trocar de bolas!", eles as trocarão novamente, saindo com suas terceiras bolas. Finalmente o diretor dirá: "Encontrar a bola original!". Desse momento em diante, os participantes deverão procurar a bola com a qual começaram o jogo, a primeira, sempre continuando a jogar com a bola que têm consigo, a terceira.

Quando o ator encontrar a pessoa que estiver com a sua primeira bola, ele dirá: "Você sai!". No entanto, não deve se esquecer de continuar jogando com a bola que ele tem nesse momento, a terceira, e que pertence a alguém que ainda não a descobriu. Quem sair para de jogar e fica fora da área do jogo, mas deve continuar procurando a sua primeira bola, que permanece em jogo com alguém. Quando o ator a encontrar, dirige-se à pessoa que a tem, diz a mesma coisa, e ela sai. Assim será até que todos tenham recuperado suas bolas... o que raramente acontece.

Se, ao final do jogo, ainda houver alguém que não tenha recuperado sua bola, poder-se-á tentar reconstruir os caminhos percorridos pelas várias bolas, perguntando a cada participante com quem ele trocou de bola, a partir daquela que não foi encontrada até chegar à primeira, e assim talvez localizar o dono da bola não encontrada. Essa "genealogia" das bolas é normalmente difícil de estabelecer, mas pode mostrar como os movimentos e os sons foram modificados e quem os modificou.

6. Série das palmas (os claps)

Como o exercício anterior, é mais fácil fazer do que explicar. Sentados, em círculo, os atores começam a bater as mãos nas pernas, com ritmo. Cada um deve tentar ouvir o ritmo comum, sem inovar.

Isso feito, um primeiro ator levantará as mãos e, no ritmo, baterá palmas em direção à pessoa que estiver do seu lado esquerdo, que fará o mesmo e ao mesmo tempo. Esse primeiro ator, sempre dentro do ritmo, volta-se para a direita e bate palmas para o ator à sua direita, que o acompanha. Esse segundo ator volta-se, em seguida, para a sua direita e bate palmas para o ator que lá estará, e que fará o mesmo, fazendo as batidas circularem por todo o círculo, sempre com dois atores batendo palmas simultaneamente, e todos dentro do círculo marcando o ritmo com que as batidas (*claps*) que se deslocam.

O diretor poderá também enviar mais do que um *clap* (cinco ou sete...), dependendo do tamanho do círculo; poderá igualmente dizer "À esquerda!", e todas as batidas voltam pela esquerda. Em seguida, acrescenta-se uma batida de mãos nas pernas dentro do ritmo geral (1, 2, 3, ou, em vez de 1, 2, o 2 passa a ser a batida nas pernas), as palmas (*claps*) seguirão sempre o caminho "esquerda — pernas — direita" e serão sempre duplas, isto é, palmas feitas por duas pessoas ao mesmo tempo. Depois que o grupo estiver bem afinado (e bem treinado), deve-se aumentar a velocidade das palmas, no mesmo ritmo.

Depois, fora do círculo, o diretor dirá, de tempos em tempos, "esquerda" ou "direita", e as palmas, em vez de seguirem normalmente, devem voltar para a esquerda ou para a direita, de acordo com as instruções.

Finalmente, pode-se fazer o movimento com as mãos, mas sem bater nas pernas, de forma que os atores deverão, vendo esses movimentos, escutar o que não estão vendo: o ritmo das mãos e dos braços. Só se batem audivelmente as mãos quando um ator encontra o outro.

7. *West Side Story*

Este exercício tem esse nome porque lembra várias coreografias do filme homônimo. Formam-se dois grupos, em duas filas frente a frente, com um líder no meio de cada grupo. O primeiro inventa um movimento rítmico com o seu corpo andando para a frente, acompanhado por um som rítmico, e o repete vezes seguidas. Depois da primeira vez, seu grupo já terá compreendido os ritmos de seu movimento e seu som e deverá juntar-se a ele, indo para a frente, em fila, atrás do líder. O grupo contrário deve recuar mantendo a mesma distância.

Quando os grupos chegam no fim da sala, o líder deixa a posição central e vai para um dos extremos da fila. Outro líder toma seu lugar, vindo do extremo oposto, e encara o líder do grupo, que responderá com outro movimento e som rítmicos, avançando, seguido pelo seu grupo, que também avança, e o primeiro time recua. Sucessivamente, alterna-se entre avançar e recuar, até que todos os componentes dos dois grupos tenham atuado como líder.

Deve-se pedir que o líder não faça sons ou gestos demasiado simples, como "pam-pam-pam". Que tratem de criar ritmos e movimentos mais bonitos e mais elaborados.

8. Ritmo com sapatos

É uma brincadeira infantil, bem infantil mesmo, mas muito útil para coordenar elencos. Os atores sentam-se no chão, em círculo, cada um com um sapato diante de si. E começam a cantar uma música bem conhecida por todos, marcando o ritmo, a cadência, e, em cada momento forte, passando o seu sapato para o companheiro que está à sua direita, menos em certos momentos que se predeterminam, por exemplo:

Lá vai uma	(*passa*)
lá vão duas	(*passa*)
três pombinhas a voar	(*aqui não se passa o sapato — apenas se bate com o sapato em frente ao companheiro, mas cada ator volta com seu próprio, sem largá-lo*)
Uma é minha	(*passa*)
Outra é tua	(*passa*)
Outra de quem apanhar!	(*não passa: apenas bate e volta*)

Antigamente, jogávamos este jogo como uma espécie de competição: aquele que terminasse a rodada com mais de um sapato à sua frente saía do jogo, levando o seu sapato. Hoje, o que importa é jogar da melhor maneira possível e com todos os participantes — de modo que cada um se preocupe com o outro, sem procurar eliminá-lo —, desenvolvendo a solidariedade do grupo, e não a competitividade individual.

Cada país tem uma canção popular que pode ser utilizada. Ou simplesmente o som:

Ta ra TÃ
ta ra TÃ
tá rá tá tá tá tá TÃ.

Variante 1: De tempos em tempos o diretor dirá "Esquerda" e todo mundo deve começar a passar o sapato para a esquerda; depois ele dirá "Direita", e novamente "Esquerda" etc. Para tornar o jogo mais difícil, o diretor deverá dizer qual é o lado para onde vão os sapatos no meio da frase musical, e não no fim.
Variante 2: A mesma coisa de olhos fechados.
Variante 3: Em pé. Todos em pé, prestando muita atenção e...boa sorte!

9. *As duas vassouras*
Dois atores, frente a frente, seguram duas vassouras ou dois bastões. A mão direita de um corresponde à mão esquerda do outro, e vice-versa. Os dois começam pondo as duas vassouras em posição horizontal, depois fazem um movimento de "tique-taque": uma vassoura levanta e a outra desce; "tique-taque", uma sobe e a outra desce.

Os participantes olham de longe e iniciam uma caminhada, um de cada vez, de tal maneira que passem por entre as duas vassouras, primeiro por baixo da primeira e depois da segunda, sem serem tocados e sem diminuir ou aumentar a velocidade.

É importante que o movimento não seja interrompido. Trata-se de um exercício de ritmo. Um ritmo ligado a velocidade.

10. *As quatro vassouras*
O mesmo movimento de "tique-taque", agora com quatro vassouras: duas que sobem e descem e duas que avançam e recuam, de tal maneira que, num dado momento, estejam todas juntas, no meio, e logo após elas abram um espaço quadrado por onde uma pessoa possa passar.

O processo é idêntico ao do exercício precedente; primeiro todos observam, depois caminham, um a um, com velocidade ritmada, que permita que cheguem diante das quatro vassouras exatamente no momento em que começam a se abrir e passem por elas.

O mesmo exercício pode ser feito com duas pessoas de cada vez, dando-se os braços, ou três, se couberem no espaço aberto.

11. Ritmo em ferradura

Em formação de ferradura (meia-lua), os atores estão sentados. A primeira pessoa à direita começa um ritmo que deve viajar por todos os participantes até o último, na outra ponta da ferradura. A pessoa que fica no final da ferradura deve iniciar outro ritmo, que fará a viagem de volta. Cada participante sempre estará fazendo um ritmo até que este seja substituído pelo ritmo que chega da sua esquerda ou da sua direita.

12. Ritmo em círculo

A mesma coisa que o anterior, em círculo, todos em pé, de forma que possam trabalhar os diferentes ritmos desde a primeira até a última pessoa.

13. O cacique

Em círculo, os atores sentados. Uma pessoa sai da sala. O grupo escolhe o cacique, que será a pessoa que iniciará todas as mudanças de ritmo e todos os movimentos rítmicos no círculo. A pessoa que saiu é chamada de volta e tenta adivinhar quem é o cacique.

14. A orquestra e o regente

Cada ator, ou cada grupo de atores com vozes semelhantes, emite um som rítmico ou melódico. O regente os escuta. Eles devem produzir sempre o mesmo som, repetidamente, toda vez que o regente acenar para eles, com um gesto ou com a batuta, regendo o andamento, o volume, a interpretação. Quando não for solicitado, o ator fica calado, quieto. Dessa forma, o regente poderá construir sua música, utilizando para isso os vários sons, ritmos e melodias. Cada um deve ter sua vez como regente e, com o mesmo material sonoro, organizar a sua própria música.

15. Ritmo com diálogo

Formam-se duas equipes, cada uma com um líder, e começa o jogo. O líder faz um ritmo quatro vezes, dirigindo-se ao adversário como se estivesse falando com ele; seus liderados repetem a mesma coisa três vezes. O líder adversário responde, por sua vez, com outro ritmo; imediatamente os atores do seu grupo, como se respondessem ao grupo adversário, repetem três vezes o que ele fez. O ritmo e o movimento devem ser usados como diálogo, como se as pessoas estivessem realmente falando umas com as outras. Cada frase musical pode ter a extensão que se quiser, longa, curta, com maior ou menor complexidade. Na variante *Hamlet* os atores pensam frases dessa (ou de qualquer outra) peça.

16. Diálogo dos ritmos em círculo

Um ator pensa em alguma coisa e tenta traduzi-la em ritmo físico e sonoro (não se trata de fazer mímica). Seu interlocutor o observa e responde, endereçando-se a uma terceira pessoa para quem conta a mesma história; essa pessoa a escuta e transmite a uma quarta pessoa, e assim por diante. No final, os participantes (no máximo seis ou sete) dirão o que sentiram ao fazer aquele ritmo, e o que pensavam, e também o que pensavam que estavam ouvindo ou dizendo.

Na variante *Hamlet*, os atores traduzem citações de uma peça em ritmos de som e movimento e as transmitem como descrito acima.

17. Índios na floresta

Filas de cinco atores. O ator à frente da fila é o chefe, que deve imaginar uma situação real ou fantástica, com índios (de fantasia, não os verdadeiros) na floresta, guerras, pescarias, caçadas, danças religiosas etc. Ele tem que se locomover pela sala fazendo sons e gestos rítmicos que devem ser repetidos com exatidão pelos outros quatro atores atrás dele. De tempos em tempos, o diretor trocará o chefe, que irá para o fim da fila e será substituído pelo ator que estiver atrás dele. No final, os quatro "índios" de cada chefe contam onde pensavam que estavam, e o chefe conta onde imaginou levar os companheiros.

18. Fila de cinco atores

Similar ao jogo anterior. A primeira pessoa da fila faz um som e um gesto rítmicos e os outros a imitam. A primeira pessoa vai para o fim da fila; a que estava em segundo lugar passa para o primeiro e deve adicionar um som e um gesto rítmicos aos que já estão sendo feitos, e assim por diante, até que todos tenham dado sua contribuição, tornando a execução cada vez mais complexa.

19. Os guarda-costas do presidente

Grupos de cinco atores. O presidente no centro, um guarda-costas à sua frente, voltado para ele, outro atrás e um de cada lado, estes três virados para a mesma direção que ele. O presidente faz um som e um movimento rítmicos, os guardas o imitam (o que está de frente age como espelho, os outros voltados para a mesma direção). O presidente caminha pela sala com a sua escolta, fazendo voltas de 90° ou 180°, como bem entender. Aquele que o presidente encarar passará a ser o seu espelho. De tempos em tempos, o diretor trocará os presidentes, até que todos tenham sido presidentes.

20. Anda, para, justifica

Os atores caminharão pela sala de maneira estranha e bizarra. De tempos em tempos, o diretor dirá "Para!" e pedirá a cada um dos atores que justifique sua postura dizendo alguma coisa que faça sentido, por mais absurda que seja.

Na variante *Hamlet*, os atores assumem atitudes das personagens dessa peça e dizem a parte do diálogo correspondente.

21. Carnaval no Rio

Grupos de três, cada ator de cada grupo terá um número: 1, 2 ou 3. O diretor dirá "Número 1" e todos os "números 1" de cada grupo deverão andar pela sala com um som e com um movimento rítmicos (cada um com um ritmo diferente, personalizado). Os outros dois membros do grupo deverão imitá-lo. O diretor dirá "Número 2" e todos os "números 2" farão outro som e outro movimento rítmicos, sendo seguidos pelos demais componentes do grupo. Depois será a vez dos "números 3". Assim que todos tiverem feito seus sons e movimentos, o diretor dirá "Cada qual com o seu!", e todos voltarão a fazer os seus movimentos originais. Depois de alguns minutos, o diretor dirá "Unificar!" e um dos membros do grupo abandonará a sua criação para imitar a de um dos outros dois, ou os três inventarão um quarto ritmo. Se alguém ficar sozinho, deverá imitar os outros, e todo o grupo acabará seguindo o mesmo som e o mesmo movimento, de forma sincrônica e unificada.

De tempos em tempos o diretor dirá "Mudar de grupo!" e quem quiser poderá mudar de grupo, à sua escolha. Os que estiverem satisfeitos com o próprio grupo podem continuar nele, porém não se pode ficar sozinho. Se for o caso, o ator deverá abandonar o seu ritmo e se juntar a um dos grupos remanescentes.

22. As mimosas bolivianas

Mimosa é uma flor que se encolhe sensualmente ao ser tocada... Formam-se duplas: a "mimosa" e o seu parceiro. O parceiro toca uma parte do corpo da "mimosa", que deve iniciar um movimento rítmico, primeiro na parte tocada e depois estendendo-se pelo corpo inteiro. O parceiro observa para ver se o movimento se estendeu para todo o corpo da mimosa. Repetir duas vezes, partindo sempre de lugares diferentes do corpo. Três vezes com um som rítmico e mais três vezes, com um som e um movimento melódicos. A mimosa e o parceiro podem trocar de lugar depois de cada uma das sessões ou no final de toda a sequência.

As pessoas com problemas de coluna devem ter cuidado porque o exercício exige mais esforço do que a princípio parece.

23. Quantos "as" existem em um "A"?

Em círculo. Um ator vai ao centro e exprime um sentimento, sensação, emoção ou ideia, usando somente um dos muitos sons da letra "A", com todas as inflexões, movimentos ou gestos com que for capaz de se expressar. Todos os outros atores, no círculo, repetirão o som e a ação duas vezes, tentando sentir também aquela emoção, sensação, sentimento ou ideia que originou o movimento e o som. Outro ator vai para o centro do círculo e expressará outros sentimentos, sensações, ideias ou emoções, seguido novamente pelo grupo, duas vezes. Quando muitos já tiverem criado os próprios "As", o diretor passa às outras vogais (E, I, O, U), depois a palavras habitualmente usadas no dia a dia, depois a "sim" querendo dizer "sim", a "sim" querendo dizer "não", a "não" querendo dizer "não", e a "não" querendo dizer "sim", e finalmente pede que utilizem frases inteiras, também das suas vidas cotidianas, sempre tentando expressar, com as mesmas frases, ideias, emoções, sensações e sentimentos diferentes.

Na variante *Hamlet*, utilizam-se frases do texto da peça que mostrem grande variedade de emoções e pensamentos.

24. *Um, dois, três de Bradford*

Em duplas, face a face.

1ª parte: Os dois atores de cada dupla contam até 3, em voz alta, alternadamente. O primeiro ator dirá "1"; o segundo, "2"; o primeiro, "3"; o segundo, "1"; o primeiro, "2"; o segundo, "3"; e assim por diante. Devem tentar contar o mais rápido possível.

2ª parte: Em vez de dizer "1", o primeiro ator passará a fazer um som e um gesto rítmicos, e nenhum dos dois dirá mais a palavra "1", que se transforma em um movimento rítmico e um som inventados pelo primeiro ator. Este fará um som e um gesto; o segundo dirá "2"; o primeiro dirá "3", o segundo fará o som e o gesto criados pelo primeiro; este dirá "2", o segundo dirá "3", e assim por diante. O som e a ação que o primeiro ator criou no início dessa segunda sequência devem ser repetidos fielmente sempre no lugar do número "1".

3ª parte: Agora, além de um som e de um movimento entrarem no lugar do número "1", o segundo ator inventará outro som e outro movimento para serem feitos toda vez que se for falar o número "2". A dupla jogará por alguns minutos, tentando ser o mais dinâmica possível.

4ª parte: Um dos dois atores substituirá o número "3" por outro som e outro gesto. Então teremos um tipo de dança, somente com sons e movimentos rítmicos, sem nenhuma palavra.

O jogo será sempre mais interessante se os sons e os movimentos rítmicos forem realmente bem diferentes uns dos outros. Dessa forma, os atores se confundirão menos. Geralmente as pessoas fazem melhor quando descobrem que cada uma das duas sequências é sempre igual: 1-3-2 para o primeiro ator e 2-1-3 para o segundo.

Pode-se fazer com mais atores, sempre em número ímpar.

25. Cruzando a sala

Dois atores, saindo de lados opostos, cruzam a sala com o mesmo ritmo de sons e movimentos (um começa, depois o outro assume — espontaneamente, sem conhecimento prévio do ritmo). Eles não podem perder a velocidade. Mais à frente, uma segunda dupla, com cada um dos atores um passo atrás dos atores da primeira dupla; uma terceira, um passo atrás dos da segunda. De tal maneira que, quando se inicia a movimentação, os três de um lado e os três do outro lado se cruzarão sempre no meio da sala, e, quando os terceiros tiverem passado, já será quase o momento em que os dois primeiros estarão de volta. No outro extremo da sala, os outros atores, em fila perpendicular a essas três duplas, começam a andar em direção às duplas e devem atravessá-las sem se chocar com ninguém e sem modificar o seu próprio ritmo de andar.

26. O batizado mineiro

Atores em círculo; cada um, em sequência, dá dois passos à frente, diz seu nome, diz uma palavra que comece com a primeira letra do seu nome e que corresponda a uma característica que possui ou crê possuir, fazendo um movimento rítmico que corresponda a essa palavra. Os demais atores repetem duas vezes nome, palavra e movimento. Quando já tiverem passado todos, o primeiro volta, mas agora numa posição neutra, e são os demais que devem se lembrar da palavra, nome e gesto. Naturalmente, este exercício faz-se com grupos que se encontram pela primeira vez e não com velhos amigos.

27. Círculo rítmico de Toronto

Um ator, dentro do círculo, vai para a frente do ator à sua direita e inicia um ritmo corporal e vocal, que este ator reproduz. Vai para o terceiro, que também o imita enquanto o segundo continua a imitá-lo. Vai para o quarto, e assim por diante, sempre com o mesmo ritmo, sempre imitado por todos os demais. Só que, quando ultrapassa o terceiro, o segundo ator abandona a imitação, põe-se de frente para o terceiro e inicia o seu próprio ritmo. Isto é, sempre que um ator encontra outro ator "livre" à sua direita, põe-se na frente dele e inicia um movimento circular, passando na frente de todos que vão imitá-lo, até retornar ao seu lugar inicial. Assim vão se criando novos ritmos, e o resultado é uma maravilhosa interação entre diferentes movimentos e sons.

28. *O samba do crioulo doido*

Dois conjuntos de instrumentos musicais ou de objetos dos quais se possa extrair música. Um ator sentado em frente a cada um desses conjuntos, outro à sua frente, e todos os demais em semicírculo, de frente para os conjuntos musicais. O ator do conjunto "A" começa a tocar um instrumento à sua escolha, fazendo com que o ator que está à sua frente comece a dançar, a permitir que seu corpo dance segundo o ritmo — dança inventada e não reproduzida. Os atores do semicírculo imitam sua dança. Dançando, ele avança e escolhe um dos atores que estão no semicírculo — este introduz um som que combine com o ritmo daquela dança e troca de posição com o primeiro ator —; todos continuam agora dançando e cantando. O ator que foi escolhido no semicírculo vai até o conjunto "B" e troca de posição com o ator em pé, que está sentado em frente ao que tem os instrumentos. Nesse momento, o ator com os instrumentos escolhe um deles e inicia um novo ritmo com o novo instrumento, e o ator do seu grupo "B" começa a se deixar levar pela música; seu corpo dança, os do semicírculo o imitam, ele escolhe um dos atores, que introduz um som, trocam de posição, e o novo ator se aproxima do grupo "A", troca de posição com o ator que antes tocava e agora está de pé à sua espera, e assim sucessivamente.

29. *Se você disser que sim*

Uma música que permita ao ator que conduz o exercício cantar uma frase assim: "Se eu disser que sim, vocês dirão que não: sim, sim, não", ao que todos devem responder "Não, não, sim". "Se eu disser João, Luís, João, vocês dirão" — e os outros dizem — "Luís, João, Luís"; e depois utilizará as palavras "pão" e "mel". Em seguida, combinações diversas das três palavras e das outras três: "João, mel, não" contra "Luís, pão, sim"...

30. A *chuva italiana*

Em círculo, os atores simulam com a voz e os movimentos dos braços e dos corpos o som da chuva que se transforma em tempestade e depois em bonança.

Segunda série: a melodia

1. *Orquestra*

Um pequeno grupo de atores monta uma orquestra, de preferência com objetos improvisados como instrumentos, enquanto os outros inventam uma dança correspondente. A música deve ser melódica e mudar com frequência: os atores devem permitir que seus corpos sejam invadidos por essa música, sem premeditar nenhum movimento, deixando-se levar pela música, naturalmente.

2. *Música e dança*

Alguns ritmos, especialmente brasileiros de origem africana, como o samba, a batucada, a capoeira (só com movimentos circulares e muitos em marcha a ré), são excelentes para estimular todos os músculos do corpo. Os atores não devem repetir passos já estabelecidos, devem deixar que seus corpos se embalem. Pode-se também pôr a fita de um gravador em velocidade superior àquela em que foi gravada. É importante que em todos estes exercícios de aquecimento sempre se comece lentamente. Pouco a pouco, os exercícios poderão ser feitos com maior intensidade. É importante que praticar estes exercícios seja gostoso, é importante sentir prazer e não dor.

Terceira série: som

1. *Som e movimento*

Um grupo de atores emite com a voz determinado som (que pode ser de animais, folhagem, rua, fábrica), enquanto outro grupo faz movimentos relacionados com os sons, nascidos desses sons, como se fossem sua visualização: isto é, se o som é "miau", a imagem não será necessariamente a de um gato, mas sim a visualização que o ator tem desse som especial. A uma floresta de sons corresponderá uma floresta de imagens. A uma sequência ritual de sons, uma sequência ritual de imagens.

Variante Hamlet: O som de cada cena.

2. Sons rituais

O mesmo exercício anterior, salvo que os atores que fazem os sons estarão restritos aos sons de um "ritual" em particular: acordar pela manhã ou ir para casa, voltar do trabalho, sala de aula, fábrica etc.

Na variante *Hamlet*, serão gerados sons relacionados a uma cena específica da peça que está sendo ensaiada. Não se trata da reprodução de sons reais (como, por exemplo, o som de metal batendo durante uma luta de espadas ou o estilhaçar de vidro quando um espelho é quebrado), mas sim de sons subjetivos que conseguem transmitir sentimentos e até ideologias. Os outros atores devem se movimentar da forma que os sons os inspirarem. Isso deve ser feito de maneira livre e sem autocensura.

Quarta série: o ritmo da respiração

Nós temos músculos voluntários aos quais podemos livremente dar ordens. Mando minhas mãos digitarem no computador o que eu estou pensando escrever, e elas obedecem e digitam. Mando meu corpo se levantar e ele não hesita e se levanta. Se quero falar, mando minhas cordas vocais, minha boca e a minha língua fazerem tudo o que for necessário para produzir o som das palavras que tenho intenção de dizer... e sou obedecido.

Esses são os músculos voluntários, facilmente controláveis. No entanto, há outros que não são controláveis. Quando tenho medo de alguma coisa, ou quando vejo a mulher que amo, não posso impedir meu coração de bater mais rápido que o normal. Não posso lhe dizer: "Fica quieto!". Não adianta nada, ele continuará a bater de um modo que escapa à minha vontade. Eu não exerço nenhum poder sobre meu coração.

Porém, há ainda outros músculos, que são controláveis, que são voluntários, mas que são esquecidos, que nós nem notamos, que estão mecanizados: esses são os músculos da respiração.

Por causa dessa mecanização, respiramos mal. Existem espaços enormes em nossos pulmões, com ar impuro, que não se renova. Utilizamos muito pouco da nossa capacidade pulmonar.

Os exercícios que seguem são destinados a nos ajudar a nos conscientizar do fato de que podemos desmecanizar a respiração, controlá-la.

1. Deitado de costas, completamente relaxado

O ator põe as mãos sobre o abdômen, expele todo o ar dos pulmões e lentamente inspira, enchendo o abdômen até não poder mais; expira em seguida; repete lentamente esses movimentos diversas vezes. Faz o mesmo com as mãos sobre as costelas, enchendo o peito, especialmente a parte de baixo, diversas vezes. Idem, com as mãos sobre os ombros ou para cima, tentando encher a parte superior dos pulmões. Finalmente, o ator faz as três respirações em sequência, sempre pela ordem anterior.

2. Inclinado para uma parede a pequena distância

Apoiando-se com as mãos, o ator faz os mesmos movimentos respiratórios anteriores; depois, repete tudo apoiando-se nos cotovelos.

3. Parado em posição vertical

O ator faz os mesmos movimentos respiratórios. A respiração deve ser um ato de todo o corpo. Todos os músculos devem reagir à entrada de ar no corpo e à sua expulsão; como se o ator pudesse sentir o oxigênio circulando por todo o corpo, através das artérias, e o anidrido carbônico sendo expulso através das veias.

4. Inspirar lentamente

Pela narina direita e expirar pela esquerda; depois, inverter.

5. Explosão

Depois de ter inspirado lentamente todo o volume de ar possível, o ator deve expulsar todo o ar de jorro pela boca. O ar produz um som igual a um grito agressivo. Fazer o mesmo expelindo energicamente o ar pelo nariz, depois de ter inspirado o máximo possível.

6. Inspirar lentamente com os braços estendidos

O ator deve inspirar lentamente ao mesmo tempo que levanta os dois braços o mais alto possível e apoia o corpo nas pontas dos pés, tentando ocupar o maior espaço possível; depois, também lentamente, expira enquanto retoma a posição normal, encolhendo o corpo até ocupar o menor espaço possível.

7. Panela de pressão

Com as narinas e a boca tapadas, fazer o máximo esforço para expelir o ar. Quando não aguentar mais, destapar o nariz e a boca.

8. Inspirar com grande rapidez

O ator procura inspirar o máximo de ar possível e, em seguida, procura expeli-lo também com a máxima rapidez. Todo o elenco pode praticar este exercício, com o diretor marcando o tempo para inspirar e expirar, como se fosse uma competição para ver quem consegue "movimentar" maior volume de ar nos mesmos segundos.

9. Expirar com grande lentidão

O ator inspira e depois, emitindo um som, expira de maneira que esse som se ouça durante o máximo de tempo possível.

10. Inspirar profundamente pela boca

Com os dentes cerrados, expirando pelo nariz.

11. Inspirar com clara definição e muita energia

Inspirar e expirar como descrito acima, seguindo um ritmo particular — o ritmo do coração ou o trecho de uma música (com um ritmo bem definido) ou uma melodia entoada pelo grupo.

12. Dois grupos

Um grupo canta uma música e o outro acompanha com a respiração, marcando o ritmo com ela, inspirando ou expirando. No começo, as músicas devem ter um andamento mais ou menos lento, para maior facilidade. Depois, o andamento vai se acelerando. Pode chegar a ser o "Tico-tico no fubá", que é extremamente difícil de acompanhar na respiração rítmica. Mas, repito, deve sempre começar com músicas fáceis: "Danúbio azul", por exemplo.

13. *Em pé, em círculo*

Os atores expiram fazendo um ruído ("Ah!") e se deixam cair como se estivessem desinflando, relaxando completamente no chão.

14. *Um ator esvazia um companheiro*

Como se seu companheiro fosse um boneco inflável. A parte destapada pode ser o dedo, o joelho, a orelha etc. O ator "destapado" age como se estivesse sendo esvaziado de ar através do buraco feito pelo outro, expira todo o ar e se desinfla simultaneamente, caindo no chão, como um boneco de borracha vazio. Depois, o primeiro ator faz movimentos e ruídos de quem está enchendo o seu corpo com uma bomba de ar e o segundo ator vai inspirando e se reinflando a cada sopro. Aos poucos, ele vai enchendo o corpo com ar, como se fosse um boneco ou um balão, e se ajeita com a ajuda do outro, até conseguir se levantar.

15. *A, E, I, O, U*

Os atores todos juntos em um mesmo grupo. Um ator se põe de frente para o grupo, que deve emitir sons usando as letras A, E, I, O, U — mudando o volume de acordo com a distância que estiver do ator isolado e em movimento. Quando o ator "botão de volume" estiver longe, eles emitirão sons mais altos e, quando estiver perto, emitirão sons mais baixos. O ator poderá se movimentar como quiser, por toda a sala. Os atores do grupo devem tentar passar emoções para o outro ator e não só fazer barulho.

Variante: Em duplas. Cada ator emite um som direcionado ao seu parceiro que está a 50 cm de distância; o outro caminha um 1 metro para trás, depois 2, 3, 10 metros. Os atores têm de ajustar suas vozes à distância. Este exercício também pode ser feito cantando. Da mesma forma que os olhos "miram" naturalmente um objeto que queremos olhar, também a voz "mira" naturalmente uma pessoa com quem queremos falar.

16. *Todos os atores em pé, de frente para uma parede*
Em pé, lado a lado, os atores "fazem buracos" na parede com suas vozes, ao mesmo tempo e em uníssono.

17. *Dois grupos, de frente um para o outro*
Cada grupo emite um som diferente e tenta fazer com que o outro grupo se submeta a ele.

18. *Deitados no chão*
Com o máximo de contato possível do corpo com o solo, os atores trabalharão suas vozes, a partir do chão.

19. *De bruços sobre uma mesa*
Assim os atores emitem sons, até que o nariz sinta cócegas e seja impossível continuar.

Quinta série: os ritmos internos

Nosso corpo tem ritmos individuais, personalizados — são os ritmos incessantes da vida. Alguns são ritmos biológicos, também chamados circadianos: nosso coração bate, nossos pulmões respiram, nosso sangue flui em nossas veias, temos sono e despertamos, temos fome e comemos a intervalos regulares, quando possível... Os ritmos circadianos (do latim *circa dia*, "em torno do dia") são relacionados ao dia e à interação com o meio ambiente. Outros ritmos estão intensamente marcados pela cultura, pela profissão, pela sociedade em que vivemos: o ritmo com o qual caminhamos, o nosso jeito de rir, a nossa maneira de falar, de prestar atenção, de comer, de fazer amor etc. Seres humanos são seres ritmados.

Temos igualmente o ritmo psíquico de receber e processar informações (sensoriais e racionais) e o de atuar, agir, responder a essas informações. Quando, momentaneamente, suspendemos a nossa necessidade de ação — como quando nos tornamos espectadores em teatro ou qualquer outro evento —, transportamos para a área da nossa atenção — o palco ou outro lugar — toda essa energia criadora, dinâmica, e criamos assim o "espaço estético".

Mesmo dormindo, trocamos de lado em resposta às condições ambientais.

Ritmo de imagens

Nesse jogo-exercício, um ator vai para a berlinda e os outros tentam expressar, com seus corpos, um de cada vez, uma imagem rítmica daquele ator que está na berlinda, e isso individualmente, como cada um a sente. Em seguida, todos os atores, juntos, repetirão os ritmos que criaram, agora ao mesmo tempo. O ator na berlinda tentará se integrar nessa "orquestra" de ritmos que são, segundo os companheiros, os seus.

Variante 1: Um ator faz o ritmo de outro; quando essa pessoa se reconhece, ela deve entrar em cena, imitar o que está vendo — e que se supõe ser o seu próprio ritmo — e, em seguida, metamorfosear-se, fazendo o ritmo de outra pessoa presente, e assim por diante.

Variante 2: Um ator faz o ritmo de outra pessoa e os que a reconhecerem farão as suas próprias versões, até que a pessoa original se reconheça.

Variante Hamlet: Um ator usa a voz e o corpo para fazer o ritmo de uma das figuras de um momento específico da peça. Os outros assistem e tentam descobrir a figura e o momento da peça. Tenta-se imaginar os ritmos internos de cada personagem.

Neste jogo-exercício é vital que os atores tentem ver o mais profundamente dentro da pessoa que está sendo observada — caricaturas devem ser evitadas a todo custo.

TERCEIRA CATEGORIA:
ATIVANDO OS VÁRIOS SENTIDOS

Entre todos os sentidos, a visão é o mais monopolizador. Porque somos capazes de ver, não nos preocupamos em sentir o mundo exterior através dos demais sentidos, que ficam adormecidos ou atrofiados.

A primeira parte deste capítulo intitula-se "A série do cego": nós nos privamos voluntariamente do sentido da visão para, assim, desenvolver os outros sentidos e sua capacidade de perceber o mundo exterior, como cegos de verdade, que são capazes de proezas que nos espantam. Façamos o mesmo... com a vantagem de poder abrir os olhos depois de cada exercício.

A SÉRIE DO CEGO

Os exercícios a seguir não são perigosos, mas é recomendado que se tenha cautela e que todos os obstáculos sejam removidos da sala. Para grupos grandes é recomendado que, além do diretor, ainda tenha uma ou duas outras pessoas de olhos abertos para impedir que aconteçam acidentes. Atores de olhos fechados devem se mover devagar e não devem esticar os braços à frente, já que isso pode colocar os olhos dos outros atores em perigo. Se quiserem se proteger, podem cruzar os braços sobre o peito, mas devem cobrir os cotovelos com as mãos.

Em todos estes exercícios que trabalham com um "cego" e um "guia", o melhor é que os dois trabalhem o exercício uma segunda vez, trocando-se os papéis.

1. *O ponto, o abraço e o aperto de mão*
Pede-se que cada participante fixe atentamente os olhos em algum ponto da sala: uma janela, uma marca na parede etc.; em seguida, feche os olhos e tente caminhar até tal ponto. Se, na sua caminhada, o ator esbarrar em outro ator e sair da sua trajetória, deve-se corrigi-la. Após algum tempo, o diretor dirá que abram os olhos e que se localizem na sala: quem está próximo do ponto que fixou? Quem está lon-

ge? Tenta-se uma segunda vez: os que conseguiram se aproximar ou mesmo tocar o ponto devem escolher outro ponto mais distante, e os que ficaram longe, um ponto mais fácil.

Em seguida, os atores formam duplas e se abraçam. Fecham os olhos e se separam, caminhando para trás, até que encontrem um obstáculo (a parede provavelmente) ou após determinado número de passos. Devem então retornar e tentar abraçar novamente o mesmo companheiro. Deve-se fazer este exercício pelo menos duas vezes, trocando-se o parceiro.

Finalmente, a versão mais difícil. Em duplas, os atores se dão as mãos, fecham os olhos, afastam-se mantendo as mãos estendidas na mesma posição, caminham para trás até encontrarem um obstáculo, retornam e tentam apertar-se novamente as mãos.

Variante 1: Um ator se ajoelha com um joelho no chão e o outro levantado. A sua dupla se senta de olhos fechados no joelho levantado. O diretor conta até 7, e enquanto isso o cego se levanta e dá sete passos para a frente. Então o diretor conta de 7 até 1, e o cego deve dar sete passos para trás e tentar se sentar na perna da mesma pessoa.

Variante 2: Desta vez, os atores que estavam sentados e os que estavam ajoelhados devem se levantar, de olhos fechados. O diretor conta de 1 até 5, e o que estava sentado deve andar cinco passos para a frente, e o que estava ajoelhado cinco passos para trás. Então o diretor conta de trás para a frente, de 5 até 1, e a dupla deve tentar voltar a se sentar na posição original.

2. *Floresta de sons*

O grupo se divide em duplas; um parceiro será o "cego" e o outro, o "guia". Este faz sons de um animal, gato, cachorro, passarinho, ou qualquer outro, enquanto seu parceiro escuta com atenção. Então os cegos fecham os olhos e os guias, ao mesmo tempo, começam a fazer seus sons, que devem ser seguidos pelos cegos. Quando o guia para de fazer o som, o cego também deve parar. O guia é responsável pela segurança do parceiro (cego) e deve parar de fazer sons se o seu cego estiver prestes a esbarrar em outro, ou bater em algum objeto. O guia deve mudar constantemente de posição. Se o cego for bom, segue os sons com facilidade, o guia deve se manter o mais distante possível, com a voz quase inaudível. O cego deve se concentrar somente no seu som, mesmo se ao seu lado houver vários outros. O exercício tem como objetivo despertar e estimular a função seletiva da audição.

Variante Julián: Em círculo, os atores são numerados, 1 ou 2, em sequência: 1, 2, 1, 2, 1, 2... Cada ator de número 1 se coloca face a face com o ator número 2 à sua direita e produz um som que o número 2 deve reconhecer. Volta para o seu lugar. Cada ator número 2 se coloca face a face com o ator número 1 à sua direita, isto é, formando uma dupla diferente da primeira e produzindo um som que o companheiro deve identificar. De volta a seus lugares de olhos fechados, os atores se dão as mãos e tentam sentir, para posteriormente reconhecer, as mãos dos companheiros à direita e à esquerda. O diretor dá o sinal e o círculo se rompe: os atores realizam movimentos em zigue-zague para se "baralharem". A outro sinal do diretor, todos emitem o som que criaram diante do companheiro à sua direita e tentam escutar o som feito pelo companheiro que veio da sua esquerda. Quando reconhece o som do seu guia, o cego segura a sua mão e começa a reconstruir o círculo original. Os atores só abrirão os olhos quando suas duas mãos estiverem ocupadas: descobriram e foram descobertos.

3. A viagem imaginária

Em duplas. O "cego" deve ser conduzido pelo seu "guia" através de uma série de obstáculos reais ou imaginários, como se os dois estivessem em uma floresta, em um supermercado, na Lua, no deserto do Saara ou em outro cenário real ou imaginário que o guia tenha em mente. Como em todos os exercícios desta natureza, falar é proibido; toda informação deve ser passada através do contato físico e dos sons. Sempre que possível, o guia deve fazer os mesmos movimentos do cego, ao imaginar sua própria história.

O guia deve espalhar obstáculos por toda a sala: cadeiras, mesas, tudo o que estiver disponível — às vezes os obstáculos serão reais e às vezes serão imaginários. O cego deve tentar imaginar onde está. Por exemplo, em um rio? Um rio com jacarés? Pedras? O guia pode usar o contato físico, a respiração ou sons como forma de guiar; o cego, por sua vez, não poderá fazer nenhum movimento que não lhe tenha sido ordenado ou sugerido.

Depois de alguns minutos, o exercício acaba e o cego relata ao guia onde ele crê que os dois estiveram na sala, objetivamente, quem estava próximo a eles etc. Em resumo, deve dar as informações reais que percebeu com os seus sentidos, exceto a visão. Depois das informações objetivas, os cegos dizem por onde acreditam que viajaram: contam a viagem inventada. Os guias contam, então, suas histórias e eles as comparam.

4. *"A cobra de vidro"*
Todos de pé, em círculo (ou em duas ou mais filas, se o grupo for muito grande), com as mãos sobre os ombros do colega à sua frente. Com os olhos fechados, cada ator usa as mãos para examinar a nuca, o pescoço e os ombros do colega. Essa é a "cobra de vidro" inteira. O ator que faz a cabeça tem os olhos abertos, durante esta primeira fase, e conduz a "cobra" em movimentos serpentinos, enquanto os demais atores, de olhos fechados, procedem a esse exame.

A um sinal do diretor, a cobra se quebra em pedaços e cada ator sai caminhando pela sala, com os olhos sempre fechados. No folclore araucano (dos índios do sul do Chile), essa cobra, a "cobra de vidro", quebrou-se em milhares de pedaços, porém um dia os pedaços voltarão a se juntar e esses pequenos fragmentos, que são inofensivos separadamente, voltarão a ser uma cobra perigosa, cobra de aço, e expulsarão os invasores espanhóis... É uma lenda... talvez não expulsem, não...

Obviamente essa cobra da lenda é o povo! No exercício, são os participantes que, depois de caminharem por alguns minutos, a um sinal do diretor devem procurar seus lugares atrás da pessoa que estava à sua frente quando a cobra se quebrou. Devem reconstituir a cobra. Como na lenda, isso pode levar algum tempo...

Variante: O mesmo exercício, mas os atores devem se deitar no chão e se mover como cobras.

5. *Fila de cegos*
Duas filas, face a face. Os atores de uma das filas fecham os olhos e, com as mãos, devem examinar o rosto e as mãos dos atores à sua frente, na outra fila. Estes, em seguida, se dispersarão na sala, e os "ce-

gos" deverão encontrar a pessoa que estava à sua frente, tocando faces e mãos.

Variante: Um exercício de Teatro Imagem. As pessoas que estiverem de olhos abertos devem fazer estátuas, individualmente, com seus corpos. Os atores da fila dos cegos devem tocar, por alguns minutos, os contornos das "estátuas" dos atores correspondentes a eles, na outra fila. Depois, retornam aos seus lugares e refazem as estátuas com seus próprios corpos — imagem especular, isto é, como se fosse a imagem do espelho. Abrindo os olhos, comparam as duas estátuas.

Variante Hamlet: Os atores que fazem as imagens pensam em fazê-las com personagens de *Hamlet* (ou de qualquer outra peça), e os atores que reproduzem as imagens, depois de vê-las, devem dizer a que personagem correspondem e a que cenas da peça.

6. *O ímã afetivo (negativo e positivo)*

Os atores caminharão pela sala, de olhos fechados, por alguns minutos, procurando não esbarrar uns nos outros. É bom que todos estejam de braços cruzados, com as mãos cobrindo os cotovelos, para que as pessoas mais baixas não levem cotoveladas nos olhos. Quanto mais as pessoas caminharem devagar, menos se machucarão. Nesta primeira parte do jogo, quando duas pessoas se esbarrarem, deverão se separar imediatamente, o polo está negativo. Elas devem se movimentar na sala, sempre evitando tocar as outras; não podendo ver, os atores passam a perceber o mundo exterior através dos outros sentidos.

Após alguns minutos, o diretor anunciará aos participantes que o polo está positivo. A partir desse momento, as pessoas que se tocarem deverão ficar coladas, umas nas outras, por alguns momentos. Isso é muito difícil porque os participantes não podem parar de se mover; seus pés devem continuar andando e, algumas vezes, por estarem andando colados, é preciso que andem de costas ou de lado. É proibido tocarem-se com as mãos, é melhor que usem outras partes do corpo. Se uma pessoa se sentir confortável, poderá ficar colada com a outra o tempo que quiser, do contrário ela tem o direito de continuar procurando. A pessoa que foi abandonada tem o direito de insistir, porém só uma vez; o objetivo do jogo não é "caçar" uma pessoa em especial. Pode-se ficar "colado" com uma, duas ou mais pessoas.

Finalmente o diretor dará o sinal para parar. Todos param onde estão, e cada um tentará encontrar um rosto, só um, com as mãos. Então começa a parte mais bonita do jogo — cada pessoa tentará traduzir as sensações táteis em uma imagem. Em outras palavras, tocando o rosto do outro, eles tentarão imaginar como é esse rosto, desde a sua forma geral até os menores detalhes fisionômicos. Esse processo de tradução é muito delicado e também muito prazeroso. As pessoas podem tocar o rosto e a cabeça, mas não o corpo. Depois de alguns minutos, o diretor pedirá que abram os olhos e comparem a imagem que construíram em suas mentes com a que está à sua frente.

7. A *múltipla escultura sueca*

Metade do grupo é formada por "cegos" e a outra, por "guias". Cada guia pronuncia o nome do seu cego, que deve procurar segui-lo. O grupo dos guias muda frequentemente de posição, até certo ponto, quando devem parar e continuar chamando seus cegos, bem devagar. Quando os cegos estiverem próximos ao grupo dos guias, estes os tomarão pelas mãos e modelarão seus corpos em uma escultura complexa, em que todos se toquem, isto é, uma única escultura feita de diversos corpos.

Depois, os guias formarão a mesma escultura com seus próprios corpos. A reprodução tem de ser exatamente igual à original, cada guia tem que ocupar a mesma posição em que colocou o seu cego.

O diretor chamará os cegos e os levará, um a um, até a escultura dos guias. Cada cego deverá tentar descobrir quem foi o seu guia, tocando os diversos corpos. Se um cego reconhecer o seu guia, deverá dizer seu próprio nome. Se estiver certo, o guia concordará e ele poderá sair do jogo e abrir os olhos. A escultura dos guias deverá ficar inalterada até que o último cego descubra o seu guia.

8. *O vampiro de Estrasburgo*

O título é angustiante. O exercício também. Todos caminham pela sala, sem se esbarrar, olhos fechados e as mãos cobrindo os cotovelos, como proteção. O diretor tocará o pescoço de alguém, que passa a ser o primeiro "vampiro de Estrasburgo": seus braços se esticarão para a frente, ele dará um grito de horror, e doravante procurará um pescoço para vampirizar. O grito dado por ele permitirá aos outros saber onde está o vampiro e tentar escapar.

O primeiro vampiro encontrará outro pescoço e fará a mesma coisa que o diretor lhe fez: um suave toque no pescoço, com as duas mãos. O segundo vampiro dará igualmente um grito de horror, esticando os braços, e então serão dois vampiros, depois três, quatro etc.

Pode acontecer de um vampiro vampirizar outro vampiro; nesse caso, o segundo se reumanizará e dará um grito de prazer; isso indica que alguém se reumanizou ali perto, porém indica também que há um vampiro ao seu lado. Deve-se, então, evitar as regiões mais infestadas de vampiros.

É curioso (e bastante compreensível) que os participantes encontrem certo alívio em serem vampirizados, quando, ao invés de fugir, passarão a perseguir. É o mesmo mecanismo do oprimido que se torna opressor. E muito mais rico que isso. De um lado, o oprimido (ator) torna-se opressor (vampiro): ele escapa à sua opressão, à sua dor, à sua angústia. Deixa de ser vítima e torna-se algoz. Por outro lado, desenvolve em si o mecanismo de luta — sente que toda situação opressiva pode ser rompida, quebrada. As duas situações andam lado a lado.

9. *O carro cego*

Uma pessoa atrás de outra. A da frente é o "carro cego". Por trás, o motorista guiará os movimentos do carro cego, pressionando os dedos no meio das costas (o carro segue sempre reto), no ombro esquerdo (virar à esquerda — quanto mais perto do ombro, mais fechada será a curva), o ombro direito (similar), ou com uma mão no pescoço (marcha a ré). Como muitos carros cegos circularão ao mesmo tempo, é preciso evitar colisões. O carro deve parar quando o motorista parar de tocá-lo. A velocidade será controlada pela maior ou menor pressão dos dedos nas costas.

10. *Descobrir o objeto*

Com os olhos tapados e as mãos para trás, utilizando todas as outra partes do corpo, o ator tocará e procurará descobrir qual o objeto que lhe for apresentado: cadeira, lapiseira, copo, folha de papel, flor etc. Este exercício estimula intensamente a sensibilidade de todas as partes do corpo que se relacionam com o objeto. O exercício se torna mais complexo quando o cego tem mais de um objeto à sua frente — por exemplo, tudo o que está em cima de uma mesa, o conteúdo completo de um armário de roupas, diferentes utensílios de cozinha etc.

Variante: Descobrir o rosto dos outros: "quem é?".

11. O odor das mãos

Uma fila de atores se aproxima de um "cego" (um ator com os olhos fechados), cada um lhe dá uma das mãos para cheirar, enquanto lhe diz o próprio nome. Depois que todos tiverem passado (cinco atores, por exemplo), eles retornarão, numa ordem diferente, e o "cego" deverá dizer o nome da pessoa, procurando reconhecer o odor das mãos.

Variante: A mesma coisa com o rosto, que o cego tocará para depois reconhecer, com ordem diferente em que os rostos retornam ao seu contato. Ou, ainda, pode-se fazer o mesmo com as mãos.

12. Fazer um oito

Dois atores se posicionarão a uma distância de dois metros um do outro. Em fila, olhos fechados, os outros atores tentarão fazer um oito ao redor dos dois primeiros.

Variante Slalom (como no esqui): Uma ou mais filas, de quatro ou cinco atores cada uma. Por entre eles, os outros farão o *slalom*, de olhos fechados, caminhando.

13. O goleiro

Um jogo de confiança. Seis atores em pé, lado a lado, não muito afastados, formarão a rede de segurança. Outro ator, alguns passos à frente, será o goleiro. De frente para eles, a uns seis metros de distância, ficarão os outros atores. Um de cada vez, eles olharão para o goleiro, com atenção, fecharão os olhos e partirão correndo na sua direção, o mais rápido que conseguirem. O goleiro deve segurá-los pela cintura. Quando um ator perder o rumo do goleiro, um dos seis atores da rede de segurança deverá segurá-lo.

É importante não diminuir o ritmo quando se aproxima do goleiro — esse é o teste de confiança.

14. Sentar na perna de outro

Um parceiro, de olhos abertos, se ajoelhará para que o outro, de olhos fechados, sente em sua perna. O diretor conta de 1 até 7 e o "cego" se levantará e dará sete passos para a frente; depois o diretor contará regressivamente de 7 a 1 e o ator deverá voltar, de costas, e sentar-se novamente no mesmo joelho. O ator ajoelhado deverá impedir que o parceiro caia, se ele estiver se sentando fora do lugar.

15. Desenhar o próprio corpo

Os atores deitam-se confortavelmente no chão, fecham os olhos e pensam nos seus corpos como uma totalidade, e em cada uma das suas partes: dedos, cabeça, boca, língua, pés, sexo, olhos, cabelos, umbigo, pernas, pescoço, cotovelos, ombros, vértebras etc. Eles deverão movimentar a parte em que estiverem pensando, quando isso for possível.

Após alguns minutos de concentração, o diretor dará a cada ator uma folha de papel em branco (todas do mesmo tamanho) e um lápis ou caneta (da mesma cor). O diretor pedirá que cada um desenhe seu próprio corpo, mantendo os olhos bem fechados, assinando seu nome nas costas do desenho. Feito isso, recolherá os desenhos e os colocará no chão, numa ordem qualquer, e só então os atores poderão ver sua obra. O diretor perguntará o que mais impressiona nos desenhos: os corpos estão nus ou vestidos? Deitados ou em pé? Descansando ou trabalhando? Relacionados com outros objetos ou isolados? Com detalhes importantes, como os olhos e o sexo, ou somente em linhas gerais?

Finalmente o diretor os convidará a identificar os próprios desenhos.

Este exercício sensibiliza bastante o grupo. Primeiro, porque cada um terá de pensar no próprio corpo, em cada parte dele; depois, porque terão que reproduzir, em desenho, aquilo que sentiram; por último, porque depois do exercício passarão a prestar mais atenção neles mesmos, nos seus movimentos, na maneira de sentar, de se dirigir aos outros etc. O exercício torna os atores conscientes de que, antes de tudo, *somos um corpo*. Se somos capazes de ter as ideias abstratas mais profundas, e criar as mais maravilhosas invenções, é necessário ter, antes de tudo, um corpo — antes de ter um nome, nós habitamos um corpo! E raramente pensamos nele como fonte fundamental de todos os prazeres e de todas as dores, de todo conhecimento e de toda procura, de tudo.

Normalmente, fazemos este exercício antes do "Jogo das máscaras dos próprios atores". Neste caso, pede-se que cada um diga por que reconheceu o seu desenho, e o que disser será boa informação para o ator que irá tê-lo como modelo para o "Jogo das máscaras dos próprios atores", mais à frente.

16. Massa de modelar

É parecido com o jogo anterior, com a diferença de que, nesta versão, usa-se massa de modelar em vez de papel e lápis. É diferente, porque as mãos podem refazer os detalhes já modelados. No papel, se você já tiver terminado o desenho da cabeça, por exemplo, poderá se lembrar do que fez, mas não poderá refazer o desenho. Com massa de modelar, poderá sempre voltar ao que já tinha feito.

17. Tocar a cor

O diretor dará a um ator ("cego") cinco peças de vestuário do mesmo tipo (cinco meias, cinco camisas ou quaisquer outras), mas feitas de materiais diferentes e de diferentes cores. O ator deverá examinar cada uma dessas peças e tentar reconhecer as cores correspondentes.

18. Cego com bomba

Alguns atores vendados, cercados pelos demais, deverão imaginar que estão de posse de uma bomba que poderá explodir se eles tocarem alguém por mais de um segundo. A cada contato, deverão se afastar para o mais longe possível. Este exercício produz um incrível desenvolvimento de todos os sentidos.

19. O canto da sereia

Difícil e delicado. Os atores pensam em uma opressão que realmente tenham vivido, fecham os olhos e se juntam em grupo no centro da sala. Quem quiser começar emitirá um som (um grito, um gemido, um choro ou lamento) que deve ser a tradução, em som, de uma opressão em que tenha pensado. O diretor o levará pela mão para um dos cantos da sala. Um segundo ator fará o mesmo, pensando em uma de suas próprias opressões. Depois um terceiro e um quarto, cada um por vez, com um grito específico e sempre diferente. Os quatro primeiros atores devem então emitir seus gritos ao mesmo tempo. Os que permanecerem no centro, sempre com os olhos fechados, deverão ouvir atentamente os quatro primeiros atores e escolher qual dos gritos se assemelha à sua própria opressão; assim se formarão quatro grupos. Então todos abrirão os olhos e, em cada grupo, cada ator contará aos demais a opressão que tinha em mente, o episódio que imaginou. Curiosamente, dentro de cada grupo, as histórias serão sempre sobre o mesmo tipo de opressão ou tema.

Na variante *Hamlet,* os atores devem pensar em cenas específicas e em personagens determinadas. Os grupos se formarão por personagens na mesma cena da peça, e não da mesma opressão.

20. *Encontrar as costas adequadas*

Os atores andarão pela sala, de olhos fechados, de tanto em tanto colando suas costas com as de um companheiro e apertando-se, movendo-se, procurando as costas mais adequadas para si. Quando encontrarem, ainda de olhos fechados, farão movimentos como se fosse uma massagem.

21. *Quem disse "Ah"?*

Todos, de olhos fechados, caminham pela sala. O diretor (com um toque) designará uma pessoa, que deverá emitir um "Ah", da maneira que quiser. Os demais tentarão descobrir quem foi e dizer seu nome. Esta é uma variante do jogo infantil "gato mia".

22. *A mão melódica*

Sentados em círculo, de mãos dadas. A mão direita por baixo e a esquerda por cima. Um ator iniciará, com a mão direita, um ritmo, que será recebido pela mão esquerda do ator à sua direita. Este, por sua vez, também passará, com a mão direita, o ritmo que recebeu, para a mão esquerda do ator à sua direita, e assim por diante. Dessa forma, cada ator deverá passar, com a mão direita, o movimento rítmico e melódico que ele recebeu com a mão esquerda. O diretor dirá "Cabeça", e todos incluirão suas cabeças no movimento, depois "Tórax", "Cintura", "Perna", até que todo o corpo esteja envolvido com o ritmo. Por fim, o diretor pedirá que eles emitam um som compatível com seus movimentos.

Variante: O mesmo exercício, com a diferença de que a mão que controla é posta sobre a mão controlada, ao invés de estar embaixo — fica mais difícil e mais delicado, porque ela deve atrair a outra mão, e não apenas mecanicamente levantá-la.

23. *A mão reencontrada ou perdida*

Com os olhos fechados, os atores circulam pela sala, tocando-se as mãos, até que se formem duplas que gostem de tocar um a mão do outro. Brincam com as mãos. Separam-se em seguida, andam pela sala, misturam-se, abrem os olhos, formam um círculo, estendem as mãos para o centro do círculo; com o olhar, tentam descobrir qual é a mão com a qual brincavam.

Variante: O exercício é realizado novamente em duplas, os dois atores brincando com as mãos e então se espalhando pela sala. Desta vez, eles devem manter os olhos fechados enquanto buscam a mão com a qual brincaram.

24. *O dragão de Trou Balligan*

Conta-se que na Normandia, França, havia na Idade Média uma Princesa belíssima, riquíssima herdeira de um povoado chamado Trou Balligan. Ali vivia também um Dragão feroz e malvado, que devorava os jovens e, sobretudo, as jovens mais bonitas. A juventude de Trou Balligan corria o risco de desaparecer completamente quando se soube que o Dragão havia proposto um pacto: se a Princesa concordasse em se entregar, ela própria, à voracidade dragoniana, ele abandonaria o feudo e iria espalhar seu terror em outras regiões do país. Quando escutou essa proposta indecorosa, a Princesa, querendo salvar seus súditos, aceitou, magnânima, o sacrifício da sua vida: seria devorada pelo Dragão. Seus súditos, comovidos, recusaram a oferta, porém a Princesa, numa bela noite chuvosa, decidiu agir sozinha e salvar o seu povo: foi à caverna da besta, entregar-se de livre vontade.

O Dragão, feliz, veio recebê-la à porta, como convinha a uma Princesa, sobretudo aquela, tão digna e generosa. Antes de devorá-la, o famélico Dragão pediu que a Princesa se despisse, pois tinha medo de se engasgar com tantas sedas, brincos, colares e ouropéis. Quando a viu completamente nua, os olhos do Dragão saltaram literalmente de suas órbitas, tão esplendorosamente bela era a jovem, corpo perfeito. O Dragão ficou momentaneamente cego, com os globos oculares pendurados pelos nervos ópticos, como os olhos de caranguejos. Considerando que um dos maiores prazeres da gastronomia consiste precisamente em admirar o prato antes de comê-lo, o Dragão decidiu adiar a refeição até que seus olhos retornassem ao devido lugar. Soube-se então, no povoado, do gesto heroico da bela e estoica Princesa, e os camponeses, seus súditos, decidiram salvá-la. Foram à caverna do Dragão e... Aqui começa o exercício: a Princesa é amarrada a uma cadeira com peças de roupa (pulôveres, camisas, calças, o que estiver à mão) em quantidade; o Dragão, de olhos vendados, tenta tocar os "camponeses", afastando-os de sua prisioneira; os camponeses devem evitar ser tocados e tentar desamarrar a Princesa. Quando são tocados pelo Dragão, os camponeses morrem e saem do jogo, que termina seja pela falta de camponeses, seja pela libertação da bela Princesa. Este exercício é mais curto do que esta explicação. Se for muito fácil, podem-se usar dois Dragões; aliás, como Dragão não existe mesmo...

25. *O som das sete portas*
Metade do grupo se divide em duplas de pessoas com mais ou menos a mesma altura, juntam as mãos e levantam os braços formando uma porta cada dupla; combinam três sons vocais: um tom com o qual atraem os outros, um segundo que serve de alarme e um terceiro com o qual comemoram. Todos os demais participantes fecham os olhos e tentam cruzar todas as portas. Eles se deixam ser guiados pelos sons emitidos pelas portas. Se erram a direção, a parte da porta que será trombada emite um som mais alto de advertência, para que o "cego" corrija o seu rumo; se o cego conseguir atravessar a porta, o som emitido deve ser de júbilo.

26. *O amigo e o inimigo*
Um "cego" e dois parceiros: cada um decide, sem que os outros dois saibam, se é amigo ou inimigo do protagonista cego; começam a

dar ordens, alternadamente, segundo suas relações de amizade ou inimizade, e o protagonista obedece — ordens que tenham a ver com movimentos corporais, sons etc. Se o protagonista não conseguir cumprir uma ordem, como "Voe!", ele deve ao menos tentar. Se receber uma ordem que não quiser cumprir, como "Tire a roupa!", ele pode fingir que a está fazendo. Cada ordem não deve ser dada coerentemente com o tom de voz: com voz maligna pode-se dar uma ordem amistosa, e com doce voz uma ordem maldosa. Todos os três passam pelo posto de protagonista e, no final, cada um diz como sentiu os dois parceiros (se amigos ou inimigos) e por quê — os parceiros então revelam a escolha que fizeram. Como as escolhas não foram previamente discutidas, pode ser que haja dois inimigos, dois amigos, ou um de cada. O que faz o jogo ser difícil é que as instruções e sugestões podem ser ditas das maneiras mais variadas; a voz é separada do conteúdo. Aqui fica claro: a voz é uma linguagem, as palavras são outra.

Variante Hamlet 1: Decide-se de início quem é o protagonista (Hamlet, Ofélia, Gertrudes etc.), e os dois parceiros decidem, cada um por si, quem são eles; as ordens dadas não podem ser reconhecidas como pertencentes à peça, nem as frases do diálogo.

Variante Hamlet 2: Os parceiros devem dar ordens originadas no seu "subtexto" e não naquilo que as personagens dizem realmente na peça, isto é, devem expressar os desejos, mesmo inconscientes (conscientizados pelo ator, é lógico!), e não as vontades conscientes expressas no diálogo.

Variante Hamlet 3: Cada parceiro pensa em uma personagem de uma peça em sua relação com o protagonista, que pode ser, assim, duas personagens distintas. Ele deverá dizer depois quem acreditou ser, para um e para o outro.

A SÉRIE DO ESPAÇO

Esta série também trabalha todos os sentidos, incluindo a visão.

Sem deixar nenhum espaço vazio na sala
Sem deixar espaço vazio na sala, todos os atores deverão cami-

nhar com rapidez (sem correr) de maneira que seus corpos estejam sempre mais ou menos equidistantes de todos os outros e que estejam todos espalhados pela sala.

a) De tempos em tempos, o diretor dirá "Para!" e todos deverão parar procurando fazer com que não haja nenhum espaço desocupado na superfície da sala.

Não se pode parar antes do "Para!". Se alguém vê um espaço vazio, vai completá-lo com seu corpo; no entanto, como é proibido parar, deve continuar andando, buscando outro espaço vazio, e esvaziando aquele onde está.

b) Em vez de dizer somente "Para!", o diretor dirá também um número e então todos deverão formar grupos segundo o número anunciado: três, cinco, oito pessoas etc. Cada grupo deve estar equidistante dos outros grupos, a fim de não permitir que fiquem espaços vazios na sala.

c) O diretor diz um número e uma figura geométrica, e os atores deverão se organizar em grupos, formando a figura geométrica indicada: quatro círculos, três losangos, cinco triângulos etc.

d) O diretor diz um número e uma parte do corpo. Se disser, por exemplo, três narizes e sete pés, então três narizes e sete pés deverão se tocar. Todo o espaço da sala deverá estar ocupado por grupos que estejam equidistantes, como nos exercícios anteriores.

e) O diretor diz uma cor e uma peça de vestuário; por exemplo, "Juntem-se pela cor das camisas", e os atores se juntarão pela cor das camisas, ou dos cabelos, ou dos olhos... assegurando-se de que os grupos estejam igualmente distribuídos por toda a sala.

f) Os atores correm lentamente (no "correr", em alguns momentos os dois pés ficam no ar; no "andar", sempre um dos pés está no solo). De tempos em tempos o diretor dirá "Colar!", e imediatamente os atores se juntam (colados) em grupos de três, cinco ou mais integrantes, sem parar de correr. Em seguida, o diretor dirá "Separar", e todos se separarão.

Este exercício será repetido diversas vezes — não é para as salas ficarem vazias. O diretor dirá "Para!", e todos param onde estão, com um só pé tocando o solo. O outro pé e as duas mãos tentarão tocar três companheiros diferentes: o resultado será uma teia de aranha.

g) Os atores se encostam com as mãos e os pés, enquanto percorrem a sala. Ninguém está completamente separado do outro. O diretor dirá "Para!", e todos param onde estão, com um só pé tocando o solo. O outro pé e as duas mãos tentarão tocar três companheiros diferentes: o resultado será uma teia de aranha.

QUARTA CATEGORIA: VER TUDO O QUE SE OLHA

Existem pelo menos três sequências principais de exercícios (não excluo as outras possíveis) que nos ajudam a ver aquilo que olhamos: a sequência dos espelhos, a sequência da escultura ou modelagem e a sequência das marionetes. Essas três primeiras sessões, em particular, formam parte do arsenal do Teatro Imagem e são também importantes e criativas como parte do processo de desenvolvimento de modelos para o Teatro Fórum.

Os exercícios desenvolvem a capacidade de observação pelo diálogo visual entre duas ou mais pessoas. Evidentemente, o uso simultâneo da linguagem verbal será proibido. O Teatro Imagem tende a desenvolver a linguagem visual, e a introdução de qualquer outra linguagem (a palavra, por exemplo) confunde e se superpõe à linguagem que se quer desenvolver. Deve-se evitar igualmente os gestos simbólicos óbvios (ok, sim, não etc.), pois correspondem exatamente às palavras que substituem.

O silêncio com que estes exercícios devem ser feitos pode ser, num primeiro momento, incômodo, enervante e até mesmo cansativo. Quanto maior, porém, for a concentração dos participantes, maior o interesse que despertarão e maior a riqueza dos diálogos que se podem estabelecer.

Os exercícios podem ser feitos isoladamente, e cada um tem sua função específica e sua aplicabilidade. Mas, quando feitos em sequências que não são interrompidas, os participantes são estimulados não apenas por cada exercício específico, mas também pela transição de um exercício para outro; a transição é, em si mesma, um exercício, revelando-se, em alguns casos, mais fecunda que os próprios exercícios entre os quais se insere. Isso é particularmente verdadeiro nas "três trocas" da etapa número 8, na sequência do espelho.

A SEQUÊNCIA DO ESPELHO

Cada etapa desta sequência pode durar um, dois, três minutos, ou até mais, dependendo do grau de envolvimento dos participantes, do seu interesse, da sua unidade e dos objetivos do trabalho. O importante é que eles sejam tão minuciosos, detalhados, exatos e descobridores quanto possível.

1. O espelho simples
Duas filas de participantes, cada um olhando para a pessoa que está em frente fixamente, olho no olho. As pessoas da fila A são designadas como "sujeitos" e as da fila B, como "imagens". O exercício começa e cada sujeito inicia uma série de movimentos e de expressões fisionômicas, em câmera lenta, que devem ser reproduzidos nos mínimos detalhes pela imagem que tem em frente.

O sujeito não deve se considerar inimigo da imagem: não se trata de uma competição, de fazer movimentos bruscos, impossíveis de ser seguidos — trata-se, pelo contrário, de buscar a perfeita sincronização de movimentos e a maior exatidão na reprodução dos gestos do sujeito por parte da imagem. A exatidão e a sincronização devem ser de tal ordem a ponto de que um observador exterior não seja capaz de distinguir quem origina os movimentos e quem os reproduz. É importante que os movimentos sejam lentos (para que possam ser reproduzidos e mesmo previstos pela imagem) e também contínuos. É igualmente importante que se preste atenção aos mínimos detalhes, seja de todo o corpo, seja da fisionomia.

2. Sujeito e imagem trocam os papéis
Depois de alguns minutos, o diretor anuncia que as duas filas mudarão de função. Em seguida, dá o sinal para que mudem. Precisamen-

te nesse instante, os participantes sujeitos transformam-se em imagens, e estas naqueles. Isso deve ser feito sem quebra de continuidade e com precisão. Quando se atinge a perfeição, o próprio movimento que estava sendo realizado no instante da troca deve continuar e seguir um rumo coerente, sem quebra, sem ruptura. Também aqui, o observador exterior não deve ser capaz de perceber que houve uma troca; isso, na verdade, ocorre sempre que a perfeição da reprodução e a sincronização gestual são totais.

3. Ambos são sujeito e imagem

Alguns minutos mais e o diretor anuncia que os participantes das duas filas serão simultaneamente imagem e sujeito e, alguns instantes depois, dá o sinal para que isso se produza. A partir daí, os dois participantes, face a face, têm o direito de originar qualquer movimento que desejem e o dever de reproduzir os movimentos originados pelo companheiro. Isso deve ser feito sem tirania de nenhum dos dois. É importante que cada um se sinta livre para fazer os movimentos que tiver vontade e, ao mesmo tempo, solidário para que os movimentos do companheiro sejam reproduzidos com perfeição. Liberdade e solidariedade são indispensáveis para que se faça o exercício sem tirania, sem opressão. Em toda esta sequência, ninguém deve fazer movimentos impossíveis de ser reproduzidos. A velocidade não é importante — é até contraproducente. Importantes são a sincronização e a perfeição da reprodução.

Até este momento, a comunicação é exclusivamente visual e a atenção de cada participante deve concentrar-se apenas no companheiro em frente, sobretudo nos olhos e, em círculos concêntricos, em todo o seu corpo. Os atores não devem olhar pés e mãos: olham nos olhos, mas o resto do corpo, assim como outros espaços, está naturalmente incluído no seu campo visual.

4. Todos se dão as mãos

Uma vez mais o diretor anuncia e em seguida dá o sinal: todos os participantes se dão as mãos, à direita e à esquerda — as duas filas, de mãos dadas, continuam frente a frente, cada um olhando nos olhos do parceiro.

Nesta etapa, porém, inclui-se um elemento novo: se até aqui a comunicação era exclusivamente visual, agora ela é também muscular — cada participante recebe estímulos visuais (do companheiro que está em frente) e musculares (dos companheiros à direita e à esquerda). Não se devem fazer movimentos que não possam ser seguidos pelo companheiro em frente se os que estão à direita e à esquerda dele o impedem muscularmente de realizar o mesmo gesto ou movimento. Nesse caso, o participante que iniciou o movimento impossível deve voltar atrás o mais rápido que puder para que a sincronização não se perca e para que a reprodução seja a mais perfeita possível. Se os movimentos forem lentos e contínuos, haverá sempre uma consulta visual e muscular, a qual permitirá que as duas filas sejam idênticas uma à outra. Uma será sempre a imagem da outra e, em cada uma delas, cada ator terá a liberdade de movimentos e a responsabilidade (agora dentro dos limites musculares) de reproduzir os movimentos do companheiro em frente.

5. As duas filas formam uma curva

O diretor toma um dos participantes da extremidade de uma das filas e faz com que ele execute uma curva em "U"; muscularmente, esse participante atrairá o companheiro ao lado e toda a fila fará uma curva, que deverá ser sincronicamente seguida pela fila em frente, que fará a mesma curva. Supõe-se que continue a existir, entre as duas filas, um só e longo espelho. Quando, para fazer a curva, os participantes de uma fila se afastam do espelho imaginário, o mesmo deve suceder com os participantes da fila em frente. Quando se aproximam, idem. O máximo que pode ocorrer, ao se aproximarem, é que um ator toque fisicamente o ator em frente, mas a linha divisória deve ser respeitada (pois é o espelho) e nunca ultrapassada. Os participantes devem continuar a se olhar fixamente, olhos nos olhos.

O fato de fazerem uma curva acrescenta um elemento novo, necessário nesta progressão — os atores face a face passam por três etapas até este ponto da sequência: a) comunicação visual direta, individual; b) comunicação muscular e visual entre cada um e três outras pessoas, uma em frente (visão) e duas aos lados (tato); c) nesta etapa, os atores tomam consciência da totalidade de cada grupo (de cada fila), isto é, incluem o espaço total do exercício, mas continuam limitados e determinados pelo contato físico, que cerceia a invenção.

6. *Grupos simétricos*
O diretor adverte e dá o sinal para que todos se larguem as mãos. Mas o exercício segue, sem interrupção. Agora, libertos do contato manual, os participantes tratam de, respeitando sempre a presença de um único espelho que continua a dividir a sala pelo meio, formar com os companheiros de seu próprio bando uma imagem coletiva, simétrica. Pode acontecer que todos os participantes de um bloco organizem uma só imagem reproduzida pelo bloco em frente (os dois blocos são simultaneamente sujeitos e imagens: continua a inexistir a tirania de uma pessoa sobre a outra e, agora, a de um grupo sobre o outro; continuam a ser necessárias a liberdade e a solidariedade), como pode também acontecer que cada bloco se subdivida em vários sub-blocos. É importante, porém, que não se reatomizem em indivíduos isolados; é importante que duas ou mais, ou muitas, ou todas as pessoas de cada fila reproduzam, de cada lado, com perfeição e sincronismo, a mesma imagem.

7. *O espelho quebrado*
Quando o espelho se quebra, voltam-se a formar duplas de companheiros que se olham face a face, sujeitos e imagens, reproduzindo perfeita e sincronicamente os movimentos iniciados por qualquer um dos dois, sem tirania. Mas agora cada dupla tem seu próprio pedacinho de espelho, autônomo — já não existe o espelho central que dividia a sala em duas, mas pedaços individuais de espelho, espalhados pela sala. Cada dupla, dentro da sala, evolui da maneira que quiser, aproximando-se ou se afastando do seu parceiro e do seu pedaço de espelho, rodando, dando voltas, no entanto sempre mantendo a mesma relação. Nesse momento, cada participante deve ampliar sua capacidade de concentração e de visão, que inclui o companheiro em frente, o espaço, e agora também o espaço cambiante, permanentemente modificado pela evolução de cada dupla e de cada pedaço de espelho. Esse movimento não está mais limitado pela presença do grande e longo espelho que se quebrou. O espaço torna-se muito mais dinâmico e

mutável, e a atenção e a concentração devem ser muito maiores e mais intensas. É igualmente importante que cada dupla evolua por toda a sala.

8. Mudando de parceiros

Por três vezes o diretor deve anunciar e dar o sinal para que os participantes troquem de companheiros. Na primeira vez, cada qual deve escolher outro companheiro que esteja próximo. Dado o sinal, e sem longa transição, larga-se o companheiro em frente e trata-se de buscar outro com o qual se irá estabelecer uma mesma relação mimética. Pode acontecer que o encontro se dê com grande facilidade, mas isso pode também demorar algum tempo. Em todo caso, o ator deve continuar a se mover lenta e continuamente, completando e desenvolvendo os movimentos que realizava com o companheiro anterior até encontrar o próximo. Na segunda troca, cada um deve procurar um companheiro que esteja a uma distância média e, na terceira vez, procurar o mais distante possível, dentro da sala. É importante que não se rompa a continuidade, que o ator não cesse seus movimentos e fique olhando, de braços cruzados, à espera de ver quem está sem par — o próprio movimento atrairá o novo possível companheiro.

Nesta etapa da sequência, acontece muitas vezes de dois participantes escolherem o mesmo companheiro, e durante algum tempo os dois acreditam que estabeleceram contato; mas, se ambos olharem fixamente nos olhos do companheiro escolhido (se concentrarem a atenção nos olhos, embora tenham toda a sala dentro do seu campo óptico), logo perceberão se estão sendo correspondidos ou não.

Cada vez que se forma uma nova dupla, é importante que se estabeleça um diálogo fecundo entre cada participante, que cada um estude corporalmente, sentindo a diferença de movimentos entre o novo companheiro e o precedente. Não se trata de passar rapidamente de uma coisa a outra, mas de dialogar visual e fisicamente, de conhecer.

9. O espelho distorcido

O diretor deve sempre prevenir antes de dar o sinal para que a sequência passe a uma nova etapa. Neste caso, dado o sinal, a relação entre os companheiros de uma mesma dupla modifica-se totalmente.

Se até aqui todos os movimentos, todas as expressões fisionômicas, todos os gestos eram reproduzidos identicamente, mimeticamente, nesta etapa produz-se o comentário, a resposta. Cada um tem o direito de fazer o que bem entender e, a cada novo estímulo, o outro responde, comenta, aumenta, diminui, ridiculariza, destrói, relativiza — em suma: reproduz a imagem que recebe, mas, ao mesmo tempo, se contrapõe a ela.

A imagem (gesto, movimento, expressão fisionômica) e a resposta não devem ser sucessivas, mas quase simultâneas e contínuas. Não se trata de fazer alguma coisa e esperar que o outro faça a sua parte, para em seguida responder enquanto o outro espera: pelo contrário, trata-se de, sem interrupção, enviar e receber mensagens visuais que se respondem, que se deformam. É certo que a simultaneidade não é possível, mas a espera, o repouso devem ser evitados.

10. O espelho narcisista
Depois da deformação, da crítica, do comentário corrosivo, da tentativa de destruição da máscara do companheiro em frente, depois da caricatura, o espelho se torna narcisista. Este pode ser um dos momentos mais lindos de toda a sequência. Aqui, cada participante se olha no espelho e se vê belo. Mas a imagem que vê é a do companheiro em frente. Cada um deve tentar reproduzir, com a maior exatidão possível, todos os gestos de prazer, toda a alegria que sente quando está bem consigo mesmo, quando está feliz por ser quem é. Eu estou feliz, faço um gesto de felicidade e me olho no espelho: mas o que vejo é minha própria imagem no corpo de outra pessoa. Ao mesmo tempo, a outra pessoa se olha em mim: em mim, vê-se a ela própria, feliz, contente — sou eu que, com meus gestos e movimentos, devo lhe restituir essa felicidade e esse contentamento.

Um poeta português, Fernando Pessoa, escreveu estes versos admiráveis: "Ninguém a outro ama, senão que ama/ O que de si há nele, ou é suposto".[2]

---

[2] Versos do heterônimo Ricardo Reis. (N. da E.)

Esta é a ideia desses exercícios: nós buscamos a nós mesmos nos outros, que se buscam em nós.

11. O espelho rítmico

Suavemente, nesta busca amorosa de si mesmo no outro, o diálogo unifica-se, converte-se em monólogo: os dois buscam movimentos que se reproduzam ritmicamente. Os dois devem encontrar movimentos rítmicos corporais que sejam agradáveis para ambos. Podem ser lentos ou rápidos, suaves ou enérgicos, simples ou complexos — o importante é que ambos se sintam bem, confortáveis e contentes ao realizá-los, que os movimentos sejam rítmicos e sempre os mesmos, que todo o corpo se ponha em movimento.

12. A *unificação*

Finalmente, o diretor previne e dá o sinal para que todos tentem unificar-se. Tentem — não se trata de obrigação. Pode suceder que, no final da sequência, toda a sala esteja totalmente sincronizada, unificada num mesmo ritmo, num mesmo movimento. Mas pode também suceder (segunda hipótese) que ela esteja unificada em ritmos e movimentos complementares que não sejam os mesmos, mas que se harmonizam. Pode-se ainda verificar a terceira hipótese: os diferentes grupos não se unificam e terminam com vários grupos e subgrupos repetindo, renitentes, o próprio ritmo e o próprio movimento.

Esta etapa final deve ser correspondida da maneira correta: não se trata de competição, de impor o próprio movimento aos demais — trata-se, no máximo, de uma tentativa de sedução. O que se pretende é um estudo rítmico dos participantes, e também unificar o grupo em suas bases mínimas. Isso, porém, pode revelar-se impossível. Nesta fase, fica evidenciado o grau de violência, de explosividade, de agressividade de cada componente do grupo; evidencia-se também o grau de compatibilidade, de diálogo, de capacidade de trabalho conjunto. O diretor deve ter o cuidado de não obrigar ninguém a fazer coisa alguma, de não manipular o grupo no sentido de, obrigatoriamente, tentar a unificação. Trata-se apenas de verificar, estudar, e não impor. É preciso que cada um se manifeste livremente para que os resultados do estudo sejam verdadeiros.

Existe, em toda esta longa sequência, grande variedade de formas visuais de comunicação, mas todas têm uma base comum: o mimetismo (exceção feita ao "espelho deformador", em que o mimetismo, embora existente, não é dominante). Em toda a sequência, estuda-se o companheiro para reproduzi-lo nos mínimos detalhes e na maior simultaneidade. Já na próxima sequência, a "modelagem", a forma de diálogo modifica-se totalmente.

A SEQUÊNCIA DA MODELAGEM

Se no espelho o diálogo era mimético, aqui ele deve ser traduzido. O ator vê o que faz o companheiro e traduz o gesto que vê, modificando o próprio corpo. Não reproduz com o corpo esse gesto, mas mostra sua consequência. Isso ficará mais claro no desenrolar desta sequência, bem menor que a anterior.

1. O escultor toca o modelo

Duas filas, uma pessoa diante de outra. Uma das filas é de "escultores" e a outra, de "estátuas". Começa o exercício e cada escultor trabalha com a estátua que deseja. Para isso, toca o corpo da estátua, cuidando de produzir os efeitos que deseja nos seus mínimos detalhes. Os escultores não podem usar a linguagem do espelho, isto é, não podem mostrar no próprio corpo a imagem ou a figura que gostariam de ver reproduzida — aqui não intervêm o mimetismo, a reprodução, pois esse não é o diálogo do espelho, mas da modelagem. Portanto, é necessário tocar, modelar e, a cada gesto do escultor, corresponderá um gesto em consequência, a cada causa, um efeito que não é idêntico. No diálogo dos espelhos, as duas pessoas estão sempre, sincronicamente, fazendo o mesmo gesto; no diálogo da modelagem, ainda que sincronicamente, farão gestos complementares.

O diretor deve sugerir que este primeiro exercício dure o tempo necessário (dois ou três minutos, ou mais, dependendo dos participantes, da atmosfera criada etc.) para que o escultor e o modelo se compreendam, para que os gestos do escultor, vistos e sentidos, possam ser facilmente traduzidos pela estátua.

2. O escultor não toca o modelo

Nesta segunda parte, o diretor dá sinal para que os escultores se afastem de seus modelos. Eles devem, porém, continuar a fazer os mesmos gestos de antes, quando tocavam seus modelos. As estátuas, que antes viam e sentiam esses gestos, agora continuam a ver, mas já sem sentir — devem, no entanto, continuar a responder como se ainda os estivessem sentindo, como se os escultores continuassem a tocá-las.

Assim se produz um modelo à distância. Os escultores devem continuar a fazer os gestos realistas, isto é, os gestos que seriam necessários para que as estátuas realizassem os movimentos, assumissem expressões fisionômicas ou fizessem os gestos que os escultores desejariam que elas fizessem.

Neste exercício, os escultores são tentados a cometer dois erros: primeiro, o de se reaproximarem das estátuas que antes tocavam e agora já não devem tocar, para fazê-las compreender o que desejam; segundo, a tentação de fazerem sinais simbólicos do tipo "Chega pra cá", "Não é isso, não" etc. É evidente que sentem ainda a terceira tentação, a pior de todas, a de falar — isso deve ser evitado a todo custo, já que introduz com violência a linguagem verbal, que corta brutalmente a comunicação visual. Nesse caso, se a estátua realmente não compreende o gesto do escultor (mas só em último caso), ele deve tocar o modelo, para que perceba o que está fazendo, e depois, necessariamente, o modelo deve voltar à posição anterior, a fim de que o escultor reproduza o gesto e que ele, modelo, reproduza o mesmo efeito, o qual agora, por certo, compreendeu.

Os modelos, por sua vez, são tentados a cometer um erro frequente: o de realizar movimentos não provocados. Por exemplo, se o escultor faz o gesto de atrair o modelo pela cintura, ou de puxá-lo pelo braço, este deverá cair ao solo — caso contrário, cometerá o erro de dar um passo à frente, a fim de restabelecer o equilíbrio. O movimento da perna, porém, não foi provocado. E o modelo não deve, é lógico, produzir nenhum movimento autônomo. Se o escultor deseja que ele se aproxime sem cair, é necessário que preste atenção ao equilíbrio corporal e traga um pé primeiro e o outro depois, cuidando para que o centro de gravidade corporal não se afaste dos pés e para que o modelo não caia. O mesmo é válido para qualquer outro movimento do modelo (por exemplo, o movimento pendular dos braços): nenhum deve ser autônomo, todos devem ser provocados, comandados pelo escultor.

3. Os escultores se espalham pela sala

Se, no exercício anterior, escultor e modelo ficavam face a face, sem obstruções, sempre em linha reta, agora os escultores devem mover-se, por toda a sala, tomando antes o cuidado de mover os rostos de seus modelos na direção de onde pretendem colocar-se — isto é: o modelo, que não possui movimentos autônomos, não pode procurar o escultor caso ele saia do seu campo de visão. Os escultores movem-se e fazem com que se movam seus modelos, para a frente e para trás, para os lados, para cima e para baixo.

4. Os escultores fazem uma única escultura

Afastando-se o mais possível e dentro de uma sala em que se superpõem modelos e escultores, e onde a visibilidade é obstruída, os escultores tentam relacionar seus modelos uns aos outros, dentro de um só modelo multiforme, procurando dar-lhe um sentido, uma significação que pode ou não ser proposta pelo diretor.

5. Escultura com quatro ou cinco pessoas

Até o exercício anterior, a sequência era ininterrupta. Cada exercício devia suceder o anterior sem interrupção e a transição era, em si mesma, tão importante como o exercício propriamente dito. Aqui, rompe-se a continuidade. Os participantes dividem-se em grupos de quatro ou cinco. Um escultor e os demais são modelos. Cada escultor produz, com o corpo dos companheiros, uma imagem significativa. Como se dissesse: "É isto que eu penso". Quando termina de visualizar sua opinião, toma o lugar de um dos companheiros, que sai e se transforma em escultor. Este começa a trabalhar como se dissesse: "Isto é o que você pensa, mas veja o que eu respondo". E, a partir da imagem recebida, modificando-a, modela a imagem que simboliza seu pensamento, organiza o corpo dos companheiros num só modelo múltiplo que tenha o significado que deseja. Tudo isso é feito sem que o escultor toque seus modelos; os movimentos são feitos à distância, vistos, mas não sentidos, e são traduzidos pela sensibilidade de cada modelo, que age como se estivesse sendo realmente tocado. O processo continua até que o último participante tenha dado sua opinião visual.

A SEQUÊNCIA DAS MARIONETES

Existe ainda uma terceira forma de diálogo visual, que é a marionete. Neste caso, entre o sujeito (marionetista) e o objeto (marionete), supõe-se a existência de uma linha que transmite o movimento. Esta é a menor sequência e se compõe de apenas dois exercícios.

1. Marionete com fios

Marionetista e marionete à distância; ele faz o gesto de suspender uma linha, barbante ou corda, e a marionete responde com o movimento correspondente. Supõe-se que a linha parta diretamente da mão do marionetista para uma parte do corpo da marionete, que o marionetista designa com o olhar: braço, mão, joelho, pé, cabeça, pescoço etc.

2. Marionete com haste

Supõe-se que exista uma haste a três metros de altura do chão e que a linha, barbante ou corda saia da mão do marionetista e se apoie nessa haste antes de prender-se ao corpo da marionete. Isso transforma totalmente o movimento, que passa a ser inverso; se, no primeiro caso, o movimento da mão que se eleva faz elevar-se a parte correspondente do corpo da marionete, no segundo, a cada movimento do marionetista para cima corresponde um movimento para baixo da marionete.

JOGOS DE IMAGEM

Imagens são superfícies: assim como um objeto que reflete a luz, as imagens refletem as lembranças, pensamentos e emoções de quem as observa. Todas as imagens são polêmicas — elas podem carregar muitos significados, e nunca devemos reduzir isso a um significado supostamente "correto", ou a um significado "pretendido" pelo escultor. Pois aprendemos principalmente com a diversidade dos sentimentos, pensamentos e associações presentes no grupo.

1. Completar a imagem

Dois atores cumprimentam-se, apertando-se as mãos. Congela-se a imagem. Pede-se ao grupo que diga quais os possíveis significados que a imagem pode ter: é um encontro de negócios, amantes partindo para sempre, um negociante de drogas etc.? Os dois se gostam ou se odeiam? Várias possibilidades são exploradas. Imagens são polissêmicas e os seus significados dependem não só delas mesmas, mas também dos observadores.

Um dos atores da dupla sai, e o diretor pergunta à plateia sobre os significados possíveis da imagem que resta, agora solitária. O diretor convida o ator que desejar a entrar na imagem em outra posição — o primeiro continua imóvel —, dando-lhe outro significado. Depois sai o primeiro ator e um quarto entra na imagem; sempre sai um, fica o outro, entra o seguinte.

Depois dessa demonstração, todos se juntam em pares e começam com uma imagem de um aperto de mãos. Um parceiro se retira da imagem, deixando o outro com sua mão estendida. Agora, em vez de dizer o que ele pensa que a nova imagem significa, o parceiro que saiu retorna e completa a imagem, mostrando o que ele vê como um possível significado seu; ele se coloca numa posição diferente, com uma relação diferente com o parceiro que está com a mão estendida, mudando o significado da imagem.

Então o segundo parceiro sai dessa nova imagem, observa e, depois, reentra na imagem e a completa, mudando o significado outra vez, estabelecendo novas emoções, ideias etc. Ele completa a imagem com seu corpo e assim muda o significado novamente. Assim por diante, um parceiro de cada vez, estabelecendo um diálogo de imagens. O ator deve lançar um rápido olhar sobre a imagem e se colocar em uma posição adequada para que não comece a pensar em palavras e traduzi-las em imagens. Como os exercícios de modelagem, os atores devem pensar com seus corpos. Não importa que a maneira que o ator escolheu para completar a imagem não tenha um significado literal — o importante é deixar o jogo correr e as ideias fluírem.

O diretor pode adicionar uma cadeira ao jogo, ou duas cadeiras, ou um objeto, ou dois — e os atores podem movê-los com a condição de que esse movimento não desloque a imagem do parceiro. Nesse contexto é possível investigar como isso influencia o andamento e a dinâmica do exercício.

Variante a três: Dois atores se dão as mãos e um terceiro, ao vê-los, decide onde entrar na imagem. Assim, sucessivamente, cada um dos três sai, observa o que resta da imagem — outra imagem com outro significado — e torna a entrar, em rodízio.

Variante Hamlet: Os atores escolhem uma cena da peça que estão ensaiando e cada um escolhe uma figura. O exercício se desenrola como antes, mas desta vez os atores dialogam como figuras. Assim ficam claras não só as coisas que estão sendo ditas no texto, como também as que estão escondidas no subtexto. Cada ator decide quem ele é e tenta descobrir quem é o outro ou, ainda, um dos dois é o protagonista e o outro é, a cada vez, uma personagem diferente — nesse caso, o protagonista esculpe os dois corpos, ele mesmo.

2. *Jogo de bolas*

Futebol, basquetebol, voleibol etc. Dois times jogarão uma partida sem usar nenhuma bola, mas agindo como se tivessem uma. O diretor — juiz da partida — deve observar se o movimento imaginário da bola coincide com os movimentos dos atores, corrigindo-os se for necessário. Pode-se utilizar qualquer tipo de esporte coletivo para este tipo de exercício — pingue-pongue, tênis etc.

3. *Luta de boxe*

Duas pessoas em pé, com alguns metros de distância uma da outra, devem reagir imediatamente aos golpes dados pelo parceiro. O exercício será melhor se uma pessoa bater primeiro, várias vezes, enquanto a outra assimila os golpes; depois elas trocarão os papéis — é difícil levar os golpes e reagir a eles ao mesmo tempo. Nós geralmente terminamos esse jogo com gestos de carinho ou passando imediatamente para a variante dos amantes, apresentada a seguir.

Variante 1 — Amantes: O mesmo que o anterior, com a diferença de que as pessoas fazem carinhos mútuos em vez de se atacarem. O casal deve reagir imediatamente a cada carinho distante.

Variante 2: Estender um cobertor, sem o cobertor, coordenando os movimentos. No mesmo gênero: puxar uma corda grossa, duas equipes, uma de cada lado; puxar uma rede cheia de peixes do mar; transportar um piano sem o piano; virar um automóvel, e uma infinidade de outras variações.

Variante 3 — Dançarinos: Os atores dançam em pares; depois se afastam uns dos outros e continuam dançando como se estivessem ainda enlaçados. É bom que alguns companheiros ajudem, cantarolando a música.

Variante 4: Este tipo de exercício pode ser feito de outro modo, fazendo a causa preceder o efeito: por exemplo, eu sinto a dor da queda antes mesmo de cair, então eu caio e comparo.

4. *Uma pessoa assusta, outra protege*

Todos os participantes deverão estar espalhados pela sala. Sem dizer nada, cada um deverá pensar em uma pessoa que a amedronta e em outra que vai protegê-la. O jogo começa. Todos andarão pela sala, ao mesmo tempo, tentando proteger-se, e, para isso, põem aquele que o protege entre ele e aquele que lhe faz medo. Como ninguém sabe quem protege quem ou quem intimida quem, a estrutura das pessoas na sala será sempre diferente, estará sempre em movimento. Por fim o diretor dará um sinal para todos congelarem — e assim descobrirão quem desempenhou qual papel.

5. *Completar o espaço vazio*

Dois atores estão frente a frente. Um deles se mexerá e o outro completará o "espaço vazio"; se um recuar a mão, o outro avançará a sua; se um põe a barriga para fora, o outro a põe para dentro; se um encolhe, o outro agiganta-se.

6. *Atmosfera de neve*

Um ator imagina que a atmosfera é manejável como se fosse de neve e faz uma escultura no ar. Os outros observam e devem descobrir a natureza do objeto que foi esculpido. Não se trata de um jogo de mímica: o ator deve realmente procurar sentir a atmosfera e as relações entre os músculos do seu corpo e o mundo exterior; se dá uma martelada, é necessário que os músculos do seu corpo se estimulem como se efetivamente tivesse um martelo.

Este exercício pode ser simplificado ou complicado. Simplifica-se, fazendo o ator realizar movimentos simples com objetos reais, como transportar uma cadeira, por exemplo, observando seus movimentos, quais são os músculos estimulados e a natureza do estímulo. Seguidamente, sem o objeto, procurará estimular os mesmos músculos, repetindo a ação, e os observadores dizem o que viram. Complica-se o exercício, fazendo-o coletivamente: um ator faz um objeto com a atmosfera, passa-o a um segundo ator, que tem de modificá-lo e por sua vez o passa a um terceiro, e assim sucessivamente. Ou, mais do que um ator, ao mesmo tempo, realiza a mesma tarefa: lavar um elefante, por exemplo (sem que um saiba exatamente o que faz o outro). Os atores podem, por exemplo, estar na linha de produção de uma fábrica de carros — um coloca as rodas, o outro monta o para-choque, desde a menor até a maior peça, até que o carro esteja completo. A ênfase deve ser dada à relação entre o corpo e o mundo externo, não à mímica.

7. Inter-relação de personagens

Este exercício pode ou não ser mudo. Um ator inicia uma ação. Um segundo ator aproxima-se e, através de ações físicas visíveis, relaciona-se com o primeiro, de acordo com o papel que escolhe: irmão, pai, tio, filho etc. O primeiro ator deve procurar descobrir qual o papel e estabelecer a inter-relação. Seguidamente, entra um terceiro ator que se relaciona com os dois primeiros, depois um quarto, e assim sucessivamente. O primeiro exercício desta série deve ser sempre mudo, a fim de desenvolver as relações de cada um com o mundo exterior através dos sentidos e não das palavras. O primeiro ator deve imaginar também o cenário em que eles se encontram.

8. Personagens em trânsito

Um ou mais atores entram em cena e realizam certas ações para mostrar de onde vêm, o que fazem e para onde vão. Os outros devem descobrir o máximo que puderem apenas através das ações físicas: eles vêm da rua, estão numa sala de espera de um dentista onde vão arrancar um dente, estão no escritório de um advogado, vão subir ao quarto onde está um doente; saem de suas casas pela manhã, estão no elevador e vão começar o seu trabalho num escritório etc.

9. *Observação*

Um ator fixa seus companheiros durante alguns minutos e, depois, de costas ou com olhos tapados, procura descrevê-los com o maior número possível de pormenores: cores, roupas, formas características especiais etc.

10. *Atividades complementares*

Um ator inicia um movimento qualquer e os outros procuram descobrir qual é essa atividade, para então realizarem as atividades complementares. Exemplo: os movimentos de um árbitro durante um jogo, complementado pelos jogadores defensores e atacantes; um chofer de táxi complementado pelo passageiro; um padre rezando missa complementado por um coroinha e pelos fiéis etc.

11. *Descobrir a alteração*

Duas filas, cada ator de frente para outro, observam-se; viram-se de costas e alteram um determinado detalhe na sua própria pessoa, ou roupa; voltam a olhar-se e cada um deve descobrir a alteração do outro.

12. *Contar a própria história*

Um ator conta qualquer coisa que realmente lhe aconteceu: ao mesmo tempo, os seus companheiros ilustram a história que ele vai desenvolvendo. O ator que narra não pode interferir, nem fazer correções, durante o exercício. No fim se discutirão as diferenças. O narrador terá a oportunidade de comparar as suas reações com as dos seus companheiros.

13. *O telefone francês*

Um círculo de pessoas que se olham. 1 está olhando para 4, que está olhando para 7, que está olhando para 10 e assim por diante. 2

está olhando para 5, que está olhando para 8, que está olhando para 11 e assim por diante. 3 está olhando para 6, que está olhando para 9, que está olhando para 12 e assim por diante. O importante é que todas as pessoas estejam sendo olhadas. Não se pode formar grupos dentro do círculo, por exemplo, se são vinte, não se pode contar só até dois, porque se formarão dois círculos de dez.

O objetivo do exercício é não fazer nada. Olha-se atentamente para o seu modelo sem fazer nada. Mas, desde que o nosso modelo se mexa um pouquinho, nós nos mexemos também e um pouco mais do que ele ou ela. Como há alguém que também nos olha, e para o qual somos o modelo, ele se mexerá um pouco mais do que nós e um pouco mais ainda que o nosso modelo. É uma escalada. A partir da instrução de não fazer nada, de ficar imóvel, congelado, nós chegamos a todos os extremos.

14. *Concentração*

Estabelecendo um círculo de atenção, os atores devem descobrir o maior número possível de cores, matizes, formas, pormenores dentro desse pequeno círculo. Pode tratar-se de uma mesa, de uma parte de um móvel, da parede, do rosto de um companheiro, de uma mão, de uma folha branca etc. Depois todos fecham os olhos e descrevem o que viram. O importante é que o ator — que, como todo ser humano, está habituado a "sintetizar" a realidade, a estruturá-la de forma simplificada, para que nela se possa mover: enlouqueceríamos se percebêssemos e registrássemos na consciência a infinita variedade de cores e formas que o nosso olho é capaz de perceber — o importante, dizia, é que o ator se exercite em "analisar" a realidade e descobri-la nos seus mínimos detalhes. Este exercício pode ser feito com um ator diante do outro. Cada qual informa ao outro toda a variedade que conseguiu descobrir no seu rosto. O mesmo se poderá fazer com sons.

15. *Jogo dos animais*

Escrevem-se em papéis os nomes de animais e o sexo: macho ou fêmea. Os animais devem ser diferentes entre si: predadores, répteis, peixes, pássaros grandes, pássaros pequenos, pequenos insetos etc. Pode-se fazer este exercício de duas maneiras: ou se adota o comportamento mais realista do animal, ou apenas a sua "personalidade" (com o perdão da palavra...), quer dizer, mostrando a visão humanizada que cada um de nós pode ter do animal que lhe couber. O diretor enfatiza que os atores não devem se prender a um único detalhe, e sim achar o máximo de detalhes possível enquanto compõem a imagem — rabo, asas, movimentos de cabeça, andar devagar e rápido, posição sentada ou pendurada etc. Depois de alguns minutos, o diretor dará indicações do tipo: Os animais têm fome. Como será que cada um come? Com gula ou com medo? De pé ou sentado? Exibindo-se ou escondido? Parado ou em movimento, fugindo ou agredindo? Os animais têm sede. Como bebem: em longos sorvos ou bebericam? Pensando noutras coisas ou com grande concentração? E os peixes? E a girafa? E o camelo? Os animais se enervam e brigam entre si (dá-se a instrução de que é proibida qualquer agressão física, basta a menção de agredir — um ator intimidado com a possibilidade de agressão concentra-se na sua defesa e não na criatividade do exercício...). Como mostrarão medo, raiva, cuidado? Os animais estão cansados e vão dormir. Como? De pé, pendurados num galho, deitados? Os animais acordam e, lentamente, começam a sentir falta do sexo oposto e tentam procurá-lo: os atores sabem que, entre eles, um estará representando o animal de sexo oposto. Quando buscam o parceiro, os atores têm a tendência a parar de atuar só para poderem observar melhor. O diretor deve adverti-los para que continuem atuando enquanto procuram.

Quando dois atores acreditam que se encontraram, devem interpretar a "cena do encontro", do namoro — nisso, os animais, como todos nós, são muito diferentes: o cavalo é um verdadeiro *gentleman* e a égua, uma doçura, enquanto o touro é um machista insensível e a vaca, uma fêmea resignada... (pelo menos é o que se vê de fora!). O galo e a galinha não se amam com a mesma pachorra que o rinoceronte e a sua fêmea. Assim, cada ator mostra o que sabe sobre esses animais e, quando os dois atores estão mesmo certos de que se encontraram, um deles mostra o seu papel ao outro: se estava certo, saem ambos do jogo; se não, se o tamanduá namorou a formiga, voltam os dois em busca do amor verdadeiro. Desculpem, mas sem nenhum racismo, neste jogo não se permitem cruzamentos de raça. É importante que ninguém converse ou revele quais animais estão sendo representados.

Quando todos já tiverem se encontrado, cada casal volta à cena, refaz o momento do encontro, e os demais atores devem fazer o som correspondente aos animais: coaxar, ganir, berrar... Igualmente, o diretor pode convidar os atores que desejarem a mostrar outras características das suas personagens...

16. Jogo das profissões

Semelhante ao anterior, com nomes de profissões nos papéis, duas vezes cada profissão, ofício ou ocupação: operário metalúrgico, dentista, padre, sargento, motorista, pugilista, ator, prostituta etc. — só profissões que sejam do conhecimento dos atores. Cada ator tira um papel. Começam a improvisar a profissão que lhes tocou, sem falar dela, apenas mostrando a versão que têm desses profissionais. O diretor dará indicações, como, por exemplo: a) Os profissionais estão caminhando na rua; b) Vão comer (sanduíche, *fast food*, restaurante chique etc.); c) Vão ao *vernissage* no Museu de Arte Moderna (comprar uma obra, mostrar-se, fruir os quadros?); d) Tomam um meio de locomoção (bicicleta, táxi, carro próprio, com chofer?); e) Vão assistir a uma luta de boxe ou a um jogo de futebol (como se comportam?); e, finalmente, f) Vão trabalhar. Neste momento, os atores mostram todos os rituais do trabalho de cada um, e os atores começam a procurar descobrir o colega da mesma profissão; quando se descobrem, a dupla sai do jogo.

Na segunda parte do jogo, em círculo, as duplas se olham trabalhando e formam "famílias" de profissões, isto é, profissões cujos rituais se assemelhem. Depois, cada família passa diante do grupo, que deve tentar descobrir, primeiro, de que profissões se trata e, segundo, por que formaram uma família. Este exercício deve ser realizado sem palavras. Barulhos e sons são permitidos, contanto que não sejam reveladores (como, por exemplo, uma sirene de viatura). Assim como no jogo dos animais, as pessoas estão proibidas de conversar no final do jogo e revelar sua identidade.

Também é possível haver combinações duplas de profissão, que devem se reconhecer mutuamente — algo que não sucede sempre. Uma das vezes em que jogamos havia seis atores que não conseguiam se reconhecer. Eles estavam retratando policiais, zeladores e capatazes. O mesmo nos aconteceu uma vez com cantores de cabaré, atletas e prostitutos. Eles estavam todos ocupados demais com as próprias representações para reparar na dos parceiros...

Na variante *Hamlet*, faz-se o jogo com as personagens da peça (*Hamlet* ou qualquer outra).

17. *O círculo equilibrado*

Os atores se colocam em círculo, como se fosse uma roda de madeira, com o centro ocupado por um copo, um sapato ou outro objeto. O copo representa um pivô sobre o qual o círculo está equilibrado (como um pires equilibrado em uma vareta). O diretor começa em qualquer ponto do círculo a numerar os atores — 1, 2, 3, 4, 5 etc. — até que tenha numerado metade do círculo. Depois, numera a segunda metade do círculo, novamente a partir de 1. Então os dois números 1 ficarão de frente um para o outro, com uma linha entre eles, que cruza todo o pivô central. Cada um ficará equidistante desse pivô.

Os primeiros atores que foram numerados são os líderes; os outros atores, com os mesmos números, são os seguidores — depois se troca. O diretor grita um número e o primeiro ator designado com esse número começa a se mover pelo espaço, lentamente, dentro ou fora do círculo; o seu número oposto deve se mover de tal forma a deixar o círculo (o pires) equilibrado. Então, se o líder se move em direção ao pivô, o seguidor deve mover-se na mesma distância; se o líder se move em direção à direita, o seguidor deve também se mover para a sua própria direita — se eles se movem na mesma direção (isto é, o líder para a sua direita e o seguidor para a sua esquerda), o pires não estará equilibrado.

Gradualmente, o diretor chama outros números, até que todos os pares estejam jogando ao mesmo tempo. Primeiro, os pares devem desenvolver um trabalho de relação ao se movimentarem, e os líderes podem variar seus movimentos, rápido ou devagar, para trás ou para a frente, rastejando, pulando etc. A cada movimento feito, deve haver uma linha reta entre o líder, o pivô e o seguidor.

A um certo ponto, o diretor dirá "Mudar os líderes" e, sem nenhuma quebra na continuidade, os líderes se transformarão em seguidores, e vice-versa. O diretor pode eventualmente gritar "Sem líderes", e os pares têm de manter seus movimentos e trabalhar juntos sem a existência de nenhum líder.

No fim do exercício, o diretor pode ir tirando os pares um a um, gritando os seus números até que todos estejam fora.

18. Mímica

É o conhecido jogo "Diga isso por mímica", no qual se formam duas equipes. A primeira propõe a um dos atores do segundo grupo, em segredo, o título de um filme, o nome de um político ou uma frase recentemente pronunciada por um demagogo qualquer, ou por um político popular. O ator do segundo grupo tem que fazer, para os seus companheiros, a mímica das frases ou do nome, e estes têm que descobrir do que se trata. Cada ator tem dois minutos para fazer a mímica. Com atores mais experientes, pode-se fazer esse jogo dando-se o tema ou a ideia central de uma cena (o ator não pode fazer nenhuma demonstração óbvia, nem reproduzir nenhuma marcação; apenas pode corporizar a ideia central segundo as suas possibilidades e imaginação).

19. Selvagem na cidade

Os sentidos funcionam como seletores ao enviar mensagens ao cérebro. A seleção de estímulos conscientes depende dos rituais de cada sociedade. Dizem que as mães não ouvem o despertador, mas se levantam mal os seus filhos começam a chorar, no quarto distante. No bosque, um pássaro é capaz de ouvir o canto da companheira ainda que a seu lado um leão esteja rugindo. Toda a imensa quantidade de estímulos visuais e auditivos de uma grande cidade é facilmente selecionada por uma criança que atravessa a rua, mas enlouqueceria um índio.

Este exercício consiste em um ator se "fazer" de índio, o selvagem que não conhece as formas da nossa civilização de "codificar", de "ordenar" os nossos "dados", e por isso "estranha" tudo o que vê, as coisas mais triviais e não percebe o risco daquelas mais perigosas. Pode-se fazer o mesmo exercício ao contrário: um "civilizado" metido nos rituais de uma sociedade chamada "primitiva"; ou qualquer outra mudança de uma pessoa "educada" segundo certos rituais, que de repente tem de assimilar e processar dados de outros rituais e outras sociedades. Isso é uma coisa vulgaríssima que nos acontece a todos quando viajamos a uma nova cidade: enquanto não nos habituamos, podemos maravilhar-nos com tudo o que nela existe; ao fim de alguns dias já não vemos ou sentimos nem sequer metade dessas sensações.

Jogos de máscara e rituais

1. Seguir o mestre
Um ator começa a falar e a mover-se naturalmente, e todos os outros procuram captar e reproduzir a sua máscara. É importante não fazer caricatura, e sim reproduzir a força interior que leva o ator a ser como é. Os atores imitam o "mestre", porém no sentido que lhe dá Aristóteles: imitar não é copiar as aparências, mas reproduzir as forças criadoras internas que as produzem. Um ator, por exemplo, tinha como característica mais visível a sua extrema loquacidade; na realidade tratava-se de um tímido, de um inseguro que procurava segurança falando incessantemente, pois tinha medo de que os outros o atacassem. O ator deve criar esse medo que leva à loquacidade. Além disso, deve tentar descobrir os rituais sociais que o outro desenvolvia na vida e que o levaram a ser vítima desse medo. O núcleo da máscara é sempre uma necessidade social determinada pelos rituais.

Na variante *Hamlet*, os mestres imaginam personagens de *Hamlet* (ou outra peça) e as interpretam sem dizer de quem se trata — depois os atores deverão dizer quem eles pensam que interpretaram.

2. Seguir dois mestres que se metamorfoseiam
Dois atores começam a conversar ou a discutir; cada um tem a sua equipe de "seguidores", que começam a imitar ou a criar as máscaras dos mestres, cada grupo a do seu. Ao fim de alguns minutos, os dois mestres começam a metamorfosear-se um no outro, quer dizer, cada mestre começa a imitar o outro, de modo que os seguidores de um também passarão a imitar os do outro.

Na variante *Hamlet*, os dois mestres pensam em figuras da peça na qual o grupo está trabalhando, e suas duplas os seguem. Depois eles trocam de uma figura para outra, ainda seguidos pelos parceiros. No fim do exercício, os parceiros revelam se identificaram as figuras.

3. Rotação de máscaras

Cinco atores falam, movem-se e observam-se. Passados alguns minutos, o diretor pronuncia o nome de um deles e todos os outros começam a imitar a sua máscara; mais alguns minutos e o diretor diz o nome do segundo ator e todos mudam para a máscara deste, e assim sucessivamente.

4. Unificação de máscaras

Um grupo de atores, conversando, procura, sem prévia combinação, imitar a máscara de um deles, até que todos estejam imitando o mesmo ator, que deve se autodescobrir.

5. Criação coletiva de uma máscara

Uma dupla de atores conversa e se movimenta. O primeiro introduz, durante a conversa, uma característica qualquer da sua maneira de andar, ou de falar, ou um vício de pensamento, ou uma ideia fixa. O outro procura descobrir essa característica e reproduzi-la. Depois, o segundo ator junta à primeira uma segunda característica, que deve igualmente ser assumida pelo parceiro e somada à primeira. Este jogo pode ser jogado por uma equipe e, nesse caso, cada ator somará uma característica nova, que deverá ser assimilada por todo o grupo, criando-se, assim, uma máscara coletiva.

6. Soma de máscaras

Pede-se a um ator que, sem perder nenhuma das características da sua própria máscara, nenhum dos seus elementos, junte a ela uma ou mais características da máscara de um companheiro. Como seria fulano se, além de tudo aquilo que é, tivesse a violência de beltrano? Ou se este ator forte e agressivo tivesse a timidez de outro, sem perder a agressividade e a força? Pode-se fazer uma infinidade de combinações juntando-se elementos à máscara, ou os trocando reciprocamente entre dois ou mais atores. Também se pode fazer uma máscara que seja a "soma" de todos os integrantes do grupo, utilizando o elemento mais característico de cada um.

7. Levar a máscara ao extremo e anulá-la

O ator, uma vez consciente da sua máscara, afirma cada elemento dela, levando-a ao extremo, à sua forma mais exagerada. Depois, lentamente, começa a anulá-la, assumindo para cada elemento a característica oposta à habitual.

8. Seguir o mestre na sua própria máscara

Certo ator encontra dificuldades em extremar a sua máscara ou em anular alguns elementos dela. Colocam-se ao seu lado outros quatro atores; ele começa a falar e os outros seguem o "mestre". Quando as cinco máscaras estiverem unificadas, os quatro atores começam a mudar para o oposto e o mestre deve se transformar logo em seguidor dos outros quatro novos mestres que o seguiam.

Um ator extremamente tímido conseguiu gritar e praguejar com violência, coisa que nunca fazia. Certa atriz era incapaz de revelar crueldade. Formaram-se dois grupos: o primeiro, de três pessoas, começou a agredir e a humilhar o segundo, também de três pessoas, uma das quais era a referida atriz. Após violenta humilhação e provocação, a um sinal do diretor, a situação inverte-se, os humilhados passam a humilhar. A atriz, auxiliada pelos seus dois companheiros, extravasou toda a crueldade que tinha dentro de si, tapada pela sua máscara. A situação foi tão violenta que a atriz começou a ficar com complexo de culpa. O exercício terminou com um jogo infantil no qual os seis participaram física e alegremente.

Exercícios mais íntimos, como este, podem ser dolorosos. Os exercícios de laboratório não devem ter um sentido terapêutico — a menos que estejam em um contexto terapêutico —, nem devem prejudicar a saúde do ator. Terminar um exercício de violência emocional dentro de um "clima tenso" pode ser perigoso; há que finalizá-lo num clima de jogo físico. Também é importante que os problemas "psicológicos" sejam enquadrados no âmbito mais geral da realidade exterior, física e social.

Em Cuba, os intelectuais participam da colheita de cana-de-açúcar para não se alienarem da realidade social. Da mesma maneira, é importante que no teatro os problemas "psicológicos" sejam inseridos em um contexto mais abrangente de realidade externa, física e social.

9. Mudança de máscara

Um ator fala e move-se naturalmente. Os outros mostram como veem a sua máscara e como gostariam de mudá-la. Indicam cada elemento da máscara e o ator anula esse elemento ou o modifica, transformando, segundo o critério dos companheiros, suavidade em violência, movimentos indecisos em decididos, voz grave em voz aguda etc.

10. Intercâmbio de máscaras

Os atores realizam um ritual bem típico: por exemplo, um homem leva uma jovem pela primeira vez para o seu apartamento, claramente com segundas intenções. Na primeira versão, a cena se desenrola da maneira esperada: ele como Dom Juan, macho e conquistador, ela como doce mulher, que aguarda ser seduzida. Ações típicas desse ritual podem ser ouvir música, mostrar o apartamento, tomar uma taça de vinho etc.

Na primeira versão, a atriz usa a máscara de "objeto de desejo". Na segunda versão — sem trocar de papel ou alterar características essenciais do ritual —, os dois atores trocam as máscaras. Ele, ainda homem, se comporta como "objeto de desejo", e ela atua como conquistadora agressiva, usando a máscara geralmente reservada para a figura máscula-Dom-Juan-macho.

Outro exemplo: um funcionário que pede um aumento para o chefe faz uso de todos os gestos que são próprios desse ritual — tirar o chapéu, explicar a situação da família, falar do aumento do custo de vida etc. Depois, o ator que faz o papel do chefe assume a máscara do trabalhador (mas se mantendo no papel do chefe) e o trabalhador assume a máscara do chefe.

Por meio deste exercício é possível investigar muitas relações: pai/filho, professor/aluno, torturador/vítima, oficial/soldado, proprietário/fazendeiro etc.

11. Jogo das máscaras dos próprios atores

Normalmente, este jogo é feito depois do exercício "Desenhar o próprio corpo" (ver pp. 158-9). Se ele for feito separadamente, todos os atores escrevem os seus nomes em pedaços de papel, que serão dobrados e distribuídos ao acaso; se for feito com o exercício mencionado, então os atores terão que escrever seus nomes atrás dos desenhos que fizeram dos seus corpos. Quanto mais participantes, melhor será o jogo — ele requer no mínimo dezesseis, para ser efetivo; trinta é um bom número.

O grupo se divide em dois. Metade vai para a cena e os atores interpretam suas próprias vidas cotidianas — a técnica "Imagem da hora" pode ser usada para facilitar o exercício, e os vários momentos do dia são especificados pelo diretor, enquanto os atores, no palco, fazem o que costumam fazer nessa hora do dia. Enquanto os atores estão no palco, a outra metade do grupo observa, cada um prestando bastante atenção no ator que lhe servirá de modelo.

Depois os dois grupos trocam de lugar. Os atores que estavam na plateia, agora, tentam mostrar, na cena, as máscaras dos atores que estavam observando; como sempre, no exercício de máscara, eles não devem imitar o que fez o ator, devem evitar o óbvio e tentar mostrar o que eles viram como mais importante ou significativo no seu ator. Se o exercício "Desenhar o próprio corpo" for realizado antes deste, então eles podem também usar qualquer informação significativa vinda dos desenhos.

Os atores na plateia têm que tentar descobrir qual ator, em cena, está interpretando suas máscaras; logo que localizem suas máscaras, eles dirão.

Uma vez que todas as máscaras forem identificadas, o diretor deve pedir a cada par ator/máscara, uma dupla de cada vez, que interprete lado a lado no palco, e o grupo/plateia poderá notar as similaridades e as diferenças entre os atores e suas máscaras. Outros atores também poderão se juntar a eles, indo ao palco e adicionando elementos que foram esquecidos pela máscara. Vale a pena perguntar aos atores como eles identificaram suas máscaras, ou por que eles não foram capazes de se identificar.

Na variante *Hamlet*, este exercício é feito para que a maneira escolhida pelos atores de representar seus papéis, ou seja, seu jogo mecânico e não as máscaras dos atores na vida real, seja usado como ponto de partida. Mostram-se as formas de interpretar que se quer criticar.

12. Substituição da máscara

Serve para revelar o caráter econômico de determinadas relações. Em certas regiões da América Latina, o clero é muito progressista, mas noutras é terrivelmente reacionário. Primeiro, criam-se, por exemplo, as máscaras determinadas pelos rituais de dependência do camponês em relação ao latifundiário. Seguidamente, estabelecem-se as máscaras dos rituais da confissão de um fiel a um sacerdote. Depois, mantendo o ritual de uma disputa econômica, os atores usam as máscaras do sacerdote (latifundiário) e do fiel (camponês). Esse é um exemplo: podem-se fazer outras duplas de rituais e máscaras e trocá-las.

13. Separação de máscara, ritual e motivação

Os atores ensaiam separadamente esses três elementos e a seguir procuram juntá-los. Um dia, uma atriz contou a história da sua família depois da morte do pai: todos se reuniram para festejar o aniversário da mãe e durante a festa discutiram problemas relativos à herança, porque cada um queria receber mais dinheiro que os outros. Primeiro, ensaiou-se o ritual do aniversário e as suas ações: chegada dos filhos, presentes para a mãe, sentar à mesa, brindes com champanhe, cantar "Parabéns a você", tirar fotografias, despedida carinhosa. Repetem várias vezes o ritual para depois serem capazes de reproduzir toda a ação nos seus mínimos detalhes: como se levanta o copo, como se bebe, como se abraçam uns aos outros etc. Em seguida, sentados e com os olhos fechados, os atores discutem violentamente as suas "motivações", atribuindo-se mutuamente as culpas do fracasso econômico da fábrica, exigindo uns dos outros compensações pecuniárias, revelando acusações antigas, lavando com turbulência toda a roupa suja. Numa terceira fase, escolhe-se a máscara de um dos participantes — neste caso, a atriz que contou a história —, e todos a imitam. A atriz por acaso estava grávida, de modo que todos agiram como mulheres grávidas (inclusive os homens). Finalmente, juntam-se os três elementos: as violentas motivações econômicas, o ódio mortal de uns pelos outros e o uso exclusivo da máscara reprimida da atriz; os atores desenvolvem novamente o ritual feliz e risonho do aniversário da mãe. A todo momento a motivação explode contra a máscara e ambas contra a rigidez do ritual, revelando-se autônomos os três elementos.

No mesmo exercício também se pode escolher, não a mesma máscara para todos, mas sim determinada máscara para cada um: a do "general gorila" para o irmão mais velho que não quer dar explicações sobre a maneira de gerir a fábrica; a da "burguesia nacional" para a mãe com toda a sua aparência de poder; a do "camponês" para a filha mais nova, explorada etc.

14. *Substituição de um conjunto de máscaras por outro de classe social diferente*

Quando era criança, uma atriz foi chamada de Buenos Aires, onde vivia com a sua mãe, por seu pai, que havia meses vivia no Rio de Janeiro. O pai dizia na carta que as duas, mãe e filha, deviam segui-lo e mudar-se para o Rio, e que primeiro fosse a filha para ver a cidade, o apartamento etc. Quando a menina chegou ao Rio, o pai contou-lhe a verdade: estava casado com outra mulher e queria que a filha contasse essa novidade à sua mãe. A menina aceitou a missão, contra sua vontade, e voltou para Buenos Aires. As personagens eram ricas e podiam dar-se ao luxo de fazer viagens internacionais e hospedar-se nos melhores hotéis. Ninguém tinha problemas econômicos. Na improvisação, a mãe aceita a separação, embora ciumenta, e planeja uma excursão de esquecimento pela Europa e o Oriente: precisava se refazer da perda marital.

Depois, improvisou-se outra vez, agora mudando a classe social das personagens: o pai transformou-se em um operário que vive com a mulher numa casa miserável de um bairro pobre, de uma província; o pai vai a Buenos Aires para trabalhar numa construção e não para fazer negócios no Rio. Mãe e filha permanecem em Córdoba, e a filha deixa seu emprego doméstico para visitar o pai em Buenos Aires. Neste caso, o pai-operário não consegue evitar que a filha-criada o convença a voltar para a casa da mãe, que, inconformada, chega à loucura. No primeiro caso, a mãe podia se dar ao luxo de perdoar o marido. No segundo, alguém tinha que pagar o aluguel.

Outro exemplo: um cidadão bem de vida é informado pela filha de que está grávida de um rapaz que desapareceu. O pai mostra-se bom e compreensivo e ajuda a filha em tudo o que é preciso. Substituem-se as máscaras pelas do proletário: o pai expulsa a filha de casa. Essa moral rígida e desumana — e evidentemente condenável! — é, no entanto, determinada por uma realidade econômica: quem vai alimentar mais uma boca, se o rapaz fugiu? Trata-se de uma moral economicamente determinada: o rico, mesmo que seja mau, pode ser bom porque tem dinheiro, e vice-versa. Os ricos podem se dar ao luxo de serem bondosos, já que têm o dinheiro para tanto. As mulheres ricas tomando sol nas praias de Copacabana podem transar com quem quiserem. As jovens que vivem nas favelas não. Claro que as coisas não são assim tão simples e tão maniqueístas, porém esses elementos existem e, no exercício, se revelam.

15. *Extremar totalmente a máscara*

A máscara impõe-se sobre o ser social, mas dentro da máscara a vida continua. Extremar totalmente a máscara consiste em fazer com que ela invada totalmente o ser humano, até eliminar todo e qualquer sinal de vida. A parte "humana" do operário é inadequada para o trabalho mecânico que tem de realizar; assim, o operário será tanto mais eficiente quanto menos humano for, e quanto mais se converter num autômato. O ator experimenta no seu corpo, com os movimentos que cada operário deve fazer, o domínio progressivo da máscara até à morte do operário. Exemplos: a costureira que acaba por coser o seu próprio corpo; o sacerdote cuja bondade imposta pelos rituais lhe tira o corpo, o peso e a carne, transformando-o num anjo sem sexo, sem fisionomia própria; a prostituta que se transforma em puro corpo em movimento etc.

16. *Troca de atores dentro de um ritual que continua*

Um par inicia uma cena qualquer e estabelece as suas máscaras para o ritual correspondente que vai apresentar. Após alguns minutos, um segundo ator substitui o primeiro, mantendo sua máscara e continuando o ritual. Uma segunda atriz substitui a primeira, depois um terceiro ator substitui o segundo, e assim sucessivamente. É importante a absoluta continuidade de motivações, máscaras e rituais.

17. *Roda de máscaras em circunstâncias diferentes*

Um ator fica no centro da roda; entra um companheiro e mostra como julga que seria a sua máscara noutras circunstâncias: enraivecido, feliz, nervoso etc. O ator na "berlinda" tem que segui-los um a um.

18. *Naturalidade e ridículo*

Numa roda de ritmo e movimento, um ator vai para o centro e faz todos os movimentos e ritmos que sejam "cômodos" e "naturais"; entra um companheiro e o faz mudar para o que lhe parecer mais incômodo e antinatural: o ator na "berlinda" e os da roda seguem-no. O companheiro sai e o ator do centro regressa aos movimentos cômodos; entra um segundo ator e o faz mudar novamente. Neste exercício é importante exagerar as ações, para que as diferenças entre a versão "natural" e a "ridícula" sejam claras.

A comodidade é, muitas vezes, mecanizadora.

19. *Vários atores no palco*

Os que estão na "plateia" inventam uma história que será representada pelos que estão no palco por meio de mímica. Os que contam a história discutem, falam; os de cima só se mexem.

20. *Jogo de papéis complementares*

Variante do jogo das profissões, com a diferença de que nos pequenos papéis estão profissões ou papéis sociais complementares: professor-aluno, marido-mulher, médico-paciente, padre-fiel, polícia-ladrão, operário-burguês etc.

21. *O jogo dos políticos*

Outra variação do jogo das profissões. Os pedaços de papel contêm os nomes de políticos conhecidos.

22. *Troca de máscaras*

Os atores inventam personagens da seguinte maneira: começam a caminhar em círculo, comportando-se como são realmente. Prestam atenção em cada parte do seu corpo que se move pelo espaço. A mão, seu movimento pendular. A cabeça acompanha ou não o movimento dos pés? A coluna vertebral está curvada ou ereta? Os joelhos estão juntos ou afastados?

Depois dessa auto-observação, eles começam a mudança. E se eu fosse diferente? E se eu andasse de outra forma? Se minha cabeça se movesse diferentemente? Cada pessoa experimenta tudo o que quiser e constrói uma máscara, uma personagem física diferente de si mesma. Deve pensar em alguém que conhece, alguém real e existente, alguém que o oprime. Em seguida, junta-se um som à guisa de linguagem, não se diz nenhuma palavra; há somente a melodia e o ritmo que convêm a esse tipo de personagem. Depois joga-se como o "Jogo peruano das bolas". O diretor adverte "Preparar!", e cada um escolhe um parceiro: eles se falam, eles se observam, eles se dão as mãos. Quando estiverem prontos para trocar suas máscaras, eles trocam; devem trocar de máscaras três vezes. O objetivo é tentar recuperar a máscara original.

Na variante *Hamlet*, faz-se o mesmo exercício, mas com máscaras de figuras de uma peça.

23. *Troca de papéis*

Para que todo o grupo seja capaz de contribuir para a criação de todas as personagens (mesmo que o "Sistema Coringa" não esteja sendo usado e que cada ator esteja interpretando o mesmo papel por toda a peça), os atores ensaiam os papéis que não estão interpretando (cada pessoa fazendo a personagem de outro alguém). Desse modo, cada pessoa pode dar a sua versão das outras personagens e estudar as versões das suas próprias personagens propostas por outros atores.

24. *Duas pessoas olham o mesmo ponto...*

... e se dirigem para ele de olhos fechados, tocando o mesmo ponto, se não se tiverem enganado no olhar.

25. *Foto dinamarquesa*

O grupo vai andando em uma direção, um dos atores sai e diz: "Uma foto para (em seguida nomeia quem ele quiser: a sua mãe, o papa, fulano, sicrano etc.)". O diretor diz "Já!", e todos se voltam para o ator que falou e fazem, com seus corpos e rostos, a imagem que gostariam de enviar em foto para a pessoa citada.

26. *O palhaço de Amsterdã*

Um ator vai na frente e três ou quatro atrás dele, comportando-se como palhaços; o primeiro ator se volta, os palhaços congelam, mas imediatamente devem dar continuidade aos seus movimentos, justificando-os, e eliminando o lado agressivo que tenham.

27. *Fotografar a imagem*

Várias versões possíveis.

Variante falada: Um grupo fecha os olhos, o outro faz uma imagem complexa; a um sinal, os "cegos" abrem os olhos por três segundos, como uma câmera; depois, cada um conta tudo o que viu e comparam-se as narrativas — em seguida, o segundo grupo refaz a cena para que se constatem os erros e os acertos.

Variante simples: Todos fecham os olhos enquanto um ator faz uma imagem; abrem os olhos três segundos, como uma câmera, e reproduzem com seus próprios corpos, em imagem especular; a seguir duas pessoas, depois três, reproduzem uma imagem de cada vez.

Variante em duplas: Duas duplas face a face. A dupla 1 fecha os olhos, a 2 faz uma imagem na qual os dois se tocam, a 1 abre e fecha os olhos, reproduz com seus próprios corpos, abre os olhos e compara.

Variante em filas: Duas filas, face a face. A fila 1 fecha os olhos, a 2 faz uma imagem complexa ou uma série de pequenas imagens com três ou quatro atores cada uma. O grupo 1 abre os olhos, fecha. O grupo 2 volta à posição de pé, original. O grupo 1 abre os olhos e, em silêncio e sem diálogo, esculpe os atores do grupo 2 da forma como eles estavam, ou se supunha. Se a imagem esculpida for igual à imagem original, não acontece nada; se não, quando o diretor disser "Já!", todos os atores da imagem "errada" deverão fazer um ruído com a voz e, em câmera lenta, devem se colocar na imagem "certa". Mais uma vez para a errada, com som, e mais uma vez para a certa, sempre com som.

Variante estroboscópica: Todos fecham os olhos e um ator, em câmera lenta, realiza uma série de ações físicas. Durante esse período, o diretor cinco vezes dirá "Abre! Fecha!" e cinco vezes todos abrirão e fecharão os olhos. No final, todos serão chamados a reproduzir as ações que viram em cinco *flashes*.

Variante Hamlet: Grupos de atores farão imagens de cenas da peça (*Hamlet* ou qualquer outra) que os demais atores devem comentar e adivinhar.

28. Inventar sequências de uma imagem dinâmica

Um ator inicia uma ação física com um sentido claro para ele, uma ação que poderia realizar na vida real. Para. É substituído por outro ator, que continua essa mesma ação na direção que crê ser a correta, ou usual. Outros atores podem dizer "Para!" e mostrar sequências alternativas para aquela ação.

29. *O líder designado*

Eu gosto que todos acreditem em mim, mas não de maneira cega, pois posso estar errado naquilo que digo ou penso. Por isso, gosto de fazer este exercício.

Os atores se colocam em círculo, ou em mais de um se forem muitos, fecham os olhos, e o diretor afirma que passará duas vezes atrás de todas as pessoas de cada círculo e, numa delas, tocará em apenas uma pessoa, só uma, em cada círculo — esse será o Líder designado. Em seguida, todos devem abrir os olhos e, sem falar, apenas se observando, devem descobrir quem é o líder. Seria simples: todos estarão sinceramente tentando descobrir quem está mentindo e o líder, mentindo, estará fazendo de conta que também procura. Depois de alguns minutos, o diretor diz para que todos levantem o braço e, a um sinal, apontem na direção daquele que creem ser o líder. O jogo se faz duas vezes e, na segunda, sempre, inevitavelmente, todos os atores se comportam de forma muito diferente. O diretor pede que os atores apontados como líderes não revelem a verdade, se são ou não. No fim da segunda vez, o diretor pergunta por que escolheram este ou aquele, e todos darão as suas razões para suspeitar que o mentiroso era um ou outro. Na verdade, e aí está o truque, o mentiroso é o próprio diretor: na primeira vez, ele não tocará ninguém, não haverá nenhum líder e, na segunda, tocará todos, e todos serão líderes.

Este exercício é ótimo: como se trata da quarta categoria, ver tudo o que se olha, garanto que em nenhum outro os atores veem tanto daquilo que olham como neste. E, ao mesmo tempo, passam a prestar maior atenção ao que diz o diretor e não apenas a obedecer mecanicamente.

30. O desmaio de Fréjus

Cada ator é sorteado com um número de 1 a quantos forem os atores. Devem andar perto uns dos outros, e o diretor começará a dizer números, com certo intervalo. A cada número, o ator correspondente desmaia e deve ser segurado pelos companheiros. O diretor poderá dizer dois números de cada vez, e não necessariamente na mesma ordem.

31. Quais as cinco diferenças?

Dois ou três atores se mostram ao resto do grupo; saem por uns instantes e voltam com cinco (ou mais) diferenças na indumentária. Os demais devem descobrir quais são essas diferenças.

32. Os animais de Viena

Os atores se dividem em duplas. Um ator faz o papel de uma pessoa e o outro, o de um animal desconhecido. A pessoa pensa em um animal e trata a sua dupla como se fosse esse animal. Quando a dupla achar que adivinhou qual é o animal representado, começa a se comportar igual a ele. Se tiver acertado, a pessoa também deverá imitar o animal, e os dois atores farão os mesmos sons animalescos.

A IMAGEM DO OBJETO POLISSÊMICO

Nesta sessão nós usamos objetos "Coringas", transformando seu tamanho, multiplicando-os, dividindo-os, colocando-os em uma relação não convencional com outros objetos e coisas, usando sempre objetos simbólicos, "carregados", que podem ser manipulados de maneira ideológica. Na Cenografia Coringa, amplamente utilizada no Teatro do Oprimido, deve-se usar material descartável para cenários e figurinos.

1. O objeto encontrado (L'objet trouvé)

Os membros do grupo levam, cada um, cinco objetos para a cena — objetos que tenham tido serventia, porém agora são inúteis e imprestáveis. O diretor inicia o jogo pedindo que cada ator, um de cada vez, coloque na área designada um objeto, e nunca dois simultaneamente. Eles espalham todos esses objetos pela sala, um de cada vez, e aproveitam-se dos já existentes para dar um significado à nova imagem. Depois que todos os objetos estiverem colocados em cena, o grupo analisa as relações entre eles e a imagem global, podendo dizer coisas objetivas em relação aos objetos e suas inter-relações, ou subjetivas, do gênero "Isto me faz lembrar...". Por que um objeto foi colocado aqui ou ali? Quais as relações existentes entre os diferentes grupos de objetos? Há famílias de objetos? Que significado nós projetamos nesses objetos?

2. O objeto transformado

Este jogo pode ser usado em combinação com grande número de jogos de criação de personagem. Por exemplo, "O baile na embaixada" (pp. 207-8) ou "Guerrilheiros e policiais" (p. 207). Pegando os objetos trazidos por alguém, os participantes mudam seu significado usando-os de diferentes formas ou em diferentes contextos, seja como cenografia, seja como figurino.

3. Objeto criado fora do contexto

O mesmo pode ainda ser usado em combinação com alguns jogos de criação de personagens (pp. 201-5). Usando materiais simples como um jornal, um barbante, folhas, pano etc., os participantes fazem objetos e os usam em contextos diferentes.

4. Frase e objeto

Um ator diz uma frase, e depois os demais vão à área onde se encontram os objetos e repetem essa frase, relacionando seus corpos com um ou mais objetos, criando assim novos significados.

A INVENÇÃO DO ESPAÇO E AS ESTRUTURAS ESPACIAIS DO PODER

1. O espaço, o volume e o território

O espaço é infinito, meu corpo é finito. Meu corpo finito tem um volume que ocupa certo espaço. Porém, ao redor do meu corpo, está o meu território, que é subjetivo. Se alguém se aproxima a vinte centímetros dos meus olhos, mesmo que não me toque, invade meu território que se estende para lá do meu corpo. Em cada cultura o conceito de território pode variar.

Uma mulher está sentada em um metrô lotado. Todos os lugares estão ocupados, exceto o que está ao seu lado, vazio. Um homem entra, vê o lugar ao lado dela e senta-se naquele lugar — o território da mulher não foi invadido.

A mesma mulher está sentada no mesmo assento, e todo o vagão está vazio. O mesmo homem entra e se senta ao lado dela: o seu território está sendo invadido. Neste exercício-fórum, espect-atores substituem a mulher e mostram diferentes maneiras de recuperar seus territórios.

Outros exemplos: um homem em um telefone público — se na fila atrás dele as pessoas mantiverem certa distância, não estarão invadindo seu território; contudo, se estiverem muito perto, ouvindo o que ele diz, elas estarão invadindo. O mesmo acontecerá em um banco, com as pessoas enfileiradas atrás de alguém que esteja no caixa; ou com um casal se beijando num parque, com alguém sentado diante deles, para espiar o que estão fazendo. Pior: se alguns homens fizerem uma fila atrás do namorado que beija a mulher...

Em nenhum desses casos os corpos dos protagonistas são tocados, porém seus territórios subjetivos foram inquestionavelmente invadidos. O que podemos fazer? Faz-se o Fórum.

2. Inventando o espaço na sala

Usando seus corpos e alguns objetos (os mesmos da sequência anterior), os participantes recriam um ambiente na sala: um barco, uma igreja, um banco, um salão de baile, um deserto, um oceano etc. O primeiro ator se coloca em uma posição que é onde estaria se a sala fosse aquele barco, ou igreja etc. Os outros atores tentam adivinhar qual ambiente ele está encenando e completam a imagem.

Na variante *Hamlet*, o primeiro ator se posiciona em algum lugar do ambiente e pensa em um momento específico de uma peça. Os outros tentam adivinhar de qual cena se trata e adicionam à cena de acordo.

3. *As cadeiras no espaço vazio*

Um a um, cada ator pode colocar uma cadeira na área designada, tentando obter o máximo poder dessa posição (poder, nesse caso, significa o máximo de visibilidade). O segundo ator deverá levar em conta a cadeira do primeiro, e todos os demais, as dos anteriores. Depois de todas as cadeiras postas, pela mesma ordem, cada ator tem o direito de mudar a sua; a seguir, cada ator senta-se na sua e pode mudar uma terceira vez.

4. *As sete cadeiras (ou almofadas)*

Cada ator com uma cadeira ou almofada com que deverá formar uma imagem na qual: a) terá o maior poder possível; b) terá o menor poder possível. Após cada uma dessas imagens, o diretor pedirá aos demais participantes que digam frases que lhes pareçam "estar saindo" da boca da imagem, como os balões em cima das personagens de quadrinhos. Depois, pedirá ao próprio ator que está fazendo a imagem que fale ele também o pensamento da imagem. No lugar da cadeira ou almofada, podem-se utilizar outros objetos: um vaso de flores, uma fotografia, um guarda-chuva, um par de sapatos ou uma combinação de objetos, sempre com o mesmo objetivo de exprimir, com o próprio corpo e esses elementos, uma ideia, sensação ou emoção.

Na versão "Estou apaixonado, mas...", o ator deve fazer uma imagem que diga sempre "Eu estou apaixonado", porém com o acréscimo de "mas...". Depois que todos tiverem feito as suas imagens, o diretor começa com o primeiro, que deve completar a frase com um movimento em câmera lenta: "mas... ela não gosta de mim", ou "mas... ela vai se casar com outro", ou "mas... acho que a minha mulher não vai gostar nada disso" etc. O ator faz o movimento que equivale à frase que está pensando e os demais devem descobrir a frase, que, no final, o ator revelará.

Um ator pega um desses objetos possíveis e faz o mesmo gesto diante de três atores diferentes. Cada um deve interpretar o que foi que o ator disse e dar a sua resposta: serão três respostas diferentes.

Na variante *Hamlet*, um ator assume uma imagem de Hamlet (ou outra personagem dessa ou de outra peça) e os demais "interpretam" os seus pensamentos.

5. Homenagem a Magritte — *Esta garrafa não é uma garrafa*

Este jogo tem dois pontos de partida. O primeiro são as palavras de Bertolt Brecht: "Há muitos objetos num só objeto, se a meta final for a revolução, mas não haverá nenhum objeto em nenhum objeto, se não for essa a meta final". O outro ponto de partida é o trabalho de René Magritte. Algumas de suas pinturas levam títulos que dificultam a identificação dos objetos que elas representam: *Isto não é uma maçã* e *Isto não é um cachimbo* — e nós vemos um cachimbo pintado naquele quadro. O que Magritte quis dizer realmente foi que um cachimbo ou uma maçã pintados em um quadro não são nem maçã nem cachimbo, são obras de arte, são pintura, artes plásticas. Esta maçã não é uma maçã, e não é mesmo: basta tentar comê-la para se certificar da verdade do título, aparentemente mentiroso.

Este jogo é uma homenagem ao pintor surrealista belga. Começa-se com uma garrafa de plástico vazia, dizendo-se que "Esta garrafa não é uma garrafa, então o que será?", e cada participante terá o direito de usar a garrafa em relação ao próprio corpo, fazendo a imagem que quiser, estática ou dinâmica, dando ao objeto "garrafa" o sentido que quiser: pode ser um bebê ou uma bomba, uma bola ou um violão, um telescópio ou um sabonete. Depois da garrafa, pode-se usar uma cadeira ou uma mesa etc. Um pedaço de pau pode ser uma arma, um bastão, uma estaca, um cavalo, um guarda-chuva, uma muleta, um elevador, uma ponte, uma pá, um mastro, uma vara, um remo, um apito, uma flecha, uma lança, um violino, uma agulha, muitas outras coisas; só não pode mesmo ser um pedaço de pau...

6. O grande jogo do poder

Uma mesa, seis cadeiras colocadas lado a lado com a mesa e, em cima desta, uma garrafa. Os participantes são convidados a, um de cada vez, arranjar os objetos de maneira que uma das cadeiras ganhe uma posição superior, mais forte, de maior evidência ou maior poder, em relação às outras, à mesa e à garrafa. Todos os objetos podem ser movidos e colocados uns sobre os outros, ou ao lado, ou em qualquer lugar, porém nenhum pode ser movido para fora do espaço. O grupo trabalhará, sem interrupção, um grande número de variações nas estruturas possíveis, tentando verificar como uma estrutura espacial contém pontos fortes e fracos: trata-se sempre de uma estrutura de poder. Em qualquer lugar em que estejamos, vivemos sempre em estruturas espaciais de poder. Quando vamos ao banco, se entramos na fila do caixa temos muito pouco poder; se nos sentamos à mesa com o gerente, cresce nosso poder; se o gerente, ainda por cima, tem uma sala reservada, nosso poder será ainda maior: fomos recebidos pelo chefe. Estruturas espaciais de poder existem em toda parte: na sala de aula, na igreja, e até dentro de casa: onde fica o lugar do pai — perto da geladeira ou perto da televisão, ou na cabeceira da mesa? E o da mãe: perto da porta da cozinha? E o de cada filho? Muitas vezes, as crianças brigam para conquistar tal ou qual lugar à mesa: estão lutando pelo poder, não pelo lugar, porque a comida é a mesma...

Depois de cada organização do espaço, deve-se comentar por que cada um sente que esta ou aquela é mais forte, mais poderosa: claro que não é necessário chegar a um acordo — a pluralidade de sentimentos e opiniões é que se torna estimulante e criativa.

Escolhe-se depois uma estrutura determinada, que pode ser uma das que foram criadas ou outra qualquer, por exemplo, uma cadeira atrás da mesa diante de dois pares de cadeiras e mais uma no meio, atrás, e pede-se aos atores, um a um, que entrem nessa estrutura espacial e coloquem seu próprio corpo na posição onde poderá receber dessa estrutura o máximo de poder: sentado em uma das cadeiras, de pé ou debaixo da mesa, onde? Quando se chega à escolha de uma das posições, os demais atores são convidados, sempre um a um, a entrar na estrutura onde já está o ator que fez a imagem mais poderosa e, colocando seu próprio corpo em algum lugar, tentar conquistar o poder para si. Quando for esse o caso, os dois atores ficam imóveis em suas posições e um terceiro tenta conquistar para si o poder que o segundo arrebatou. Depois, sempre que alguém conquista esse poder, permanece em cena, aumentando o número de pessoas que participam da estrutura espacial. Por poder, aqui, se entende tornar-se o centro de atenção, como a imagem de Kennedy morto em seu carro é a imagem mais poderosa da foto, ou a do papa João Paulo II baleado em cima de seu automóvel: um está morto, outro em risco de morte, mas ambos atraem a atenção de quem olha as fotos. Ambos têm poder!

Este jogo sensibiliza os participantes para perceber que nenhuma estrutura espacial é inocente: todas têm um significado e uma desigual distribuição de poder — pode-se aproveitá-lo ou não...

7. *O jogo das imagens do poder*

No "Espaço Estético" os atores formam algumas imagens de poder, de autoridade. Depois, um a um, colocam-se em relação a essas imagens e comentam o significado de cada uma: proximidade ou distância, acima ou abaixo, relação com esta ou aquela.

Onde é o meu lugar? Este jogo permite novas percepções. O diretor coloca no Espaço Estético (área de jogo) uma série de objetos dispostos de forma a significarem maior ou menor poder, usando mesas e cadeiras, livros, roupas e até a lata do lixo.

Depois, o diretor fará três perguntas aos participantes, e as respostas serão dadas pelos atores se colocando dentro da cena em uma ou outra posição (não verbalmente). As três perguntas: a) Qual é o lugar em que você mais gostaria de estar nesse espaço?; b) Qual é o pior lugar em que você não gostaria de estar de jeito nenhum?; c) Qual é o lugar que você acredita ser o seu?

Depois, comenta-se quem escolheu o quê e por quê. Pode-se ainda sugerir que os atores — que podem se acumular em alguns lugares privilegiados — tenham direito a uma modificação, indo para outro lugar: o "melhor lugar" pode variar quando varia a posição dos companheiros.

8. *A voz da imagem e a imagem da voz*

Técnica ainda em estudo, na qual se procura criar diferentes vozes ou sons possíveis para uma imagem, vozes e sons que combinem com essa imagem e, depois, o contrário: imagens para sons e para vozes.

Jogos de integração do elenco

São especialmente indicados quando se inicia um novo grupo de não atores, isto é, operários ou estudantes. Os de natureza "extrovertida" são jogos de salão (e não exercícios de laboratório) que ajudam as pessoas a aceitar a possibilidade de tentar "representar" como se estivessem no teatro; ajudam a perder a vergonha — são por isso recomendados especialmente para não atores, embora muito utilizados também por profissionais.

Jogos extrovertidos

1. Jogo do assassino no Hotel Ágata

Este jogo foi tirado de uma história de suspense. No salão de um hotel, com as comunicações para o exterior completamente cortadas, descobre-se um cartão que diz: "Sou um assassino e vou matar todos vocês". Todos os participantes devem criar e desenvolver personagens, o mais completa e minuciosamente possível, e têm que descobrir o mais rápido que puderem quem é o assassino (prévia e secretamente designado por sorteio). O assassino pode, a um sinal convencionado (por exemplo, dois pequenos toques no ombro), "matar" os outros, depois de um período de dez minutos de improvisação, durante o qual todos procuram estudar-se e reconhecer-se mutuamente. Os atores restantes podem, mediante votação majoritária, "matar" os suspeitos — se o suspeito apontado for inocente, embora morra, com ele morre também o acusador, e os dois saem do jogo. Se for o verdadeiro assassino, aí termina o jogo. Para evitar que o jogo termine logo, tenho o hábito de designar mais de um assassino... Nem sempre os atores concordam...

Este jogo de salão também pode ser feito como exercício de laboratório, quer dizer, com atores criando realmente personagens e desenvolvendo suas emoções. Nesse caso, os "mortos" não saem de cena, morrem realisticamente. De qualquer forma, a "morte" do que foi assassinado não pode ser rápida; pelo contrário, o ator deve esperar uns minutos antes de "morrer", para não denunciar o assassino que estará, no momento do assassinato, perto de si.

Este tipo de jogo é ótimo para ativar a percepção do ator. Em geral, os nossos sentidos selecionam o que vamos conscientizar; o jogo amplia a área de conscientização, e cada ator começa a analisar com muito mais pormenores todos os seus companheiros, visto que, potencialmente, todos são "assassinos". O diretor pode não selecionar ninguém... e assim o suspense se mantém porque ninguém é o assassino. Ou pode só escolhê-lo secretamente durante o próprio jogo.

2. Guerrilheiros e policiais

Variante do jogo anterior. O elenco divide-se em dois grupos, um de guerrilheiros e outro de policiais. Todos incógnitos viajam num veículo que sofre avaria na estrada. As personagens não se conhecem, mas todos sabem que dentro do veículo há exclusivamente policiais e guerrilheiros, porém cada um deve criar uma personagem que está disfarçada em outra, está clandestina, camuflada.

O exercício consiste em procurar descobrir quais são os amigos e quais os inimigos e "matar" por meio de um sinal convencionado. O exercício termina quando apenas ficam "vivos" os componentes de um dos grupos. Aqui, a imaginação desempenha um papel importante, assim como a observação: é importante que cada ator (seja de que grupo for) imagine uma história consistente para se mostrar aos seus amigos tal como realmente é, e aos seus inimigos como se fosse um deles. São permitidas a formação de grupos e a divisão, de tal forma que não se ponham todos a falar com todos ao mesmo tempo, mas que se gerem interrogatórios isolados, "mortos" isolados etc. O exercício pode atingir alto grau de violência emocional e ideológica; há que criar não só "personagens" em geral, também personagens combatentes e personagens repressivos. Há que justificar as posições antagônicas.

3. O baile na embaixada

Este jogo se baseia em um fato que dizem ter realmente acontecido em uma recepção em uma embaixada latino-americana durante o tempo da repressão fascista e das guerrilhas. A relação é fácil de perceber. Cada ator escolhe uma personagem "importante" para interpretar, um juiz, um político, uma pessoa de negócios, um núncio apostólico, um militar de alta patente etc. Vão todos ao baile da embaixada e são recebidos com todas as cerimônias — e todas essas personagens se esforçam para parecer agradáveis, bem-educadas, vestidas com suas melhores roupas e, sobretudo, respeitando todos os protocolos. Eles são anunciados ao entrar, se encontram, se misturam, conversam: tudo é diplomacia.

O que os convidados não sabem é que o garçom é um membro de um movimento revolucionário; ele serve as bebidas e os salgadinhos e, na hora do bolo, servido em pequenas fatias, ninguém desconfia, mas sente os efeitos: no bolo foi colocada uma droga alucinógena. A primeira rodada de bolo é servida, tirando a inibição dos convidados, que começam a agir de forma ligeiramente estranha, iniciando-se uma enérgica luta entre as vontades conscientes das personagens e os seus desejos inconscientes, que começam a se manifestar com destemor. A segunda rodada de bolo contém mais um pouco da droga, e os convidados revelam mais de si mesmos, agindo como realmente gostariam de agir, sem nenhum protocolo inibidor; seus desejos vêm à superfície e deixam cair suas máscaras de respeitabilidade. A terceira rodada faz com que o comportamento de todos fique ainda mais extremo. Finalmente vem o café, que restaura a moralidade, os recoloca em condições sociais aceitáveis. Cada rodada é iniciada pelo diretor em intervalos apropriados.

O importante neste jogo não é descambar para a irracionalidade, mas trabalhar no limite da luta razão *versus* desejos.

4. *A luta de galos*

Dois atores improvisam — o primeiro acusa o segundo de qualquer coisa, por mais inverossímil que seja, e o segundo tem que aceitar e se defender, procurando dar plausibilidade ao implausível. O segundo não sabe, ao se iniciar a improvisação, quem é o outro nem ele mesmo: deve aceitar ser o que o outro diz que ele é, e na medida em que for descobrindo.

5. *Frase feita, chavão*

Dois grupos. Cada um pensa em uma frase feita, refrão, dito popular, frase recente de algum dirigente ou demagogo, e distribui entre os membros de seu grupo as palavras que a compõem, essa frase, sem que o outro grupo saiba quais são elas nem quem são os atores aos quais foram distribuídas. Durante o jogo, cada ator deve responder às perguntas que lhe fazem os outros, do grupo oposto, que tentam descobrir a frase, fazendo-o sempre de maneira a incluir na resposta a sua palavra-chave. Estabelecem-se várias conversações ou uma só. O jogo acaba quando um grupo de atores consegue descobrir todos os que estão com as palavras que formam a sua frase feita. É importante que cada ator, ao responder, o faça com frases compatíveis com a ideologia que julga relacionar-se com a frase que inclui a sua palavra-chave. Por exemplo: "Só o povo salvará o povo". Um ator terá a palavra "só", o segundo "o", o terceiro "povo" etc.

Jogos introvertidos

1. Sonho de criança (O que eu queria ser quando crescesse)

Metade dos atores do grupo escreve seus nomes em pedaços de papel, junto com o nome ou descrição da pessoa, herói ou figura mítica que eles sonhavam ser quando crescessem, quando ainda eram crianças; a outra metade do grupo observa.

Primeiro, os participantes caminham pelo espaço da cena usando somente seus corpos para mostrar as características das personagens que estão interpretando: seus sonhos. Devem revelar o que nessas personagens os fascinava, quando crianças, usando somente gestos, expressão facial e movimentos, todos ao mesmo tempo, mas sem que se relacionem uns com os outros.

Após alguns minutos, o diretor diz que procurem um parceiro, com quem começam a falar em gromelô. Depois de algum tempo, um segundo parceiro é escolhido, com o qual poderá falar com palavras, porém sem dizer nada que possa revelar, obviamente, quem eles estão interpretando. O diálogo pode se tornar surreal, não importa. Por fim, escolhem ainda um terceiro parceiro.

Quando terminar, o diretor chamará os participantes para a berlinda, um a um, e todos que estavam assistindo, assim como aqueles que estavam em cena, devem descrever as características que viram na pessoa na berlinda. Eles não devem tentar descobrir a identidade da aspiração infantil (Super-Homem, Madre Teresa de Calcutá, Pelé, Grace Kelly etc.), mas, em vez disso, tentar descrever como a pessoa agiu, porque isso revelará o que ela realmente queria ser, ou que capacidades queria desenvolver em si mesma, usando o nome ou a imagem de alguém real ou fantástico como veículo para essa aspiração.

Dois exemplos. Em Zurique, um homem escreveu "Tarzan". Os comentários dos participantes mostraram que ele queria ser superior, um líder, um comandante, um chefe, acima de todos os outros, isto é, os animais. Além do mais, ele se mostrava cruel com os bichos. Em Nova York, duas jovens escreveram o mesmo nome — Cinderela. Uma delas mostrou narcisismo, beleza, crueldade; a outra, uma porto-riquenha, escolheu mostrar o momento em que sua Cinderela voltava para a cozinha — todas as mulheres queriam ter alguns momentos de felicidade. Embora efêmero: a cozinha as esperava.

Este jogo é eficaz porque revela características e aspirações que os participantes ainda guardam na memória. Eu não me lembro de nenhum sonho se, de certa forma, não o sonho ainda...

Depois que a primeira parte do grupo tiver representado seus sonhos de criança, a segunda metade fará o mesmo.

2. *Pesadelos de criança*

As mesmas regras do jogo anterior, mas com duas diferenças: os participantes devem interpretar personagens ou coisas que os aterrorizavam, e não eles mesmos com medo; quando iniciarem um diálogo com seus parceiros, devem tentar assustá-los, como foram assustados pelas personagens que estão interpretando quando eram crianças. Isto é, o aterrorizado assume o papel do aterrorizador.

A escolha da personagem deve ser concreta: uma pessoa, um animal, um fantasma tangível etc.; por exemplo, em vez de "medo de escuro" devem interpretar a pessoa ou coisa de que têm medo, oculta na escuridão. Mesmo se o medo for alguma coisa como "ser atingido por um raio" que cai do céu, eles devem tentar interpretar a pessoa (mesmo que seja Deus) que quer atingi-los.

Interpretando a pessoa ou objeto que me fez medo, eu ganho uma compreensão maior dos meus medos de infância (que talvez ainda vivam dentro de mim).

3. O que queriam que eu fosse quando crescesse

O mesmo que os jogos anteriores. Cada pessoa deve comparar o que ela é atualmente com aquelas expectativas que seus familiares tinham delas, quando crianças, para quando crescessem.

Na variante *Hamlet*, o ator considera o que a personagem da peça gostaria de ser quando crescesse, ou o que as outras figuras esperavam dela.

4. O oposto de mim mesmo

Ainda as mesmas regras. Os participantes escrevem seus nomes em pedaços de papel, junto com uma característica que acreditam não possuir, mas que gostariam de tentar possuir, e que deve ser completamente diferente do seu comportamento atual. Durante o jogo, depois de algum tempo, o diretor deve dar instruções tipo "voltar ao comportamento normal" e depois "voltar ao oposto de si mesmo".

Variante Hamlet: Os atores desempenham seus papéis, mas com características pertencentes a outras personagens — por exemplo, Hamlet se comporta como Laertes, Ofélia como Rosencrantz, Gertrude como Polônio etc. Mas cada figura deve declamar o seu texto original.

5. As duas revelações de Santa Teresa

O título não tem nada de religioso e está relacionado a um bairro do Rio de Janeiro, onde foi inventado. O grupo decide qual o tipo de relação interpessoal deseja investigar — marido/mulher, pai/filho, professor/estudante, doutor/paciente etc. Somente relações próximas e carregadas de sentido e de emoção podem ser selecionadas. Formam-se duplas e, em cada uma, os parceiros decidirão somente: a) quem interpreta o quê, quem é um e quem é o outro — não podem os dois ser "pais" ou "alunos" etc., cada um deve ser um dos polos do binômio; b) onde vai ser a cena em que se vão encontrar; c) que idade tem cada um: uma mãe de trinta é diferente de uma de sessenta anos. Depois disso, os parceiros saem de perto um do outro, e cada um pensa, sozinho, em uma revelação, alguma coisa que, se fosse dita — coisa boa ou má, tabu —, provocaria o maior choque na relação, que nunca mais voltaria a ser a mesma.

A improvisação começa quando os dois se encontram. Eles começam conversando um com o outro sobre assuntos que essas personagens geralmente conversam, e a fazer o que acreditam que essas personagens habitualmente façam, incluindo todo tipo de lugar-comum e clichê.

Depois de alguns minutos, o diretor dirá "Um dos dois pode fazer a primeira revelação". Então, um dos parceiros deverá revelar ao outro alguma coisa, de grande importância, que tenha o potencial de mudar a relação, para melhor ou para pior. O outro parceiro deverá mostrar o que ele pensa ser a reação mais provável. Improvisa-se a reação a essa revelação.

Após alguns minutos, o diretor pedirá ao segundo parceiro para fazer a sua revelação, que deve ser tão importante quanto a anterior, e a primeira pessoa reagirá de acordo com o que pensa que seria a verdadeira reação do outro. Outro intervalo, e o diretor dirá que um dos dois deve partir: eles improvisam a separação — um "vejo você depois", um "boa-noite", um "adeus para sempre"? Parte para comprar uma garrafa de champanhe e celebrar ou para nunca mais voltar?

Este jogo é particularmente útil para revelar as estratificações numa determinada cultura. Primeiro, onde maridos e mulheres, por exemplo, usualmente se encontram e falam — na cozinha ou na cama? Quais revelações as moças fazem para as suas mães — estão grávidas de um homem casado e querem abortar? Querem abandonar a casa? Parar de estudar, deixar o país?

Comparações que se podem fazer entre as diferentes duplas, por exemplo, onde se encontram, o que se revelam etc., são muito eficazes como maneira de revelar os mecanismos de uma determinada sociedade. Geralmente faço este jogo na mesma sessão, no mesmo dia de "Imagem da hora" (p. 250), onde cada um deve mostrar o que faz geralmente às sete horas da manhã, às oito, às nove, às dez, ao meio-dia etc.; e de "O gesto ritual" (pp. 239-45), onde cada um mostra, em forma de imagem, a cristalização dos movimentos mecanizados feitos todo dia.

Na variante *Hamlet*, as revelações serão relacionadas aos subtextos das figuras.

6. A personagem vazia

O protagonista pensa em uma pessoa real que ocupa um papel repressor em sua vida. Mas não se trata de conceitos abstratos como "o sistema de ensino", "o capitalismo" ou "a globalização", e sim uma pessoa concreta. Em frente ao ator fica outro ator, a "personagem vazia", que não sabe em quem o protagonista está pensando. O diretor dirá: "Somente os olhos". O protagonista pensando, pensando intensamente, transmitirá apenas com os olhos os seus pensamentos. O diretor: "O rosto", "O corpo", "O corpo no espaço", "O gromelô", "A palavra". A cada nova instrução o protagonista deverá expressar seus pensamentos (o tempo todo deve pensar com palavras, intensamente), incluindo sempre a parte do corpo que a instrução determina, depois a voz sem palavras e finalmente o diálogo pleno.

A personagem vazia responderá, sempre no mesmo nível, e na medida em que sentir quem é o repressor, onde está e qual é a relação dos dois. A personagem vazia responde com os olhos, com o rosto, os braços etc. No final do exercício, o ator que representou a personagem vazia conta o que entendeu do protagonista e em quais momentos.

Não existem mal-entendidos neste jogo: se eu entendo "padre" em vez de "pai", isso significa que a representação feita pelo protagonista claramente contou com características de um padre.

Este jogo mostra de maneira clara que existem várias linguagens em funcionamento no momento em que o ator atua: a) a linguagem das palavras (como estão definidas no dicionário); b) a linguagem da voz (timbre, ritmo, tonalidade, volume, pausas...); c) a linguagem do corpo (os olhos, a fisionomia, a posição corporal...); d) a linguagem do corpo no espaço (os movimentos, as distâncias...); e) a linguagem inconsciente (tudo aquilo que a pessoa pensa ou sente, mas que não tem tempo de verbalizar, pois somos capazes de pensar mil pensamentos por segundo, porém não de verbalizá-los).

7. Quem sou eu? O que quero?

Muito simples, mas terrivelmente difícil. Cada pessoa escreve em um pedaço de papel três definições sobre si mesma, mas não pode escrever seu nome. Primeira definição: "Quem sou eu?". Um homem, um professor, um pai, um marido, um amigo, um brasileiro, um escritor, um diretor, um dramaturgo, um viajante, um político? Cada participante escolhe uma palavra e a escreve no papel. Depois responde à segunda pergunta: "O que quero?". Ser feliz, viajar, ser rico, ganhar as eleições, nadar, fazer as pessoas felizes, interpretar, o quê? Em seguida, responde à terceira pergunta que o define: "O que é que impede o meu desejo?". O diretor coletará todos os pedaços de papel, os analisará sistematicamente e revelará os conteúdos ao grupo, sem identificar ninguém.

QUINTA CATEGORIA: A MEMÓRIA DOS SENTIDOS

Se bato na minha mão agora, sinto a dor agora mesmo; se me lembro de ter me machucado ontem, posso provocar em mim uma sensação análoga hoje. Não é a mesma dor, mas a memória dessa dor. Esta série nos ajuda a relacionar a memória, a emoção e a imaginação, tanto no momento de preparar uma cena para o teatro como quando estivermos preparando uma ação futura, na realidade.

Relacionando memória, emoção e imaginação

1. Memória: lembrando ontem
Os atores devem se sentar calmamente, em cadeiras, completamente relaxados. Devem mexer lentamente cada parte dos seus corpos, ininterruptamente, e tomar consciência de cada parte isolada, com os olhos fechados.

Em seguida, o diretor deve começar a encorajá-los a lembrar tudo que aconteceu na noite anterior, antes de irem para a cama. Cada detalhe deve vir acompanhado de sensações corporais, gosto, dor, sensações táteis, formas, cores, traços, profundidade, sons, timbres, melodias, ruídos etc., que o ator descreverá, tentando re-sentir. O ator deve fazer um esforço especial para lembrar das suas sensações corporais e deve tentar reexperimentá-las. Para facilitar, deve tentar mexer repetitivamente a parte do corpo que se relaciona com a coisa imaginada; se ele pensa no gosto de alguma comida que experimentou, moverá a boca, os lábios, a língua. Se pensa num banho que tomou, moverá todo o seu corpo, tentando sentir sua pele que esteve em contato com a água; se pensa numa caminhada, moverá os músculos de suas pernas e de seus pés.

Depois disso, o diretor continuará tentando e tateando, agora levando os atores a lembrar o que aconteceu com eles nessa mesma manhã. Como acordaram? Com o despertador? Alguém os acordou? O som do despertador, a voz de uma pessoa, como eram esses sons? O diretor pedirá que descrevam, o mais minuciosamente possível, o rosto da primeira pessoa que viram, os detalhes do quarto onde estavam dormindo, da sala onde tomaram café: traços, cores, sons, timbres, melodias, ruídos, odores, gostos etc.

Na sequência, o meio de transporte que usaram, metrô, ônibus, carro, o som de uma porta fechando, seus companheiros de viagem etc. Sempre buscando detalhes, os menores detalhes das impressões corporais, e sempre os pequenos movimentos das partes concernentes, que devem acompanhar a memória.

Finalmente, sua chegada na sala em que estão. O que viram primeiro, que voz ouviram primeiro? Uma descrição sensorial da sala, com todos os detalhes possíveis. Agora, onde estão? Ao lado de quem? Como estão vestidos os outros? Que objetos existem na sala?

Só então devem abrir os olhos e comparar.

2. Memória e emoção: lembrando um dia do passado

É o mesmo exercício, mas talvez ontem ou pela manhã nada de importante tenha acontecido, portanto cada um deve ter ao seu lado um "copiloto", a quem contará um dia do seu passado (da semana passada ou há vinte anos), quando alguma coisa verdadeiramente importante aconteceu, qualquer coisa que o tenha marcado profundamente e cuja simples lembrança, mesmo hoje, ainda provoque uma emoção.

Enquanto ele ouve, o copiloto desenvolve suas próprias imagens. Ele deve ajudar a pessoa a ligar a memória das sensações perguntando, propondo várias questões relacionadas aos detalhes sensoriais. O copiloto não é um *voyeur*; ele deve aproveitar o exercício para tentar criar na sua imaginação também o mesmo acontecimento, com os mesmos detalhes, com a mesma emoção, as mesmas sensações — que não serão as mesmas, já que são dele próprio.

3. Memória, emoção e imaginação

O mesmo sistema. Com a ajuda de um "copiloto", o ator tenta lembrar alguma coisa que realmente aconteceu. Tenta despertar as emoções, as sensações que sentiu, porém o copiloto (que deve ser genuinamente um copiloto, cossentindo as mesmas sensações e partilhando as mesmas imagens) agora tem o direito de introduzir vários elementos que não existiam na versão original: personagens extras, eventos adicionais, inventados, inesperados para o protagonista. O ator protagonista deve introduzir nisso novos elementos do seu mundo imaginário.

Então, juntos, protagonista e copiloto participarão da criação de uma história, parte realidade, parte ficção, mas comovente, tocante na sua totalidade, e que deve provocar imagens e sensações fortes.

Com a prática, os elementos fictícios introduzidos pelo copiloto podem vir a ser cada vez mais distantes da realidade, surrealistas mesmo. Porém as pessoas devem começar a partir do provável e do possível, até chegarem ao improvável e ao impossível, mas que sejam ainda capazes de gerar emoções e despertar sensações.

4. Lembrando uma opressão atual

Mesmo exercício. Agora o "copiloto" deve somente sugerir possíveis ações capazes de eventualmente ajudar a quebrar a opressão que está sendo contada. É o protagonista que na sua imaginação, mesmo sob as indicações do copiloto, deve quebrar essa opressão. Este exercício converteu-se, mais tarde, na série de O *arco-íris do desejo*, na técnica da imagem e contraimagem.

5. Ensaio da imaginação em cena

Tudo o que veio em um episódio imaginado deve ser imediatamente representado em cena. Os outros atores ajudam o protagonista, e o "copiloto" age como diretor; o protagonista tenta realizar fisicamente tudo o que está passando pela sua imaginação. Tentam usar as mesmas palavras e os mesmos objetos imaginados pelo protagonista. Tenta-se mostrar o sonho, assim como as imagens contadas nos exercícios anteriores.

6. Extrapolação

Nos exercícios anteriores, estimula-se sobretudo a ficção; porém, o verdadeiro objetivo, quando se usam as técnicas do Teatro do Oprimido, é a extrapolação na vida real das soluções ou alternativas encontradas na imaginação e ensaiadas em cena. Este prolongamento, contudo, depende de cada ator e do seu desejo de intervir na própria realidade.

Essas são as cinco categorias de exercícios, jogos e "joguexercícios" que nós utilizamos para a preparação do ator e do não ator, com o objetivo de promover o desenvolvimento do indivíduo e do grupo. Elas constituem o arsenal do Teatro do Oprimido e podem ser usadas na criação de personagens e espetáculos, ou no trabalho com comunidades. Em todo caso, são indispensáveis e são preliminares para a introdução das técnicas do Teatro Imagem, do Teatro Invisível e do Teatro Fórum.

ALGUMAS TÉCNICAS DO TEATRO IMAGEM

O Teatro Imagem se constitui em uma série de técnicas que fui desenvolvendo ao longo dos anos e que começaram a aparecer nos meus trabalhos com indígenas no Peru, Colômbia, Venezuela e México. Suas línguas maternas não eram o espanhol nem a minha. Palavras como *madre* (mãe), *familia* (família), *amistad* (amizade) e *hermano* (irmão) têm um significado diferente em cada língua, dando espaço para mal-entendidos. Não devemos esquecer que as palavras são meros veículos que transportam significados, emoções, lembranças e ideias... que por sua vez não são necessariamente iguais para todas as pessoas. A palavra dita nunca é igual à palavra ouvida. Palavras são como caminhões — transportam aquilo que foi inserido nelas. Elas foram inventadas pelo homem e não existem na natureza, não surgem e crescem de si mesmas, como uma árvore, por exemplo. É importante entender que os inventores das palavras viviam em um ambiente social específico que possivelmente não existe mais. Por isso eu acredito que devemos sempre criar novas palavras.

Palavras não têm apenas o significado encontrado no dicionário, mas também uma conotação que encontramos apenas no nosso coração. Foi a conotação que despertou em mim o interesse no meu trabalho. A questão era como chegar a ela.

No Peru observamos que muitas vezes usávamos as mesmas palavras, mas com intenções muito diferentes. Ou que estávamos falando da mesma coisa, usando, no entanto, palavras diferentes. Como temas, sentimentos ou lembranças das palavras nunca foram completamente reproduzidos, pedi aos atores que criassem imagens — uma imagem do que é família no sentido abrangente, da própria família, uma imagem de chefe, uma imagem das próprias lembranças, dos próprios desejos, uma imagem da própria terra... É claro que essas imagens não substituem palavras. Contudo, elas também não podem ser substituídas por palavras — elas constroem uma linguagem própria. Imagens podem ser conotações para palavras e palavras podem ser conotações para imagens. Elas podem se complementar.

No começo eu chamava essas técnicas simples de "Teatro-Estátua", já que estávamos trabalhando com imagens estáticas. Mais tarde foram criadas técnicas que também envolviam movimentos e palavras. Atualmente chamo o conjunto dessas técnicas de "Teatro Imagem".

Quando trabalhamos com imagens, não devemos tentar entender o significado de cada imagem, mas sim *sentir* as imagens e utilizar nossa memória e poder de imaginação. As imagens são sua própria linguagem, e o significado de uma imagem é a imagem em si. A imagem do real é real — como imagem. Quando eu estabeleço, com a ajuda de outras pessoas e objetos, a minha própria imagem da realidade, essa imagem é real em si mesma. Nós trabalhamos com a realidade da imagem, não com a imagem do real.

Imagens são superfícies que refletem o que nelas é projetado. Assim como objetos atingidos pela luz, as imagens conseguem refletir emoções, ideias, lembranças, desejos e observações.

O método do Teatro do Oprimido, principalmente o exercício do Teatro Imagem, é baseado no reflexo múltiplo do olhar do outro. Várias pessoas olham uma imagem e expressam os sentimentos e representações que foram desencadeados por conta dela. Essa reflexão intensa pode revelar os significados escondidos da imagem à pessoa que a criou. Fica a cargo do protagonista, ou seja, aquele que criou a imagem, decidir o que quer levar para si desse processo.

Se uma imagem for interpretada de apenas uma maneira — "É exatamente isso!" —, então não se trata de Teatro Imagem, e sim de uma ilustração de palavras faladas. Teatro Imagem não é um método *simbólico*, e sim *sinalético*. Nas primeiras, os símbolos são o veículo de comunicação. Símbolo é aquilo que está no lugar de outra coisa, como a bandeira no lugar da pátria, o verde, da esperança, os dedos em círculo no lugar de OK. Na linguagem sinalética, significante e significado são indissociáveis.

Uma mensagem não existe sem emissor e destinatário. Ambos fazem parte da mensagem. O mesmo vale para o local e a forma na qual a mensagem foi enviada. Quem envia uma mensagem faz parte dela. Se Judas Iscariotes me pedisse para assinar uma declaração de solidariedade para Jesus, eu não o faria: o próprio Judas faz parte de sua explicação, o emissor faz parte da mensagem e lhe dá significado. Se São João pedisse para eu assinar a mesma declaração, eu o faria imediatamente, e ainda pediria para meus amigos assinarem também.

Se eu disser essa frase para cem pessoas diferentes, ela vai ser entendida de cem maneiras diferentes, independentemente de quem é cada ouvinte e de qual é minha relação com ele. Por isso é importante emitir uma mensagem em diferentes linguagens. A imagem é uma dessas linguagens, e não é das piores.

Para que as técnicas do Teatro Imagem sejam compreendidas, tentei descrever os métodos de dinamização mais eficientes para cada tipo de imagem. É claro que as dinâmicas podem ser usadas em todas as imagens — a escolha do método depende do grupo, da ocasião e do objetivo do trabalho. Eu tentei representar primeiro as técnicas mais simples, para então passar para as mais complexas. Nenhuma das técnicas é complicada ou difícil de entender, mas algumas são bastante complexas, já que consistem de diversas unidades menores.

Quero lembrar novamente que o uso dos jogos e exercícios que precedem estas técnicas não é, de jeito algum, obrigatório. De fato, nada no Teatro do Oprimido é obrigatório, porque cada exercício, jogo ou técnica, embora tendo objetivos específicos próprios, contém a totalidade do processo. Há conjugação e inter-relação contínuas entre os exercícios, jogos e técnicas de todas as formas do Teatro do Oprimido: Teatro Jornal, Teatro Imagem, Teatro Invisível, Teatro Fórum, fotonovela etc. Um professor, por exemplo, pode muito bem sugerir que seus alunos usem técnicas de imagem no decorrer do curso, mesmo que não tenha feito nenhum exercício preparatório. Igualmente, durante a preparação da produção de um espetáculo de Teatro Fórum, não é necessário que o diretor dê aos participantes todos os exercícios sugeridos.

Técnicas de imagem: modelos e dinamizações

1. Ilustrar um tema com o próprio corpo

O modelo
O modelo pode ser desenvolvido de duas maneiras.

1º método: O diretor convida cinco ou mais voluntários para que mostrem de forma visual um tema escolhido. Cada um trabalha sem olhar o que fazem os demais, para que não haja influências. Cada um vai ao centro e, usando somente seu corpo, expressa o tema dado. Sem se mexer e sem falar, o ator deve expressar opiniões e experiências sobre o tema. A imagem fala por si, não é preciso dar explicações ou justificações. Quando todos que o desejarem já tiverem ido ao centro, o diretor pergunta para o resto do grupo se eles têm alguma sugestão. Esse é quase sempre o caso. Os atores sobem ao palco um após o outro e mostram suas diferentes imagens do tema. Depois o diretor inicia a dinamização dessas imagens.

2º método: Quando se tratar de pequenos grupos (e somente nesses casos), o diretor pode sugerir que os participantes formem uma roda e, a um dado sinal, todos juntos representem com seus corpos sua versão do tema. A imagem feita por cada participante deve ser estática, mesmo que pressuponha movimento; o ator pode mostrar uma imagem estática de alguma coisa, capturada em meio ao movimento. Cada imagem é isolada, ainda que pressuponha a presença de outras pessoas ou objetos ou do que seja.

Dinamizações
Uma vez construído o modelo, o diretor propõe que ele seja dinamizado. Isso será feito em três estágios.

1ª dinamização: A um sinal dado pelo diretor, todos os participantes que foram ao centro retornarão e apresentarão exatamente a mesma imagem de antes, mas todos juntos, e não um a um. O que acontece? Anteriormente, cada ator mostrou a própria imagem com uma forma pessoal, subjetiva, de como via o tema. Agora, todas essas visões individuais juntas nos dão uma visão múltipla do tema; em outras palavras, uma visão geral, uma visão objetiva. Nesta primeira parte da dinamização, o objetivo não é saber o que pensa cada um, e sim o que pensa o grupo. As imagens individuais eram representações "psicológicas", agora se trata de uma visão "social".

Uns poucos exemplos podem deixar isso claro. Em Florença, um dos participantes sugeriu que o tema fosse a religião. Primeiro, muitas pessoas construíram imagens religiosas e piedosas para ilustrar o tema; Cristo crucificado, a Virgem em prantos, santos e santas, penitentes, padres e fiéis... e assim por diante; em seguida, outros atores foram ao palco e mostraram amantes nas igrejas, mendigos pedindo esmola, padres severos e finalmente turistas que tranquilamente fotografavam tudo!

Numa cidade do sul da França, um professor pediu que seus alunos representassem pessoas famosas, reais ou fictícias, como Joana D'Arc, Berenice, Napoleão etc. Ele descobriu muitas coisas com essas imagens! Tudo o que ensinara em sala de aula a respeito dessas personagens apareceu, não como tinha ensinado, mas sim como cada criança ou adolescente compreendera, a partir dos próprios quadros de referências e experiências. Não é raro que, por exemplo, Joana D'Arc apareça na cozinha, ouvindo vozes de Deus, fritando ovos, e Napoleão refazendo suas contas bancárias... São ideias de crianças... mas são ideias. Ideias reveladas pela imagem.

Outro exemplo: no Brasil, alguém sugeriu que se tratasse do tema da violência. O Rio de Janeiro é uma das cidades mais violentas do mundo, com elevado índice de assaltos e assassinatos... Então não foi surpresa para mim que alguém do grupo (num curso que organizei em dezembro de 1979, quando, depois de promulgada a anistia, pude visitar o Brasil por uma semana) sugerisse a violência como tema. Mas aconteceu algo que me pareceu extraordinário: todos, sem exceção, interpretaram os papéis das vítimas da violência... e não sem boa razão! Violência em todos os níveis: física (agressão policial e militar), econômica (preço de aluguel), religiosa (penitência), escolar (professores tirânicos), sexual (estupro)... mas era sempre a vítima que aparecia nas imagens; porque o curso em questão estava sendo feito com 24 vítimas! Na dinamização, como veremos a seguir, mostraram-se as causas.

2ª dinamização: A um sinal do diretor, os participantes tentam se relacionar entre si em cena. Em outras palavras, não se trata simplesmente de mostrar suas imagens, mas de tentar ligar-se às outras pessoas. Cada pessoa pode escolher uma ou mais imagens, aproximar-se ou afastar-se, o que quiser, desde que sua posição passe a ser significativa em relação aos demais e em relação aos objetos que porventura tenham sido incluídos nas diversas imagens. Se, anteriormente, cada imagem era válida por si só, agora o mais importante é a inter-relação, o conjunto, o macrocosmo. Não é meramente uma visão social, e sim uma visão social organizada, orgânica. A imagem não mostra mais múltiplos pontos de vista justapostos, mas apenas um, global e totalizante.

Por exemplo, em um curso alguém sugeriu o teatro francês como tema. Os participantes, na maioria atores profissionais ou amadores, não estavam muito entusiasmados com essa ideia. Então, na construção do modelo, propuseram imagens bastante negativas. Alguém olhando maravilhado o próprio umbigo; outro tentando beijar a própria bunda; um terceiro que tentava localizar alguém (provavelmente um espectador!) com um binóculo; um quarto contando seus trocados, um quinto bocejando, um sexto dormindo etc. Em suma, não estavam felizes! Na primeira dinamização não aconteceu nada de surpreendente — ficaram de frente para a plateia, numa imagem única do desânimo e do aborrecimento. Em contrapartida, na segunda dinamização, aconteceu algo surpreendente! Todas as imagens, que, de uma forma ou de outra, "simbolizavam" os artistas, entraram em contato umas com as outras, porém nenhuma delas fez nenhuma aproximação em direção às imagens que representavam a "plateia" — que por sua parte continuava num canto bocejando e cochilando... O ator que estava contemplando seu umbigo foi para o lado daquela que estava contando os seus trocados; a pessoa que beijava a própria bunda se aliou à mulher que estava mostrando seus seios... e assim por diante, mas ninguém, repito, ninguém fez o menor esforço para se relacionar com a plateia... que, igualmente, não fez nenhum esforço para se aproximar do grupo de artistas.

Devemos ser cuidadosos com generalizações — isso aconteceu em uma ocasião particular, em um curso, com um grupo em particular. Mas... era um grupo integrado numa totalidade. É significativo, *quand même...*

3ª dinamização: Frequentemente acontece, como no Rio, que os participantes mostrem somente os "efeitos" e não as "causas"; o resultado da violência, mas não a origem. Nesse caso, todos os participantes eram vítimas do mesmo sistema repressivo. Então, quando na segunda dinamização tentaram formar um "conjunto", o macrocosmo social, as imagens que surgiram eram, primeiramente, de ausência de solidariedade, de unidade entre as vítimas, e de ausência dos "agentes da violência". Todos preferiram interpretar seus próprios papéis em vez de mostrar os seus inimigos. Em alguns casos, é uma boa ideia usar o terceiro método de dinamização do modelo. O diretor dá um sinal e todas as imagens das "vítimas", os agredidos (objetos), se transformam em agressores (sujeitos). A jovem estuprada deve mostrar a imagem do estuprador, o homem que paga mostrará aquele que cobra; o mendigo, quem lhe dá esmola; o cidadão, o policial; e assim por diante. Mostra quem está à sua frente.

No primeiro momento, o ator mostra um dos dois polos do conflito (ele mesmo) e, no segundo, o polo oposto (o outro, o agressor, o opressor). Há ainda outro aspecto interessante do trabalho, que pode ser uma ajuda considerável em termos de "leitura" dos pensamentos, das emoções e da ideologia do grupo. Se, ao se mostrarem a si mesmos, os participantes geralmente usam imagens reais, quando mostram seus inimigos têm a tendência de retratá-los em imagens subjetivas (diria mesmo expressionistas), distorcidas. Distorcidas, mas não de um ponto de vista caprichoso, e sim de um ponto de vista que revela a agressão sofrida. As imagens deixam de ser realistas, tornam-se deformadas, monstruosas. Todos se revelam como são (ou como pensam que são) e ao inimigo como o veem, ou como pensam que é.

Esse é, a meu ver, um dos temas mais importantes do teatro. Existe a *objetividade* do realismo? É realmente possível mostrar a vida tal como ela é? Pode existir tal representação? Não acredito que exista, exceto se algum artista fosse capaz de exprimir um ponto de vista cósmico... Mas estamos na Terra. Os artistas são também parte da sociedade, e para eles não é possível ver o mundo de outra forma que não seja a do seu próprio ponto de vista. O estilo realista é tão subjetivo quanto qualquer outro — apenas mais perigoso, pois se afirma o contrário. Eu gosto da visão que as vítimas têm de seus algozes: se elas os veem dessa maneira, é porque é assim que eles são. Para nós, eles são como os vemos. Quando digo "nós", quero dizer que, no processo estético, devemos nos identificar com alguém — nós ou o outro, não há alternativa.

Neste trabalho, quanto mais vítimas as vítimas forem, quanto mais opressão sofrerem, mais distorcerão suas imagens. Porém, o termo "distorção" pode ser usado aqui no sentido oposto do usado normalmente: no sentido de restaurar a verdadeira imagem. Por exemplo: o torturador tem uma aparência normal, ele se comporta normalmente, chega a parecer um ser humano de verdade. Sua imagem realista não é diferente da dos outros homens. Sua imagem real é aquela que a pessoa torturada nos mostra. Na verdade, ele é como o torturado o vê, ainda que, no estilo realista, pareça ser como qualquer outra pessoa.

Sempre desconfiei do realismo e, quanto mais trabalho com as imagens, quanto mais vejo o que eu apenas olhava, mais me afasto desse estilo.

É importante sublinhar que nosso objetivo não é criar um estilo neoexpressionista, subjetivo, delirante e individualista. Nesta construção de imagens, o que importa não é ver como uma pessoa oprimida vê um opressor, mas como os oprimidos veem os opressores. Se fôssemos forçados a dar nome a esse processo, seríamos forçados a chamá-lo, contraditoriamente, de expressionismo social, expressionismo objetivo etc.

2. Ilustrar um tema com o corpo do outro

Os recursos da primeira técnica são limitados: os atores podem usar somente os seus corpos. Nesta, eles podem usar os corpos dos outros, tantos quantos forem necessários.

O modelo

O diretor pede a voluntários que ilustrem um tema proposto pelo grupo. Para isso devem usar os corpos de outros integrantes. O escultor decide com quem quer trabalhar e junta os participantes em uma imagem composta de diferentes corpos. Se ele quiser, também pode usar objetos simples (cadeiras, mesas etc.). O escultor pode criar a figura de duas maneiras: ele pode modelar (isso significa que ele trabalha os outros corpos e os coloca na posição que deseja) ou refletir (isso significa que ele mostra a posição com o próprio corpo para o ator imitar). A única ferramenta que não pode utilizar é a palavra falada.

Terminado o modelo, o diretor consulta o grupo, que pode discordar da imagem apresentada (desfaz-se totalmente o modelo), estar de acordo (conserva-se o modelo) ou concordar parcialmente (modifica-se o modelo até que se chegue a um consenso). Nesse caso, o diretor consulta o grupo e elimina os que o grupo considera que não tenham função ou que não convenham ao sentido da imagem. O grupo deve ser consultado a todo momento pois, em última análise, é o construtor da imagem coletiva do tema.

É importante que a pessoa que está construindo a imagem trabalhe rápido, para que não seja tentada a pensar com palavras (linguagem verbal) e então traduzir palavras em imagens (linguagem visual). A imagem não deve ser uma tradução, mas o próprio original. Senão, as imagens serão pobres, como ocorre em qualquer tradução, que empobrece o original.

Algumas vezes o grupo não produz uma imagem coletiva, com todos de acordo. Lembro, por exemplo, em Turim, um grupo que tentava apresentar a imagem da família, porém as apresentadas eram tão numerosas e variadas que não se chegava ao mínimo acordo. De início, eu me vi um pouco desconcertado, mas logo me explicaram a causa — Turim tem uma população de cerca de dois milhões de pessoas, e menos da quarta parte é de verdadeiros turinenses; os demais, atraídos pelo parque industrial de Turim (especialmente as fábricas da FIAT), vêm de todas as partes da Itália, principalmente do Sul. Isto é, o grupo era formado por italianos, mas de culturas totalmente diferentes — Calábria, Milão, Nápoles, Sicília etc. —; é claro que cada escultor estava pensando na sua família, na sua cultura!

O tema da "família" é, aliás, uma constante na trajetória do Teatro do Oprimido, e é talvez o mais discutido. Em todas as sociedades existe família. Qual? Em cada uma, trata-se de uma família diferente, de acordo com a cultura, classe, país, regime, idade do escultor etc. Dou aqui alguns dos muitíssimos exemplos:

Uma família portuguesa 1 (cidade do Porto, ao norte do país): Homem sentado à cabeceira da mesa, comendo; uma mulher de pé ao seu lado, servindo-lhe a comida; dois rapazes e duas moças, sentados à mesa, comendo e olhando a figura masculina central, detentora de todos os poderes.

Uma família portuguesa 2 (em Lisboa, capital do país): A mesma imagem em volta da mesa de comer, com a diferença de que todos olham para o mesmo ponto fixo, um móvel distante da mesa (a televisão). As duas moças sentam-se no chão. Mudou muita coisa e muita se conservou: a figura masculina continua a ser a figura central, o macho conserva seu lugar, a mulher continua a servi-lo, mas essa figura já não detém as atenções gerais, nem o poder de informação, agora pertencente aos meios de comunicação de massa.

Uma família sueca: Em 1977, durante um estágio que realizei em Estocolmo, como parte do festival de Skeppsholmen, os participantes fizeram uma imagem da família; dois anos depois, no teatro municipal de Norrköping, outro grupo reproduziu exatamente a mesma imagem: uma mesa no centro, com duas ou três pessoas em volta dela, porém de costas para a mesa e de costas umas para as outras; ao fundo, perto da porta, uma mulher de costas para a mesa e para todos, olhando pela janela, para fora. Um grupo de pessoas reunidas em volta da mesa, sem se ver, sem se olhar, todos calados.

Uma família em Godrano (Sicília): A mesa novamente, com homens, só homens jogando cartas; numa cadeira distante, uma mulher afaga (e afoga) uma jovem de uns vinte anos, abraçando-a contra o peito como se fosse um recém-nascido; outra mulher, mais distante, sentada, costura o enxoval. Não são necessárias maiores explicações para que possamos compreender as relações patriarcais e machistas nessa sociedade.

Uma família norte-americana: Esta imagem me foi apresentada em Nova York, Berkeley, Milwaukee, Illinois — de norte a sul, de leste a oeste, por toda parte e tantas vezes, que é quase um clichê: um homem sentado numa cadeira (a mesa está presente, mas encostada na parede) e, ao redor da personagem masculina, uma mulher e vários jovens, todas as cabeças quase juntas e todos mascando chiclete... Só estou dizendo o que eu vi.

Uma família alemã: Primeiro foi em Hamburgo, em 1979: um homem sentado, aparentemente ao volante de um automóvel, concentrado na tarefa de dirigir. Ao seu lado uma mulher, orgulhosa do carro, porém preocupada com as três crianças no banco de trás, brigando, se batendo, se espancando a valer. Diante dessa imagem, primeiro pensei que estavam exagerando — o homem parecia tão orgulhoso do seu carro que nem sequer olhava para a família. Fiz um comentário e alguém respondeu, com um riso de aprovação de todo o grupo: "Aqui na Alemanha, as preocupações masculinas, em ordem decrescente, são: o carro, a mulher, o cachorro... e finalmente as crianças". Todos riram, mas ainda assim eu não estava convencido — até que alguns meses mais tarde, trabalhando em Berlim, com um grupo completamente diferente, eu tornei a ver exatamente a mesma imagem. E, ao comentá-la, alguém corrigiu: "Só que a segunda preocupação não é a mulher: é o cachorro...". Claro que não é assim, mas claro que ouvi o que foi dito.

Uma família florentina: Uma procissão familiar a caminho da igreja: as avós guiando os avôs, as mulheres os maridos, as crianças guiadas por suas mães... uma longa fila a caminho da missa, com pouca religiosidade nos rostos. Todos concordaram com a imagem, só que um elemento vital estava faltando — um homem mijando no muro... liberdade!

Uma família mexicana: No centro, uma imagem da Virgem Maria, braços estendidos, com uma mulher de cada lado, aos seus pés, rezando. De um lado, a figura de um homem, bêbado, espancando uma mulher que se defendia. Atrás dele, três rapazes faziam gestos semelhantes de agressão — na verdade, estavam tendo sua iniciação à idade adulta; ao lado da mulher tentando se defender, três moças também aprendiam a se defender. Toda a cena se dá sob o olhar complacente da Virgem Santa... O México é um país muito religioso.

Uma família lésbica: É evidente que nem sempre as imagens são universais. Na Suécia, vi duas mulheres de mãos dadas segurando uma criança. Algumas pessoas protestaram: "Isso não é uma família". A atriz retrucou: "É a minha família..." — e continuou calmamente esculpindo sua imagem, nos menores detalhes de doçura fisionômica. Era sua família e ela estava feliz. Não era uma família tipicamente sueca, mas isso não fazia diferença.

Uma família egípcia: Um quadro esplêndido: uma mulher sentada, com os braços levantados, como se estivesse segurando um prato; um homem, de pé, atrás dela, comendo daquele prato que ela segurava e, ao mesmo tempo, mantendo distante um grupo de rapazes e moças, sentados no chão, um atrás do outro, numa fila sólida (cada um sentado entre as pernas do que estava atrás), com os braços esticados em direção ao prato proibido, esperando as sobras.

Uma família argentina: Comovente, triste, revoltante. Muitas pessoas sentadas em torno de uma mesa; outras, a maioria, de pé; uma cadeira vazia e todos olhando na direção daquela cadeira... vazia; saudades do seu ocupante ausente.

Vivi exilado na Argentina durante cinco anos. Conheço dezenas, talvez centenas de famílias argentinas. Não conheço uma só — nem ao menos uma! — que não tenha em sua casa uma cadeira vazia, uma cadeira que tenha pertencido a alguém assassinado, sob tortura, pelo regime militar, a algum "desaparecido" (segundo a Anistia Internacional, foram mais de trinta mil), ou a alguém que fugiu ou se exilou. Essa imagem da cadeira vazia foi feita por um argentino, mas poderia perfeitamente ter sido feita por um uruguaio ou chileno, paraguaio ou boliviano, por qualquer habitante, de qualquer país deste continente coberto de sangue. Poderia ter sido feita no nosso país, principalmente ao redor de 1971, quando fui preso, e quando o Brasil sofria o período mais fascista da repressão.

Uma família brasileira: Uma mesa de pernas para cima, com dez ou doze pessoas se espremendo nela, como náufragos num pedaço de madeira.

Dinamizações
Várias são possíveis. Entre elas:
1ª dinamização: Fazer um movimento rítmico, contido dentro da imagem. Exemplo: a imagem estática de um homem comendo oferece certa quantidade de informações — é uma imagem que fala. No entanto, há milhares de ritmos, milhares de maneiras de comer. Nesta fase da dinamização, a "imagem" deve comer com um ritmo que nos dará mais informações, acrescentando ao que já estava contido na imagem estática — come rápido ou devagar; devora a comida ou saboreia cada pedaço?

2ª dinamização: A imagem, ao mesmo tempo que executa um movimento rítmico, diz uma frase que, na visão do ator, representa a personagem apresentada. Sejamos claros: quem fala é a personagem, e não o ator. Assim, se um ator, bom caráter, faz o papel de uma pessoa má, é esta quem tem a palavra, não o ator "bom caráter".

3ª dinamização: A imagem faz seu gesto rítmico, dizendo sua frase, e passa também a fazer alguma coisa, algum movimento relacionado à imagem estática; em outras palavras, se a imagem está comendo, o que ela vai fazer depois? Se está andando, para onde vai? Se está agredindo alguém, quais as consequências?

3. Imagem da transição

A terceira técnica consiste em trabalhar um modelo, produzindo uma discussão, somente por meios visuais. Mais do que nunca, é vital que as palavras sejam proibidas, mas não a discussão, que deve ser tão rica e profunda quanto possível.

O modelo

Segue-se o mesmo caminho do exercício anterior para se chegar a um modelo que todo o grupo (ou a maioria) aceite. O tema desse modelo deve ser uma opressão, de qualquer tipo, sugerida pelo próprio grupo. Esse é o modelo real. Pede-se, depois, ao grupo que construa um modelo ideal no qual a opressão tenha sido eliminada e que todos, dentro desse modelo, cheguem a um equilíbrio plausível; uma situação que não seja opressiva para nenhuma das personagens. Depois, retorna-se à imagem real, a imagem da opressão, e começa a dinamização.

A dinamização

O diretor deve deixar claro que todos os participantes estão autorizados a opinar sobre as formas de passagem da imagem "real" (opressiva) para a "ideal" (não opressiva). Cada participante age como um escultor e muda o que achar necessário para transformar a realidade e eliminar a opressão. Cada um por vez. Os outros devem dizer se consideram cada solução realizável ou mágica (isto é, fantástica, impossível de se realizar!), mas sem o uso da palavra, visto que a discussão deve ser feita somente através das imagens.

Depois que cada um tiver mostrado suas imagens de transição (revelando seus pensamentos, suas esperanças), faz-se uma verificação prática do que foi discutido. A um sinal do diretor, as personagens da imagem começam a se mover. Cada vez que o diretor bater suas mãos, cada personagem (cada ator dentro da imagem) tem o direito de fazer um movimento, somente um, no sentido de sua libertação (se ele está interpretando um dos oprimidos), ou para quebrar a opressão (se ele está interpretando um dos opressores). Os movimentos devem ser feitos de acordo com as personagens, e não com quem as interpreta. Tendo batido palmas várias vezes, o diretor sugere que todas as personagens continuem seus movimentos em câmera lenta e, a cada palma (num ritmo mais lento), olhem em volta para que possam se localizar em relação aos outros. O movimento cessa quando todas as possibilidades de libertação forem estudadas visualmente; quando a imagem para, os conflitos são resolvidos...

Isso pode ser feito em várias etapas. No Rio de Janeiro, fiz exercícios teatrais em um sindicato de trabalhadores do estado (entre eles muitos garis) que haviam acabado de tirar do poder os líderes sindicalistas corruptos. Eles não estavam muito animados para fazer teatro. Eu pedi apenas que exibissem uma imagem de como era o sindicato antes do partido deles assumir o poder. Eles fizeram uma imagem que indicava o quanto a situação estava triste. Depois, pedi que fizessem uma alteração na imagem e mostrassem o que fizeram primeiro para mudar o sindicato. Eles adicionaram uma figura que observava os líderes do sindicato enquanto faziam seus negócios sujos. Quando pedi o próximo passo, o próximo pequeno passo, eles mostraram o primeiro trabalhador que conversou com outro trabalhador. No próximo passo, como os trabalhadores se reuniram para trocar informações. E o que aconteceu depois? Eles decidiram agir. Seguiu-se outro passo, depois outro... até que mostrassem em sua imagem como o sindicato estava agora, depois das mudanças. Então os convidei para adicionar uma pequena alteração que gostariam de fazer no futuro... e então mais uma... e por fim o futuro, o cenário ideal. No final disseram "O quê? Isso é teatro? Isso é legal...".

4. *Múltipla imagem da opressão*

A técnica anterior permite ao grupo concentrar-se muito diretamente num único problema, numa única forma de opressão, num único caso concreto. A sociedade é representada em bloco, numa só imagem. O macrocosmo é apresentado na forma microcósmica.

Este pode ser um modo muito efetivo de alcançar mais minuciosamente e, algumas vezes, mais detalhadamente a análise desse microcosmo. Entretanto, é frequente acontecer que as possíveis soluções do problema só possam ser encontradas no macrocosmo social, e não no microcosmo — na multiplicidade ao invés de na unicidade. Essa é a função da quarta técnica da imagem.

O modelo

O modelo aqui não é único, é múltiplo. Qualquer que seja o tema, o objetivo não é mostrar uma, mas muitas imagens que o representem. Em vez de uma imagem, o grupo pode preparar simultaneamente cinco, sete ou dez. As imagens não devem se repetir; quanto mais variadas forem, melhor.

A dinamização

Uma vez estabelecido o modelo múltiplo, a dinamização é feita em três etapas.

1ª etapa: Os escultores devem entrar nas próprias imagens, a fim de nos dar a sua perspectiva da opressão. Devem substituir a pessoa que os representa na imagem, para que se perceba o ponto de vista do escultor. Assim, o escultor pode se mover na imagem e reposicionar uma ou mais figuras para mostrar uma imagem ideal. Na primeira imagem, vemos a opressão como é sentida pelo escultor, e na imagem modificada vemos os seus desejos — como ele imaginou uma situação contrária à situação presente.

2ª etapa: A imagem real é montada novamente. A um sinal do diretor, os participantes devem, em câmera lenta, realizar a transição da imagem real em direção à imagem ideal do escultor. Então, somente por movimentos autônomos (ninguém é guiado pelo escultor, cada pessoa atua por sua própria sensibilidade), pode-se verificar o caráter mágico (no sentido de impossível, e não de sonhador...) ou viável da proposta do escultor. Se a imagem ideal que o escultor deseja, ou a transição para esse ideal, está nos domínios do impossível, o ridículo dos movimentos vai revelá-lo.

3ª etapa: A imagem retorna ao modelo original. Mais uma vez, a um sinal do diretor, as figuras se movem, mas agora não necessariamente em direção ao ideal: cada figura deve agir de acordo com a personagem que interpreta. Isso tornará possível determinar o quanto a proposta do escultor era, na verdade, realizável.

Essa imagem múltipla da opressão quase sempre esclarece o pensamento do grupo. Ela é uma das técnicas mais reveladoras.

Neste momento, devo insistir em que as regras do jogo devem ser fixadas, claras e simples, desde o início. Se alguma coisa não for descrita como "proibida" na apresentação das regras, então não haverá proibições. Se algum participante acreditar que determinada coisa é proibida, isso se deve às interdições que ele tem interiorizadas, e não ao jogo. Em Hamburgo, por exemplo, usei esta técnica. O tema escolhido foi a família. As imagens que faziam o modelo eram quase todas terríveis — violência, agressão física e psicológica. No momento da dinamização, percebi que os participantes procuravam soluções para os seus problemas dentro de cada imagem; eles se batiam, se agrediam, cada um dentro do seu grupo. Ninguém tentou deixar o microcosmo de sua família para procurar soluções no macrocosmo social, na multiplicidade de outras famílias, outros grupos, outras pessoas. Quando todos os movimentos chegaram ao fim (com muitos mortos e feridos...), perguntei por que os participantes ficaram tão obstinadamente fechados dentro dos seus grupos particulares, quando a liberdade só podia, nesse caso, ser encontrada além desses limites imediatos. Quase todos deram a mesma resposta: "Pensamos que fosse proibido deixar nossos grupos (suas famílias)!". Quem proibiu?

A técnica da múltipla imagem é aberta para tudo, para o mundo lá fora. As pessoas são livres para se juntarem a outras imagens — este jogo não é fechado dentro dos nossos pequenos mundos.

É muito comum infligirmos opressão a nós mesmos. Somos tão oprimidos que nos oprimimos, mesmo quando a opressão está ausente, ou não existe. Nós carregamos nossos "tiras na cabeça" — tira é uma gíria antiga, que significa "policial". O oposto da experiência de Hamburgo aconteceu em Montélimar, Provença, onde as pessoas, que interpretavam imagens de crianças, escaparam pela janela...

Nesta técnica acontecem também coisas reveladoras, inesperadas. Lembro-me de que em Bari, na costa adriática da Itália, alguém sugeriu tratar do tema da violência sexual contra as mulheres (só em 1979, aconteceram mais de 26 mil casos de estupro na Itália, sem contar os milhares de casos não denunciados pelas mulheres, por medo ou vergonha). Muitas imagens evocaram esse tipo de agressão. Lembro-me especialmente da imagem de Angelina: três homens atacavam-na brutalmente. Na dinamização, pensamos que ela afastaria violentamente seu agressores. Mas, para nosso espanto, Angelina satisfez-se em modificar suas expressões fisionômicas, dando a eles ternura no lugar de ódio. Essencialmente, porém, a cena era a mesma. Quando seus colegas a questionaram, Angelina respondeu: "Para mim, o elemento mais terrível do estupro é a violência física do ato e não o sexo...". Sabe-se lá...

Nos casos em que esta técnica está sendo usada e o tema divide os participantes, como, por exemplo, em relação à opressão do homem sobre a mulher, e vice-versa, é mais enriquecedor se as cenas são apresentadas sucessivamente; primeiro as mulheres mostram o quanto são oprimidas, depois os homens exibem suas múltiplas imagens de opressão, também numerosas...

Há ainda um quarto tipo de dinamização, em casos como esse: homens mostram imagens daquilo que eles acreditam ser uma opressão que exercem sobre as mulheres, e mulheres mostram imagens do que elas consideram ser opressão das mulheres sobre os homens. Pais e filhos frente a frente, e vice-versa; professores e alunos etc. Sempre que a situação permite, esse tipo de dinamização do modelo oferece novas possibilidades de conhecimento do tema e dos participantes.

5. Múltipla imagem da felicidade

Esta técnica, parecida com a anterior, revela, melhor que qualquer outra, o lado oprimido/opressor dos participantes.

O *modelo*

O modelo é construído do mesmo modo, com diferentes voluntários esculpindo imagens de alegria, que são distribuídas por toda a sala, de maneira que possam ser vistas como parte de um todo e como imagem separada. O diretor deve insistir em que cada participante é livre para mostrar a imagem que desejar. O que é a felicidade? Sem dúvida é a ausência de opressão — exceto para os masoquistas... O escultor não mostra suas opressões, mas sua felicidade, real ou ideal, verdadeira ou imaginária. Essa imagem pode ser relacionada ao trabalho, ao amor, à paz, ou ao que quer que o ator desejar. O diretor deve encorajar pessoas com visões diferentes sobre a felicidade para que possam criar suas próprias imagens, evitando a repetição de imagens parecidas.

A *dinamização*

O ideal é que haja o mesmo número de imagens na sala quanto de pessoas fora da cena; se forem seis imagens, seis pessoas devem estar de fora. A dinamização tem a forma de um jogo; o diretor conduz pela sala os que estão de fora, para que possam ver com atenção todas as pessoas dentro das imagens e suas posições em relação aos outros. Cada um deles deve decidir mentalmente quem é o mais feliz na imagem.

O jogo começa quando o diretor dá o primeiro sinal. Os que estão de fora devem correr para as imagens e tomar o lugar da pessoa que consideram a mais feliz. As que forem substituídas saem. Se, por acaso, duas pessoas escolherem a mesma personagem, a primeira que chegou toma o lugar na imagem, e a segunda tem de encontrar a segunda mais feliz e substituí-la. Então, o mesmo número de pessoas continua de fora.

Ao segundo sinal, todos aqueles que foram substituídos têm o direito de voltar, livres para escolher a mais feliz, que pode ser a personagem que eles próprios criaram ou outra. Agora, em vez de o substituir, cada um deve juntar seu corpo com o da mais feliz, na mesma posição; se duas ou mais pessoas escolherem a mesma figura, devem todos assumir a mesma posição. Ao fim, todos os participantes estarão em cena.

No terceiro sinal, os atores começam a se movimentar, com o objetivo de situar seus corpos numa relação mais feliz do que aquela em que estão. Tanto os que esculpiram as imagens como aqueles que foram modeladas — todos ao mesmo tempo —, podem se mover tentando criar relações de máxima felicidade umas com as outras.

Cuidado: no terceiro estágio todas as figuras movem-se ao mesmo tempo. Todos são sujeitos, ninguém é objeto. Isso faz com que a imagem global seja diferente a cada segundo: tudo se move. Como no mundo real... As múltiplas imagens de felicidade estarão em permanente modificação. Se uma pessoa vê um grupo de figuras com o qual queira se relacionar, com o qual pensa que seria feliz, dirige-se a esse grupo ou figura — mas pode acontecer que essas figuras também estejam se movimentando em direção a outra, com a qual desejem se relacionar: quando a primeira chega, talvez não encontre as personagens que desejava encontrar. A cada momento, cada um tem que reconsiderar a estrutura total da múltipla imagem, em todos os seus aspectos, e se reorientar.

A fim de que essa escolha possa ser feita com maior amplitude, o diretor pode sugerir que os movimentos sejam executados um por vez, a cada batida de palmas do diretor; e que, a seguir, eles sejam realizados em câmera lenta: antes de cada movimento, o diretor vai batendo palmas, cada vez mais lentamente, até cessarem completamente todos os movimentos (isso também é marcado com uma palma); de quando em quando, e sem nenhum movimento corporal, os atores devem mover somente suas cabeças, a fim de poder observar melhor tudo o que se passa na sala e decidir quanto aos próximos movimentos.

Esta técnica é muito esclarecedora. Certas constantes ocorrem toda vez que o exercício é feito. Por exemplo, raras são as imagens de felicidade que mostram a pessoa feliz no trabalho. Em geral, felicidade é associada a ócio, sexo, esporte, música — poucas vezes ao trabalho, especialmente manual. Em alguns países (por exemplo, países nórdicos), é muito comum ver uma imagem solitária: lendo, tomando banho de sol etc.

Inevitavelmente, há sempre alguém que objeta: "Eu não posso dar minha imagem de felicidade porque, para mim, felicidade não é uma coisa isolada, é a soma de muitos momentos, de muitas atividades...". E é verdade; mas é também verdade que, quando alguém é convidado a mostrar, a esculpir sua imagem de felicidade, mostra a imagem que sente mais fortemente no momento, naquele lugar e naquelas condições. Também é verdade que, normalmente, o jogo termina quando todas as personagens encontraram um relacionamento ideal (dentro dos limites das circunstâncias) com as outras pessoas — entretanto, algumas vezes, uma pessoa encontra alegria na procura: no movimento contínuo de uma imagem para outra.

Pode também acontecer de o escultor procurar expressar sua própria felicidade, pouco se importando com a felicidade dos outros. Lembro, uma vez, que um homem fez a imagem de si deitado, rodeado por sete mulheres que cuidavam dele, acariciando-o, cantando e dançando para ele... Ótimo! Quando a dinamização começou, os homens correram como loucos para entrar nessa imagem de felicidade. Todos queriam ficar na mesma posição, todos queriam sete mulheres — mas não se perguntaram se as mulheres queriam a mesma coisa. Então, quando a terceira parte da dinamização começou, quando cada pessoa em cada imagem estava livre para agir autonomamente, a primeira coisa que as sete mulheres fizeram foi surrar "o paxá"... Ele queria uma felicidade que dependia da infelicidade dos outros. Para alcançar sua felicidade, ele se tornou um opressor. A terceira parte da dinamização oferece a possibilidade de revelar os mecanismos de dinamização inerentes a certas visões de felicidade.

6. Imagem do grupo

Esta técnica pode ser usada a qualquer hora no processo do trabalho. Mas é particularmente efetiva quando o grupo apresenta um problema. Com a ajuda desta técnica, o problema surge mais claramente e a solução pode ser encontrada com grandes possibilidades de sucesso.

Mesmo quando não existe problema algum, esta técnica serve para vermos como cada participante de um grupo vê o grupo como um todo.

O modelo

Se houver tensões, é muito provável que o grupo não esteja realmente disposto a construir um modelo único, aceitável por todos os membros. Pode acontecer que a simples apresentação de modelos diferentes já seja uma discussão visual das diferenças existentes no grupo. A simples procura por um modelo pode encerrar, nela mesma, uma reflexão dos problemas existentes e apontar possíveis soluções.

Se a construção de um modelo simples é realizável, isso é feito normalmente em estágios. Então, o diretor, em consulta contínua ao grupo, adiciona ou retira elementos da imagem, as quais o grupo considere essenciais ou supérfluas, respectivamente.

A dinamização

Uma vez pronto o modelo que revela a opressão — que presumivelmente contém uma ou outra forma de repressão —, a dinamização se dá através das seguintes etapas.

O diretor lembra que todo o grupo é, necessariamente, parte da imagem. Os que estão fora da imagem construída são, ainda assim, parte da imagem do grupo; se estão só olhando, são parte da imagem total e interpretam o papel daqueles que estão só olhando. Uma única imagem geral, estruturada e organizada, foi formada dentro da sala, na qual todo mundo é participante. Mas essa imagem total tem um núcleo: a imagem que o grupo construiu. Então, o diretor pede que os que estão satisfeitos, sem problemas dentro do núcleo da imagem, fiquem onde estão, na mesma posição; e os que lá estão contra a vontade, os que estão infelizes, insatisfeitos, abandonem o núcleo e se juntem aos espectadores. O diretor também sugere que aqueles que estão só olhando o grupo e se sentem incomodados ou insatisfeitos nas suas posições de espectadores entrem no núcleo, se quiserem. Eles também podem deixar a sala.

Depois desses movimentos, o diretor pede aos participantes, mais uma vez, que saiam da imagem, um a um, e depois voltem a ela, mas desta vez se posicionando como eles desejam e não da forma que lhes foi imposta. Neste estágio, objetivamente, todo mundo deve fazer a imagem que corresponde exatamente àquela que cada um deseja e é capaz de realizar, dentro de um conjunto de pessoas-sujeitos, em que cada pessoa tem sua própria personalidade, seus próprios desejos. A imagem final obtida por esse caminho revelará a existência ou não da possibilidade de um funcionamento harmônico dos participantes reais de um grupo.

Em Dijon, França, fui solicitado por dois grupos que estavam em conflito. Minha posição era delicada — como poderia realizar meu trabalho sem exacerbar a crise ou aumentar a divisão que já existia? Os dois grupos pertenciam a organizações políticas diferentes — ambas de esquerda, mas conflitantes —, e o objetivo do nosso trabalho não era formar um grupo permanente, mas apenas fazer uma oficina de cinco dias e mostrar o funcionamento de algumas técnicas que poderiam mais tarde ser úteis no trabalho político e social que ambos os grupos realizavam, e só.

Fizemos a imagem do grupo que, em linhas gerais, foi aceita: todos estavam de acordo que existia um profundo desacordo. No centro, uma figura de homem tentava catalisar, dinamizar, estimular os demais; algumas pessoas prestavam muita atenção, outras menos, e outras nenhuma. Alguns se voltavam contra os outros, com olhares ameaçadores. Enfim, a figura central, a despeito de todos os seus esforços, não podia eliminar magicamente esses conflitos latentes, cujas causas exatas ele não sabia.

Uma vez composta a imagem, comecei a dinamização. No primeiro momento, algumas pessoas abandonaram a imagem central e se puseram de fora (mesmo não existindo o "de fora"), olhando. Na segunda etapa, tiveram que escolher: ou deixariam a sala, todos juntos, ou seja, abandonariam a oficina pela metade, ou ficariam, integrando-se como fosse possível. Se ficassem, era óbvio que não poderiam manter, por muito tempo, a posição marginal que tinham adotado. Visualmente, esteticamente, eles entenderam que ninguém poderia ficar de fora; que mesmo aqueles que não faziam parte do núcleo central da imagem estavam tão envolvidos quanto aqueles que integravam esse núcleo: todos estavam na imagem maior, a sala.

Lentamente, os que tinham se retirado voltaram, assumiram outras posições dentro do núcleo da imagem e foram chegando gradualmente mais perto da figura central, eliminando os olhares agressivos em relação uns aos outros. Depois de pouco tempo, eles tinham estabelecido uma relação mais forte com a figura central. Ninguém saiu da sala. Eu esperei um pouco e então pedi ao jovem, que representava a pessoa catalisadora — eu, evidentemente! — para se reunir aos outros. Assumi o seu lugar e, sem fazer nenhum comentário verbal sobre o que tinha acontecido — o discurso visual tinha sido suficientemente claro! —, anunciei: "Sétima técnica: o gesto ritual".

O que nos leva à próxima técnica.

7. *O gesto ritual*

Quando dois soldados se encontram, eles se olham e batem continência. Olhando um para o outro, cada soldado vê um soldado e, mecanicamente, sem pensar, faz o gesto ritual da saudação militar. Nós, que não somos soldados, olhamos e vemos uns aos outros, quando nos encontramos, mas não batemos continência — em troca, nossas respostas são igualmente "ritualizadas" segundo nosso grau de amizade, de conhecimento, de intenções. Mas temos condições de nos ver quando olhamos um para o outro. Pela repetição do mesmo estímulo, os soldados respondem mecanicamente. Não hesitam, não têm dúvidas, não tentam imaginar novas formas de saudação; um gesto incita outro semelhante como resposta.

Quando turistas entram em uma igreja, diminuem o volume da voz (exceto os norte-americanos). Quando o professor entra na sala de aula, mesmo que não diga nada, mesmo que esteja pensando em outras coisas, os alunos se preparam para tomar notas. O gesto ritual do professor entrando na sala, sempre da mesma forma (fazendo acreditar que suas intenções são sempre as mesmas), provoca as mesmas reações.

Toda sociedade tem seus rituais e consequentemente seus gestos rituais e signos. Esta técnica — o gesto ritual — tenta descobri-los. É importante descobrir os rituais de cada sociedade, porque esses rituais são as expressões visuais das opressões encontradas no seio de cada sociedade. Sempre, sem exceção, uma opressão produzirá sinais visíveis; ela sempre se traduzirá em formas e movimentos, sempre deixará traços. Desta maneira, é possível descobrir e discutir opressões sociais no discurso falado, assim como por meio das técnicas da imagem.

Do mesmo modo que soldados, turistas e alunos respondem mecanicamente aos estímulos que eles já conhecem, sejam quais forem nossas profissões ou classes sociais, todos nós fazemos o mesmo. Isso nos leva à premissa de que, em todas as profissões, em todas as classes sociais, existem rituais próprios. Compete a nós descobrir, revelar e estudar os nossos.

Código social, ritual e rito
Em todas as sociedades, os que detêm o poder estabelecem normas de conduta que devem ser aceitas por todos. Além dessas imposições do poder, há outras normas determinadas pelo hábito. Ninguém pode inventar, indefinidamente, formas de conduta que sejam originais em relação à norma, ao aceitável, ao previsível. Todas as sociedades têm sistemas estratificados que organizam todas as relações entre pais e filhos, homens e mulheres, vizinhos, companheiros de trabalho, a maneira de sentar-se ao sol ou de tomar o metrô para ir trabalhar. Não é possível que gastemos nossas energias em constante apreensão em relação ao que farão os outros, ou sempre inventando nós mesmos o que fazer em situações que já conhecemos muito bem.

Em uma situação familiar, respondemos com uma ação familiar e damos as respostas já esperadas. Por exemplo, quando um freguês entra em um restaurante, o garçom espera que ele se sente em uma cadeira diante de uma mesa. Se está acompanhado de uma mulher, pode-se esperar que o freguês a ajude a se sentar. Por quê? Isso não é absolutamente necessário. O homem pode muito bem preferir sentar-se em cima da mesa com os pés na cadeira, e não vejo nenhuma razão especial para que tenha que ajudar sua companheira a se sentar, e não o contrário, ela a ele. Porém... existe um código social que inibe um casal de sentar-se no chão e fazer um piquenique num restaurante (a não ser, claro, em um restaurante japonês, caso em que se é obrigado, ritualisticamente, a se sentar no chão!).

O código social dita as normas de conduta. Tenho um amigo que gosta de inverter o código social... Faz isso por diversão, passatempo, mas quanto alarma e inquieta essa conduta! Não obstante, tudo o que ele faz é inverter a ordem ditada pelo código social, sem necessariamente alterá-la em sua essência.

O que faz? Vai a um restaurante, senta-se à mesa, estuda o cardápio demoradamente, faz ao garçom algumas perguntas a respeito de cada prato e finalmente decide-se: "Quero um cafezinho".

O garçom protesta, diz que isso não é possível, que é hora do almoço e que ninguém pode se sentar à mesa e pedir café, que sua função é servir o almoço, que, se ele quer um café, que vá a um bar etc. Meu amigo diz que tinha a intenção de almoçar, mas que preferia começar com um cafezinho. O que usualmente acontece é que o garçom consulta o gerente, os outros fregueses especulam sobre a saúde mental do meu amigo e, eventualmente, para evitar complicações, o garçom traz o café, desejando que meu amigo vá embora logo. Mas, quando termina seu café, pergunta o que o garçom tem a oferecer como sobremesa...

Um espanto atrás do outro... Ele come o almoço... de trás para a frente! E, como se não bastasse, termina pelo aperitivo.

Isto é tudo o que ele faz: inverter a ordem estabelecida. Suficiente para desorientar todo o funcionamento do restaurante. A ponto de o *chef* sair da cozinha para ver o fenômeno. Na verdade, meu amigo não está mudando nada no código social, tudo o que faz é invertê-lo.

Tenho outro amigo brasileiro que, também por diversão, adora extrapolar os códigos sociais. Por exemplo, existem muitas formas de comércio que permitem o pagamento a prestações. Então, ele tenta aplicar o mesmo princípio para outras "mercadorias". Vai ao cinema e propõe pagar a entrada em pequenas prestações mensais. Quando é recebido com enérgica recusa, sugere nova variação: pagaria 60% do custo de uma entrada, assistiria apenas à metade do filme (50%) e sairia do cinema — e, quando tivesse o restante do dinheiro, voltaria para pagar os 40% restantes e ver a outra metade do filme... Tenta mostrar os atrativos de sua oferta, porque o exibidor estaria sempre em vantagem (60% do preço da entrada por 50% do filme!). Até hoje, meu amigo não conseguiu convencer nenhum gerente de cinema a aceitar sua oferta, mas já convenceu alguns a deixá-lo entrar de graça para acabar com esse raciocínio.

Se, por um lado, o código social é absolutamente necessário e indispensável (uma sociedade sem nenhuma forma de código social é impensável), ele não deixa de ter certo grau de autoritarismo.

Quando um código social não responde às necessidades e aos desejos das pessoas a quem estrutura, se essas pessoas se veem forçadas a fazer coisas que vão contra seus desejos, ou a abster-se de fazer outras que desejam fazer, podemos dizer que esse código se transformou em um ritual. Um ritual é, portanto, um código que aprisiona, que constrange, que é autoritário, inútil, ou, na pior das hipóteses, necessário como veículo de alguma forma de opressão.

Como exemplo que ilustre a diferença entre os dois termos, vamos citar um ator, apaixonado pelo papel de Hamlet, que interpreta esse papel todas as noites com a maior paixão possível, com imenso prazer e alegria. Todo dia repete as mesmas palavras, todo dia faz os mesmos movimentos — como se obedecesse alegremente ao código teatral, ao qual obedecem igualmente os demais atores, e o espetáculo é feito uma vez, duas, talvez trezentas vezes. Depois de trezentas vezes, nosso ator está cansado. Vai para o teatro todas as noites, mas não mostra o mesmo interesse. Toda noite repete as mesmas palavras, executa os mesmos movimentos, mas está destituído de vida, vazio de paixão, pensando em sua carreira, em novos papéis. Nosso ator ficou mecanizado e, para ele, o espetáculo se transformou em um verdadeiro ritual, repetido melancolicamente noite após noite.

Isso é o que acontece em nossas vidas. Quantas coisas fazemos em obediência a um ritual? Quantas coisas fazemos que, um dia, foram prazerosas e se tornaram monótonas? Quantas coisas fazemos, ou deixamos de fazer, simplesmente porque não temos coragem de romper com o ritual estabelecido?

Falamos de código social e de ritual. E o rito? O que significa para nós a palavra "rito"? Um rito se dá quando todo o código social, em conjunto com o ritual, arrasta as pessoas para um único grupo e se organiza em evento. O rito pré-organiza a natureza do evento público e consequentemente cria o abismo entre atores e espectadores: existem aqueles que atuam e aqueles que observam. Um rito pode ser, por exemplo, uma missa, a inauguração de um banco, uma parada militar... eventos rituais que se tornam espetáculos.

Para nós, é importante separar esses conceitos, que correspondem, em nossa opinião, a momentos precisos e a formas particulares de inter-relação social.

O modelo

O diretor pede que alguém vá ao centro da sala e realize, em silêncio, uma ação detalhada que pertença a uma atividade mais ou menos cotidiana; quando alguém reconhece essa atividade, diz "Para!" e a cena se congela em um gesto ritual. Gesto ritual é o momento culminante de uma ação que pertence a uma estrutura social ritualizada. O resto do grupo observa o gesto. A primeira pessoa que descobrir a que ritual se refere o gesto vai ao centro completá-lo com outro, igualmente ritualizado. Uma segunda pessoa, uma terceira e, depois, todos que tiverem conseguido descobrir o significado da ação e do gesto inicial vão ao centro e, juntos, formarão uma grande imagem estática do ritual sugerido pelo primeiro gesto congelado.

É claro que os participantes só poderão entender e completar os gestos rituais relativos a uma sociedade particular, a uma cultura ou a um momento histórico. Algumas vezes, alguns gestos são incompreensíveis, exceto para suas vítimas. Um exemplo: fazendo esses exercícios em Paris, frequentemente vejo um árabe, um negro, qualquer pessoa diferente da norma, fazendo o gesto de um policial batendo continência ao mesmo tempo que estende a mão. Árabes e negros rapidamente compreendem e completam a ação: trata-se de um policial pedindo documentos no metrô ou na rua — coisa que geralmente só acontece com árabes, negros e pessoas diferentes. Na verdade, esse mesmo gesto (continência e mão estendida) é visto todos os dias, por qualquer pessoa. Mas só impressiona aqueles contra os quais se dirige, aqueles para quem esse gesto é uma opressão.

O mesmo gesto feito em outras cidades em que a perseguição a pessoas diferentes não é tão acentuada não produzirá nenhuma reação nos participantes, que não saberão como completá-lo, porque não serão capazes de compreendê-lo.

Exemplo: o gesto ritual de um freguês no restaurante. Olha o cardápio e chama o garçom. A pessoa que entrar na imagem e se sentar ao lado dele por ter compreendido o gesto ritual revelará seus próprios pensamentos; se for mulher, como se comportará? Como boneca ou companheira? O garçom é servil ou mantém sua dignidade, sem se humilhar? Quem são os fregueses sentados ao lado deles? Como comem? Como suas expressões revelam os temas sobre os quais conversam? Estão só ou em grupo? São todos iguais ou há diferenças de classes entre eles?

Outro gesto ritual visto com frequência na Europa, nesta técnica, é o da mulher, com raiva ou exasperação, contando quantas pílulas faltam e tomando a pílula do dia, antes de se deitar. A ação complementar é também reveladora. Quando o homem deita na cama, o que revela? Está angustiado ou cansado? Lê um jornal ou tira a roupa? Está ansioso ou se vira para o outro lado e dorme? Ronca, sorri? Ele se preocupa? O estado atual das relações entre casais saltam aos olhos com a técnica do gesto ritual.

A dinamização

A dinamização é a mesma da segunda técnica: ritmo, palavras e movimentos.

A um sinal do diretor, todos os participantes da imagem complexa, criada a partir do *gesto ritual*, devem fazer, como ponto de partida, um movimento rítmico sugerido pela posição em que se encontram na imagem. O ritmo acrescenta informações sobre a imagem.

A um segundo sinal, os participantes, todos ao mesmo tempo, dizem uma frase e a repetem muitas vezes. Então o diretor interrompe o exercício e pede que cada participante repita sua frase, que deve se relacionar com a personagem que representam, e não com as pessoas que as interpretam. Frequentemente, neste estágio, alguém nota que o gesto ritual inicial foi mal interpretado. Nesse caso, os atores estão dizendo frases que não têm nenhuma relação com a imagem complexa. Ainda assim, a imagem pode ser reveladora: por que o engano? Que ambiguidade havia no gesto ritual que causou esse engano?

O erro artístico é completamente diferente do erro científico; um erro em um cálculo matemático invalida o resultado — na arte, ele pode acrescentar ao resultado. Todos os resultados, intencionais ou não, devem ser analisados, e lições devem ser tiradas.

Terceiro sinal. Cada participante inicia um movimento, prolongando o movimento implícito no modelo. Em outras palavras, cada participante age como se a imagem estática (modelo) fosse o fotograma de um filme que entra em movimento. Esse é o momento em que o gesto ritual é transformado em ritual: movimentos, ações palavras, gestos etc., mecanizados, predeterminados. Um ritual é um sistema de ações e reações previstas, predeterminadas.

8. O ritual

Esta é uma técnica simples, eficaz e reveladora. A construção do modelo é também, ao mesmo tempo, a sua dinamização.

Aconteceu na Suécia, em Norrköping, durante a discussão sobre a escolha do tema. Uma jovem sugeriu a opressão das mulheres. A maioria das pessoas concordou com a ideia, mas uma mulher contestou veementemente:

"Por que falar sobre a opressão das mulheres quando isso não existe aqui, na Suécia? Só por que está na moda? Se o Teatro do Oprimido é o teatro da primeira pessoa do plural, se estamos supostamente falando de nós mesmos, então, neste caso, não estamos fazendo Teatro do Oprimido, porque estamos falando sobre opressões que não nos concernem! É verdade que em muitos países as mulheres são oprimidas, como na África, no Sudão, onde ainda se pratica a infibulação; é verdade que mulheres ainda são oprimidas em nações industrialmente desenvolvidas, como na França... Mas, aqui na Suécia, estamos em igualdade com os homens, nós temos os mesmos direitos, exatamente os mesmos."

Ela foi tão veemente que quase me convenci. E quase fiquei feliz: pela primeira vez em minhas andanças pelo mundo afora havia encontrado um país em que as mulheres não eram oprimidas! Ora, viva! Para me certificar, perguntei: "Se não são oprimidas, quer dizer que, na Suécia, as mulheres têm os mesmos salários que os homens, para fazer o mesmo tipo de trabalho, durante o mesmo tempo?" — e fiz um gesto juntando os dedos das duas mãos.

Ela hesitou; mimetizada pelos meus dedos, fez o mesmo com suas mãos, juntando as duas num nível só. "Bem... não é exatamente assim... É o seguinte: na França, as mulheres ganham menos que os homens pelo mesmo tipo de trabalho" — e baixou uma das mãos mostrando a diferença de salários de forma visual. Depois, juntou-as de novo no mesmo nível e continuou: "Aqui na Suécia é diferente, aqui homens ganham um pouco mais do que nós ganhamos..." — e levantou a mão que correspondia ao salário dos homens...

A mulher, honestamente, não percebia que, do ponto de vista financeiro, era a mesma coisa e que de nada valia sua sutileza vocabular. Honestamente, não via sua opressão. Então, usei a técnica da construção do ritual.

Solicitei seis voluntários, três homens e três mulheres. Pedi que construíssem o modelo de um apartamento que fosse mais ou menos "normal" — um apartamento em que qualquer um deles pudesse viver, um apartamento como qualquer outro. Sala de estar, cozinha, televisão, quarto, camas, móveis, banheiro etc., que eles deviam organizar como quisessem, como um apartamento típico.

Em seguida, pedi que saíssem, exceto a primeira mulher. Pedi a ela que me mostrasse rapidamente todos os movimentos e gestos que faria — ou que fazia! — ritualisticamente, desde a hora em que chega em casa até a hora de dormir. Gestos e movimentos tinham que ser feitos como demonstração não realística; isto é, os atores deveriam mostrar, por exemplo, que comiam com um gesto rápido de comer, e então deveriam ir para a próxima ação, sem entrar em detalhes. A cena toda, desde a chegada em casa até a hora de dormir, durou três ou quatro minutos; se o tempo for menor, as ações mostradas não serão suficientemente reveladoras.

A primeira mulher fez a seguinte sequência:

1. Entrou com as sacolas de compras de supermercado.
2. Dirigiu-se à cozinha e guardou a comida.
3. Fez a comida.
4. Serviu a mesa.
5. Comeu na companhia de pessoas imaginárias (marido, crianças etc.).
6. Tirou a mesa e voltou para a cozinha para lavar a louça.
7. Cuidou do cachorro e do gato.
8. Regou as plantas.
9. Foi dormir.

A segunda e a terceira mulheres introduziram pequenas mudanças. Repetiram as ações envolvendo as compras, a geladeira, a preparação da refeição, a mesa, a lavagem da louça; algumas vezes inverteram a ordem do cachorro e do gato, ou cuidaram das crianças; incluíram um ou dois telefonemas às amigas; nada mais.

Esse foi o ritual das mulheres. As três muito parecidas. Então foi a vez dos homens. O primeiro mostrou a seguinte sequência:

1. Chegou, jornal na mão.
2. Tirou seus sapatos e deixou-os na porta.
3. Foi à cozinha para pegar um copo de uísque (os outros dois variaram um pouco: em vez de uísque, cerveja ou sanduíche...).
4. Sentou-se diante da televisão.
5. Sentou-se à mesa e comeu a refeição que estava, magicamente, esperando por ele.
6. Bocejou.
7. Levantou-se, foi ao banheiro, depois foi para o quarto e dormiu como uma pedra!

Esse foi o ritual masculino. Os três muito parecidos.

A mulher que disse que a opressão do seu sexo não existia continuou olhando... sem ver nada!

"E então? Tem opressão ou não?", perguntei.

"Por quê?", respondeu.

Como ela de verdade não via, fiz uma segunda dinamização. Pedi aos seis participantes que retornassem ao apartamento e fizessem os mesmos movimentos anteriores, mas, desta vez, todos ao mesmo tempo e de forma mais acelerada, em meio minuto, em alta velocidade, como se estivessem em um daqueles filmes mudos, onde todo mundo parece estar correndo.

Os seis entraram, correram, repetiram as mesmas ações. As três mulheres se dirigiram para a cozinha, os três homens para a televisão; as três mulheres colocaram a mesa; os três homens comeram e elogiaram a comida; as três mulheres lavaram a louça, os três homens bocejaram e foram se deitar. As três mulheres continuaram cuidando dos cachorros, gatos e crianças, enquanto os homens estavam roncando em suas camas...

E foi somente nesse ponto que a mulher começou a ver o que ela tinha olhado sem nada compreender.

O ritual é uma das formas de chegar ao Teatro Fórum, isto é, à apresentação teatral do modelo de Teatro Fórum, de chegar à *mise-en-scène*, à *mise-en-place*.

Ritual é uma das formas, além de outras, que criam as condições teatrais para que o Teatro Fórum seja, antes de tudo, teatro, e não somente fórum. Frequentemente, o ritual contém elementos que reproduzem a opressão, que a corporificam, que são a concreção dessa opressão, e, quase sempre, a libertação da opressão necessariamente passa pela ruptura desses rituais.

Uma jovem de 25 anos tinha um pai que era um rico industrial dinamarquês e que queria mandá-la para fora de Paris, onde ele trabalhava, para ficar em uma província do seu país por dois ou três anos, porque ela tinha se apaixonado por alguém de quem o pai não gostava (sim, essas coisas ainda acontecem hoje, mesmo em Paris). A cena improvisada se passava no escritório do pai milionário; ele, sentado atrás da sua grande mesa de dois metros, cheia de telefones, livros e papéis, enquanto a "cliente" (nesse caso, a filha) sentada a dois metros de distância, numa cadeira isolada e sem apoio.

Na improvisação, foi inevitável mostrar o ritual de receber bem o cliente: a jovem entra, é recebida pela secretária do pai, e então, sentada, sozinha na cadeira distante, desarmada diante da formalidade e da imponência dos livros e telefones, é obrigada a ouvir longas críticas!

Pior: é obrigada a aceitar o exílio. Porque o pai tinha vergonha de ela ter seu neto sem as bênçãos convenientes.

Fizemos um fórum sobre a cena e todas as espect-atrizes que vieram substituir a protagonista eram forçadas a ceder — diante daquele pai, era impossível tentar qualquer coisa, e todas se rendiam. Até que, finalmente, uma espect-atriz entrou e se recusou a se sentar na cadeira distante e solitária; avançou pela sala e sentou-se sobre a mesa do pai... O ritual foi quebrado! Na relação cadeira/mesa estava a terrível opressão paterna. Na relação de "uma jovem que se sentou na mesa do pai" *versus* "um pai desconcertado, diante de uma situação inusitada", sentado atrás dessa mesa, as ideias medievais do pai não podiam atingir a filha; ele era obrigado a olhar para cima para falar com ela, e sua autoridade paterna não podia ser mantida nessa posição ridícula...

Lembro de um filme do Chaplin (*O grande ditador*) em que a personagem Hitler faz Mussolini sentar-se em uma cadeirinha mais baixa do que a dele, ao recebê-lo... E Mussolini é obrigado a olhar para cima, sempre que quer falar com o outro. Relações visuais, relações de imagem, são também relações de poder.

Na apresentação de um modelo de Teatro Fórum, o ritual efetua uma função de enorme importância. Mas também serve como análise de uma dada situação. O mais importante é sempre procurar o ritual que revela a opressão, ou que a corporifica; o ritual de chegada ao trabalho, o ritual de um jovem e uma jovem num bar, ou chegando ao apartamento de um deles, o ritual do aniversário da mãe, o ritual da visita do inspetor de polícia, o ritual do filho pedindo dinheiro ao pai, o ritual do penitente pedindo perdão no confessionário etc.

9. *Rituais e máscaras*

Os rituais determinam as máscaras: o hábito faz o monge, sim senhor! Pessoas que realizam as mesmas tarefas assumem a máscara imposta por essas tarefas; as que procedem sempre da mesma maneira diante de um mesmo fato assumem a máscara determinada por esse procedimento. Assim como o comerciante, o trabalhador, o estudante, o ator, ou o que seja, todos os especialistas acabam assumindo a máscara da sua especialidade.

E nós que olhamos, quase sempre estamos olhando sem ver. Tudo nos parece natural, porque estamos acostumados a olhar as mesmas coisas, do mesmo modo. Entretanto, basta mudar as máscaras dentro de um ritual para que sua monstruosidade apareça.

Nesta técnica, descrita com mais detalhes em "Jogos de máscara e rituais" (pp. 187-99), o mesmo ritual é mantido, mas o rapaz e a moça trocam as máscaras; o fiel troca com o confessor, o pai com seu filho, o professor com seu aluno, o operário com o patrão etc.

Da mesma forma, pode-se manter o ritual e mudar a motivação — no ritual de aniversário da mãe, podem-se introduzir motivações relativas ao seu próximo testamento —; as personagens continuarão, fisicamente, a executar as ações desse ritual, porém seus pensamentos e diálogos se referirão a esta última motivação — ou analisar as máscaras multiplicando os rituais em que a personagem participa em sua vida — quem é pai também é filho, ou trabalhador, ou marido, ou companheiro etc. — e, ao se estudarem todas as suas relações com outras personagens, compreender-se-á melhor a personagem em cada uma delas.

Resumindo: a ideia é *desmontar* máscaras sociais e rituais. Durante esse processo, podem-se revelar mais explicitamente todas as relações de opressão sofridas e provocadas, pode-se estudar o caráter do oprimido/opressor, a figura que mais aparece dentro de um contexto social.

10. Imagem da hora

O diretor fala uma hora do dia e os atores precisam mostrar quais movimentos geralmente fazem nesse horário. E não só diferentes horários, mas também diferentes situações e momentos especiais: 6h da manhã, 7h, 8h, 9h... meio-dia... 14h... 20h, meia-noite, janta de domingo, sábado à noite, dia de eleição, acordar no aniversário, realizar a atividade preferida, a menos preferida etc.

11. Imagem cinética

Ainda hoje, 1998, estou trabalhando nesta técnica, que ainda não está totalmente desenvolvida. Basicamente, podemos dizer que a imagem ritual é a reprodução mais ou menos minuciosa de ações da realidade cotidiana, enquanto a imagem cinética, ao contrário, é o desenho desses movimentos, purificados, simplificados e magnificados naquilo que eles têm de essencial — é a imagem da essência e não da aparência. Cada ator demonstra todos os movimentos realizados por sua personagem na peça: ele representa todas as ações com mímica, movendo-se rapidamente de um local para o outro. A imagem ritual é a imagem do corpo em movimento — é o movimento da imagem; a imagem cinética, ao contrário, é a imagem do movimento. A imagem cinética é a imagem do significado, enquanto a imagem ritual é a imagem do significante. Nesse sentido se assemelha ao impressionismo, que introduziu a imagem do movimento da coisa no lugar da imagem da coisa em movimento. No impressionismo se pintava o vento e não as folhas ao vento; as estações do ano e não a catedral de Rouen: Monet pintou quatro vezes a mesma catedral em quatro estações do ano — olhando-se as quatro, podem-se ver as estações, além da catedral.

Certa vez, na mesma página, um jornal publicou duas fotos de uma corrida de Fórmula 1. Na primeira, viam-se os carros de Ayrton Senna e Alain Prost, inteiros. Nela podíamos ver os dois carros e os dois pilotos, inteiros. Na segunda, viam-se a metade traseira de um e a dianteira do outro: podíamos ver a corrida.

A mãe de Helen teve quatro filhos e foi fotografada durante as quatro gravidezes. Vendo-se uma foto, vê-se a mãe de Helen; vendo-se as quatro, vê-se a gravidez.

João Paulo I morreu muito tempo depois de João XXIII. Vendo-se cada foto em separado, pode-se ver o papa respectivo — as duas juntas mostram a morte papal.

Eu uso esta técnica na encenação de peças. Isso pode ser muito útil para tornar os movimentos dos atores mais significativos.

Variante Hamlet: No meu trabalho com os atores da Royal Shakespeare Company (RSC), fizemos algumas experiências com a variante *Hamlet*. Na cena do primeiro encontro entre Hamlet, Cláudio e toda a família, fizemos a imagem cinética do movimento da tomada do poder em torno do trono; no encontro de Hamlet com Ofélia, a imagem do amor, que vai e vem, da piedade e do medo.

12. O carrossel da imagem

Quatro atores criam imagens de uma repressão que viveram. Primeiro eles modelam os outros atores, depois se colocam na posição do protagonista reprimido. Em cada imagem há ao menos uma testemunha que acompanha o protagonista durante o processo. Os outros olham a cena e comentam. Eles são o reflexo múltiplo: eles trazem associações, lembranças, relações e ideias.

O diretor dá um sinal e cada protagonista tenta se libertar da repressão. Os outros atores se movimentam como acharem natural. Eles não devem obrigar o protagonista fisicamente, e sim demonstrar as ações por gestos. A testemunha observa a ação do protagonista. O diretor dá outro sinal, e os protagonistas se movem para a imagem seguinte e assumem o papel do reprimido. Assim, todos os protagonistas integrarão uma imagem criada por outro protagonista. Depois de um tempo curto, que permite ao ator se inserir na nova situação, o diretor dá mais um sinal: cada protagonista tenta se libertar da nova repressão, e as outras figuras reagem ao movimento como considerarem natural. Mais um sinal é dado, marcando a troca para a terceira imagem, e então para a quarta. Por fim, cada protagonista retorna à sua imagem inicial. A testemunha que o acompanhou relata enfim o que observou no comportamento do ator nas diferentes figuras: o protagonista se comportou de maneira igual em situações diferentes? Ele aprendeu alguma coisa das situações anteriores? Ele se modificou ao longo do trajeto? Depois, os outros atores da imagem contam como os outros protagonistas se comportaram ao assumir o papel. Por fim o diretor dá um último sinal, e o protagonista tem direito a uma segunda tentativa.

Novas técnicas de Teatro Imagem

Ultimamente temos trabalhado sobre certas novidades técnicas do Teatro Imagem, particularmente no formato de uma oficina de longa duração chamada "O tira na cabeça". Partimos do princípio de que as opressões que os cidadãos sofrem nas sociedades autoritárias, como aquelas que conhecemos e nas quais vivemos, produzem estragos mais profundos do que aqueles reconhecíveis a olho nu. O autoritarismo penetra mesmo nas camadas inconscientes do indivíduo. O tira sai da caserna — caserna moral e ideológica! — e penetra na cabeça de cada um de nós.[3]

Não é nada espantoso que, em certas sociedades repressivas e opressivas, não se vejam nas ruas batalhões de policiais e soldados armados como no Chile, na Argentina, em El Salvador, na Guatemala etc.: eles não são necessários, nós os trazemos em nós, batalhões de "tiras" que carregamos nas nossas cabeças.

As técnicas introspectivas são utilizadas, sobretudo, para nos ajudar a compreender a verdadeira natureza dos nossos policiais psicológicos... Nós, porém, somos artistas de teatro, não somos psicoterapeutas. Mas o Teatro do Oprimido é uma linguagem e, como linguagem, por meio dele podemos falar de todos os temas que se referem à vida social humana. O Teatro do Oprimido invade as searas da política e da pedagogia e também a da psicoterapia.

Nosso método pode ser explicado da seguinte maneira: alguém nos conta uma experiência pessoal em que tenha sido oprimido(a) — esse é seu caso particular. Em vez de aprofundar a singularidade desse caso particular, nós tentamos, através da participação de todo o grupo, ir do particular ao geral, quer dizer, à universalidade dos casos particulares, agrupados na mesma categoria. Desde que alguém nos tenha contado teatralmente seu caso particular, é o grupo que passa a ser o protagonista da sessão, e não apenas o indivíduo que a iniciou.

Se somos capazes de perceber em nós mesmos características opressivas, que existem no caso particular que nos foi contado, seremos capazes de perceber o "tira" em nossas cabeças, com a esperança de conseguir entender qual foi o seu caminho de entrada, qual a caserna de onde veio, qual o seu quartel, como destruí-lo e como evitá-lo no futuro.

---

[3] Em Paris, durante os anos 1981-82, dirigi, conjuntamente com Cecilia Thumim, uma oficina que tinha exatamente esse nome, "*Le flic dans la tête*", que se concentrava na análise de opressões internalizadas — daí surgiram muitas técnicas introspectivas do Teatro do Oprimido, reunidas depois em O *arco-íris do desejo*. (N. do A.)

Como todas as outras técnicas do Teatro do Oprimido, esta tem dois objetivos principais: o de nos ajudar a conhecer melhor uma situação dada e o de nos ajudar a ensaiar as ações que podem ser úteis para quebrarmos a opressão que ela nos revela.

Conhecer e transformar — é esse o nosso objetivo: para transformar, é preciso conhecer, e o ato de conhecer, em si mesmo, já é uma transformação. Uma transformação preliminar que nos dá os meios de realizar a outra. Primeiro ensaiamos um ato de libertação para, em seguida, extrapolar esse ato na vida real: o Teatro do Oprimido, em todas as suas formas, é o lugar em que se ensaiam transformações — esse ensaio já é uma transformação.

Neste livro apresento, de forma muito esquemática, algumas dessas novas técnicas, que desenvolvi tempos mais tarde, em mais detalhe e maior profundidade, em O arco-íris do desejo.[4] Essas técnicas servem não só para a análise dos participantes, mas podem também ser usadas para a *mise-en-scène* de um modelo ou de uma peça mais "normal" do teatro "normal"; servem ainda para a criação de personagens, como na experiência que fiz com os atores da Royal Shakespeare Company, em julho de 1997.

As técnicas do "tira" na cabeça

1. Dissociação, pensamento, diálogo, ação

Alguém faz uma imagem de sua opressão. Essa imagem pode ser realista, simbólica, surrealista, não importa — o importante é que para ele a imagem fale, que ele se sensibilize com essa imagem, que se

---

[4] As novas técnicas do Teatro Imagem vêm do início das técnicas introspectivas, que foram atualizadas e publicadas em O arco-íris do desejo. Boal comenta na segunda edição inglesa de *Jogos para atores e não atores*: "Deixo as instruções para essas práticas assim, incompletas, na esperança de que seja do interesse do leitor e praticante observar como essas técnicas se modificam ao longo de dez ou mais anos". Ou seja, é recomendado que o leitor leia também O arco-íris do desejo. As técnicas de dinamização também podem ser utilizadas além do trabalho com técnicas introspectivas. (Nota da edição alemã)

emocione. O escultor-protagonista pode utilizar os corpos de outros participantes, quantos quiser. Pode igualmente utilizar objetos, cadeiras, mesas, lençol, pano, lápis, papel — enfim, tudo o que tiver ao alcance de suas mãos.

A dinamização

Durante cinco minutos, o que é bastante tempo, todas as pessoas que estão na imagem devem repetir em voz baixa, sem parar, seu monólogo interior. Devem repetir tudo o que lhes vier à cabeça, como personagem e não como indivíduo — quer dizer, tudo o que aquele corpo, naquela posição, poderia pensar, ele pensa em voz alta. O corpo pensa! Pode haver contradição entre o indivíduo que interpreta a imagem e a imagem que ele interpreta — o ator pode não estar de acordo com a personagem! Mesmo assim, é preciso que ele pense em voz alta o que essa imagem pensa. Por exemplo: se eu sou modelado pelo escultor como uma imagem de alguém que tenta estrangular outra pessoa, devo exprimir todos os pensamentos de uma pessoa que tenta estrangular a outra, mesmo se eu, pessoalmente, seja incapaz de fazê-lo.

Durante esses minutos iniciais, os atores não devem parar de pensar o tempo todo, em voz baixa — essa é a primeira regra; a segunda: é proibido se mover, mesmo pequenos movimentos — estátuas. Todos devem ficar congelados em suas posições.

Cada participante deve tentar não escutar o que os outros dizem e prestar atenção exclusivamente ao seu próprio fluxo de pensamentos, aprofundando assim o monólogo interior da sua personagem, enraizando a personagem dentro da sua pessoa, fazendo sair de dentro de si todos os pensamentos que podem pertencer à personagem corporificada na imagem. Nesse momento, essa figura não passa de um corpo que pensa em voz alta (mesmo que seja feito em tom baixo).

No segundo momento, as imagens, sempre imóveis, devem dialogar umas com as outras, durante alguns minutos. O monólogo interior dá lugar ao diálogo. As raízes interiores dão lugar à estrutura social. Pode haver uma discrepância entre aquilo que cada um diz e a posição física que ocupa no espaço enquanto fala. Pode haver também uma discrepância entre o monólogo e o diálogo, aquilo que se estava pensando e aquilo que se chega efetivamente a falar.

No terceiro momento, sem dizer nada, sem nenhuma palavra, os atores traduzem em ação tudo aquilo que haviam pensado (o monólogo que, de certa forma, representava o seu desejo oculto!) e tudo aquilo que se haviam dito (o diálogo, que representava o possível, aquém do desejo). Os movimentos devem ser feitos muito devagar, em câmera lenta, para permitir a cada um dos atores se relacionar com os demais a todo instante, refletir, mudar de opinião, hesitar, duvidar, escolher entre as várias alternativas possíveis. Muito devagar.

2. *A imagem analítica:* o espelho múltiplo do olhar dos outros

O ponto de partida é uma cena improvisada. Alguém ensaia com os parceiros que tenha escolhido uma cena de sua opressão (real e presente, ainda existente, qualquer coisa que ainda incomode, qualquer coisa que poderá ser modificada, transformada, mas ainda não se conseguiu fazê-lo — é preciso conhecer melhor a situação opressiva para poder mudá-la). Os atores da cena se põem diante do grupo e iniciam a improvisação.

Os demais atores sentados, relaxados, devem fazer pequenos movimentos com seus corpos, de maneira a se deixarem impregnar, seja pela imagem do protagonista, seja pela imagem do antagonista, seja por qualquer outra imagem (se houver outras imagens — esta técnica, porém, funciona melhor com apenas dois participantes).

Depois da improvisação terminada, alguns espect-atores mostram com seus próprios corpos imagens de como viram, sentiram, ou foram mimetizados pelo protagonista, pelo antagonista ou outra personagem. Essas imagens não têm a obrigação de ser realistas e podem ser metafóricas, alegóricas, subjetivas: mostra-se a imagem do que efetivamente se sentiu e como se sentiu.

Esse conjunto de imagens é a imagem analítica: cada participante (observador ativo, espect-ator em vez de espectador) que estiver assistindo à cena inicial deve se deixar estimular apenas por um pequeno detalhe de alguma coisa do comportamento daqueles que estão improvisando que porventura tenha escapado aos olhos de todos os outros. Esse detalhe será magnificado, aumentado, engrandecido, transformando-se na totalidade da imagem que ele cria e oferece — os outros detalhes, o resto dos elementos de todo o comportamento, são abandonados: a parte se converte em totalidade!

Cada imagem individual será uma imagem analítica, porque será o resultado, a cada vez, da análise de um só elemento que estava no ator misturado com outros, dissolvido ou dissimulado. A imagem analítica revela esse elemento, ela o põe em evidência, à luz do dia. Normalmente, o protagonista chega mesmo a se espantar, reconhecendo essa imagem escondida, subitamente revelada. É importante também eliminar tudo aquilo que não seja relevante a seus olhos.

O grupo deve fazer muitas imagens analíticas, deve decompor a imagem original mostrada pelo protagonista. No palco existem diferentes imagens analíticas do protagonista e do antagonista. Nesse ponto já conseguimos bastante e podemos parar. Mas damos mais um passo à frente, nomeadamente em direção à possível dinamização das imagens.

Com todas essas imagens em cena nós já teremos um modelo; teremos decomposto, analisado a cena inicial. Devemos guardar tantas imagens do protagonista quantas do antagonista.

Possíveis dinamizações

1ª dinamização: Todas as imagens juntas. O protagonista terá a possibilidade de se ver num "espelho múltiplo", tal qual ele é visto pelo grupo.

2ª dinamização: O protagonista original toma o lugar de uma das imagens do antagonista e improvisa contra outra imagem do protagonista (que havia sido ele) que ele mesmo terá escolhido, podendo repetir várias vezes, trocando a imagem do antagonista, para "experimentar" a luta contra uma imagem do protagonista, isto é, dele mesmo. Os participantes interpretam a imagem, interpretam personagens e não os indivíduos que eles mesmos são.

3ª dinamização: O inverso. O ator original toma o lugar de uma imagem dele mesmo (protagonista) e interpreta, dialoga, seja contra uma só imagem de antagonista, seja contra todas as imagens de antagonistas ao mesmo tempo; neste último caso, todas as imagens dos antagonistas são apenas uma análise de uma única personagem, então cada ator que interpreta uma imagem de antagonista deve se comportar como se fizesse parte de uma totalidade com os outros, isto é, existe um só antagonista em cena, na qual todas as imagens de antagonista coexistem. É preciso considerar que o que cada um diz é responsabilidade de todos os outros que interpretam a mesma personagem.

4ª dinamização: Todas as imagens do protagonista e do antagonista dialogam, discutem, todos ao mesmo tempo.

5ª dinamização: O polo afetivo. Esta dinamização é muito delicada. Depois de ter feito todas as imagens possíveis, cada imagem deve procurar seu "complemento", um negativo emocional para o seu positivo, ou vice-versa. A expressão "seu complemento" é voluntariamente ambígua. O que é "seu complemento"? Cada ator (em cada imagem) deve tentar sentir o que será o seu complemento, e isso obviamente não será a mesma coisa para todos; um elemento fortemente subjetivo intervirá: "Eu sinto assim, porque sim!".

Pode acontecer que duas imagens antagonistas (por exemplo) escolham como seu complemento a mesma imagem protagonista. Nesse caso, o ator que interpreta a imagem protagonista deve escolher entre as duas. Aquele que não for escolhido procurará outro complemento.

Depois que as duplas tiverem sido formadas, cada dupla retorna à cena, interpreta a cena original tal como cada um se recorda, guardando a mesma imagem durante todo o tempo — a imagem não pode mudar, porque funciona como um filtro de significado, empresta o seu sentido à totalidade da improvisação. A imagem pode se mover na cena, mas sem modificar sua essência natural: se se tratar de um homem sentado, é importante que ele fique sentado todo o tempo, mesmo que se movimente em sua cadeira. Se a imagem for uma mulher escondida embaixo da mesa, ela deve sempre lembrar que está escondida, ainda que possa se mover com a mesa em cima.

O texto que cada ator deve dizer é o texto de que ele se lembra e tal como se lembra. Mesmo os erros, as incompreensões, vão contribuir para um melhor entendimento da cena original, como foi vivida pelo grupo — esse grupo em particular, nesse dia particular. Os improvisadores podem também acrescentar textos de diálogos na mesma linha: isto é, memória e imaginação.

Cada dupla deve interpretar a mesma cena, cada qual à sua maneira, como a recorda, mantendo suas próprias imagens.

6ª dinamização: Incorporação. Esta última dinamização é muito longa e, para produzir resultados, deve ser feita de forma muito minuciosa.

Membros do grupo fazem imagens, mas somente do protagonista. Essas imagens são multiplicadas. Os antagonistas ficam na cena, na sua versão original; quer dizer que são os mesmos atores que interpretaram a cena inicial. Fazem-se muitas imagens do protagonista juntas. Ele tem o direito de recusar aquelas em que não se reconhece, salvo se os outros participantes do grupo julgarem que a imagem recusada tem sua validade.

A dinamização começa quando o protagonista original substitui a primeira dessas imagens que ele mesmo provocou; ele imita a si mesmo nessa imagem; quando o ator que a produziu estiver satisfeito com a imitação, ele sai. O protagonista, conservando a imagem que assumiu, interpreta a cena, ou uma parte significativa dela, nessa posição. Em seguida, ele toma a mesma posição da segunda imagem, nos mínimos detalhes, e reinterpreta a cena. O mesmo processo com todas as outras imagens, uma após outra.

Enquanto improvisa, o ator pode escolher o que fazer com a imagem que tem naquele momento. Sabemos que as imagens analíticas revelam aspectos "subversivos" ou de "submissão" do protagonista. Se o protagonista acha que a imagem analítica é subversiva, ele deve, durante a cena, reforçar sua característica, desenvolvê-la. Se acha que a imagem é submissa, deve subvertê-la, quer dizer, metamorfoseá-la no seu contrário. Ele deve terminar a cena da maneira mais distante possível da que iniciou o exercício. Essa transformação deve ser lenta, como se o ator quebrasse uma casca, uma máscara, uma armadura, tomando a forma da imagem que ele deseja.

O processo de incorporação pode ser também um processo de rejeição. Rejeitando a submissão que ele (ela) não quer, que o (a) impede de praticar a ação desejada, eliminando-se todos os aspectos não desejados, ao mesmo tempo se reforçam todas as características dinâmicas, as que podem ajudar a destruir a opressão presente na cena original.

3. Somatização

Improvisa-se a cena original, depois se reimprovisa a mesma cena, sem nenhuma autocensura física, mostrando corporalmente aquilo que o texto produz em cada personagem. Não é ilustração, é deixar vir o que se sente. Se o protagonista sente vontade de vomitar, dentro da cena, faz como se estivesse vomitando — se tem fome, pode dobrar-se todo; se deseja alguém, pode se atirar em seus braços. Os demais atores continuam improvisando de forma realista, como se essas exteriorizações não estivessem acontecendo.

O texto deve ser o mesmo da primeira e da segunda vez, não se deve alterá-lo. Mas, da segunda vez, a apresentação física deve corresponder, de preferência, ao monólogo interior e não ao diálogo.

Variante: Procurar mostrar somente o que está fora e o que está dentro. Fora é o texto que se diz, o diálogo real; dentro é o corpo que somatiza aquilo que não se exprime através das palavras.

4. *O circuito dos rituais*

O protagonista faz imagens e rituais que vive em sua vida real. Imagens de início congeladas e depois dinâmicas com o protagonista presente nelas. Depois, sai, e a imagem se congela novamente; os outros atores ficam na posição, na mesma imagem, em que agora falta uma figura, aquela do protagonista. Em cada imagem terá sempre uma figura faltando — a do protagonista que, de longe, olha todos os rituais da sua vida cotidiana, sobretudo aqueles ligados à opressão da qual ele quer falar.

A dinamização

O protagonista vai de um ritual a outro. Cada vez que penetra em um ritual, a cena se anima, os atores improvisam. Quando sai, a cena para.

O protagonista, ao entrar em um ritual, sem que faça nenhum esforço, inevitavelmente assumirá a máscara que pertence a esse ritual específico. O diretor lhe dirá aonde ir, ele irá de um ritual a outro, e outro, mais outro, para a frente e para trás, de maneira a estudar as adequações de uma máscara a um ritual; depois, o diretor lhe pedirá que conserve a máscara de um ritual e que improvise em outro, chocando-se a máscara e o ritual — ele poderá percorrer todos os rituais, conservando sempre a mesma máscara e escolhendo depois outra e percorrendo outra vez todos os rituais.

O protagonista deverá, de início, mostrar diferentes rituais, em que se comporta usando a máscara de pai, professor, filho, patrão, amante, marido etc. Através desse jogo de rituais podem-se localizar os momentos em que, por exemplo, o protagonista, interpretando o ritual do amante, estiver vestindo a máscara do chefe, ou quando, interpretando o ritual do marido, estiver vestindo a máscara de filho etc. São confusões que às vezes fazemos na vida real...

Variante Hamlet: O ciclo dos rituais pode ser usado como técnica para todo tipo de peça.

5. Os três desejos

O modelo
O protagonista mostra uma imagem de opressão tal qual ela existe em sua vida.

Dinamizações
1ª dinamização: O protagonista tem direito a três desejos (e depois a todos aqueles que desejar...). Pode modificar a imagem três vezes, segundo a intensidade dos seus desejos.

Cada ator que está na imagem que o protagonista vai modificar deve oferecer uma resistência ao limite da força e da capacidade do protagonista, sem exceder esses limites (ver exercício "Empurrar um ao outro", pp. 101-2). Uma resistência que o protagonista poderá suplantar, mas não muito facilmente; ele deve utilizar toda sua força e, fazendo isso, desenvolverá outras forças.

2ª dinamização: O grupo analisa aquilo que o protagonista fez primeiro, segundo, terceiro etc.; alternativas são sugeridas.

3ª dinamização: Tenta-se vivificar a cena (com os atores interpretando suas personagens e não a si mesmos), com diálogos e ações físicas.

6. A imagem polivalente

O modelo
O ator modela uma imagem de sua opressão.

A dinamização
Cada pessoa na imagem tenta sentir aquilo que a imagem lhe diz, sem nenhuma preocupação de coerência; para aquele que a montou, uma mulher pode representar sua mãe, no entanto a mulher que interpreta a figura pode se ver como a rainha de Sabá, e os dois terão razão.

Quando a imagem é dinamizada, cada um deve se comportar como a personagem que pensa que é; dessa maneira, vão se cruzar estilos, épocas, símbolos completamente diferentes, que poderão dar uma perspectiva não realista, através da qual o protagonista pode melhor compreender sua situação, sua opressão.

É uma tarefa muito difícil de início porque esse desenvolvimento da cena pode parecer bastante incoerente e surreal. Com perseverança se encontrará profunda coerência interna, apesar da incoerência externa (ou precisamente por causa dela). É preciso suplantar essa etapa em que a coerência se confunde com banalidade, lugares-comuns, estereótipos, clichês, e encontrar a coerência profunda, o interior das personagens, a coerência escondida.

7. A imagem projetada

O modelo
O protagonista constrói uma imagem da sua opressão sem a preocupação de torná-la compreensível. Ela pode ser simbólica, pode ser aquilo que o protagonista quiser.

A dinamização
Improvisa-se essa imagem dinâmica várias vezes. A cada vez, cada participante tem o direito de substituir a personagem oprimida e, na dinâmica da imagem, tentar quebrar a opressão que está vendo. Cada participante deve projetar sua própria experiência na imagem que vê, sem traduzir aquilo que viu, sem tentar compreender o que viu.

O que importa é que ele seja capaz de projetar sua própria opressão na imagem que representa a opressão de outra pessoa.

Quatro exemplos
A seguir serão mostradas quatro cenas curtas, que se baseiam em imagens projetadas e que contêm quatro elementos centrais do Teatro Fórum apresentados de maneiras simplificadas. Eles são bastante úteis para introduzir a técnica do Teatro Fórum para um novo grupo.

A saudação: Uma jovem aborda um homem, alegrando-se de tê-lo encontrado, e deseja lhe dar a mão. Ele também estende a mão e anda na direção dela. Mas, quando estão prestes a se tocar, ele se vira e dá as costas para a moça.

Nessa cena de cinco segundos estão contidos temas centrais do Teatro Fórum: uma protagonista — a jovem, que tem um desejo e a vontade de realizá-lo. Um antagonista — o homem. A fase da contra-preparação — ela se aproxima alegremente dele, assumindo que irá realizar o desejo imediato de lhe dar a mão. A crise chinesa — esse momento contém perigo e oportunidade (o que ela vai fazer agora?). E, finalmente, a derrota — ela falha, dando aos outros atores a oportunidade de substituí-la e sugerir novas soluções.

"Quatro pessoas marcham, uma quinta dança": Quatro pessoas marcham de maneira quase militar; uma quinta prefere bailar. As quatro a jogam no chão. Ela se levanta arrependida e se integra ao grupo. Agora são cinco pessoas que marcham. O que essa imagem diz para você? Projete tudo aquilo que você quiser nessa imagem dinâmica e tente não se integrar com os outros quatro. O que você faria no lugar do protagonista? Como você manteria a sua vontade de dançar? Você pode oferecer quinze, vinte respostas, ou até mais. E este é precisamente o objetivo do Teatro do Oprimido: existe sempre um modo de quebrar opressões, em todas as situações. O importante não é encontrar a única boa solução, mas descobrir o maior número possível de alternativas.

"Os obstáculos que aumentam": Três obstáculos — uma cadeira no chão; uma cadeira em pé; três cadeiras, uma sobre as outras. São obstáculos que aumentam e o último é intransponível. Três atores ao fundo que observam, de braços cruzados. O protagonista olha para o primeiro obstáculo. Um homem o ajuda a passar por cima. O prota-

gonista olha para o segundo obstáculo. O homem vem e o ajuda a passar por cima, embora agora o esforço necessário seja maior. O protagonista olha para o terceiro obstáculo; um homem vem e o incita a passar por cima sozinho. O protagonista está desapontado — ele poderia ter vencido, sem a ajuda de ninguém, os dois primeiros obstáculos (para os quais teve ajuda), mas não o terceiro, muito maior, e para o qual não teve ajuda nenhuma. O que faria você em seu lugar?

"Agora é tarde": Três mesas — uma próxima do protagonista, outra no meio da sala, outra longe. O protagonista corre rapidamente até a mesa mais distante. Alguém que está sentado levanta-se dizendo: "Agora é tarde". O protagonista volta ao ponto de partida, um pouco triste, e recomeça, dessa vez mais lento, em direção à mesa do meio, onde alguém, sentado, se levanta e diz, quando ele chega: "Agora é tarde". Completamente desencorajado, o protagonista volta ao ponto de partida e, andando em vez de correr, vai lentamente para a mesa mais acessível, mais próxima. Entretanto, quando finalmente chega, a pessoa que lá está se põe à sua frente e lhe diz a mesma coisa: "Agora é tarde". O que você faria no seu lugar?

Nesta técnica, o importante não é "explicar" o que a imagem "significa". Ela significa exatamente o que ela diz a cada um de nós, e cada um de nós projetará aquilo que sente e tentará quebrar a própria opressão. Os atores que interpretam os homens (ou mulheres) atrás das mesas devem aceitar as condições impostas pelos espect-atores no papel de protagonista: é tarde para quê? Cada interveniente fará a sua projeção, dando uma "interpretação" que deverá ser aceita pelos atores.

As imagens não passam de estruturas vazias, que se completarão segundo a experiência e a vida pessoal de cada interveniente. No entanto, a título de informação, posso contar que as três pessoas que construíram esses modelos eram:

a) Um caixa de um banco que queria quebrar a opressão do seu trabalho, mudar, escapar, fugir da rotina. Para ele, era isto que representavam as quatro personagens mecanizadas: seus colegas.

b) Um jovem que sentia que os professores o ajudavam muito enquanto ele ainda estava na escola, quando talvez tivesse forças para suplantar os obstáculos sozinho — mas, desde que começou a procurar trabalho, não encontrou ninguém para ajudá-lo;

c) Uma jovem que tinha medo de tudo, que chegava sempre tarde; ela fazia o impossível para perder a hora. E sempre perdia.

A origem da imagem não é importante — o importante é que ela possa revelar no interior do grupo experiências vividas pelos participantes. A opressão é pluralizada a partir da multiplicidade das intervenções.

8. A *imagem da imagem*

Um exemplo explicará melhor esta técnica. Martina conta, improvisando uma cena, um episódio de sua vida com dois homens que não a deixavam tranquila. Ela queria escapar deles, eles retornavam, mas ela não tinha forças para expulsá-los. Eles retornavam sempre. Ela não tinha forças e nem mesmo o desejo de mandá-los embora.

Nós podíamos interpretar essa cena como um fórum, substituindo Martina e tentando soluções possíveis. Em vez disso, utilizamos a técnica da imagem da imagem. Pedi ao grupo para fazer uma imagem, que deveria refletir o modo como o grupo experimentou as imagens dinâmicas que Martina mostrou, ao improvisar.

O grupo construiu uma imagem: Martina de quatro, dois homens sentados sobre suas costas.

Para dinamizar essa imagem, pedi a Martina para se desvencilhar da opressão que existia nessa imagem (mas não na imagem que nos tinha mostrado anteriormente, em ação.). Tentando se libertar dessa opressão de quatro patas, ela repetiu em movimento, visualmente, as mesmas atitudes que vimos na sua improvisação inicial da sua história. Sacudia os dois homens e, em seguida, se punha de quatro, sem que a isso fosse obrigada; evidentemente, os dois homens voltavam a sentar sobre ela.

A imagem da imagem nos permite descartar certos elementos existentes na história inicial, que podem atrapalhar a compreensão. A imagem da imagem cria a *metaxis*;[5] Martina trabalha com uma imagem que nós criamos, purificada de tudo aquilo que nos parece acessório,

---

[5] *Metaxis*: pertencente a dois mundos ao mesmo tempo, o mundo da realidade e o mundo da ficção. (N. do A.)

e não com a imagem que nos apresentou. Mas, sendo a mesma pessoa que interpreta ambas as cenas — e se a imagem que o grupo criou contém, transubstanciada, a mesma opressão —, então, na tentativa de quebrar a opressão nessa imagem (que é a imagem da sua imagem), a protagonista vai se fortalecer, treinando para quebrar a opressão na realidade. Percebendo que ela tinha voluntariamente escolhido colocar-se de quatro, sem que a isso fosse obrigada — e concordando que era assim que ela agia comumente —, a atriz pôde se tornar mais dona de si, adquirir um conhecimento de si própria que pode ser uma fonte de força.

9. *A imagem da voz e a imagem do corpo*

a) Improvisação;

b) Alguns atores mostram imagens do corpo do protagonista e do antagonista, e outros imagens rítmicas ou melódicas das suas vozes; torna-se a improvisar: atrás do antagonista se colocam as imagens do protagonista, que pode vê-las, sendo que as da voz devem estar com os olhos fechados; elas se modificam quando o protagonista modifica o seu comportamento. Atrás do protagonista se colocam as imagens do antagonista, segundo o mesmo procedimento.

Variante candomblé: Os atores se deixam mimetizar pelas vozes de um e do outro e começam a vibrar e a modificar seus corpos ainda durante a primeira improvisação, que continuará, agora com os atores se colocando em suas posições.

Variante São Gonçalo: Depois de algum tempo, a um sinal do diretor, os atores abandonam as imagens que estão fazendo daquilo que realmente viram e estão vendo, e começam a formar imagens daquilo que gostariam de ver — sugestões corporais!

Variante Cyrano de Bergerac: Alternativamente o protagonista fala e as imagens atuam diante dele, ou ele se esconde e as imagens falam, como se fossem o protagonista.

Variante Hamlet: Atores dizem o diálogo, outros fazem as ações.

As técnicas de imagem que ainda estão no estaleiro

1. *A imagem do não dito*

Procura-se corporificar alguma coisa de essencial que não é dita, da palavra que não é pronunciada, mas que, não obstante, é determinante na cena. Exemplo: Sofia volta ao apartamento do seu ex-namorado, meses depois do rompimento. Quando ainda namoravam, o apartamento era organizado exatamente segundo os gostos de Sofia que, no entanto, não morava lá. Quando volta, Sofia vê que outra mulher redecorou e reorganizou o apartamento. O diálogo entre os dois, agora, embora seja sobre os estudos e o mau tempo, a política e o teatro, na verdade era sobre o ciúme tremendo de Sofia. A cena foi reimprovisada, desta vez com quatro atrizes mudas que todo o tempo acariciavam o ex-namorado enquanto os dois conversavam.

Outro exemplo: numa reunião de família um dos membros havia assassinado alguém: a cena foi reimprovisada com um ator "morto" deitado em cima da mesa.

2. *A imagem da ausência*

Colocam-se em cena as personagens que fazem falta, cuja ausência determina o comportamento do protagonista.

3. *A imagem múltipla do outro*

Cada um dos dois interlocutores, um de cada vez, esculpe as imagens que tem do outro e que lhe causam medo, ou amor, ou repulsa, o que seja. Improvisam com essas imagens agindo segundo sua forma, segundo sua imagem.

4. *A imagem dos segundos de boxe ou dos anjos da guarda*

A mesma cena improvisada várias vezes; a cada *round* os segundos de um e de outro dão sugestões de como se devem comportar os seus "pupilos". Funcionou particularmente bem quando em uma cena homem *versus* mulher, as mulheres eram os "segundos" da mulher, e os homens, o do homem. Depois de cinco *rounds*, os dois grupos se reuniam e não só apresentavam uma nova estratégia de combate, como também um novo combatente escolhido entre os membros de cada grupo.

5. A imagem da escolha

Em um ponto crucial, enquanto os primeiros protagonistas seguem sua improvisação de acordo com a escolha que fizeram, outros atores retomam a cena a partir dessa escolha, fazem a escolha oposta e seguem improvisando por essa nova possível trilha.

TÉCNICAS GERAIS DE ENSAIO

Ensaios livres com ou sem texto

1. Improvisação

É o exercício convencional que consiste em improvisar uma cena a partir de alguns elementos iniciais. Os atores que participam devem aceitar como verdadeiros os dados oferecidos pelos outros durante a improvisação. Deve-se procurar completar a improvisação com novos dados que os companheiros vão inventando. Em nenhum momento se pode rejeitar como verdade concreta a imaginação dos companheiros.

Para evitar que a improvisação caia numa "lagoa emocional" e para que seja sempre dinâmica, é necessário que os atores ponham em funcionamento o seu "motor", quer dizer, uma vontade dominante que é o resultado de uma luta entre, pelo menos, uma vontade e uma contravontade, a qual determina um conflito interno, subjetivo; é necessário que essa dominante se choque com as dominantes dos demais participantes, de modo a formar um conflito externo, objetivo; finalmente, é necessário que esse sistema conflituoso se mova quantitativamente e qualitativamente. Não basta que uma personagem odeie sempre e cada vez mais; além disso, deve transmudar esse ódio em culpa, ou em amor, ou pena, ou seja no que for. A variação puramente quantitativa é muito menos teatral do que a que vem acompanhada por uma verdadeira variação qualitativa.

Também é necessário distinguir sempre a vontade (que pode ser o resultado de uma psicologia caprichosa) da necessidade social. As vontades sobre as quais devemos trabalhar são, sobretudo, as que exprimem, no campo da psicologia individual, alguma necessidade social. A vontade é a necessidade. Além disso, também são interessantes, do ponto de vista da improvisação, as vontades contra as necessidades: "Eu quero, mas não devo".

Os temas para essas improvisações livres, destinadas a estimular a imaginação dos atores, devem ser procurados (especialmente nos grupos de teatro popular) nos jornais do dia, a fim de facilitar a discussão ideológica e política, enquadrando os problemas individuais dentro da área mais ampla da vida social, política e econômica. É importante que os atores não estejam divorciados daquilo que lhes acontece no dia a dia da sociedade.

Antes do início da improvisação, cada ator deve passar três ou quatro minutos falando seu monólogo interior, tentando não ouvir o que os outros atores estão falando. Também é aconselhável mostrar as imagens cinéticas das figuras na mesma sala em que será feita a improvisação.

Exemplo de improvisação (em mímica ou falada)
Roteiro para improvisação: O macaco mal-educado. Esse roteiro baseia-se numa história que realmente aconteceu em certo país, não longe daqui. Existe documento a tal respeito. Naquela época era frequente trabalharmos textos de jornal no Teatro de Arena, para mostrar que o teatro não era dissociado da realidade social. A gente improvisava com materiais do dia a dia. O objetivo desse tipo de improvisação não era modificar a história, mas sim dar vida a um acontecimento impresso, investigar as figuras por trás dessa matéria, dar um rosto humano a essa notícia. Esta era a história:

Um militar, oficial superior, passeia com a sua digna esposa, os filhos e a fiel criada. É domingo, tarde de sol. Decidem visitar o jardim zoológico.

Passeiam diante das jaulas e as suas atitudes e rostos devem denunciar o animal que estão contemplando: elefante, leão, crocodilo, zebra, passarinho, peixes, rinocerontes, camelo etc.

Divertem-se muito diante da jaula dos macacos. De repente, a tragédia: um macaco muito desavergonhado masturba-se diante da digna senhora, dos dignos filhos e da digna e fiel criada do oficial graduado. Pânico moral. Indecisão. Vergonha. Que fazer?

O oficial graduado puxa o revólver e honradamente dispara contra o macaco, que morre imediatamente. Indignação de alguns, aplausos de outros. A digna senhora desmaia lentamente, dando tempo aos outros para a socorrerem, impedindo a queda.

Entra em cena o diretor do jardim zoológico, alertado pelo tiro. Não quer inculpar o oficial graduado pela morte do macaco masturbador: afinal, trata-se de um militar e essa história se passou em tempos de ditadura. O próprio oficial exige que seja denunciado e obriga um policial a tomar nota da sua identidade e a fazer a denúncia: o oficial quer saber se, em defesa de sua honra ultrajada, tinha o direito de dar essa despesa ao Estado. Todos se retiram.

No tribunal, o promotor defende o macaco e o seu direito inalienável de se reger pelos seus instintos animalescos, e não por leis e convenções humanas.

O advogado de defesa alega que o macaco violou o direito inalienável do oficial graduado de se divertir com a família, numa tarde de domingo cheia de sol. Segundo a defesa, o macaco não possuía a mínima educação necessária para pertencer ao jardim zoológico de uma cidade civilizada como a nossa, de tão arraigadas tradições cristãs. Fala dos grandes próceres históricos do país, dos seus cientistas e letrados etc., cita e nomeia até mesmo alguns animais exemplares, em especial os importados, que dão mostras de educação avançada: o flamingo da Flórida e os pandas chineses, entre outros.

O juiz decide absolver o oficial graduado, entre os vivas dos presentes; além disso, sentencia uma pesada pena para todos os outros macacos da mesma jaula, considerados cúmplices do macaco assassinado, já que nada fizeram para impedir o nefando crime da masturbação. Ficam todos condenados a severíssimas aulas de boas maneiras, a cargo dos mais enérgicos veterinários, versados na arte da castração.

Sorridentes e felizes, com a consciência tranquila, saem todos do tribunal: foi feita a justiça!

2. *Câmara escura*

Um ator num local mais ou menos escuro, com um gravador ao lado, senta-se e fecha os olhos. O diretor (ou outro ator) começa a dar-lhe informações, onde é que ele se encontra, em que rua, fazendo o quê. O ator deve imaginar a dita rua e descrevê-la nos seus mínimos detalhes, incluindo a roupa que veste nesse momento (na imaginação) e a cara das pessoas que passam. O encenador diz a ele, por exemplo, que entre em um restaurante (o ator continua a falar e descreve o empregado, as cadeiras, as pessoas que estão à mesa etc.); o diretor diz que ele se sente e procure roubar a carteira de um gordo que lê distraído o seu jornal. O diretor inventa o que quiser, o ator aceita os termos da proposta, tenta vivenciar essas situações e, simultaneamente, descrevê-las.

Este é um exercício de imaginação, que também deve libertar a emoção do ator. Nesse caso, o ator, depois de comer durante alguns minutos e descrever com a maior perfeição o aroma e o sabor da comida, não conseguia obedecer à ordem de roubar; foi ao banheiro, não conseguiu roubar, pagou a conta e desatou a correr pela rua com medo do ato que não tinha sido cometido. Depois de o exercício acabar, o ator deve escutar tudo o que ele próprio disse, ou procurar pela segunda vez recriar toda a ação e percorrer novamente as emoções.

3. *História contada por muitos atores*

Um ator começa uma história, que é continuada por um segundo ator, seguindo-se um terceiro, até que todo o elenco tenha contado essa história, cada qual um pedaço. Ao lado deles, outro grupo de atores interpreta em mímica a história que está sendo contada.

4. Uma frase dita por muitos atores

Cada ator pronuncia uma palavra de uma longa frase previamente escolhida, procurando dar-lhe a inflexão que a palavra teria se a frase fosse dita por uma só pessoa. Para facilitar o trabalho, um ator pode, no princípio, dizer toda a frase da maneira que mais lhe agradar, e todos os outros tentarão imitá-lo, pronunciando cada um uma só palavra.

5. Mudando a história da peça

Uma peça de teatro conta uma história, conta coisas que aconteceram. Mas também faz parte da peça o que não aconteceu, a negação da narração. Qualquer história poderia ser diferente, ter outro desenvolvimento e outro desenlace. Este ensaio consiste em improvisar cenas que poderiam ter acontecido, mas não acontecem na história da peça que se está ensaiando: as bodas de Hamlet e Ofélia, Otelo e Desdêmona que se perdoam. Édipo que compreende ser Zeus maior do que si e aceita as palavras de Tirésias como verdadeiras, Tartufo que se arrepende e sinceramente afirma sua religiosidade etc.

6. Dois elencos para a mesma peça

O protagonista conta uma história, e dois elencos, passo a passo, a interpretam, cada um como a entendeu.

ENSAIOS DE DINAMIZAÇÃO EMOTIVA

No teatro, muitas vezes falamos sobre "entrar na pele do outro" — um jogo de palavras. A figura, a *dramatis personae*, o papel não existem realmente. Não é possível entrar na pele do outro. O que de fato existe é a Pessoa individual. Mas ninguém contém a pessoa como um todo. Por causa de uma decisão pessoal ou de pressões sociais, a pessoa se reduz e se torna uma Personalidade. Essa personalidade é apenas uma possível manifestação da pessoa. O papel, a *dramatis personae*, é outra. Personalidade e Pessoa vêm da mesma pessoa.

O que um ator pode fazer para desenvolver seu papel? Ele pode tentar esquecer a própria personalidade e mergulhar profundamente na figura, descobrindo elementos emocionais que o ajudem no desenvolvimento desta. A figura não passa de mais uma possível personalidade que o ator pode representar no teatro e depois abrir mão. Para ajudar os atores a procurar em sua própria personalidade elementos que ajudarão no desenvolvimento das figuras, sugerimos diversos exercícios e jogos.

1. Quebra de repressão

a) Um ator procura recordar um momento da sua vida em que tenha sentido uma intensa repressão.

Na Universidade de Nova York, uma atriz negra recordou o momento no qual foi visitar sua família na Geórgia, um estado do Sul em que há tremenda repressão racial. A jovem era de Nova York, onde tal problema existe de forma mais sofisticada e, ao ir (na Geórgia) tomar um sorvete com a prima, não lhe permitiram chupá-lo na loja, junto com os fregueses brancos; deixavam-na comprá-lo e pagá-lo, mas tinha que comê-lo longe dali. Se negros e brancos pudessem tomar sorvete juntos, como seria possível separá-los nas outras atividades sociais?

Em Buenos Aires, um rapaz recordou ter sido convidado para uma festa; quando os companheiros perceberam que era judeu, pediram-lhe que fosse embora.

O exercício faz-se em três fases. Na primeira, procura-se reproduzir o fato acontecido, tal como sucedeu, sem acrescentar nem tirar nada, com grande abundância de pormenores. Nos dois casos citados, os protagonistas tentaram oferecer alguma resistência, mas esta foi vencida pelas outras personagens.

b) Na segunda fase do exercício, o protagonista não aceita a opressão. Sabemos que, quando se dá uma opressão, seja de que tipo for, é porque, em maior ou menor medida, conta com a aceitação da vítima. Se uma pessoa ama mais a liberdade do que a vida, jamais será oprimida: o pior que poderão fazer é matá-la. Oprimem-nos porque estamos dispostos a fazer concessões, a aceitar a opressão em troca de continuarmos a viver.

Nesta segunda parte, a atriz negra não aceitava a opressão e queria tomar o sorvete ali mesmo, ao lado das louras. Imediatamente se montou contra ela todo o sistema opressivo, incluindo os próprios parentes. O pai dizia-lhe: "Por que você quer tomar o sorvete aqui e não conosco, na nossa casa, nós que te amamos?". A amiga dizia-lhe: "É para teu próprio bem... vem conosco". Mas a jovem estava decidida a ficar e não se deixar oprimir. E assim foi.

O mesmo para o caso de Buenos Aires: o rapaz decidiu ficar na casa até que todos os outros tivessem ido embora; a festa acabou mais cedo, mas não houve opressão.

Não se tenta estimular o heroísmo — o que seria muito perigoso —, mas estudar os limites possíveis da resistência à opressão.

c) Na terceira fase do exercício, os atores trocam de papéis, interpretando precisamente o contrário: a negra interpretava o papel da loura que a tinha impedido de tomar o sorvete, e vice-versa; o pai da jovem era o xerife, e vice-versa; o rapaz judeu era o que mais se empenhava em afastá-lo, e vice-versa; e assim com todos os outros.

Neste exercício costumam acontecer coisas interessantes. Por exemplo: quando o rapaz judeu fez o papel de opressor, fê-lo melhor do que o outro que o havia feito anteriormente, porque conhecia muito bem o seu opressor, muito melhor do que os atores católicos, que nunca tinham sentido essa forma de opressão; quando o rapaz católico fez-se de judeu, fê-lo com total e imensa sinceridade, sem nenhuma defesa (quase se poderia dizer, melhor que o próprio judeu). Mas não: o rapaz judeu estava tão habituado a essa e a outras formas de opressão racial que já tinha desenvolvido formas de defesa, como o cinismo; assim, quando foi expulso da festa, já sabia como responder, ao passo que o rapaz católico (quando fez o judeu) ficou totalmente indefeso, ignorando o que se passava. Um dos negros, que interpretava um amigo da moça negra, fugia quando o xerife o ameaçava com o revólver; pelo contrário, um ator branco que representava o seu papel enfrentava o xerife, abrindo a camisa para que ele atirasse. O negro riu do "heroísmo" branco e deu informações pertinentes: "Você é branco e é por isso que pensa assim, pensa como branco: em você o xerife não dispararia, mas em mim, sim, eles disparam mesmo que você não abra a camisa, desafiador...".

2. Confissões do opressor

Nos exercícios de quebra de opressão, o protagonista assume sempre um belo e simpático papel: é a vítima da violência, e não o seu causador. Neste, pede-se ao ator que se recorde de um momento da sua vida em que atuou não como oprimido, mas como opressor: na terceira fase, repetindo-se a sequência do exercício anterior, ele não se verá como o seu algoz, mas sim como a sua vítima.

3. Emoção abstrata

Aqui se trata de não ter nenhuma motivação concreta. Os atores fazem uma ginástica puramente emocional. Começam por ser muito amáveis uns com os outros, sorridentes e contentes, procurando ver nos outros características agradáveis. Para eliminar toda a possibilidade de motivação, os atores não podem falar com palavras, mas apenas com números: 23, 8, 115 etc. Depois começam a variar quantitativamente esse carinho, primeiro a gostar mais uns dos outros, depois menos, até que começam a variar qualitativamente até se odiarem, para finalmente levar o ódio à tensão mais violenta. A única regra a respeitar é não ameaçar a segurança física dos outros atores (para que ninguém tenha que se preocupar em proteger o seu corpo, podendo concentrar-se na emoção). Gradualmente os atores voltam a descobrir as coisas boas de cada companheiro, pronunciando sempre números e nunca palavras, até regressarem ao mais completo amor.

O mesmo exercício pode ser feito com palavras que percam o sentido: uma discussão sobre uma cadeira (inexistente) que um afirma ser redonda e outro, quadrada; ou branca para um e, para o outro, preta.

4. Emoção abstrata como animais

Variante do exercício anterior: os atores partem de uma emoção até chegar à emoção contrária e depois voltam à primeira, mas, em vez de dizerem números, emitem sons de animais, segundo a vontade de cada um. Este exercício pode ser feito de duas maneiras: a) o ator age como os animais; b) o ator age com uma visão "humanizada" do animal, quer dizer, sem perder as suas características humanas. Também podem todos os atores agir como um mesmo animal, ou cada ator como um animal à sua escolha.

5. *Seguir o mestre em emoção abstrata*

Duas filas com cinco atores de cada lado: os dois que se defrontam no meio da fila são os mestres dos quatro que estão na fila oposta à sua. Começam uma discussão sobre qualquer coisa sem nexo, empregando palavras, números ou sons (as frases não precisam fazer sentido). Todos os outros repetem gestos, inflexões, sons, movimentos do corpo e do rosto, exatamente como os seus mestres, os quais devem levar as suas emoções ao extremo e em seguida voltar ao repouso e à compreensão.

6. *Animais ou vegetais em circunstâncias emotivas*

Uma palmeira na praia durante um dia de verão; muda o tempo, aproxima-se uma tempestade, um furacão: a alegria do verão dá lugar ao temor de ser destruída e varrida pelas ondas do mar (os outros atores fazem o vento). Um coelhinho que brinca com os seus irmãozinhos, e vem a raposa; o coelho esconde-se até que a raposa vai embora. Um peixe que nada todo contente até que morde o anzol.

Em todos estes exercícios de animais, os sons podem ser muito expressivos, isto é, o ser humano dispõe de palavras e de conceitos para exprimir as suas emoções, ao passo que os animais apenas dispõem de sons e não de uma linguagem abstrata; isso faz com que a expressão humana seja pobre em termos sensoriais, ainda que seja infinitamente mais rica em termos conceituais. O ator deve, sem perder a sua capacidade conceitual de expressão, dar largas às suas imensas possibilidades sensoriais de se exprimir.

É evidente que nenhum ator poderá jamais interpretar uma personagem que não tenha dentro de si; assim, pois, é impossível interpretar animais e vegetais. Porém, com esse pretexto, o ator interpreta as sensações, emoções e reflexões que esses vegetais e animais lhe provocam.

7. *Ritual em que todos se transformam em animais*

Os atores realizam um ritual qualquer, por mais convencional que seja: inauguração de uma agência bancária, discurso de posse do prefeito, aniversário de casamento dos pais etc. Improvisam mímica e texto. Durante o ritual cada ator se transforma num animal e prossegue o ritual da mesma maneira.

8. *Estímulos às partes adormecidas de cada um*

Este exercício deve ser praticado repetidas vezes, variando sempre as partes adormecidas que devem ser estimuladas. Baseia-se no fato de cada um de nós ser capaz de sentir, pensar e ser de formas infinitamente mais variadas que as que cotidianamente utilizamos. Certo dia, um ator fez o papel de um torturador e depois ficou muito preocupado, porque durante o exercício sentiu prazer real em torturar. Não tinha se apercebido de que era capaz de sentir prazer em praticar algo insano. Depois compreendeu que o comportamento virtuoso tem de ser o resultado de uma escolha consciente e livre, e não o fruto da incapacidade de praticar o mal. Uma pessoa pode ser capaz de sentir prazer em torturar, mas não tortura porque escolhe não torturar. O ser humano deve inventar-se a si próprio dentro de uma infinidade de possibilidades, e não, pelo contrário, aceitar passivamente o seu papel porque não pode ser diferente.

Nada do que é humano é alheio a qualquer ser humano. Todos somos, potencialmente, bons e maus, carinhosos e duros, mulherengos e homossexuais, covardes e corajosos etc. Somos o que escolhemos ser. Os fascistas são condenáveis, não por serem capazes de fazer com que o povo morra de fome para que eles se encham de dinheiro, mas porque escolheram fazê-lo. Foi uma escolha, não uma fatalidade.

Certa atriz, ao descobrir que dentro de si mesma existia uma infinidade de seres diferentes, exclamou: "Ah, como eu gostaria de ser puta!". Quer dizer, não queria vagar pelas ruas ou trabalhar em hotéis de luxo, mas apenas sentir durante um exercício tudo o que pode sentir ou pensar uma puta, a puta que tinha dentro de si mesma como uma possibilidade "não escolhida", como uma potencialidade adormecida.

O exercício consiste precisamente em estimular as partes adormecidas de cada um para melhor compreender tudo o que é inerente ao ser humano. Não se pede que o ator "modifique" a sua personalidade: apenas que conheça as suas potencialidades e, por conseguinte, as das personagens que vai interpretar. Certo ator escolheu obedecer e ser humilhado, coisa que nunca aceitava; outro, transformar-se momentaneamente num importuno que quer saber tudo, que faz as perguntas mais inconvenientes, por exemplo: se o jovem casal que vai para o hotel está efetivamente casado; qual das meninas presentes deu um peido etc. Realmente um importuno!

Com vistas a favorecer a livre manifestação e o estímulo das características adormecidas, o exercício pode ser feito de forma surrealista: as personagens escolhem livremente o lugar em que estão e o alteram, podendo coexistir dois lugares no mesmo espaço etc. Também pode, pelo contrário, de acordo com as circunstâncias, ser feito de forma absolutamente realista.

Aquecimento ideológico

O teatro apresenta imagens extraídas da vida social segundo uma ideologia. É importante que o ator não se aliene, por mais especializada que seja determinada técnica. O ator deve ter sempre em mente que atua, que apresenta aos espectadores imagens da vida e, *ipso facto*, da luta social, seja qual for o disfarce com que essa luta apareça na fábula da obra. É necessário que o ator tenha sempre presente a missão educativa da sua atividade artística, o seu caráter pedagógico, o seu caráter combativo. O teatro é uma arte e uma arma.

1. *Dedicatória*

Em muitos espetáculos do Teatro de Arena de São Paulo era costume dedicar as sessões a alguém ou a algum fato.[6] Os atores em cena,

---

[6] Esta ideia pode, agora, soar como datada e/ou óbvia, mas... uma vez nós dedicamos um espetáculo para Heleny Guariba, uma amiga nossa, morta pela polícia.

perante os espectadores, ofereciam o espetáculo. A pessoa ou o fato eram muitas vezes suficientes para aquecer ideologicamente o ator pelo que significavam: um companheiro morto, um dirigente sindical que até na prisão arengava os presos denunciando a ditadura etc.

2. Leitura de jornais

Leitura e discussão dos acontecimentos políticos e sociais mais importantes da véspera e explicação do seu significado por quem mais entender do assunto. Desmistificação da informação, das notícias publicadas e das que não aparecem nos jornais.

3. Evocação de um fato histórico

Quando possível, evocar um fato histórico que tenha paralelo com a situação nacional atual, revelando as características comuns e as diferenças.

ENSAIOS PARA A PREPARAÇÃO DE UM MODELO DO TEATRO FÓRUM OU QUALQUER OUTRO TIPO DE ESPETÁCULO

Para valorizar a imagem

1. Ensaio para surdos

Este é o ensaio da subonda por excelência. O ator tem que respeitar toda a marcação e o ritmo da cena que vai ser ensaiada e pensar

---

Todos nós tínhamos uma relação pessoal com Heleny. Nós dedicamos o espetáculo a ela, não apenas por uma ideia abstrata de liberdade, mas por uma ideia personificada, uma pessoa que sacrificou sua vida pela liberdade. Essa forma de dedicatória é muito mais poderosa. (N. do A.)

"fortemente" todas as palavras do seu texto, procurando transmiti-las com o seu conteúdo através da subonda (a transmissão não verbal, às vezes inconsciente). É indispensável uma extrema e intensa concentração. Deve-se evitar que esse ensaio se transforme num ensaio de "mímica": não se pode acrescentar nenhum gesto ou movimento para ajudar o companheiro a descobrir em que ponto do diálogo se está; não se trata de um jogo de adivinhação, mas de um exercício de laboratório: o ator tem que transmitir efetivamente através da subonda.

Quando os atores fazem bem este exercício, os resultados são sensacionais. Houve casos em que foram admitidos espectadores na sala durante um ensaio mudo, realizando-se em seguida um debate: os espectadores puderam discutir perfeitamente a obra, sem sentir a falta do diálogo; tinham visto teatro.

Para desenvolver o subtexto: enraizar o diálogo

1. *"Comentário" e "Para e pensa!"*

O pensamento é um fluxo contínuo: não podemos parar de pensar como não podemos parar de respirar, nem pode nosso coração parar de bater. A comunicação entre ator e espectador (como entre quaisquer outras duas pessoas que dialoguem) se faz em dois níveis: onda e subonda, consciente e inconsciente. Isto é, o ser humano é capaz de emitir e de receber muito mais informação do que aquela que registra conscientemente. Quando duas pessoas se amam, se dizem o seu amor mesmo antes de pronunciá-lo; antes de pedir aumento de salário, o operário já sabe se o patrão vai concedê-lo ou não: percebe-o através da subonda.

De igual modo, o ator se comunica no nível do consciente pelas palavras que pronuncia, por sua voz e pelos gestos que faz, pelos movimentos etc. Mas também se comunica através da subonda, pelos pensamentos que "emite". Quando aquilo que o ator pensa está em desacordo com o que diz e faz (quando há desacordo entre onda e subonda), produz-se no receptor-espectador a mesma interferência que se produz no rádio: o espectador recebe uma informação junto com outra contraditória e não pode registrar as duas. Se o ator, enquanto representa, pensa em coisas que nada têm a ver com a sua atuação, tal pensamento será transmitido ao espectador do mesmo modo que a sua voz.

O ensaio de "Comentário" consiste em fazer com que todos os atores que não estão falando digam, em voz baixa, seus pensamentos, enquanto o que nesse momento tem a palavra diz o texto em voz mais alta. Assim, todos os atores falarão durante todo o tempo, explicando os seus pensamentos e dando maior dinâmica à sua atuação (porque o pensamento estará em movimento, em relação direta com o que acontece no palco, evitando desse modo as "lagoas de emoção" estáticas que fazem o ator cair numa tristeza imóvel, ou alegria, ou seja o que for, mas sem o constante fluir da ideia). E isso serve para estruturar a cena em função da ação principal, posto que os pensamentos devem referir-se a essa ação principal que se desenvolve. Além disso, este exercício serve para o ator preparar o subtexto.

Variante "Para e pensa!": O diretor dirá, de tempos em tempos, sempre que suspeitar que existe grande riqueza de pensamentos em momentos particulares da ação: "Para e pensa!". A partir desse momento, todos os atores se imobilizam e começam a dizer em voz alta todos os seus pensamentos. Em seguida o diretor dirá "Continua!", e a ação mais "realista" é retomada até um novo "Para e pensa!".

2. Interrogatório

Um ator se senta na "berlinda". Sem sair da sua personagem, ele é interrogado pelo grupo sobre o que pensa das outras personagens, sobre os acontecimentos da peça, sobre sua vida, sua ideologia, seus gostos e desgostos, ou sobre qualquer outra coisa, mesmo absurda. Os atores devem questionar o que está na berlinda dentro das suas personagens. O exercício é conduzido como um tribunal, onde uma figura é interrogada pelas outras figuras.

Variante de Hannover: O exercício é o mesmo, mas, desta vez, será conduzido durante a cena, que é interrompida de quando em quando para as perguntas. A qualquer momento, um ator pode ser questionado em plena ação — a cena congela, o ator responde às perguntas dos demais atores, e a cena recomeça imediatamente de onde parou. Deve-se criar um clima de duelo no qual os atores sempre devem defender as suas personagens, em quaisquer circunstâncias, apaixonadamente! Teatro é paixão!

Variante Hamlet: Quando estávamos utilizando esta técnica durante a demonstração com que concluímos nosso trabalho com os atores da Royal Shakespeare Company (RSC), durante a primeira cena do Fantasma que diz que será punido "até que meus crimes sejam purgados", um espectador perguntou que crimes eram esses. Na verdade, na peça, só se fala bem do rei defunto — então, que crimes teria cometido? O excelente ator que interpretava o Fantasma tremeu, pensou e saiu-se com esta: "Sou rei e como rei fui levado a travar muitas guerras. Em todas as guerras, como sabemos, soldados cometem excessos, cometem crimes. O rei é responsável por todos esses crimes cometidos por seus soldados...". Foi uma bela explicação que, como é lógico, ajuda o ator a criar sua personagem.

Variante Non-Stop: O mesmo, exceto que a cena não congela para as perguntas. O ator tem que responder da melhor maneira que puder enquanto continua a interpretar, mantendo a ação dramática.

3. *A reconstituição do crime*

O atores ensaiam a cena na frente do grupo. Sempre que um ator estiver perto de uma parte que considera importante, ele decide interromper a ação e explicar seus atos ou palavras para a plateia, falar diretamente aos espectadores, sem sair da sua personagem, justificando suas ações: "Eu estou fazendo isso por causa disso ou daquilo" ou "Eu estou dizendo isso por que eu sinto tais ou tais emoções". Enquanto o ator está falando, os outros na cena congelam.

Este exercício é diferente de "A cena de rua", o exercício de Brecht.[7] Aqui, a personagem fala na primeira pessoa, defendendo suas ati-

---

[7] Cf. Bertolt Brecht, *Sobre a profissão do ator*, organização de Werner Hecht, tradução de Laura Brauer e Pedro Mantovani, São Paulo, Editora 34, 2022, p. 81. (N. da E.)

tudes a partir de um ponto de vista subjetivo, em vez de um comentário objetivo e imparcial, na terceira pessoa.

4. Reconhecimento

Semelhante ao anterior. Consiste em o ator realizar todas as ações e dizer todos os textos, não no presente, aqui e agora, mas prevendo o que fará no futuro. Como se estivesse pensando sempre: "Direi isto, mas não agora". Reconhecem-se primeiro os caminhos que se vão percorrer, mas sem os viver, simplesmente reconhecendo-os. Como se fosse um ensaio do ensaio.

PARA ANALISAR E INTENSIFICAR AS MOTIVAÇÕES

1. Ensaio analítico de motivação

Muitas vezes torna-se difícil para o ator manejar a complexidade de uma motivação, como para o pintor pode se tornar difícil utilizar todas as cores da paleta ao mesmo tempo.

O ensaio analítico de motivação consiste em ensaiar separadamente os componentes de uma motivação, pelo menos em três fases: primeiro a vontade, depois a contravontade e, finalmente, a dominante. Por exemplo: Hamlet quer se matar, mas também quer viver. Ensaia-se primeiro a vontade de se matar (eliminando qualquer desejo de continuar a viver, isolando completamente esse componente da motivação), e em seguida ensaia-se só o componente de viver (eliminando qualquer desejo de morrer). Finalmente ensaia-se a dominante, quer dizer, a motivação completa. Isso ajuda o ator a manejar cada componente e a integrá-lo depois na totalidade. A interpretação da dominante será tanto mais dialética quanto maior for o domínio do ator sobre a vontade e a contravontade.

2. Ensaio analítico de emoção isolada

Acontece com as emoções o mesmo que com a motivação. Na

realidade, as emoções nunca são puras, nunca se pode experimentar o "ódio puro", o "amor puro" etc. Mas isso é uma necessidade para o ator numa fase de criação da personagem. Ensaia-se uma cena dando a todos os atores apenas uma emoção básica pura (as duas emoções principais são o amor e o ódio). Os atores representam primeiro só com ódio, exprimindo um ódio violento e terrível em cada frase e em cada gesto. Depois improvisa-se a mesma cena só com amor. Escolhem-se para cada cena, segundo o conflito específico que apresente, as emoções mais convenientes: impaciência, nervosismo, desinteresse, medo, ou características morais, como coragem, covardia, mesquinhez etc.

3. Ensaio analítico de estilo

Variante do anterior, em que se determina uma variação do "gênero" ou do "estilo" do espetáculo: circo, caricatura dos teatros "oficiais", naturalismo, telenovela, melodrama, farsa, ópera, show da Broadway, cinema de Bergman, *kabuki*, *western* etc. A cada vez os atores deverão ensaiar o mesmo texto, quase as mesmas marcações (algumas mudanças são inevitáveis), as mesmas motivações, porém dentro de um estilo completamente diferente. Certos gêneros combinam mais com a cena, outros menos, mas sempre surge material novo ou novas possibilidades.

4. Mesmas personagens, outras circunstâncias

Serve para romper com toda a estruturação determinada pelo conhecimento antecipado do ator daquilo que vai dizer, ouvir ou fazer. O hábito de fazer a cena insensibiliza o ator. Para evitar isso, obriga-se o ator a representar a cena em circunstâncias opostas àquelas em que normalmente a representa. Por exemplo: uma cena de grande violência deve ser representada com muita suavidade; o ator deve transmitir o mesmo conteúdo sem usar as mesmas palavras; ou se altera totalmente a marcação; ou se representa uma cena naturalista, cheia de objetos, apenas com palavras, sem objetos. As outras circunstâncias podem referir-se ao cenário, ao texto, às motivações ou a qualquer outro elemento.

Variante de enredo: As circunstâncias opostas são cenas que não constam da peça, mas que podem ajudar os atores a criar as histórias das suas personagens.

5. *Pausa artificial*

A repetição das mesmas palavras e dos mesmos movimentos durante os ensaios e durante as representações tende a criar um efeito hipnótico sobre o ator, que o fará sentir e perceber mais fracamente o que diz e faz e, por consequência, transmitir mais debilmente sua interpretação da personagem. O ensaio de pausa artificial consiste em não permitir que o ator fale imediatamente, ou faça imediatamente o que tem que fazer, mas que, pelo contrário, faça uma pausa artificial de cinco, dez ou mais segundos. O ator perde assim o apoio mecânico que o ritmo lhe dava, perde a segurança "estrutural" do espetáculo, e sua atenção e sua sensibilidade voltam a despertar. A pausa artificial pode ser preenchida com qualquer tipo de pensamento.

6. *Autoquestionamento*

É uma variante da pausa artificial, em que o ator se interroga em voz alta sobre o que ouviu e sobre o que vai dizer ou fazer e especula com as diferentes possibilidades. Assim, sua escolha será determinada pela dúvida, por um conjunto de possibilidades e opções, eliminando-se o mecanismo.

7. *Pensamento contrário*

É um exercício de pausa artificial, durante o qual o ator pensa em fazer ou dizer exatamente o contrário do que fará ou dirá. Sabendo o que vai dizer, ele tende a não incluir a possibilidade de deixar de o dizer, ou a possibilidade de dizer o contrário do que diz, inserido naquilo que realmente diz. O ator tende a dizer só o que as palavras significam, sem incluir as suas conotações particulares. No ensaio do pensamento contrário (que é também um ensaio da possível ação contrária), o ator primeiro pensa e sente exatamente o contrário do que dirá a seguir, assim o seu texto e a sua ação incluirão todos os matizes possíveis de variantes. Quando Romeu diz a Julieta que a ama, deve antes disso sentir a imensa irritação que lhe provoca o fato de ela não o deixar ir embora, pondo assim a sua vida em perigo. Antes de matar Desdêmona, Otelo deve sentir um profundo desejo de fazer amor com ela.

8. Repetição da deixa

O fato de ouvir muitas vezes outro ator que diz sempre as mesmas palavras resulta também ser hipnótico: já não se ouve, já não se entende, já não se compreende o que o outro diz. O ensaio de repetição da deixa consiste em uma pausa artificial antes de falar, durante a qual o ator pensa (ou diz) um resumo do que o seu interlocutor acaba de dizer. Inclui assim, na sua ação, as ações dos outros, evita o isolamento subjetivo e integra-se na estrutura conflitual geral.

Para desenvolver a imagem como conteúdo

9. Rashomon

No famoso filme de Akira Kurosawa, a mesma história de um estupro era contada segundo pontos de vista bem diferentes: o da mulher vítima, o do estuprador, o do marido reduzido à impotência, o de um policial. A história era a mesma, porém os atores, interpretando a subjetividade de cada narrador, davam versões extraordinariamente diferentes de suas personagens, a cada "releitura" da mesma história. Neste ensaio, dito "*Rashomon*", cada personagem constrói uma imagem, usando os corpos dos outros atores e os objetos da cena, que mostre a sua visão subjetiva e única da cena.

Cada ator da cena mostra, da perspectiva de sua figura, como enxerga as outras figuras. A representação pode ser deformada, expressionista, surrealista, alegórica ou metafórica — o importante é que seja real. O ator se move como escultor de figura em figura, modelando e lhes dando expressões faciais, posicionando-as como as percebeu durante a cena. Pode ser que alguém que estivesse posicionado próximo durante a cena esteja posicionado longe agora na imagem subjetiva. Uma figura que antes era sorridente pode se transformar em um monstro carrancudo etc.

Depois que o ator posicionar todas as figuras na imagem, ele assume o seu papel e vai de figura em figura expressando todos os desejos que tem em relação a ela. Ele fala energicamente durante um ou dois minutos tudo o que deseja da outra figura. As figuras ouvem sem se mexer. Depois que o ator interagiu com todos dessa forma, volta para o seu lugar na imagem. Agora todas as outras figuras também podem expressar, por dois ou três minutos, suas vontades, desejos e sensações em relação ao protagonista. Devem fazer isso sem se mexer. O diretor dá um sinal e cada um dos atores, incluindo o protagonista, deve expressar sem palavras todas as vontades, sentimentos e desejos que expressou anteriormente em palavras. Assim que o primeiro ator terminar o seu relato, os outros atores começam os seus.

Variante: Uma variação deste exercício pode ser útil no trabalho com qualquer texto, ajudando a revelar novos aspectos da cena: os atores, um após o outro, modelam as figuras de acordo com sua experiência durante a cena. Uma parte da cena será atuada de maneira normal com essas imagens. As figuras dão suas falas originais, mas permanecem na posição em que foram modeladas.

10. *Somatização*

Já explicado como exercício e também usado como ensaio.

11. *A cerimônia*

Os atores improvisam a cena como se cada movimento de seus corpos e cada palavra que dizem fizessem parte de uma cerimônia religiosa, como se estivessem diante de milhares de espectadores concentrados no significado dos seus gestos e das suas palavras.

Dou um exemplo: no dia em que o papa João Paulo II rezou missa campal no Aterro do Flamengo, por coincidência, eu estava em minha casa, sentado à mesa, e, por maior coincidência, estava tomando um copo de vinho e comendo um pãozinho, diante de um gato adormecido e do aparelho de TV. Na TV, diante de dois milhões de fiéis, o papa fazia a mesma coisa: comia um pão e bebia um copo de vinho. Meus gestos eram simples e diretos, eu comia e bebia, com o gato como única testemunha. Mas o significado daquilo que o papa fazia, sua simbologia e seu valor religioso eram imensamente diferentes do significado dos mesmos gestos que eu fazia — por consequência, os gestos eram extremos opostos, sendo os mesmos: comíamos e bebíamos. Assim foi criado este exercício, em que o ator deve fazer cada movimento e pronunciar cada palavra como se estivesse em uma cerimônia religiosa em frente a milhões de espectadores.

Para a teatralização do espetáculo

1. Silêncio, ação!

Em uma produção cinematográfica, cada segundo custa muito caro: mão de obra, aluguel de equipamentos, tudo é dispendioso. Assim, quando o diretor do filme diz "Silêncio, câmera, ação!", nenhum ator ou técnico tem o direito de dizer "Espera um pouco, eu tenho uma dúvida". As dúvidas devem ser esclarecidas antes. Ouvindo a palavra "ação", todos devem atuar, sem perda de tempo.

Neste exercício, todos tentam trabalhar todas as ideias, sem discussão. Quando vários participantes, que não estão na cena, têm algumas ideias a sugerir, o diretor interrompe e, um a um, dizem em que forma querem ver a cena. Exemplo: "Todos os homens agindo como mulheres e todas as mulheres como se fossem homens". Alguns minutos para improvisar. "Como se estivessem todos embaixo d'água." Improvisam. E assim por diante: com um cacoete, como se fossem animais, com pavor, de quatro patas... Nenhuma ideia, não importa o quão louca, é rejeitada — tudo é possível: dentro do aparente surrealismo, este ensaio é ótimo para quebrar mecanizações e para abrir caminhos para novas descobertas.

2. Personagem invisível

Representa-se uma cena na ausência de um ou mais atores, que, no entanto, se supõem presentes. Isso obriga os atores que ficam em cena a ver e ouvir os ausentes com maior nitidez. Estranhamente, muitos atores conseguem uma percepção mais nítida dos companheiros quando não os veem. Desse modo os atores são forçados a imaginar o diálogo que não é dito e os movimentos que não são feitos.

Por isso este exercício representa um perigo para os atores de imaginação demasiado fértil, capazes de fantasiar a atuação dos invisíveis a ponto de projetar sobre eles imagens que eles próprios criam, passando a representar com essas imagens subjetivas e não com a realidade dos atores que têm diante de si. Esses atores devem compreender que "teatralidade" é interação. Teatro é o que se passa de um a outro, e não uma qualidade que reside em um ou em outro.

3. Antes e depois

Trata-se de simples ensaios de improvisação sobre o que se teria passado a cada personagem antes da entrada em cena e aquilo que poderia acontecer logo depois da sua saída. O ator ganha, assim, impulso para entrar em cena "aquecido" e ganha continuidade após sair. Este exercício evita que o ator comece a viver sua personagem apenas quando entra em cena, pois a personagem já deve estar viva muito antes disso.

4. Transferência de emoção

É um ensaio bastante mecânico e fastidioso, mas que pode dar bons resultados em caso de bloqueios inexplicáveis. Conta-se que um ator transmitia um medo terrível da morte quando encostava o revólver à cabeça e ficava na dúvida se havia de matar ou não. A "memória emotiva" especial desse ator consistia em pensar como era terrível tomar banho de chuveiro frio no inverno. O ator fazia uma original transferência de emoção que vencia o bloqueio da sua incapacidade de sentir a morte iminente. Outra atriz jamais sentira um orgasmo e, para conseguir sentir toda a felicidade e repouso da sua personagem após uma bela noite, recorria, com a ajuda da sua memória emotiva, a um dia de sol nas praias de Itapoã, Bahia, tomando um sorvete de coco.

Essas transferências de emoção não são desonestas, pois ajudam o ator a sentir e a mostrar uma emoção a partir de outra: a água fria no inverno tem algo de mortal, assim como um sorvete nas praias quentes de Itapoã tem algo de orgástico.

5. Câmera lenta

O ator tem necessariamente um ponto de vista subjetivo quando interpreta uma personagem e vê a peça e as outras personagens segundo esse ponto de vista subjetivo. Por isso, convém que os primeiros ensaios se façam sem que os atores saibam que papéis vão representar, o que só é possível em elencos permanentes.

Em contrapartida, o diretor tem que ver a peça e o espetáculo na sua totalidade, na sua objetividade. Esse conflito entre a subjetividade do ator e a necessária objetividade do encenador sacrifica muitas vezes a possível criatividade do ator. Uma cena pode precisar de determinada "velocidade" que impede o lento desenvolvimento de uma personagem. O ensaio de câmera lenta resolve esse problema e dá ao ator todo o tempo de que necessita para desenvolver todas as ações, transições e movimentos que sinta vontade de realizar e, depois de os desenvolver, será mais fácil condensá-los. Este exercício deve ser feito alternadamente com o de velocidade. Basicamente, consiste em ralentar todos os diálogos, atividades e ações, a bel-prazer de cada ator. Atenção: isto é um ensaio! No espetáculo não pode ficar assim, não...

6. Velocidade, dito "dois toques"

Ensaio de velocidade, também chamado de "dois toques", que é um exercício típico de futebol brasileiro, inventado pelo técnico Vicente Feola: nenhum jogador pode tocar na bola mais de duas vezes. Da primeira vez, para recebê-la; da segunda, para passá-la a um companheiro.

Este ensaio é especialmente indicado para atores como os argentinos, de formação stanislavskiana através do Actors Studio: atores que desenvolvem a subjetividade em grau extremo e permitem que ela se transforme em realidade social, mostrando ao espectador não uma realidade objetiva, mas sim a sua visão subjetiva dessa realidade. Esse caminho transforma o realismo em expressionismo: a realidade é vista através de alguém. Alguns atores fazem pausas imensas para dizer "bom dia". Essas torrentes de subjetividade (cada qual tem a sua, graças a Deus!) impedem a estruturação das ações, pois cada ator procura impor a sua visão pessoal sobre a realidade. No exercício de velocidade, dito de dois toques, o ator deve, no mais curto espaço de tempo e com a maior energia emocional e clareza de ideias possíveis, fazer com que a ação se desenrole com grande rapidez, no mínimo de tempo indispensável. A propósito, no teatro nunca deve haver "pausas" — no máximo momentos em que a ação toma a forma de silêncio. O silêncio também é ação.

7. *Ensaio sensorial*

Variante do de câmera lenta. O ator procura abrir os sentidos a todos os estímulos exteriores, entrando em relação sensorial e sensual com o mundo exterior. Há gente que até o amor faz mecanicamente, de forma não sensual. Pelo contrário, o ator, até mesmo quando pronuncia uma fórmula matemática, deve enunciá-la de forma sensual, isto é, "esteticamente". Comunicação estética é a comunicação sensorial, a que passa pelos sentidos e não apenas pela razão.

8. *Meia-voz*

O esforço físico para emitir a voz, para fazer um movimento ou ampliar uma expressão de maneira a chegar a um grande auditório (por exemplo, quando se representa ao ar livre para milhares de espectadores, por entre os quais circulam cães e outros animais), pode frequentemente fazer com que o ator perca a riqueza de pensamento ou emoção de determinada cena — tornar rude a sutileza. O ensaio a meia-voz é útil para revitalizar essas cenas, permitindo que toda a energia do ator se concentre no significado essencial das palavras e não na potência da voz: faz com que ele se ouça a si próprio e aos outros e se perceba.

9. *Magnificar*

Os atores magnificam todas as emoções, movimentos, conflitos etc., sempre dentro do rumo certo, mas ultrapassando o limite aceitável. Não se trata de substituir uma coisa por outra, mas apenas de magnificar: quando se odeia, magnifica-se o ódio; quando se ama, magnifica-se o amor; quando se grita, magnifica-se o grito etc. Para encontrar a focagem correta do microscópio, o cientista não vai focando pouco a pouco até chegar ao foco certo, mas o ultrapassa e, depois, com maior segurança, volta atrás até reencontrá-lo. Também a medida correta da interpretação do ator se encontra depois de a haver exagerado, e não antes.

10. *Ensaio livre*

Permite-se ao ator fazer tudo o que sinta vontade de fazer, de alterar movimentos, texto, tudo; sua única limitação é a segurança física dos demais, para que possam por sua vez criar sem medo. Este ensaio baseia-se no fato de grande parte da criação artística ser racional, mas não toda. Sempre aparece algo inesperado quando um ator se deixa levar por sensações de momento, irracionais, não preestabelecidas. "Não sei, senti que era assim porque sim!" Pode-se conseguir muitos matizes com este ensaio libertador. Quando o ator se torna inseguro sobre o que farão os outros atores, isso o incita a criar e a observar. Este ensaio pode ser perigoso se for praticado antes de estarem definidas as coordenadas básicas e racionais, fundamento da ideia do espetáculo.

11. *A caricatura*

Pode-se fazer de duas maneiras: ou o próprio ator ridiculariza a sua interpretação ou isso é feito por um companheiro. Henri Bergson, em seu livro *O riso*, diz que o ser humano só ri quando se revelam o seu próprio automatismo e a sua própria rigidez. Quando se faz a caricatura de alguém, o que provoca o riso é o que há de surpreendente no comportamento automatizado da caricatura. Se o ator puder ver, através da caricatura, o que é que está automatizado na sua própria interpretação, mais facilmente poderá alterar e revitalizar o seu trabalho.

12. Troca de personagens

Para um melhor conhecimento de todas as personagens, faz-se um ensaio trocando os atores e suas personagens (especialmente dentro de uma mesma relação: marido-mulher, pai-filho, patrão-operário etc.). Os atores não têm que decorar o texto dos outros, só têm que dar a ideia geral, o conteúdo do papel: o marido faz a mulher, e vice-versa.

13. Necessidade contra vontade

Muitas vezes a "vontade" da personagem não faz mais que exprimir em termos individuais uma necessidade social. A necessidade social se corporifica e se individualiza na "psicologia" de determinada personagem. O importante é a função social da personagem, e não sua idiossincrasia. O papa "quer" que Galileu responda às acusações da Inquisição simplesmente porque é papa e tem que querer. A guerra de genocídio contra o heroico povo do Vietnã foi conduzida por três presidentes: Kennedy, Johnson e Nixon. Três características psicológicas díspares, mas uma só função social: presidente do imperialismo andrófobo. A personagem "quer" praticar a ação que, por "necessidade", vai ter que realizar de qualquer maneira, querendo ou não.

Pode também acontecer de a vontade individual entrar em conflito com a necessidade social. Neste ensaio, o ator procura sentir, compreender e demonstrar que todas as suas ações são determinadas com antecedência relativamente a tudo o que ele possa ou não "querer". Ensaia-se a oposição entre o "querer" e o "dever", entre o "Eu quero" e o "Eu tenho que...". A personagem faz o que tem que fazer, podendo querer o seu dever ou não.

14. *Ritmo de cenas*

Num ensaio com o texto verdadeiro, os atores inventam um ritmo que lhes pareça conveniente para cada cena e começam a representar dentro desse ritmo. O ritmo deve mudar quando muda o conteúdo da cena. Não se trata de cantar o texto, mas de dizê-lo ritmicamente. Este exercício facilita a integração do elenco e a estruturação objetiva das "subjetividades".

15. *Analogia*

Para desenvolver mais livremente a imaginação, os atores decidem improvisar uma "analogia" da cena que devem ensaiar. Por exemplo, se se trata de ensaiar uma cena sobre a repressão fascista da polícia em determinada cidade, nada melhor do que fazer uma improvisação "analógica" com a repressão nazista sobre os judeus na Alemanha hitleriana, ou com a polícia de Wallace contra os negros do Alabama. Infelizmente, analogias desse tipo são fáceis de encontrar em toda parte...

16. *"Continuem a falar!"*

Quando o texto da cena for encerrado, o diretor fala "Continuem a falar!", e os atores continuam as ações e as falas das personagens.

17. *Sussurro*

Os atores falam seus textos em voz baixa, quase inaudível, como se fosse um grande segredo.

18. *"Eu não acredito em você!"*

Os atores têm o direito de falar "Eu não acredito em você!" diversas vezes para os outros atores, obrigando-os a repetir o texto de forma mais intensa e crível.

19. Telegrama

O ator só pode falar a palavra mais importante de cada frase do diálogo e, enquanto isso, pensa na frase completa e na frase seguinte.

20. Concentração Botvinnik

Dizem que o campeão mundial de xadrez, Mikhail Botvinnik, tinha por hábito concentrar-se não no silêncio nirvânico, mas colocando na mesma sala, em altíssimo volume, três ou quatro aparelhos de som com músicas díspares: clássica, tango, jazz, por exemplo. No meio desse inferno sonoro, semelhante ao centro do Rio de Janeiro ou de São Paulo, o grande campeão inventava jogadas geniais.

Neste ensaio, procede-se da mesma forma, buscando-se sons que distraiam a atenção dos atores, superpondo-se ações dentro do mesmo espaço cenográfico, em suma, fazendo o possível para distrair os atores.

A série de pique-piques mostra bem algumas dessas possibilidades.

Sequência e ensaios "pique-piques"

Estes ensaios servem principalmente para desenvolver a rapidez dos atores, a sua capacidade de mudança brusca de emoção ou de personagem, dando-lhe maior flexibilidade física, mental e emocional, maior concentração e atenção. Quanto mais difíceis são as condições para o trabalho do ator, mais rico se torna o seu desenvolvimento. Estes ensaios são absolutamente indispensáveis para os espetáculos que utilizem o "Sistema Coringa". Não são muitos.

1. Pique-pique simples

Todos os atores ficam fora de cena. O diretor, ou um ator, diz uma frase qualquer do texto e indica uma maneira de representar a cena: a caricatura, com ódio, com amor, magnificando etc. Imediatamente, todos os atores que participam na cena que inclui aquela frase correm e colocam-se nas posições que ocupam quando essa frase é pronunciada; iniciam a ação a partir dessa frase, dentro da forma de ensaio solicitada. Ao fim de alguns minutos, um segundo ator diz outra frase e outra técnica de ensaio. Imediatamente se interrompe a ação da cena que se estava fazendo e se começa, sem perda de tempo, a segunda cena requerida, colocando-se logo os atores nas posições que ocupam quando essa segunda frase é dita; e sempre dessa forma continuam as cenas sucessivas, com as diferentes técnicas de ensaio pedidas.

2. *Pique-pique taca-taca*

Exatamente igual ao anterior, com a diferença de que os atores que entram na primeira cena, mas não são requeridos para a segunda, continuam atuando na primeira, ao mesmo tempo e no mesmo espaço em que se improvisa a segunda cena. Como pode acontecer que alguns atores da primeira cena sejam chamados para a segunda, os que permanecem na primeira cena improvisam com personagens invisíveis no lugar daqueles que foram para a segunda cena. Ao fim de alguns minutos, um terceiro ator pronuncia uma terceira frase e uma terceira forma de ensaiar: todos os atores que estão em cena começam imediatamente, a partir dessa frase, a representar a terceira cena da maneira requerida pelo terceiro ator. Os atores que estão na primeira ou na segunda cena, mas não na terceira, continuam nas suas respectivas cenas, com personagens invisíveis, se necessário.

Desse modo estarão sendo ensaiadas três cenas simultâneas, de três maneiras diferentes. O número máximo é de cinco cenas sobrepostas. Quando uma acaba, os atores prosseguem com a seguinte. Quando for o caso da última cena da obra, recomeçam a primeira. Uma vez iniciada uma cena, não podem passar à outra todos os atores: deve ficar pelo menos um em cada cena (sendo todas as outras personagens invisíveis), de modo que no fim haverá cinco cenas simultâneas, cada uma com pelo menos um ator.

3. Pique-pique taca-taca na berlinda

É uma variante em que todas as frases pronunciadas devem pertencer a cenas nas quais esteja necessariamente um ator designado para a "berlinda". Serve para concentrar a eficácia do exercício sobre determinado ator que tenha qualquer dificuldade especial.

4. Pique-pique taca-taca pingue-pongue

É uma variante que aumenta a dificuldade. Nos exercícios anteriores, os atores passam de uma cena para a seguinte sem regressar às anteriores. Na variante pingue-pongue, se o ator não tiver texto na cena principal (a última), deve fazer pingue-pongue para uma das cenas em que a personagem que encarna tenha alguma frase a dizer ou uma ação física importante a realizar. Este exercício é um constante pingue-pongue de atores através das cenas. Cada ator, ao saltar de uma cena para a outra, deve iniciar bruscamente a forma de ensaio solicitada: amor, ódio, ópera etc. O ator tem, assim, a possibilidade de experimentar cinco cenas e cinco maneiras de fazê-las, dentro do tempo de poucos segundos. Esses saltos devem ter a velocidade de uma bola de pingue-pongue.

A fim de obrigar os atores a aumentar a concentração, este exercício pode ser complementado com uma música que nada tenha a ver com as cenas ("concentração Botvinnik").

4. Teatro Fórum: dúvidas e certezas

Quando este texto foi escrito, as experiências e pesquisas feitas sobre o Teatro Fórum ainda estavam em fase preliminar, em plena etapa de desenvolvimento, descobertas, abertura de caminhos.

O desenvolvimento em múltiplas direções do Teatro Fórum em tantos países do mundo determina, inevitavelmente, uma revisão de todos os conceitos, de todas as formas, estruturas, técnicas, métodos e processos. Tudo é reposto em questão. Só não se pode repor em questão os princípios mesmos do Teatro do Oprimido, que é um método complexo e coerente. Esses princípios são: a) a transformação do espectador em protagonista da ação teatral e, através dessa transformação, b) a tentativa de modificar a sociedade, e não apenas interpretá-la.

Dentro das muitas formas e maneiras de praticar o Teatro Fórum, contudo, surgem muitas dúvidas, mas também algumas certezas.

Entre dúvidas e certezas, creio existirem pelo menos 21 temas fundamentais, que agora me proponho discutir.

21 TEMAS FUNDAMENTAIS

1. Opressão ou agressão?

Suponhamos estas situações: um homem já está dentro de uma câmara de gás. Faltam poucos segundos para a execução.

O carrasco prepara-se para soltar a cápsula de cianureto. Outro homem está com os olhos vendados, amarrado, diante do pelotão de fuzilamento. Faltam poucos segundos para que o comandante do pelotão dê a ordem de execução.

Pode-se fazer uma cena de Teatro Fórum com esses acontecimentos? Pode algum espectador gritar "Para!", substituir o protagonista à beira da morte e tentar alguma solução para o angustioso problema? Creio que não.

É evidente que aqui se trata de casos verdadeiramente extremos e, na verdade, muitas vezes um grupo prepara uma peça de fórum em que a situação é apresentada de tal forma e em tal grau de desenvolvimento que as ações optativas são muito poucas ou nenhuma, e já não se pode fazer mais nada. Quando isso acontece, o efeito que tal modelo produz é sempre negativo. "É a fatalidade! É o impossível!" E nós, muito pelo contrário, tentamos fazer Teatro do Oprimido para buscar os caminhos da libertação, não para provocar a resignação, a catarse.

Lembro-me, por exemplo, de uma cena de Teatro Fórum na qual uma jovem era violentada no metrô, à meia-noite, por quatro indivíduos armados, estando ela sozinha e a estação, abandonada. É evidente que já não podia fazer nada mais que tentar defender-se fisicamente. E todas as intervenções dos espectadores tentavam revelar o defeito do modelo, que apresentava uma catástrofe já inevitável. Lembro-me do outro modelo em que a mulher era espancada pelo marido, estando os dois sozinhos em casa. Ainda outro em que um homem era sequestrado na rua por três policiais armados.

Em todos esses casos, nada ou quase nada é possível fazer para que a cena tenha um final alternativo. A moça pode correr para chamar o chefe da estação (supondo que tivesse um chefe da estação); a mulher pode gritar; o homem pode pedir socorro. Que mais? Trata-se aqui de agressões físicas, exclusivamente físicas, e as soluções só podem ser de ordem física. Isto é, só se as três vítimas em questão tivessem aprendido capoeira, karatê ou jiu-jitsu é que poderiam quebrar a opressão.

Casos como esses não servem ao bom espetáculo de Teatro Fórum, pois não apresentam a opressão, que pode ser combatida, mas sim a agressão ou repressão, que é inevitável, se não formos fisicamente fortes.

Convém esclarecer os conceitos: utilizamos a palavra "agressão" para designar o último estágio da opressão. A opressão não é totalmente física, não se resolve apenas em termos musculares, ou no tiro ao alvo. A opressão é muitas vezes internalizada: é a própria vítima que a aceita. O oprimido pode ainda libertar-se; o agredido, se fisicamente forte, pode devolver a agressão e nada mais. Mas o Teatro Fórum não é *catch-as-catch-can* ou luta livre.

Portanto, quando o modelo mostra apenas a agressão, provoca a resignação, pois todas as ações possíveis referem-se exclusivamente à força física. E isso causa maior mal, desmobiliza, desativa os espect--atores.

Nesses casos, creio, deve-se voltar atrás no enredo da história e tentar verificar em que momento o oprimido ainda podia ter optado por outras soluções, em vez de permitir que a história avançasse para o final agressivo. Por exemplo, a jovem que desceu sozinha à estação do metrô, que coisa poderia ter feito antes de descer? Por que estava só? Poderia ter aguardado a chegada do trem perto do chefe da estação, supondo que tivesse um? Poderia obrigar algum amigo a acompanhá-la? Poderia ter comprado uma dessas bombas de gás paralisante que se vendem nas lojas para a proteção da mulher? Poderia ter dormido na casa da amiga?

E a mulher agredida pelo marido, fisicamente incapaz de se defender, não poderia antes tê-lo abandonado? Por que ficou em casa essa noite? Por que não chamou alguém, por que não foi dormir na casa de outra pessoa? E o homem sequestrado pela polícia, que erros táticos cometeu para se deixar apanhar assim de surpresa? Que cuidados se esqueceu de tomar? Que precauções seriam possíveis?

Em suma, se já nada mais é possível, aos espect-atores nada mais resta que se converterem em testemunhas da tragédia. O diretor polonês Jerzy Grotowski disse certa vez que os espectadores devem ser testemunhas de algo que acontece e afirmou que uma cena que muito o impressionara tinha sido a de um filme que mostrava um monge budista no Vietnã, o qual, depois de atear fogo às vestes, morria: o filme mostrava o monge quase morto, e podia-se mesmo ouvir sua respiração misturada ao crepitar das chamas. Essa é uma imagem belíssima e muito emocionante, que serve perfeitamente bem ao teatro no qual o espectador é uma testemunha. E, nesse tipo de teatro, existem muitos diretores extraordinários, e muitas peças belíssimas. Porém, no

Teatro do Oprimido, longe de ser testemunha, o espectador é ou deve exercitar-se para vir a ser o protagonista da ação dramática — portanto, a imagem do monge que já nada pode fazer para salvar-se, nessa forma particular de teatro, de nada serve, e a cena não pode ser usada como treinamento para a ação real, que é o propósito de todas as formas de Teatro do Oprimido. O que não impede que a cena do monge seja bela!

Para que se faça uma boa cena de Teatro Fórum tendo por tema esse monge, seria necessário mostrá-lo no momento em que, tendo já jogado querosene em cima da roupa e do corpo, conservasse nas mãos a caixa de fósforos, mas com o fósforo não aceso. Sobre esse momento crucial, pode-se fazer um excelente fórum. Mas, quando já arde o corpo, passamos ao domínio da agressão, da repressão, da fatalidade, do inevitável, e nada mais é possível.

Lembro-me ainda do livro de um médico judeu que narrava as atrocidades nazistas e a progressão de restrições impostas ao judeus: primeiro, eram obrigados a usar a estrela de Davi ("Por que não, se nos causa orgulho?", diziam); depois, veio a proibição de exercerem funções de médicos, por exemplo, ou de advogados ("Por que não, se podemos igualmente exercer outras funções e, cedendo nisso, estaremos apaziguando nossos inimigos?"); e, mais, a obrigação de viverem juntos nos mesmos guetos ("Por que não?"); finalmente, o embarque para os campos de concentração e a morte. Esse médico, que era judeu, em momento algum do livro desculpava os nazistas, que foram, é claro, os carrascos de sua raça. Mas, como judeu, perguntava a si mesmo: "É verdade que, na câmara de gás, já nada podíamos fazer; mas será que não podíamos ter feito alguma coisa antes?".

Esse é um belo tema para Teatro Fórum: seria possível fazer alguma coisa antes? Quem seria capaz de fazê-lo? Em que condições? Quem o fez? Por que não fizeram todos? Se isso tornar a acontecer, que se poderá fazer? (É evidente que muitos judeus ficaram ativos quando perceberam o perigo que corriam — desde a imigração à resistência armada. Esse fato é frequentemente ignorado nas histórias que descrevem essa época.)

Concluo: o Teatro Fórum é sempre possível quando existem alternativas. Caso contrário, torna-se fatalista.

2. O estilo do modelo

Nos primeiros anos do Teatro Fórum, e quando o problema central apresentado pela peça era concreto, o modelo tendia em geral ao realismo seletivo. Digo mesmo que a maioria dos espetáculos de Teatro Fórum que tenho visto foi realizada dentro desse estilo. Depois, com o fato de que essa forma de teatro começou a ser praticada em muitos países e em culturas muito diferentes, nos cinco continentes do mundo, muitos outros estilos apareceram.

Não importa o estilo: o importante é que o Teatro Fórum seja bom teatro, antes de mais nada. Que a apresentação do modelo seja, em si, fonte de prazer estético. Deve ser um bom e belo espetáculo, antes de começar a parte fórum, isto é, a discussão dramática, teatral, do tema proposto.

Creio que uma das formas de chegar à encenação de um modelo é através do Teatro Imagem. Mais precisamente, através de uma sequência de técnicas do Teatro Imagem que cheguem finalmente à construção do ritual que corporifica o tema tratado. Pode acontecer que o ritual em questão seja rico, teatral, estimulante: por exemplo, o aniversário da mãe, o trabalho na fábrica, a sala de aula, um tribunal, uma assembleia, e tantos mais. Quantos elementos teatrais podem ser aí introduzidos, a fim de coisificar, visualizar as relações entre as personagens! É preciso que os espect-atores vejam as opressões e não apenas que delas sejam informados — isto é teatro!

Existem, porém, outros rituais que são pouco teatrais, pouco estimulantes. E o perigo de uma encenação pobre é induzir os espect-atores participantes a apenas falar, discutir verbalmente as soluções possíveis, em vez de fazê-lo teatralmente. É o que chamamos, pejorativamente, de "rádio-fórum".

Nesses casos, creio, em lugar de se tentar encenar utilizando-se o ritual, deve-se, através das técnicas da imagem, tentar encontrar as imagens, mesmo simbólicas, surrealistas, que possam corporificar teatralmente o tema, de maneira enriquecedora. Dou um exemplo: no espetáculo realizado pelos professores de francês durante seu congresso anual (Estrasburgo, 1979), dirigido por Richard Monod e Jean-Pierre

Ryngaert, havia uma cena em que o inspetor vinha examinar um dos professores. Ora, o ritual desse tipo de exame é teatralmente pobre: os dois sentados um ao lado do outro, na mesma mesa. Que fizeram os professores? Mantiveram o texto usual em tal tipo de encontros e, cenicamente, apresentaram o ritual da confissão ao padre: o professor ajoelhado diante do confessionário. Aqui, não se tratava apenas de dar um golpe teatral, mas de revelar visualmente uma das características verdadeiras da inspeção, que muito tinha de confissão, de assemelhar a relação professor-inspetor à relação fiel-confessor, no qual um era o representante de Deus. Era o inspetor-confessor que podia absolver ou condenar o professor-fiel. Usou-se o ritual extrapolado.

No mesmo espetáculo, outro ritual que também se realiza comumente em volta da mesa, a atribuição de notas aos alunos, era feito igualmente de forma simbólica, com todos os professores e o diretor da escola visualmente formando uma pirâmide, com o diretor no vértice, o professor de matemática (o mais hierarquizado) logo abaixo, e, embaixo de todos, e mesmo embaixo da mesa, todos os demais professores que, em coro, repetiam as notas e as apreciações do professor de matemática. Usou-se um ritual metafórico.

No VII Festival Internacional de Teatro do Oprimido realizado no Centro Cultural Banco do Brasil em julho de 1993, doze países estavam representados com seus espetáculos. Os indianos de Calcutá do Jana Sanskriti apresentaram duas peças que pareciam dois balés, espetáculos "melódicos", sensuais, delicados, sobre a vida das mulheres em Bengala; os africanos do Atelier Théâtre Burkinabé apresentaram outras duas cheias de ritmos africanos e roupas coloridas — espetáculo aberto e direto, intercomunicativo com a plateia desde o início. Os austríacos, uma peça que começava em valsa e terminava de maneira dura e com interpretações ríspidas: era sobre o racismo naquele país; os franceses, uma peça simbolista; os alemães, uma peça expressionista sobre a burocracia, os porto-riquenhos, bem, eles são caribenhos, mostraram o Caribe, suas danças, seus amores.

Cada país desenvolveu o seu próprio estilo de Teatro Fórum e, dentro de cada país, cada grupo.

Portanto, o estilo é, a meu ver, indiferente: deve-se usar aquele que melhor convier. Pode-se usar o ritual de pelo menos três formas: a) realista; b) extrapolada; c) metafórica. Isso, quanto à encenação. E o mesmo diria eu quanto à dramaturgia. Mas isso nos leva a outro tema. Pode um espetáculo de Teatro Fórum ser, digamos, tchekhoviano? Vejamos.

3. *Urgência ou não? Simples ou complexo?*

Um dia, uma aluna minha, quando eu era professor da Sorbonne, em Paris, me propôs fazer uma cena de Teatro Fórum sobre um problema seu. Disse estar cansada de tanto fórum sobre problemas demasiado concretos e urgentes: salários, greves, mulheres oprimidas, cadência do trabalho na fábrica etc. Propôs seu problema: era jovem, vivia sozinha num enorme apartamento, pois o pai e a mãe casaram-se com outras pessoas e saíram, os dois, de casa. Ela queria, de certa forma, reconstituir sua família. Tinha convidado alguns amigos para morar com ela. Eles vieram: um casal e mais um rapaz e outra moça, que não eram um casal. Mas seus companheiros não preenchiam os papéis de pai e mãe, que era o que ela buscava. Quando queria que ficassem, partiam; quando queria ficar só, lá estavam eles. Ainda mais: ela pensava seriamente em se casar, em constituir ela mesma seu lar, pensava sinceramente na monogamia... mas para isso teria que perder sua atual condição de polígama, que também a atraía... Queria coisas contraditórias, tudo ao mesmo tempo.

Não fizemos esse fórum, pois ela queria fazê-lo, mas ao mesmo tempo não queria...

Tempos depois, com outro grupo na mesma universidade, propus tentá-lo. E tentamos. Devo dizer que aprendi alguma coisa sobre os jovens parisienses de hoje em dia. Mas confesso que, à imprecisão do modelo, correspondeu igual imprecisão do fórum. O modelo não explicitava claramente os problemas, as opressões; o fórum não foi além, embora estivesse teatralmente animado. Teatro Fórum é, antes de tudo, uma boa pergunta: aqui, ninguém sabia o que estava perguntando, assim as respostas ficavam mais difíceis.

Quando se tem um problema claro, concreto e urgente, é lógico que o debate se dirija para soluções igualmente urgentes, concretas e claras. Um tema nebuloso provoca nebulosidade.

Pode ser, ao contrário, que a imprecisão seja apenas aparente, e que o fórum sirva para analisar uma situação em vez de sintetizar soluções possíveis.

4. *Deve-se chegar a uma solução ou não é necessário?*

Acredito que muito mais importante do que chegar a uma boa solução é provocar um bom debate. Na minha opinião, o que conduz à autoativação dos espect-atores é o debate, não a solução que porventura possa ser encontrada.

Mesmo que se chegue a uma solução, pode ser que ela seja boa para quem a propôs, ou para as condições em que o debate se desenrolou, mas que não seja necessariamente útil ou aplicável por todos os participantes do fórum.

É evidente que muitas vezes ocorre aprendermos algum dado útil durante o debate-fórum. Lembro-me, por exemplo, de um espetáculo sobre o poder médico: um doente, acidentado num desastre de automóvel, era conduzido ao hospital e ali passava por várias peripécias sem que pudesse sequer ser informado do seu estado de saúde. Era transportado de quarto em quarto, de mesa de cirurgia em mesa de cirurgia, submetido a exames e análises, obrigado a engolir remédios e suportar picadas de injeções — tudo isso sem que lhe dissessem por quê, nem para quê.

Todos os espect-atores em cena tentaram usar argumentos, forçar explicações, obter informações. Até que entrou uma senhora — não por acaso enfermeira — e pediu para assinar uma *décharge*. Informou que nos hospitais franceses, por lei, o paciente, seja qual for seu estado de saúde, tem o direito de se retirar do hospital depois de assinar um documento em que se responsabiliza por si mesmo e desresponsabiliza os médicos e o hospital: é a *décharge*.

Era informação útil que nem nós nem os espect-atores conhecíamos. Foi bom ficar sabendo disso, e pode ser importante para o futuro. Mesmo antes de o saber, porém, todos os que participavam do fórum eram autoativados, buscando soluções, argumentos, ações que poderiam, eventualmente, empreender no caso de tal eventualidade se apresentar.

O debate, o conflito de ideias, a dialética, a argumentação e a contra-argumentação — tudo isso estimula, aquece, enriquece, prepara o espectador para agir na vida real. Portanto, quando o modelo não é urgente, isto é, quando não se trata de sair do espetáculo e agir diretamente sobre a realidade, igualmente não é necessário encontrar uma solução: é necessário buscá-la.

Pode acontecer, no entanto, que o fórum seja feito justamente no sentido de buscar uma solução para um acontecimento que se produzirá de qualquer maneira, logo em seguida. Digamos, por exemplo, que se faz um fórum com o objetivo de treinar uma equipe de moradores de um mesmo bairro que irá, em comissão, protestar junto à municipalidade, ou fazer qualquer reivindicação. Nesse caso, não se trata apenas de estimular a autoatividade, mas de traçar concreta e minuciosamente uma estratégia e uma tática para uma ação iminente. Quem falará? De que maneira? Que argumentos vai usar? Que se pode esperar do adversário? Nesse caso é absolutamente indispensável chegar não apenas a uma solução genérica, mas desenvolver igualmente todos os planos concretos da ação que se vai empreender e decidir o papel de cada um.

No trabalho do Centro de Teatro do Oprimido do Rio de Janeiro, é muito frequente encontrar esse tipo de fórum urgente. Casos como os narrados com mais minúcias no meu livro *Teatro Legislativo*: no morro do Chapéu Mangueira, um grupo queria que uma sociedade filantrópica se encarregasse de mediar a concessão de verbas municipais e, antes de procurá-la, ensaiou em fórum os diferentes argumentos e ações que proporia. No grupo de homossexuais do Atobá ensaiaram-se as diferentes estratégias a serem usadas em uma entrevista em que o protagonista busca emprego e é discriminado por causa de suas roupas e de seu comportamento. No caso do Sindicato dos Bancários, ensaiaram-se algumas vezes greves que seriam realizadas no dia seguinte.

Ensaiar uma ação antes de praticá-la: eis uma das maiores utilidades do Teatro Fórum. Eu mesmo ensaiei a minha própria ida ao Ministério da Cultura francês para pedir aumento de verbas para o meu centro de lá, o Centro de Teatro do Oprimido-Paris. Deu certo!

5. Deve-se representar o modelo da ação futura ou não?

Penso que, no caso anterior, é útil representar o modelo da ação futura, considerando-se que ele vai ser efetivamente vivido no futuro imediato. Tal representação pode funcionar como uma espécie de ensaio geral do ato real. Esse modelo seria a cena tal como queremos vê-la na vida real, e as ações tais como as queremos praticar.

Creio também que, num espetáculo teatral em fórum, tal representação pode ajudar a sumariar os resultados do próprio fórum. Muita discussão é feita e nem tudo os espect-atores conservam na memória. Uma apresentação final pode servir como súmula.

Mas deve-se tomar sempre certo cuidado: pode ser que o modelo da ação futura seja aceitável pela totalidade dos presentes, e nesse caso sua representação servirá como novo e derradeiro estímulo para a ação real; mas pode acontecer que não, e nesse caso existe sempre o risco de que tal modelo se apresente como evangelizador, preconizando ações impossíveis de ser levadas à prática. Essa salvaguarda deve dever feita, e esse perigo, evitado.

E pode acontecer que queiramos apenas refletir sobre um problema cuja eclosão não é iminente: é bom falar das opressões que podem vir a acontecer, embora ainda não estejam programadas para o dia seguinte.

6. Modelo ou antimodelo? Erro ou dúvida?

Por um tempo achei que o termo "modelo" já continha em si a conotação de caminho a ser seguido. Doravante trabalhei com o conceito de "antimodelo". Mais tarde retomei a palavra "modelo" no sentido de um modelo a ser discutido, não seguido.

Outra palavra que pode induzir o espectador, e portanto manipulá-lo (quando o que se deseja é exatamente o contrário), é a palavra "erro". Se informamos ao espectador que o protagonista do nosso modelo cometeu um erro, isso significa que já predeterminamos que sua ação é equivocada. E quem deverá dizê-lo (se for o caso) é o próprio espectador, e não nós. Portanto, para usar as palavras corretamente, devemos dizer que, no modelo, nós temos dúvidas sobre o comportamento do protagonista oprimido.

7. A conduta do Coringa do fórum

Coringa é o nome que damos ao mestre de cerimônias do espetáculo-fórum. Durante a Quinzena do Teatro do Oprimido no Théâtre Présent (novembro de 1979), pudemos estudar pelo menos meia dúzia de Coringas em ação. No Festival do Rio, uma dúzia. Em Toronto, 1997, uma dúzia e meia! Cada um tinha sua personalidade própria e cada um se comportava diante do público segundo suas próprias características. No entanto, pudemos observar e concluir que existem algumas regras obrigatórias:

a) O Coringa deve evitar todo tipo de manipulação, de indução do espectador. Não deve tirar conclusões que não sejam evidentes. Deve questionar sempre as próprias conclusões e enunciá-las em forma de pergunta, e não afirmativamente, de forma que os espect-atores tenham que responder sim ou não, foi isso que dissemos ou não foi, em vez de serem confrontados com uma interpretação pessoal do Coringa.

b) O Coringa não decide nada por conta própria. Enuncia as regras do jogo mas, a partir daí, deve aceitar até mesmo que a plateia as modifique, se isso for julgado conveniente para o exame do tema em questão.

c) O Coringa deve constantemente reenviar as dúvidas à plateia para que ela decida. Vale ou não vale? É certo ou errado? Especialmente no que diz respeito às intervenções dos espect-atores, muitas vezes alguém grita "Para!" quando o espect-ator precedente ainda não terminou sua ação — o Coringa deve fazê-lo esperar que o primeiro termine de mostrar a ação a que se propôs, mas deve ser sensível ao desejo da plateia, que já pode ter entendido a ação proposta, preferindo passar adiante.

Também outro caso delicado que o Coringa deve reenviar à plateia é o de saber se o espectador-protagonista está ou não avançando — se estiver derrotando facilmente os opressores, todos poderão passar a substituir esses opressores, e só nesse caso. Mas quem decide, mais uma vez, é a plateia. Os opressores só poderão ser substituídos quando os atores que os interpretam não forem suficientemente conhecedores das opressões que exercem e dos seus arsenais de opressão.

d) O Coringa deve estar atento a todas as soluções mágicas. Ele pode interromper uma ação de um espectador-protagonista quando acredita que tal ação é mágica — isto é, impossível: mágica aqui tem o sentido de produto da fantasia! —, mas não deve decretar que é mágica e, sim, interrogar a plateia. Lembro-me bem do dia em que fizemos um espetáculo-fórum para o Sindicato da Magistratura: em determinada cena, um dos espect-atores (um juiz) subiu ao palco para desmontar o tribunal e destruir os dossiês dos acusados de flagrante delito. Eu, que funcionava como Coringa, interrompi a cena gritando "Para: isso é mágico!". A plateia, porém, formada integralmente de juízes e promotores, imediatamente me desmentiu: não só não era mágico, como, acreditavam eles, era a única solução e, mais ainda, era o que tinham acabado de fazer duas ou três semanas antes, em condições análogas, num tribunal de um dos bairros de Paris. Para mim era mágico, mas, para eles, que eram as pessoas realmente interessadas no assunto, era real, era possível. Voltei atrás imediatamente e deixei que a cena prosseguisse.

Às vezes, as soluções propostas, ao contrário de mágicas, são insuficientes. Nesses casos, o Coringa deve tratar de estimular os espect-atores a encontrar soluções mais ativas. A solução mágica é enganosa, mas a solução insuficiente é desmobilizadora.

É importante notar que, quando uma plateia grita que tal solução não é mágica, que é possível, esse grito já é o resultado da autoativação — o espectador já está estimulado para a ação real.

e) A atitude física do Coringa é de extrema importância. Alguns têm a tendência de se diluir na plateia, sentando-se ao lado dos demais espect-atores — isso pode ser desmobilizante. Outros, com o próprio corpo, revelam a dúvida, a indecisão e até timidez. E tudo o que acontece sobre o palco, sobre a cena, isto é, todas as imagens produzidas pelo corpo do Coringa e dos atores, ou pelos objetos, são imagens significativas, são significantes que têm um significado. Se o Coringa em cena está cansado ou desorientado, sua cansada e desorientada imagem será transmitida aos espect-atores. Se, pelo contrário, fisicamente o Coringa está atento, dinâmico, também esse dinamismo ele transmitirá aos espect-atores. Mas, atenção: ser dinâmico não deve significar ser impositivo!

Por fim, é importante que o Coringa seja, como já foi dito, socrático — de forma dialética, ele usa perguntas e dúvidas para ajudar os atores a organizar seus pensamentos e preparar suas ações. Maiêutica — o Coringa é uma parteira. Trata-se da Maiêutica do corpo e do espírito, não só do cérebro. O Coringa ajuda no parto de ideias e ações dos atores. Diferentemente de Sócrates, que formulava perguntas que exigiam respostas, o Teatro Fórum formula perguntas que esperam novas perguntas como resposta e procura assim impedir a manipulação dos espect-atores.

8. Teatralidade ou reflexão?

Além da conduta do Coringa, existe a própria conduta do espetáculo como um todo. Deve o espetáculo-fórum conduzir à teatralidade, ou seja: deve-se constituir em bom espetáculo teatral, mesmo depois da apresentação do modelo, ou deve, ao contrário, estimular a reflexão, o pensamento, a argumentação e a ação?

Penso que isso depende dos propósitos e das condições em que se realiza o espetáculo. Depende do número de participantes e de muitas outras condições específicas, como o local, o tema, as características da plateia etc.

Normalmente, num teatro, é quase inevitável que a tendência seja para a teatralidade. Conheço mesmo um grupo que introduziu um elemento espetacular no fórum: um gongo, como em uma luta de boxe, que anuncia o término ou o início de cada intervenção. Outro grupo limita o tempo de intervenção, obrigando todos a pensar rapidamente (para obter, assim, efeitos teatrais de ritmo). Enfim, creio que, na presença de grande número de espect-atores (no Porto e em Estocolmo, fiz fóruns para plateias de mil pessoas, e em Santarcangelo di Romagna, para três mil), é quase inevitável o caráter teatral do espetáculo. E também nesses casos aparecem com maior frequência os espect-atores exibicionistas que tendem a levar o espetáculo para o burlesco, o *vaudeville*. É preciso evitar tais excessos, embora eu acredite no poder estimulante e autoativador do Teatro Fórum, mesmo nesses casos extremos...

Quando, porém, se trata de pequena plateia constituída de pessoas igualmente motivadas, a reflexão predomina e a busca pode ser mais frutífera. Principalmente se a ação a ser empreendida posteriormente é obrigatória, isto é, se os espect-atores estiverem realmente se preparando para uma ação verdadeira.

9. *A encenação*

Muitas vezes os grupos que praticam o Teatro Fórum são pobres, de poucos recursos econômicos. Em geral, veem-se cenografias constituídas por mesa e cadeiras, e nada mais. Isso é uma contingência, não deve ser considerado opção. O ideal é que a cenografia seja o mais elaborada possível, com todos os detalhes que julguem necessários, com toda a complexidade que se considerar importante. O mesmo é válido para os figurinos. É importante que as personagens sejam reconhecidas pelas roupas que vestem e pelos objetos que utilizam. Muitas vezes a opressão está na roupa, nas coisas: é preciso que coisas e roupas sejam presentes, atuantes, claras, estimulantes. Quanto melhor a apresentação estética do espetáculo, maior o estímulo e maior e mais intensa a participação da plateia. É lindo ver um espectador que entra em cena e se veste antes de começar a agir! Ele mesmo sente-se mais protegido, mais personagem (sem deixar de ser pessoa!). Um espectador vestido com o figurino da personagem é muito mais livre e criador.

O mesmo vale para os demais elementos de uma encenação. Afinal, o modelo é uma peça de teatro como outras, com a única diferença de que não pode ser evangélica, não pode ser portadora de mensagem, da boa palavra e, sim, da dúvida, da inquietude que vai estimular o pensamento e a ação da plateia. Por isso, se for possível, usar música; se for possível, usar dança, dance-se muito! Se a cena puder ser colorida, por que fazê-la em preto e branco?

É importante considerar também a marcação (a *mise-en-place*). Cada movimento de cada ator é significativo. O cenário e os atores apresentam a cada momento imagens dinâmicas que possuem significados. O movimento não pode ser arbitrário, mas deve ter um conteúdo. A proximidade ou a distância entre duas pessoas é importante, pois traduz ideias, muito mais do que apenas centímetros ou metros.

No Rio de Janeiro, fez-se um Teatro Fórum sobre uma personagem jovem que gostava de música e de dança. Em cena, porém, ela não bailava nem se ouvia uma única nota musical. A informação de que gostava de dança e música não era trazida esteticamente aos espect-atores, e sim verbalmente. E isso não entrava como um dos dados fundamentais do problema. Quando reensaiado, o antimodelo introduziu a música e o movimento, e os espect-atores, muito mais ativados, participaram com maior intensidade e frequência.

10. A *dramaturgia*

O conflito precisa ser estruturado de forma teatral na versão primordial da cena, no embrião. Uma cena de Teatro Fórum é, antes de mais nada, uma cena teatral. A cena deve ser bem resolvida e bonita de olhar. Para isso é indispensável que tenha os seguintes elementos:

a) Ter um protagonista que está com a razão e sente um forte desejo, mas não sabe como realizá-lo. Sua motivação precisa ser muito clara para que os espect-atores se sintam compelidos a substituí-lo no palco. Ninguém vai querer substituir uma figura que não sabe o que quer. O protagonista deve lutar, fazendo que o público sinta empatia por ele — ele não pode se mostrar deprimido, senão o público sentirá pena dele. Ninguém vai querer substituir uma figura fraca, já que ninguém vai se identificar com ela.

b) Cada cena deve ter pelo menos um antagonista, uma figura real e concreta contra a qual ocorrerá uma disputa teatral. Não pode se tratar de uma instituição abstrata, uma religião, a sociedade, o sistema de ensino etc., mas sim uma pessoa concreta, que representa essa abstração. Até nas tragédias gregas os protagonistas não lutavam diretamente contra os deuses. Por exemplo, o verdadeiro antagonista de Édipo rei era um deus, mas sua luta teatral se dava contra humanos como Tirésias, Creonte e outros.

c) Representação da situação: a cena de Teatro Fórum não deve começar diretamente com a crise, na qual os espect-atores tentam encontrar soluções e alternativas para o problema proposto. É necessária uma fase de preparação na qual o público é informado da situação que deverá ser alterada: quem são as figuras e quais são suas características, seus pontos fortes e fracos — é necessário mostrar o panorama em torno do protagonista, para que as intervenções dos espect-atores sejam feitas conscientemente e possam ser bem-sucedidas no contexto da cena. Se a cena tratar de uma greve, é indispensável que sejam mostrados elementos essenciais, como os lojistas, os clientes, os fura-greves, os vizinhos, a família e todos aqueles que, na visão do grupo, representam valores que deverão ser tematizados.

d) Contrapreparação: para aumentar a teatralidade do Teatro Fórum, a cena deve começar com uma ação que ainda não tem nada a ver com a crise, para dar mais energia à troca de ação, no que Aristóteles chama de *peripeteia*. Em *Casa de bonecas*, de Henrik Ibsen, Nora se mostra inicialmente feliz e se adapta bem à vida familiar — até que começam os problemas no matrimônio. Em *Romeu e Julieta*, o casal feliz vai se casar, até que comete suicídio. Em *Ricardo III*, nenhum espectador acredita que um homem tão feio, que tem medo até da própria sombra, conseguiria seduzir Lady Anne, viúva do homem que ele acabara de matar, e ainda por cima durante o funeral. Se Ricardo tivesse percebido desde o começo que Lady Anne o amava, e não odiava, se Romeu e Julieta tivessem previsto sua morte iminente, se Nora tivesse sido uma feminista radical, aí com certeza não teria ocorrido a *peripeteia*. Ou o efeito teatral dessa mudança seria muito mais fraco.

e) Caracterização das figuras: muitas vezes os grupos cometem o erro de, ao escreverem as peças, caracterizar as figuras por meio de informações faladas. Uma figura fala sobre como é a outra figura. A verdadeira caracterização se dá quando os espect-atores conseguem deduzir o caráter da figura por meio das ações. Aí não é necessário falar que uma figura é corajosa. É muito melhor mostrá-la em uma ação corajosa. Se querem mostrá-la como covarde, é preciso colocá-la em uma ação covarde, se está apaixonada, em uma ação apaixonada etc.

f) Conflito: a cena se desenvolve somente quando há conflito. A ação dramática é criada por uma estrutura de conflitos que varia entre mais forte e mais fraca. Um erro recorrente: duas figuras estão sentadas no palco e conversam o tempo inteiro. "Como vai?", "Bem, obrigado", "E esse tempo?", "Vai chover", "Eu estou com tanto sono!",

"Você se lembra de Untel? Então, ele morreu..." Estou ciente de que Maurice Maeterlinck dizia que o teatro deveria ser exatamente isto: dois velhos sentados na beira do mar falando sobre o passado. Mas Shakespeare falava o contrário. Os dois teóricos são muito bons e devem ser estudados nas escolas de teatro, mas... as peças de Shakespeare são conhecidas até hoje, e quem conhece as de Maeterlinck? Ah, aquela com a ópera?

g) Crise chinesa: em mandarim e em coreano, assim como em outras línguas asiáticas, não existe apenas um caractere para "crise" e, sim, dois. O primeiro significa "perigo" e o segundo, "oportunidade" ou "chance". Quando uma porta se fecha, outra se abre, diz o ditado do povo. Assim também deve ser a nossa crise chinesa: o protagonista toma uma decisão, segue o seu caminho, escolhe a ação que lhe parece melhor. Mas essa ação não é boa, e os espect-atores podem interferir exatamente nesse momento para experimentar outros caminhos.

h) Saída e fracasso: um Teatro Fórum precisa de um final não feliz, para que os espect-atores possam substituir o protagonista com quem se identificam, para lutar por alternativas que poderão levar a soluções. Não se trata de substituir uma figura aleatória, e muito menos de substituir o antagonista e fazer dele uma figura simpática, fazendo com que a opressão suma quase que por mágica. Uma solução dessas seria enganar o público. Mas toda regra tem sua exceção: em um vilarejo indiano, Sanjoy Ganguly (diretor da fantástica organização teatral Jana Sanskriti) permitiu que um avô substituísse o avô opressor no palco (em geral, a figura do avô é incontestada em Bengala Ocidental). O avô demonstrou no palco um comportamento correto e humano. Dessa maneira, contou Sanjoy, o avô se comprometeu diante de todo o vilarejo a mudar sua conduta.

i) Unidade temática: muitos grupos de Teatro Fórum — pelo menos no Brasil, mas já observei isso em vários outros países — têm a tendência de querer contar tudo sobre um tema. Eles contam verdadeiras sagas sem fim, nas quais fatos de importância essencial se misturam com informações secundárias. É importante que todos os elementos essenciais da cena ou da peça tenham uma ligação clara com o tema tratado.

11. A função do aquecimento

Em todos os espetáculo-fórum de que participei, houve sempre um período de aquecimento. Em geral, o aquecimento dos espect-atores dá-se de duas maneiras possíveis.

a) O Coringa, durante dez ou quinze minutos, dá uma rápida explicação sobre o que é o Teatro do Oprimido, conta casos acontecidos em espetáculos-fóruns e também de Teatro Invisível e explica as regras do jogo que se vai desenrolar a seguir.

b) Em seguida, propõe alguns exercícios, começando pelos mais simples e menos conflituosos, os que produzem menor resistência. Por exemplo, no Egito, quando se tentou fazer exercícios em que os participantes tinham que se tocar fisicamente, houve sempre intensa resistência. O mesmo já não aconteceu com os magistrados em Paris. Tudo depende do país, da cultura, da região, do momento...

c) Depois dos exercícios, passa-se ao Teatro Imagem: aqui os espect-atores começam a trabalhar esteticamente, a propor imagens eles mesmos.

d) Finalmente, o elenco apresenta o modelo e, a partir daí, o fórum.

Já utilizei e já vi utilizarem outro processo, que me parece menos eficaz: começar diretamente fazendo exercícios, com uma explicação *a posteriori*. Nesses casos, tenho observado que parte da plateia se sente manipulada e reage negativamente. Ao contrário, quando o Coringa explica primeiro, sempre consegue a aceitação dos espect-atores, sua confiança e aquiescência.

Não que o aquecimento seja absolutamente indispensável. Creio que ele predispõe o espectador à ação, mas o que mais vai predispô-lo, na verdade, é o próprio tema e a própria peça. O caso do Het Trojaanse Paard, grupo belga da cidade de Anvers, é significativo: já fez o mesmo espetáculo sobre a condição da mulher, "líder no trabalho, escrava em casa", em quase uma centena de cidades da Bélgica e da Holanda (o grupo fala flamengo, língua próxima do holandês) e nunca faz aquecimento prévio. Seus membros apenas falam e explicam o que vai se passar. E o espetáculo é tão sugestivo e estimulante que, sempre, todos os espect-atores querem participar.

12. A função do ator

O estilo Teatro Fórum determina um estilo de interpretação diferente. Em certos países da África, é considerado bom cantor aquele que é capaz de estimular o maior número de espect-atores a cantar. Assim deve acontecer com o bom ator de Teatro Fórum: na sua interpretação, não deve existir o narcisismo tantas vezes encontrado no espetáculo fechado. Pelo contrário, na apresentação do modelo ele deve expressar sobretudo a dúvida: cada gesto deve conter sua negação; cada frase deve deixar pressupor a possibilidade de se dizer o contrário daquilo que se diz; cada sim pressupõe o não, o talvez.

Durante a parte do fórum propriamente dito, o ator deve ser extremamente dialético. Quando contracena com um espectador-protagonista, que tenta romper a opressão, o ator deve ser honesto e mostrar que rompê-la não é tão fácil. Ao agir assim, porém, deve estimulá-lo a rompê-la. Isto é, ao mesmo tempo que reage contra cada frase e cada ato do espectador, deve estimulá-lo a mais atos produzir e mais frases pronunciar. Impedindo-o de romper a opressão, deve estimulá-lo a fazê-lo.

Caso o ator se revele demasiado duro, pode provocar o desinteresse do espectador, ou, o que é pior, o medo. Caso se mostre demasiado brando e vulnerável, sem argumentos e sem ações, pode induzi-lo ao erro, a crer que resolver o problema que a peça propõe é mais fácil do que na verdade é.

Em Berlim, na Hochschule der Künste, apresentou-se um fórum sobre um jovem que tentava convencer a família a lhe dar a mesada sem obrigá-lo a padecer os rituais familiares de longas conversações e tertúlias sobre a guerra e o passado, diante de avós e parentes distantes. Mas tão entusiasmados estavam os atores, que cada novo espectador que se aventurava a entrar no palco era recebido com tamanha avalanche de argumentos e fatos, que logo a plateia protestou em uníssono, gritando "Parem todos: isso é mágico!", pois não acreditava que família alguma pudesse ser assim, tão acirradamente feroz.

Repito: o ator deve ser dialético, dar e receber, dialogar, medir-se, ser estimulante, criador. Não deve ter medo (coisa que acontece com frequência, quando se trata de atores profissionais) de perder seu posto no palco. O grande mago é aquele que sabe fazer a magia e sabe igualmente ensinar o truque. Um grande jogador de futebol não o será menos se ensinar alguém a chutar a bola com os dois pés.

Ensinando-se, aprende-se. A pedagogia é transitiva. Ou não é pedagogia!

13. A *cena repetida*

Uma vez apresentando o modelo e iniciada a discussão de fórum, acontece que vários espect-atores, um de cada vez, tentarão romper a mesma opressão. Assim, a mesma cena será apresentada muitas vezes. É importante que o espetáculo, ainda que bastante reflexivo, não seja monótono. Por isso, é aconselhável que em todas as repetições os atores se preocupem em acelerar um pouco o ritmo, de forma a não mostrar a mesma maneira mais vezes ou mais longamente que o necessário. A repetição excessiva pode fazer decrescer o interesse, o estímulo e a criatividade da plateia.

14. O *macrocosmo e o microcosmo*

Num bom espetáculo de Teatro Fórum, todos os atores devem estar sempre superligados e preparados para qualquer eventualidade.

Pode acontecer que a solução desejada ou proposta por um espectador não possa ser realizada no microcosmo do modelo. Para resolvê-lo, é necessário buscar além. Que fazer?

Em Turim, um jovem casal buscava um apartamento. O porteiro, encarregado de alugá-lo, perguntava pelos papéis, salários, condições econômicas etc. Logo depois vinha um senhor que queria alugar o mesmo apartamento para encontros periódicos com a amante. Podia usar um hotel, mas preferia o conforto do apartamento. O porteiro, diante da segurança econômica oferecida pelo senhor e não pelo jovem casal, que realmente precisava do apartamento, decidia-se pelo senhor. Qual a solução? Os dois jovens entraram violentamente dentro do apartamento e ocuparam-no. Qual a próxima ação do porteiro? Chamar a polícia.

No modelo, porém, não havia cena de polícia. O ator que fazia o porteiro discou um número no telefone e imediatamente um ator fora de cena atendeu: transformou-se no comissário. Os outros atores, com a ajuda de alguns espect-atores, improvisaram imediatamente a delegacia policial, os guardas, os prisioneiros, o escrivão. O comissário resolveu intervir e prender o casal, levando-o para a delegacia. Lá, o rapaz telefonou para o advogado. No microcosmo do modelo, evidentemente não havia advogado. Mas isso não tinha importância: outro ator atendeu e formou-se o cenário do escritório de advocacia, com a ajuda de alguns espect-atores, todos representando seus papéis. E mais uma vez o advogado telefona para os pais do rapaz e da moça, e mais atores e mais espect-atores improvisam duas casas, duas famílias com pais, mães, filhos e filhas, tios e avós e até vizinhos. Em poucos minutos, toda a sala estava tomada por uma cenografia gigante, com a quase totalidade dos participantes realmente participando...

Isto é, o modelo mostra apenas um microcosmo, que está inserido no macrocosmo de toda a sociedade, e é toda a sociedade que é posta em questão. Toda a sociedade pode comparecer a uma sessão de Teatro Fórum, não importando para isso as dimensões do modelo.

15. *Como se substitui a personagem sem transformá-la em outra*

Pode acontecer que um espectador substitua um ator e modifique de tal maneira a personagem que a solução seja totalmente mágica. O espectador deve respeitar os dados do problema.

Se o espectador substitui o ator e se comporta exatamente como a personagem, tal qual era no modelo, é claro que não vai modificar coisa alguma na ação e nos acontecimentos. É evidente, portanto, que algo deve mudar. Um indivíduo substitui outro indivíduo, um espectador substitui uma personagem, um ser humano substitui outro ser humano. Algo se modifica. O que pode ser modificado e o que não pode?

Primeiro: não se pode modificar os dados sociais do problema apresentado. Não se pode modificar os laços de parentesco entre as personagens, a idade, o status econômico etc., que condicionam as ações de cada um. Se esses fatores forem modificados, as soluções de nada servirão, pois se aplicam a casos diferentes daquele exposto no modelo.

Segundo: não se pode modificar a motivação da personagem. Exemplo: em Norrköping, Suécia, uma jovem esposa que trabalhava era, no modelo, obrigada a largar o emprego e acompanhar o marido que tinha encontrado trabalho em outra cidade, a quilômetros de distância. Sua motivação importante, ao agir assim, era conservar o marido. Entrou a primeira espectadora e mandou o marido à merda! Evidentemente, ela modificou um dado essencial do problema. Se a esposa, no modelo, detestasse o marido, sua transferência para outra cidade seria uma solução, não um problema. Mas ela o amava.

O que de fato pode ser modificado é a caracterização da motivação: como fazer o que se deve fazer. Como é o problema.

16. Qual a "boa" opressão?

Muitas vezes, na preparação de um fórum, o grupo discute quais as boas ou as más opressões, quais as mais importantes e quais as que não têm importância. A meu ver, todas as opressões são igualmente importantes... para quem as sofre!

Sempre existe alguém que sofre mais do que nós e, por isso, esse não é um argumento que nos deva impedir de falar das nossas próprias opressões, mesmo que elas pareçam menores se comparadas aos refugiados cambojanos na fronteira com a Tailândia, vítimas indefesas de vários bandos armados, de soldados e de contrabandistas. Nossas opressões são mínimas se comparadas às dos intocáveis da Índia, párias de uma sociedade pária! Mas, para nós, quando as sofremos, nossas opressões são de bom tamanho. O Teatro do Oprimido serve para nos ajudar a nos livrarmos delas!

Igualmente, creio que não se deve subordinar opressões, fazendo com que uma dependa da outra.

É evidente que existem opressões mais ferozes que outras; é evidente que existem opressões que se abatem sobre um número maior de pessoas e com maior ferocidade do que outras. Mas creio que a luta contra uma opressão é indissociável da luta contra todas as opressões, por mais secundárias que pareçam. A luta pela libertação nacional da Argélia era indissociável da luta de libertação das mulheres argelinas. Senão, que Argélia se libertou? Apenas uma parte. A luta contra o nazismo era indissociável da luta contra o preconceito racial. Senão, que nazismo foi vencido? Apenas o alemão, mas não o racismo nazista, que continuou vitorioso até mesmo nos próprios Estados Unidos.

Quando todos os oprimidos dentro de um grupo oprimido se juntam, maior é o poder de que dispõem. Se as mulheres e os negros, nos exemplos citados, se libertassem ao mesmo tempo, mais rápida seria a vitória.

Creio, portanto, que não devemos hierarquizar padecimentos. Devemos apenas consultar os espect-atores, e todas as opressões servirão para a construção de um modelo de Teatro Fórum, se forem as opressões reais, sentidas pelos participantes que desejem realmente libertar-se delas.

17. Quem pode substituir quem?

Para que uma sessão de Teatro Fórum seja realmente Teatro do Oprimido, é evidente que apenas os espect-atores vítimas do mesmo tipo de opressão que a personagem (por identidade ou por intensa analogia) poderão substituir o protagonista-oprimido para tentar novos caminhos ou novas formas de libertação. Só assim tem sentido essa tentativa: o espectador (tão oprimido como a personagem) estará se exercitando para a ação real na sua vida real.

Se um espectador que não sofre a mesma opressão trata de substituir o protagonista oprimido, é claro que cairemos no teatro exemplar: uma pessoa mostrando a outra o que essa deve fazer — o velho teatro evangelista, o teatro político de antigamente.

Mas pode também acontecer coisa diferente e estimulante. Foi em Estocolmo, durante o Söder Festival, que um grupo apresentou um modelo de fórum sobre problemas de relações entre homens e mulheres. Lembro-me de que uma jovem disse uma coisa que me fascinou:

"Tenho medo de dizer a um homem que gosto dele!"

"Por quê? Você tem medo de que ele diga que não gosta de você?"

"Não. É muito mais complicado. Tenho medo de que ele diga que também gosta de mim."

"Então, qual é o problema?"

"O problema é muito mais complicado: tenho medo de que ele também diga que sim, mas que, no fundo, isso não seja verdade, e que ele só diga que sim porque não tenha coragem de dizer que não..."

Como vocês veem, o problema não era simples... Enfim, como não costumo hierarquizar opressões, sem hesitar aceitei que se fizesse um fórum sobre tal tema. O espetáculo aconteceu no meio da rua, numa sexta-feira. (Para quem não conhece a Suécia, informo que às sextas-feiras metade da população fica de porre — à noite, depois das 22h, 80% das pessoas na rua estão bêbadas!). Isso deu uma excitação especial ao espetáculo. Passou-se à primeira cena, à segunda, e tudo bem. Na terceira, que apresentava um diálogo do casal exatamente sobre esse problema da jovem indecisa, quando iniciamos o fórum, um homem no meio da plateia gritou "Para!". Pensamos que quisesse substituir o rapaz, mas ele sentou-se no lugar da moça para mostrar como é que ele achava que as moças deviam comportar-se numa situação como essa. Tentei impedir — eu fazia o Coringa nesse espetáculo —, mas, como sempre, consultei a plateia. Os espect-atores, unanimemente, exigiram que eu deixasse continuar. O homem, contente, começou a dar lições de comportamento às mulheres. Essas escutavam e se preparavam para o revide. Quando ele, pensando-se vitorioso, quis retirar-se da cena, várias espectadoras, uma a uma, dizendo "Para!", entraram em cena, mas para substituir o rapaz!

Isto é: em cena, um homem mostrava às mulheres como acreditava que elas deviam se comportar, enquanto as mulheres, em cena, assumindo o papel do homem, mostravam como os homens se comportavam. O resultado foi fantástico, pois os homens e as mulheres, cada um assumindo o papel do adversário, mostravam, teatralmente, esteticamente (e não apenas verbalmente), o que pensavam uns dos outros, tentavam corrigir-se, mostrando o que os oprimia no comportamento do interlocutor. E, diga-se de passagem, que as interpretações, por serem sentidas, verdadeiras, embora exageradas, não foram, em momento algum, caricaturais.

Em geral é necessário um tanto de cuidado quando uma pessoa não oprimida (que, como no exemplo anterior, frequentemente é o opressor) reivindica o direito de dar lições ou explicar táticas para o oprimido.

O que esse episódio também me ensinou foi que o Teatro Fórum tem suas regras, que devem ser respeitadas. Mas se o público, em determinado momento e por determinada razão, decide modificá-las, que as modifique. A única coisa que não se pode modificar no Teatro do Oprimido são seus dois princípios fundamentais: o espectador deve protagonizar a ação dramática e deve preparar-se para protagonizar a própria vida! Isso é o essencial.

Meu filho, Julián Boal, me perguntou: "Em *O arco-íris do desejo* você escreveu que cada ser humano leva em si todos os santos e todos os demônios, e que cada pessoa traz em si todas as características humanas. Então como você explica que apenas os espect-atores que sofrem da mesma opressão conseguem substituir o protagonista oprimido?".

Quando trabalhamos com situações sociais concretas nas quais a opressão é clara, como em uma greve, negociação salarial ou confronto com a polícia, precisamos conhecer o mesmo tipo de repressão para saber o que faríamos em uma situação concreta — precisamos conhecer a situação exatamente, para poder agir com confiança. Mas, quando trabalhamos com opressões menos específicas ou com técnicas do Teatro Imagem, como "O carrossel da imagem", qualquer um pode fazer a substituição, já que estamos trabalhando com sentimentos, sensações, subjetividades e imprecisões.

18. Como ensaiar um modelo

Um modelo, como qualquer peça de teatro, pode ser ensaiado de muitíssimas formas diferentes. Sugiro, no entanto, o método que me parece dar sempre melhores resultados, e que pode igualmente ser usado em forma de improvisação para a própria construção dramatúrgica do modelo.

Trata-se de proceder a ensaios analíticos de motivação, ensaios analíticos de estilo e finalmente ao ensaio sintético.

Uma vez estabelecido o embrião da peça (ou a peça inteira desenvolvida), os atores devem ensaiar analiticamente diversas vezes o mesmo texto. Assim, num primeiro ensaio devem analisar, isto é, individualizar as motivações.

O ensaio da motivação isolada ajudará o ator, primeiro, a descobrir cada motivação que pode estar camuflada no texto, trazê-la à tona, à consciência. Por exemplo, o "Ódio": os pensamentos e ações de todos os atores em todas as cenas são regidos exclusivamente pelo ódio. No final do exercício, a perspectiva é trocada e todas as cenas passam a ter o "Amor" como motivação.

O ensaio com motivação isolada ajuda os atores a descobrir nuances únicas que talvez não ficassem óbvias no texto, e que agora vêm à tona e podem ser pensadas e sentidas.

Segundo, em caso de se tratar de um embrião de peça já desenvolvida, isso ajuda o ator a criar palavras e atos que passarão a ser incorporados ao texto definitivo. Ajuda-o ainda a se preparar para enfrentar as futuras intervenções dos espect-atores.

Cada vez que um ator descobrir ou suspeitar que existe na sua personagem ou numa cena determinada emoção ou motivação, que não chega a aflorar com clareza, deve-se proceder ao ensaio analítico dessa emoção ou dessa motivação. Por exemplo, a cena deve ser interpretada com total desinteresse, ansiedade, ironia, com dúvida, medo, coragem, com tudo o que puder ajudar o ator, através da análise, da concentração numa só emoção ou motivação, a construir, pouco a pouco, sua personagem e as cenas nas quais intervém.

Devem-se ainda ensaiar várias vezes com pausa artificial (cada ator espera alguns segundos antes de dizer seu texto e procura encher essas pausas com pensamentos relativos aos conflitos nos quais esteja envolvido), ou com pausa de pensamento contrário (durante as quais o ator pensa o oposto daquilo que vai dizer ou fazer), ou mesmo de ensaios mudos (em que o texto é pensado e sentido, mas não emitido).

Esses ensaios ajudam a desenvolver as motivações. O mesmo deve ser feito em relação ao estilo: deve-se ensaiar o texto como se ele fosse tudo aquilo que poderia ser: faroeste, comédia, tragédia, circo, ópera, cinema mudo, filme de terror etc. A cada repetição, ou o ator dirá sempre o mesmo texto já preestabelecido, cada vez de uma forma diferente, ou poderá acrescentar novos diálogos e novas ações, se o elenco partir de um embrião, para chegar ao texto definitivo.

Esses ensaios servem para que cada ator disponha de todas as emoções puras, como o pintor tem as cores puras antes de misturá-las, ou o músico os instrumentos e as notas musicais. E isso se fará no ensaio sintético, em que todos os textos, todas as ações e todas as novas formas de dizer e de fazer o que deve ser feito e dito em cena serão finalmente incorporados.

Quando isso acontece, o que deve ser evitado, a meu ver, é o não oprimido (o qual muitas vezes é exatamente o opressor, como no caso citado) que pretende dar lições, indicar os caminhos.

No ano 2001... Enfim, no ano de 2001, durante o qual o Teatro do Oprimido continua se espalhando em alta velocidade por todo o Brasil, utilizamos os seguintes métodos para desenvolver um Teatro Fórum:

a) O grupo seleciona um tema ou uma ideia central. Para isso, o grupo pode ser dividido em diversos grupos menores.

b) Cada pequeno grupo apresenta uma imagem da palavra, uma imagem geral e abstrata do tema que será comentado por todos os atores.

c) O diretor faz um sinal e os atores mostram o movimento lógico da imagem — o movimento que cada figura provavelmente fará na imagem. Os atores comentam.

d) O pequeno grupo escolhe uma história para representar e que será improvisada. Para tanto, podem usar técnicas como *Rashomon*, imagem projetada, entre outras. Então ele retorna ao grande grupo e mostra:

e) *Imagem dos objetos*: tudo o que está no palco fala. Podemos fechar a boca, mas não podemos fechar nosso corpo: ele sempre vai falar. Quando estamos no palco, sempre falamos algo com nosso corpo, mesmo quando não queremos. O mesmo vale para os objetos no palco. Houve um festival de Teatro do Oprimido no Brasil do qual participaram pessoas de todos os cantos do país. Eles trouxeram diferentes temas e mostravam em suas peças diversos problemas e opressões, mas todos os grupos se utilizavam das mesmas mesas e cadeiras. Estas declamavam sempre o mesmo texto. Nesse caso, o grupo precisava necessariamente mostrar a imagem dos objetos — tudo o que estiver no palco precisa ter um significado. Nunca colocamos no palco os objetos que usamos quando não estamos ali. Quando usamos um telefone no palco, não pode de maneira alguma ser um telefone de verdade: precisamos ser inventivos e arranjar outro telefone, independentemente de ele ser maior ou menor que um telefone de verdade. Deve ser de um material diferente daquele dos telefones de verdade. Assim teremos um objeto ideológico — um objeto que tem significado, que revela quem o usa e para quê, quando, como e por que ele é usado. Nenhum objeto no palco deve ser "inocente", todos têm significado, conotação, ideias, emoções. Neste exercício "Imagem dos objetos" o grupo deve olhar para os objetos e trazer à tona seus sentimentos e pensamentos. Assim os objetos recebem voz.

f) *Imagem cinética*: todos os atores mostram os movimentos que suas figuras realizam na vida "real" no lugar da ação. Os outros atores comentam o que viram e sentiram.

g) O grupo faz a imagem do círculo chinês: encena o momento-chave no qual o protagonista toma a ação decisiva ou pronuncia as palavras decisivas que definirão a cena.

h) Os atores declamam, todos ao mesmo tempo, seu monólogo de desejos — aquilo que cada figura deseja no momento.

i) *Imagem do desejo em ação*: as figuras mostram seus desejos em movimentos lentos.

j) Depois de realizados esses passos, o grupo deverá encenar a cena por extenso, do começo ao fim.

19. Pode-se permanecer "espectador" numa sessão de Teatro Fórum?

Não! Embora eu não goste de dar respostas peremptórias, neste caso respondo alegremente: não! Numa sessão de Teatro Fórum, ninguém pode permanecer espectador no mau sentido dessa palavra. Mesmo que queira. Mesmo que se afaste, que fique só olhando, de longe. No Teatro Fórum, todos os espect-atores sabem que podem parar o espetáculo no momento que desejarem. Que podem gritar "Para!" e, democraticamente, dar sua opinião, teatralmente, em cena. Portanto, se escolhem não dizer nada, essa escolha já é uma participação. Para não dizer nada o espectador tem que se decidir a não dizer nada: isso já é uma ação.

Mas, em geral, o que acontece é que todas as pessoas que têm algo a dizer acabam dizendo, entrando em cena, principalmente quando já estão autoativadas, desejosas de provar suas opiniões, teses, tendências, vontades — e a prova é a cena. Quanto mais intenso o desejo de ação, mais rapidamente os espect-atores entram em cena.

Conto um caso que se passou em Perugia, cidade italiana, na Úmbria. Foi o primeiro caso de participação vertical. Explico melhor: durante três dias trabalhei com um grupo de mulheres chamado Le Passere. Durante as tardes preparávamos pequenas cenas quase sem texto, na base da mímica, e, às noites, representávamos essas cenas em Teatro Fórum nas praças medievais da cidade. Praças pequenas, acolhedoras, com casas em toda a volta, três ou mais andares, cheias de janelas que davam diretamente para a praça. Numa dessas noites, vi que todas as janelas estavam cheias de gente, especialmente mulheres que queriam ver o espetáculo de suas próprias casas. Aos gritos, pedi a todas que descessem, pois queria facilitar a participação dessas espectadoras, acomodadas em suas varandas. Muitas atenderam ao apelo e desceram. Muitas me ignoraram e, quando eu lhes falava, fingiam não me escutar ou não me entender. Insisti, mas acabei desistindo: elas lá ficaram, na comodidade de suas poltronas.

Começamos o espetáculo, como sempre, pelos exercícios. As mulheres lá em cima (na maioria, gente idosa) riam a valer.

Depois fizemos os jogos dos animais, imagens sobre a família e o ritual da volta para casa. Foi aí que as mulheres começaram a ficar inquietas: o que os homens mostravam lá embaixo, na praça, não era verdade, não era o que eles faziam dentro de suas casas. Suas esposas, nas varandas, começaram a ficar indignadas, pois cada marido que subia em cena mostrava-se maravilhoso, exemplar: fazia comida, cuidava das crianças, dos gatos e dos cachorros, punha a mesa... Elas não aguentaram e começaram a gritar lá de cima: "*Mascalzone!* Tudo isso é mentira! Aqui em casa você não é assim, você nunca entrou numa cozinha em toda a sua vida. Vagabundo".

Dada a generosidade vocabular e gestual dos italianos, em poucos instantes toda a praça estava deflagrada, com gritarias horizontais (entre os participantes da plateia de baixo, que estavam na rua) e verticais (que incluíam as espectadoras totalmente integradas na ação, embora continuassem em suas janelas). Agressões e repreensões voavam em todas as direções. Até que, envergonhados, os maridos que apresentavam falsas e belas imagens de si mesmos abandonaram a cena...

Nenhuma das pessoas da praça se manteve no papel de "espectador", todas eram espect-atores, se sentados ou de pé, se parados perto ou longe, na rua ou nas janelas.

20. Pode um fórum mudar de tema?

Aconteceu no Rio de Janeiro. O tema era simples: um elevador tinha caído em Copacabana, num dos muitos edifícios construídos às pressas, sem os mínimos cuidados arquitetônicos requeridos, em busca do maior lucro. Os moradores, vítimas do acidente, queriam processar a firma construtora. Organizou-se uma assembleia. E a assembleia era o fórum.

Durante o debate, porém, a violência de todos os participantes era tão grande, sua ansiedade tão extraordinária, que não se podia chegar a um acordo nem sobre os métodos de processarem a firma construtora, nem sequer sobre os métodos que se deviam seguir para que todos pudessem falar e expor suas opiniões.

O fórum acabou sendo sobre o tema: como organizar um fórum?

21. Quando é que termina uma sessão do Teatro do Oprimido?

Não deve terminar nunca. Como o objetivo do Teatro do Oprimido não é terminar um ciclo, provocar uma catarse, encerrar um processo, mas, ao contrário, promover a autoatividade, iniciar um processo, estimular a criatividade transformadora dos espect-atores, convertidos em protagonistas, justamente por isso o Teatro do Oprimido deve iniciar transformações que não se devem determinar no âmbito do fenômeno estético, mas que se devem transferir à vida real.

Teoricamente, isso deve acontecer, e tem acontecido na prática.

Vejamos o exemplo do Teatro Fórum. O oprimido cria um modelo que é constituído de imagens da sua vida real, isto é, uma realidade de opressão é mostrada em imagens. Essas imagens possuem duas características essenciais: são imagens de algo real, e são, elas próprias, reais. Ao serem produzidas, passam a existir. Vemos assim que, a partir da criação do modelo, podemos observar a existência de uma opressão que é real e de imagens reais dessa opressão. Como se existissem dois mundos: o mundo da realidade na qual o oprimido se inspirou para criar o mundo das imagens, e esse mundo das imagens.

Simplificando: se eu tiro uma fotografia de Maria, Maria é uma pessoa real, mas a fotografia, que é a sua imagem, também é real. Se faço um desenho de Maria, ou uma escultura, ou se, inspirado nela, escrevo um poema ou um romance, crio imagens de Maria, imagens reais, como Maria.

Agora vejamos: o oprimido que criou o modelo (conjunto dinâmico de imagens) e todos os oprimidos que com ele se identificam (por identidade absoluta ou por intensa analogia) são pessoas privilegiadas nessa nova forma de teatro: são pessoas que participam simultaneamente desses dois mundos, o mundo da realidade e o mundo das imagens, tornadas realidade.

As pessoas que não se identificam com os oprimidos que originaram as imagens podem igualmente gozá-las, podem fruí-las, porém à distância — e elas não poderão nunca fazer a extrapolação das experiências tidas na vida imaginária para a vida real. Os oprimidos, esses poderão se exercitar, poderão treinar ações, poderão realizar atos na vida imaginária de uma sessão de fórum e depois, autoativados, inevitavelmente extrapolarão essa nova energia para a sua vida real, já que participam desses dois mundos.

É preciso observar e insistir sobre um ponto fundamental: o oprimido se exerce como sujeito nos dois mundos. No combate contra opressões que existem no mundo imaginário, ele se exercita e se fortalece para o combate posterior que travará contra as suas opressões reais, e não apenas contra as imagens reais dessas opressões.

Por isso é necessário que o espectador se transforme em protagonista no combate estético que prepara o combate real. Por isso é necessária a atitude "maiêutica" do Coringa, que deve estimular os espect-atores a desenvolver as próprias ideias, a produzir as próprias estratégias e a contar com as próprias forças na tarefa de se libertar das próprias opressões.

Na verdade, uma sessão de Teatro do Oprimido não deve terminar nunca, porque tudo o que nela acontece deve extrapolar na própria vida. O Teatro do Oprimido está no limite entre a ficção e a realidade: é preciso ultrapassar esse limite. E, se o espetáculo começa na ficção, o objetivo é se integrar na realidade, na vida.

Agora, em 1992, quando tantas certezas se transformaram em dúvidas, quando tantos sonhos murcharam, expostos à luz do sol, e tantas esperanças se transformaram em decepções — agora que nós estamos vivendo num tempo de tanta perplexidade, cheio de dúvidas e incertezas, agora, mais do que nunca, eu acredito que é tempo de um teatro que, na melhor das hipóteses, fará as perguntas certas nas horas certas.

Sejamos democráticos e peçamos às nossas plateias que nos contem seus desejos, que nos mostrem suas alternativas. Vamos esperar que um dia — por favor, num futuro não muito distante — sejamos capazes de convencer ou forçar nossos governantes, nossos líderes, a fazer o mesmo: perguntar para suas plateias — NÓS, o povo! — o que eles devem fazer, para fazer deste mundo um lugar para se viver e ser feliz — sim, isto é possível! —, em vez de apenas um grande mercado onde vendemos nossos bens e nossas almas.

Vamos desejar.

Vamos trabalhar para isso!

Apêndices

Entrevista para a edição portuguesa (1978)[1]

Numa comédia de Molière, uma personagem declara que os doentes foram feitos para a medicina e não a medicina para os doentes. Quem dizia isso era um médico. Também há gente que pensa que os espectadores foram feitos para o teatro e não o teatro para os espectadores. Quem diz isso é cretino. O teatro é uma forma de comunicação entre os homens; as formas teatrais não se desenvolvem de maneira autônoma, antes respondem sempre a necessidades sociais bem determinadas e a momentos precisos. O espetáculo faz-se para o espectador e não o espectador para o espetáculo; o espectador muda, logo o espetáculo também terá que mudar.

O imperialismo pretende universalizar as formas de arte, da mesma maneira que universaliza a moda e a Coca-Cola, fazendo no entanto com que a origem da moda esteja nos próprios países imperialistas. O reacionário Marshall McLuhan afirma que, nesta época de tecnologia tão desenvolvida, o mundo se transformou numa aldeia global. Através do satélite, as notícias correm o mundo no mesmo instante em que se produzem. Satélite em sentido único: de lá para cá, tudo; de cá para lá, nada.

Num número da revista *The Drama Review* dedicada ao teatro latino-americano, afirma-se que por aqui o teatro anda muito atrasado, porque ainda se utiliza o "cenário à italiana". Em primeiro lugar, isso não é verdade, porque em alguns dos nossos países, especialmente o Brasil e a Colômbia, o teatro popular há muito que encontrou o caminho das ruas, dos estádios, dos circos, e quaisquer outros locais

---

[1] Publicada em *Duzentos e tal exercícios e jogos para o actor e o não actor com ganas de dizer algo através do teatro*, Lisboa, Vozes na Luta/Cooperativa de Acção Cultural SCARL, 1978.

onde o povo possa se reunir. Em segundo lugar, teatro niilista norte-americano, caótico e anarquista, pode ter grande valor para esse país como arma de luta eficaz, mas não tem o menor interesse para nós. O teatro ianque realiza espetáculos niilistas, portanto todos os países devem segui-lo: esse pensamento está cheio de imperialismo cultural. Em terceiro lugar, *The Drama Review* confundiu as diversas "Broadways" latino-americanas (tão reacionárias como a original) com o verdadeiro teatro latino-americano, político e atuante, que encontra as suas próprias formas sem tutela estrangeira, de acordo com as suas próprias necessidades, apresentando-se em locais públicos quando é possível ou trabalhando na clandestinidade quando necessário.

Convém repetir: quando os operários estiverem no poder na Argentina, não vejo por que não deverão fazer espetáculos no palco "à italiana" do Teatro Colón. Quando Perón abriu esse teatro ao povo desengravatado, o Colón foi popular apesar dos seus veludos. Quando a Revolução Cubana resgatou as "boites" burguesas, o povo começou a dançar à meia-luz. Por que não?

Sempre gostei de fazer teatro nas ruas e nos caminhões, mas parece-me ingenuidade pensar que não se pode fazê-lo em teatros convencionais.

O teatro popular pode ser feito em qualquer lugar: até nos próprios teatros da burguesia; e por qualquer pessoa: até por atores.

Alguém já lhe perguntou: "Se você gosta tanto de teatro político, por que não abandona o teatro e não vai diretamente para a rua fazer política?".

E eu já respondi a isso: "Se alguém aprecia o teatro de *boulevard* francês, por que não abandona o teatro e não vai diretamente para a cama fazer amor?". Que diabo! Que tem a ver uma coisa com a outra? O teatro não é uma atividade isolada do resto. Uma pessoa pode fazer amor e escrever uma peça sobre o amor; uma coisa não invalida a outra. De igual modo, uma pessoa pode fazer política e escrever uma peça sobre política. Quem o impede! Por que excluir um tema tão importante e amplo como a política e não excluir temas menores? Todo o teatro é político, ainda que não trate de temas especificamente políticos. Dizer "teatro político" é um pleonasmo, como seria dizer "homem humano". Todo o teatro é político, como todos os homens são humanos, ainda que alguns se esqueçam disso.

Há quem afirme que um teatro verdadeiramente revolucionário deve apresentar-se sob uma forma igualmente revolucionária. Será assim?

Essa afirmação é própria dos que estão acostumados a trabalhar para o *establishment*. Afirmam que é preciso criar novas formas porque as velhas estão viciadas pelos conteúdos que habitualmente transmitem: Isso pode ser verdade de certo ponto de vista e pode ser válido para alguns países. Mas fazer teatro popular na América Latina já implica praticar um ato revolucionário, quando se faz tal teatro para o povo. Nesse caso, qualquer forma é revolucionária, já que, de um modo geral, o público a que se destina nunca viu nenhuma espécie de teatro: a presença do ator (a presença física) é um fato absolutamente novo, por contraposição às formas que esse público possivelmente já conhece: cinema e televisão (quando a vê nas vitrines das lojas). O conteúdo é o que realmente importa: Tennessee Williams é igualmente mau num teatro burguês ou num caminhão.

Há que procurar sempre formas novas? Claro que sim; a realidade é sempre nova. Mas não devemos correr como bobos em busca da última moda. Devemos responder com formas novas aos novos desafios da realidade.

Então você é contra o aproveitamento das técnicas desenvolvidas noutros países?

De modo nenhum. Sou contra a utilização "respeitosa" dessas técnicas. Olhe, no recente Festival de Manizales (1972), o Equador apresentou-se com dois espetáculos muito "bons": uma obra de Jorge Díaz, representada num estilo "Marcel Marceau", com excelentes atores fazendo uma mímica invejável, e *As tentações de Santo Antão*. Esse grupo apresentou-se num teatro muito grande, mas ignorou a plateia e armou um pequeno teatro de oitenta lugares, ou noventa (já não me lembro), para fazer uma experiência de "elite" teatral, segundo técnicas que o diretor aprendera com o polaco Grotowski. Por essa altura, existia no Equador uma ditadura de direita, havia e ainda há exploração norte-americana e um povo faminto, mas esse elenco preocupava-se com os mitos subconscientes de Santo Antão; quer dizer, apresentava-se como uma vítima passiva do colonialismo cultural; diz-se que o mais avançado é trabalhar com os mitos subconscientes, e assim o elenco abandona as realidades conscientes e visíveis, esquecendo-se de lutar pela sua transformação.

É Grotowski que tem culpa? Claro que não. Ele próprio diz que não quer que o imitem. E acrescenta: quem quiser que procure os mitos inconscientes do seu país ou sociedade. Mas isso também não interessa, porque o importante nos países latino-americanos não é procurar mitos para uma purificação espiritual, mas sim oferecer ferramentas muito concretas e conscientes para que o espectador popular se "purifique" das classes que o oprimem. A presença do imperialismo norte-americano não é mítica, é algo muito concreto, muito presente e visível nas fábricas que são propriedade sua, nos policiais que são por eles treinados em métodos de repressão e tortura, nas formas de comunicação de massa, nas séries que nos trazem à televisão o pensamento dos banqueiros ianques, nos jornais e nas agências noticiosas nas universidades controladas por eles etc. Tudo isso é muito concreto, objetivo e nada subconsciente. E tem que ser combatido e destruído.

Mas no Teatro de Arena de São Paulo, sob a sua direção artística, utilizou-se durante anos o método de Stanislávski...

Repito: o espectador é o elemento fundamental da comunicação através do teatro. Podemos utilizar técnicas, métodos e sugestões de qualquer pessoa: Stanislávski, Brecht, velhos atores de circo etc. Se para melhorar a comunicação com determinado público é preciso utilizar Artaud, que se utilize Artaud. Não me oponho. Aliás, sou contra toda e qualquer forma de colonialismo cultural: "Isto está na moda, então façamo-lo para habituar o nosso público à última moda da Europa ou dos Estados Unidos". Isso é que não! O povo não pode ser "domesticado" ou "amestrado" para aprender a gostar de formas ou espetáculos que não têm nada a ver com ele. Por isso temos que dizer não — terminantemente não! — a várias modas muito em voga atualmente. Quantas vezes se ouviu dizer que o povo de determinadas cidades "não está preparado" para certa peça ou espetáculo? Isso é mentira; o que sucede é que esse espetáculo ou essa peça não lhe agrada, não lhe interessa.

Primeiro NÃO: não aos "atores sagrados", preparados desde crianças para o seu sacerdócio; mas SIM às técnicas que ajudam qualquer pessoa a utilizar o teatro como meio válido de comunicação. Na América Latina, o ator que se especializa é utilizado pela burguesia que lhe paga no teatro, no cinema ou na televisão. Não ao ator profissional, especializado, e sim à arte de representar como manifestação possível para todos os homens (não existem "atletas": todos os homens são atléticos e há que desenvolver as potencialidades de todos, e não só de alguns eleitos que se especializam, enquanto os outros ficam relegados a simples espectadores). Podemos assistir a um bom desafio de futebol; mas devemos sobretudo aprender a jogar futebol. Não é necessário que o ator comece a sua educação aos 8 ou 12 anos; qualquer pessoa pode começar a fazer teatro quando sentir necessidade disso. O adulto que não teve oportunidade de aprender a ler em criança (mais de 50% da população da América Latina) terá por isso perdido o direito de alfabetizar-se na idade madura? A alfabetização teatral é necessária porque é uma forma de comunicação muito poderosa e útil nas transformações sociais. Há que aprender a ler. Há que lutar pelos nossos direitos, há que utilizar todas as formas possíveis para promover a libertação; por isso devemos dizer NÃO aos "atores sagrados". Não estou contra os profissionais. Mas estou contra o fato de as representações se limitarem a profissionais! Todos devem representar!

NÃO aos mitos subconscientes; temos que falar diretamente à consciência do povo, mostrar-lhe os rituais que as classes dominantes utilizam para continuar a exploração. A sobrevivência anacrônica e desumana da propriedade privada dos meios de produção determina rituais de posse, obediência, caridade, resignação etc. que devem ser desmistificados e destruídos. Não devemos "ritualizar" as relações humanas, mas sim mostrar que já estão ritualizadas e indicar como poderemos destruir esses rituais para que se destrua o sistema injusto e se possa criar um novo.

NÃO às "máscaras psicológicas" que determinam que os nossos rostos sejam "ferozes" ou "fleumáticos", "bons" ou "maus", ou seja lá o que for. Pelo contrário, devemos procurar as "máscaras sociais de comportamento referido", que mostram como os rituais de uma dada sociedade, ao exigir certas respostas predeterminadas, acabam por impor a cada um a sua "máscara social". Somos o que somos porque pertencemos a uma determinada classe social, cumprimos determinadas funções sociais e é por isso que "temos" que desempenhar certos rituais, tantas e tantas vezes que por fim a nossa cara, a nossa maneira de andar, a nossa forma de pensar, de rir, de chorar ou de fazer amor, acabam por adquirir uma forma rígida, preestabelecida, uma "máscara social". É horrível, mas é verdade: se não nos precavemos, até mesmo na cama acabamos por nos mecanizar; até o carinho acaba perdendo a graça; até o amor se ritualiza.

Qual é a diferença entre a "máscara social" e o "clichê"?
O "clichê", utilizado em certos tipos de teatro (mão no coração, para significar amor; rostos dulcíssimos para Jesus e Maria...), é sempre adotado idealmente, sem nenhuma verificação de rituais sociais. Quer dizer, convenciona-se que tais gestos significam tais ideias ou emoções, que tais expressões fisionômicas significam isto ou aquilo; trata-se de convenções. Uma convenção, um clichê, em si mesmo, não é nem bom nem mau, nem branco nem preto; depende do uso que dele se faz. Um nariz postiço, uma barriga grande, uns óculos enormes, maquiagem exagerada — nenhum desses elementos é bom ou mau. É puritanismo pensar-se o contrário; julgar que tais recursos não prestam significa pensar que a arte é autônoma, quando na verdade deve responder a desafios da realidade. Se a realidade do espectador exige um nariz postiço, façamos também postiça a barriga. Por que não?

Mas a máscara social não é um "clichê", não é arbitrária, nem é uma convenção. É o resultado de uma profunda investigação dos rituais que a personagem desempenha; a máscara social forma-se a partir desses rituais.

As ordens que um general distribui, e todos os rituais de hierarquia e obediência, determinam a sua maneira de andar, de falar e de pensar, e também a forma especial das suas relações com a mulher, os filhos e os vizinhos. Os contra-almirantes têm todos cara de contra-almirantes. Porque, como dizia Simone de Beauvoir, quando os viscondes se encontram, conversam assuntos de viscondes, comportam-se como verdadeiros viscondes e acabam se transformando em viscondes verdadeiros.

Todos os operários que realizam o mesmo trabalho terminam por parecer-se até mesmo muscularmente. Todos os datilógrafos acabam por ter alguma semelhança na maneira de se sentar. Todos os latifundiários acabam por montar nas cadeiras em que se sentam, como se montassem em seus cavalos. É natural. Todos os artistas de teatro acabam por ter alguma coisa (sutil ou grosseira) de exibicionista; pois que são forçados a se exibir nos palcos todas as noites. É natural. O contrário, sim, não seria possível.

Não é possível que um contra-almirante faça amor da mesma maneira que um operário ou um ex-padre... A ação concreta é a mesma, mas a forma particular que assume em cada caso é determinada pelos rituais sociais, que impõem uma máscara a cada ser humano; quer dizer, "matam" 90% das suas possibilidades de resposta e mecanizam-no; uma pessoa sempre fará as mesmas coisas, da mesma maneira (o ser social condiciona o pensamento social), andará do mesmo modo, sentar-se-á, amará, jogará futebol, tudo da mesma maneira. As pessoas que pertencem à mesma classe social possuem características comuns que fazem parte da máscara. Todas essas pessoas agem, não em função das suas características "psicológicas", mas em função das suas "necessidades sociais"; essas necessidades são o "núcleo" da máscara. O núcleo fará com que os espectadores compreendam que todos os burgueses agirão sempre como tais, seja qual for a diferença individual entre eles. A ação dramática deve mostrar-se não como um "conflito de vontades livres", como pretendia Hegel, mas sim como uma "contradição de necessidades sociais", tal como é explicado pelo materialismo histórico.

Talvez eu possa explicar isso de outra maneira. Uma personagem pode ser revelada em nível "universal", como os anjos da Idade Média, os demônios, os vícios, as virtudes etc. São também de nível "universal" o "patrão" e o "operário" de certo teatro didático contemporâneo. Pelo contrário, podem ser apresentados em nível "singular" em certo teatro psicologista, realista, que se dedica à apresentação de casos especiais. Podem finalmente ser apresentados no nível do "particular típico", quer dizer, de forma que inclui o indivíduo singular e ao mesmo tempo todas as características do universal dessa espécie.

Esse "particular típico" pode dar-se em dois níveis: o do realismo empático, do tipo de Arthur Miller (por exemplo, em *A morte do caixeiro-viajante*), em que a personagem é simultaneamente ela própria e uma representante da sua classe, mas no dual a necessidade social se apresenta na sua concreção psicológica e individual; ou no nível não empático, como costuma acontecer nas obras de Bertolt Brecht, onde se mostram claramente o caráter "sujeito" da necessidade social e o caráter "objeto" da vontade individual. Esse é um problema muito delicado, porque é simultaneamente um problema de dramaturgia e um problema de interpretação: uma obra de Brecht pode ser interpretada no nível empático e uma obra de Miller, no nível não empático. Por isso interessa (como se faz no Sistema Coringa) eliminar a identificação ator-personagem, que é responsável pelo fato de ser muitas vezes difícil para o espectador distinguir entre a necessidade social e a vontade individual, uma vez que a máscara social tende a diluir-se no corpo do ator, na sua personalidade. O espectador vê um homem que fala e portanto é levado a atribuir-lhe tal psicologia, que pode ser o caráter de uma classe, de uma função social, e não apenas desse homem. No Sistema Coringa, esse óbice é eliminado, porque a máscara social da personagem é interpretada em cada cena por um ator diferente, o que faz com que o espectador não a "encarne" em nenhum ator: a necessidade social aparece, assim, com mais clareza.

É preciso que isto fique claro: há uma diferença profunda entre o "clichê" e o "particular típico", que é máscara social. O primeiro pode conter, por convenção, a "essência" do universal, e nada mais: o Tio Sam, o burguesoide etc. A máscara contém não só a essência do universal (que funciona como seu núcleo), mas, também, outras características não essenciais e mais circunstanciais, existenciais.

Trata-se de um "determinado" burguesoide, "um" Tio Sam, "um" latifundiário, e não outro. A necessidade social pode, inclusivamente, entrar em conflito aberto com a vontade individual; o que se deve mostrar é que a necessidade é sempre a força dominante, e a ação dramática (como a História) move-se devido a uma contradição de necessidades, e não a um conflito de vontades.

Por outro lado, no que diz respeito aos "clichês", ideogramas e narizes postiços, tudo depende do uso que deles se fizer. Não são categorias malditas. O que importa é saber o que se vai dizer, a quem e para quê, e então utilizar a linguagem mais conveniente.

Como se poderia definir um "ritual"?
Um ritual é todo um sistema de ações e reações predeterminadas. Para atravessar a rua, há que aguardar a luz verde. Ao entrar na igreja, fala-se em voz baixa. As relações entre os seres humanos processam-se segundo ações e reações reais ou ao menos preestabelecidas pelas leis, tradições, hábitos, costumes etc. Essas relações predeterminadas fazem com que os fenômenos sigam caminhos mais ou menos previsíveis. Quando dois militares se encontram, pode-se prever que farão a continência; quando dois carros se cruzam, passarão pela direita; quando o capitalista trata dos seus negócios, procurará obter o máximo de lucro; quando o crente se confessa, o padre absolvê-lo-á. Esses rituais são absolutamente necessários para que os homens possam se relacionar uns com os outros, ainda que eliminem numa proporção assustadora a possibilidade de "respostas originais": o militar que faz uma careta, o padre que repreende o fiel aos gritos, o capitalista que distribui os lucros pelos operários, o carro que prefere subir pelo passeio. Por isso esses rituais são absolutamente necessários e ao mesmo tempo devem ser constantemente destruídos e substituídos por outros, a fim de que a relação entre os homens possa evoluir. A atitude conservadora consiste em não desejar nenhuma mudança de rituais; a atitude anarquista consiste em não desejar nenhum ritual.

O comportamento ritualizado é o comportamento morto: o homem não cria, apenas desempenha um papel sem criatividade. O conjunto de papéis desempenhado por cada indivíduo na sociedade cria nele uma "máscara".

Muitos rituais são abstratos. A hierarquia militar, por exemplo, é um conjunto de rituais determinados por leis abstratas. Porém, a arte é o conhecimento que se transmite através dos sentidos; por isso é necessário "coisificar" a hierarquia para a revelar através dos sentidos. O ritual apresentado teatralmente é a "coisificação" das leis, dos costumes etc.

Dentro do Sistema Coringa, o espetáculo deve apresentar rituais realizados por um conjunto de máscaras que passam de ator para ator, de modo a que o espectador possa verificar que todos os rituais (mesmo os absolutamente necessários) devem ser constantemente destruídos, para que outros sejam criados e destruídos, para dar lugar a outros, que serão igualmente destruídos, a fim de que o tempo e a vida não sejam detidos.

O teatro deve modificar o espectador, dando-lhe consciência do mundo em que vive e do movimento desse mundo. O teatro dá ao espectador a consciência da realidade; é ao espectador que cabe modificá-la.

Acredita na função política do teatro?
Toda a ação humana modifica a sociedade e a natureza. A arte e a ciência modificam a natureza de forma organizada, não episódica, segundo suas próprias leis. Mas há uma diferença fundamental entre a ciência e a arte.

Quando Fleming descobriu a penicilina, não precisou da consciência do doente para curá-lo. A ciência atua diretamente sobre a realidade, modificando-a. Pelo contrário, a arte modifica os modificadores da sociedade, transforma os transformadores. A sua ação é indireta, exerce-se sobre a consciência dos que vão atuar na vida real.

Para que os transformadores da realidade possam transformá-la, precisam conhecê-la através do estudo, da participação política e também através do teatro. A arte pode revelar a realidade em dois níveis: o dos fenômenos e o das leis que regem os fenômenos. O realismo — e, ainda mais, o naturalismo — tende a apresentar os fenômenos, ocultando as leis; certo teatro de "ideias" tende a discutir as leis sem a produção de fenômenos (ideias abstratas). O problema básico do Sistema Coringa consiste em "coisificar" as leis que regem os fenômenos. O operário pode informar-se da situação política do seu país através dos jornais (se souber interpretar os jornais das classes dominantes) e pode igualmente conhecê-la através da representação teatral, ritualizada, que lhe mostra cada fase da luta de classes no seu desenvolvimento. Isso é importante: toda peça deve mostrar os dois níveis. O nível concreto dos fenômenos particulares, porque essa é a matéria da arte, que trata de coisas reais, e o teatro trata de gente de carne e osso, trata de seres humanos, trata da vida social — é preciso mostrá-la. Mas deve mover-se também no nível das leis que regem esses fenômenos, porque a arte deve mostrar a organização interna da realidade. Deve mostrar as coisas como são, sim, mas deve mostrar também por que são como são.

Pelo que você diz, uma "máscara" tem algo a ver com a mecanização, com o "ato reflexo" de Pavlov, ou coisa do gênero. É assim?

Não. O animal não tem "máscara", ainda que possa obedecer a certos estímulos sempre da mesma maneira; o animal não se aliena. As suas ações e reações podem ter razões biológicas, climáticas etc., mas nunca sociológicas. Pode mecanizar certas reações, mas essas mecanizações não são máscaras, não obstante todas as máscaras serem mecanizações. O homem é o único animal alienável. Isso pode ser visto com clareza numa corrida de touros. Nesse ritual, o toureiro move-se segundo regras preestabelecidas, ao passo que o touro reage sem nenhum condicionamento ritualizado. O toureiro representa rituais (quer dizer, a sua vida e o seu estilo são determinados e limitados por regras; costumes e tradições, perfeitamente integrados já no seu caráter, na sua personalidade, na sua máscara), ao passo que o touro atua limitado apenas por motivos e estímulos físicos: cor, movimento. Nesse sentido, poderíamos dizer que o toureiro é alienado, enquanto o touro é autêntico (acrescento que não há aqui vantagem em ser autêntico).

Posso lhe contar um caso explicativo e trágico: Manolete morreu porque tinha fama de nunca recuar um passo para fugir de um touro. Essa fama fez a sua fortuna. Manolete alienou-se a essa fama. Ao ritual das corridas juntou mais um: nunca recuar um passo. Quando às 5h da tarde do dia da sua morte viu que o touro lhe ia cair em cima e que a sua única possibilidade de escapar era recuar uns passos, a máscara do toureiro que nunca recua impediu que se salvasse. Manolete teria podido escapar, mas o ritual do toureiro ousado cumpriu-se. Manolete morreu.

Mas se você é anti-imperialista e repudia formas e técnicas estrangeiras, como pode querer exportar as suas próprias técnicas e as suas próprias formas? Por que é que sistematicamente se apresentam tantos agrupamentos latino-americanos em festivais de teatro na Europa (especialmente em Nancy) e nos Estados Unidos?

Não, não desejamos fazer uma forma de "imperialismo de sinal contrário". Não. Há dois tipos de agrupamentos que se deslocam a esses festivais. Um apresenta-se como produto de consumo. Os europeus e norte-americanos gostam muito de reduzir a arte dos países do Terceiro Mundo a manifestações "folclóricas". Muitos grupos se prestam a desempenhar esse papel. Mas outros não!

Existem também os grupos que compreendem que as nações imperialistas não resolveram os seus problemas de classe. O imperialismo não elimina a luta de classes dentro dos seus países: apenas a anestesia. A burguesia dos países imperialistas pretende fazer crer aos seus proletários que o país está estabilizado, equilibrado, que as reivindicações operárias devem ser do gênero da aposentadoria aos trinta anos de trabalho, ou coisas assim de menor monta, enquanto nos países subdesenvolvidos há conflitos precisamente porque são países "em via de desenvolvimento", como dizem eufemisticamente.

Bem, todos os países estão em via de qualquer coisa, alguns em via de subdesenvolvimento, como se diz da França... Na França também existem proletários e a estes (ainda que de forma diferente) pode servir o teatro dos nossos países; também eles são explorados, ainda que mais suavemente, com menos brutalidade, mas com mais malícia.

Há que compreender o ponto de vista do Terceiro Mundo, totalmente oposto ao ponto de vista das sociedades de consumo. Os Estados Unidos, a Alemanha, o Japão, são países extremamente desenvolvidos, mas, do ponto de vista da revolução, que é o que nos interessa, estão infinitamente atrasados; Angola, Moçambique estão em movimento muito mais acelerado em relação à meta suprema do nosso século: a liquidação do sistema pré-histórico que é a propriedade privada dos meios de produção.

As pessoas têm de compreender que a revolução não é um Éden cheio de mercadorias (frigoríficos e carros que caem do céu), e sim um movimento contínuo em direção a uma sociedade humana e justa; nesse sentido, os países da América Latina são muito mais desenvolvidos, ainda que aos imperialistas custe abdicar da sua visão do Paraíso como um supermercado. A população dos países imperialistas não é "homogeneamente" imperialista. Os países superdesenvolvidos também possuem as suas classes subdesenvolvidas e os países subdesenvolvidos também possuem as suas classes superdesenvolvidas. Os países são economicamente dominados por outros países, precisamente porque para as suas burguesias nacionais o conceito de dinheiro é muito mais importante que o conceito de pátria ou de nação. A burguesia de um país economicamente forte une-se à burguesia de um país economicamente débil para explorar especialmente o povo deste último. E assim acontece na realidade, que também lucram os explorados do país forte. Por isso muitos operários de países imperialistas manifestam tendências reacionárias, tão reacionárias como as suas burguesias. São explorados, mas ganham mais alguns dólares, um automóvel, bilhetes para o cinema, ou para o beisebol etc. A isso se vendem.

Nos Estados Unidos, recentemente, os estivadores dos portos do Pacífico recusaram-se a descarregar os barcos peruanos, porque o Peru aprisionou navios piratas norte-americanos nas suas águas territoriais. Esses navios piratas davam trabalho e lucros a uma parte das populações desses portos. Os estivadores adotaram uma atitude nitidamente imperialista, carecida de conteúdo ideológico da sua própria classe, defendendo o seu direito à pirataria marítima. Também George Meany, presidente da Federação Americana do Trabalho e Congresso de Organizações Industriais (AFL-CIO), a maior organização operária dos Estados Unidos, proclamou repetidas vezes o seu apoio à política assassina de Nixon no Vietnã.

Por isso não se pode falar de conceitos muito gerais e amplos que excluam luta de classes. E, quando se fala de uma arte imperialista, temos que ter consciência de que ela é dirigida não só contra os povos oprimidos, mas também contra o seu próprio povo, ao qual aliena. As ideias dominantes numa sociedade são as ideias da classe dominante, disse Marx. O teatro, que na América Latina procura explicitar os mecanismos da luta de classes e pretende mostrar a necessidade e os caminhos possíveis para a mudança social, pode igualmente ser eficaz dentro dos países imperialistas, que têm a sua luta de classes anestesiada, mas não eliminada. O único risco da nossa atividade nesses países é o folclorismo. Aí o nosso teatro será válido, não na medida em que for "aceito", mas na medida em que pode ser utilizado pelos explorados contra os exploradores.

O seu teatro é caracteristicamente latino-americano?
Nós, os membros do júri do IV Festival de Manizales (1971), José Monléon, Emilio Carballido e eu, fizemos todo o possível para desmistificar os conceitos folclóricos de latino-americanismo. Declaramos: "De que arte latino-americana se fala? No nosso continente convivem o latifúndio e a miséria, os torturadores e os torturados". Convivem também o teatro venenoso da burguesia e as formas populares. Não temos nada a ver com o teatro burguês da América Latina, e temos muito em comum com os chicanos, porto-riquenhos e negros dos Estados Unidos. As nossas obras e as nossas técnicas não servem para os teatros oficiais da América Latina, ou da Europa, mas com certeza servem para os grupos marginais, operários, minorias étnicas oprimidas, estudantes revolucionários e "lumpemproletariado", sejam eles de cá ou de lá. O nosso teatro e as nossas técnicas ou são do povo ou não são nada.

Segundo Luca Ronconi, o diretor italiano, o autêntico teatro popular, o único, é o que se faz na praça pública, que é o verdadeiro lugar do povo. Compartilha essa opinião?
Há um poema brasileiro que diz: "A praça, a praça é do povo!/ Como o céu é do condor!" (Castro Alves). Entretanto, neste momento, as praças do Brasil estão ocupadas pelos tanques de guerra. Hoje em dia, fazer teatro popular nas praças públicas brasileiras seria um suicídio. Os militares golpistas expulsaram o povo das ruas, mas não o eliminaram. E, como não se pode eliminar o povo, também não é possível destruir as suas manifestações, a sua arte, o seu teatro. O mais importante é fazer um teatro que tenha a perspectiva do povo, a perspectiva da mudança. Se se puder fazer esse teatro nas praças públicas, muito bem; se só se puder fazê-lo na casa humilde de um operário, ou para poucos operários de cada vez, igualmente muito bem; se se puder, com um espetáculo apenas, chegar a cinco mil operários, ótimo. Se houver necessidade de se fazerem quinhentas reuniões teatrais em pequenos locais para se chegar aos mesmos cinco mil, também está bem.

O teatro, para ser "popular", tem de ser "revolucionário", não importando onde se realiza o ato teatral. E o teatro chega ao seu maior grau revolucionário quando o próprio povo o pratica, quando o povo deixa de ser apenas o inspirador e o consumidor para passar a ser o produtor. Quando se comunica através do teatro. Por acreditar nisso, o Teatro de Arena de São Paulo desenvolveu uma série de técnicas, jogos e exercícios para o ator e para o não ator com vontade de dizer alguma coisa através do teatro.

Ao povo, os meios de produção teatral (1979)[1]

Augusto Boal terminou a redação deste livro em julho de 1974, na Argentina. Depois disso, a Argentina, como tantos outros países da América Latina, conheceu seu golpe de Estado de extrema-direita. Augusto Boal viu-se obrigado a emigrar para a Europa.

Em 1977, convidado a organizar para o Festival Mundial de Teatro de Nancy uma manifestação sobre a "diáspora" dos latino-americanos, ele declarou ao jornal *Le Monde*: "Nós não somos pobres vítimas, mas soldados que perderam uma batalha, que foram obrigados a recuar para fora de seus países. Nós continuamos a viver, continuamos a trabalhar: mostraremos que estamos vivos".

As linhas que seguem constituem de certa forma um posfácio para 1977: elas inscrevem este livro concluído em 1974 nas preocupações atuais de Boal, homem de teatro e brasileiro exilado que não renunciou a nada daquilo pelo que lutava no Brasil.

Você pode situar a origem desses textos? Eles parecem remeter a épocas particulares, mas diferentes, de sua experiência teatral. "Poética do oprimido", que aparece na capa do volume, insere-se totalmente entre as suas preocupações atuais, enquanto os textos sobre Aristóteles ou sobre Maquiavel parecem inscrever-se numa reflexão dramatúrgica mais restrita.

A *Poética* entrava em meu ensino. Quando eu era professor, em 1958, na Escola de Arte Dramática de São Paulo, ensinava a meus alunos como escrever uma peça. Aristóteles era geralmente apresentado

---

[1] Entrevista a Émile Copfermann, Paris, dezembro de 1976-janeiro de 1977, publicada em *Théâtre de l'Opprimé*, Paris, La Découverte, 1979. Tradução do francês de Celia Euvaldo.

como se ele dissesse que a política é uma coisa, o teatro outra, diferente. Eu queria mostrar o contrário. Se nós o lemos do ponto de vista da Ética e da Grande Moral, se compreendemos certas palavras que Aristóteles escreveu, as palavras que ele utiliza na *Poética*, e que não explica na *Poética* mas em outras obras, vemos que Aristóteles propõe uma teoria da coerção. Ela força o espectador a se "purificar" de tudo o que pode "corromper" uma sociedade.

Meu ensaio "O sistema trágico coercitivo de Aristóteles" só foi redigido em 1966, muito depois de deixar a Escola, interrogando-me como homem de teatro. "Maquiavel e a poética da *virtù*" foi escrito em 1963, para explicar o que eu pensava de Maquiavel e da *Mandrágora*, que estava dirigindo.

Então, primeiro você foi professor?

Eu tive uma formação de engenheiro químico. Sou doutor em química com uma especialização, os plásticos, o petróleo. Terminei esses estudos em 1952, depois fui para os Estados Unidos com uma bolsa de especialidade, mas nunca trabalhei nessa disciplina. Na Universidade Columbia, onde fui recebido, comecei a estudar teatro e voltei para o Brasil com um diploma que nunca me serviu e conhecimentos teatrais adquiridos sem diploma que, estes sim, me serviram. Trabalhei imediatamente com o Teatro de Arena: fiquei no Brasil até minha prisão em 1971. Preso, torturado, fui solto em maio de 1971 e segui ao encontro de minha mulher em seu país natal, que é um pouco o meu país, a Argentina, onde fiquei até junho de 1976. Trabalhei praticamente em todos os países da América Latina: no Peru, no Chile (até o golpe de Estado),[2] na Venezuela, não só em Caracas, mas também em Maracaibo, na Colômbia, no México, no Equador... Em todos os lugares eu dava cursos de aprendizagem acelerada do teatro; no Peru, participando do programa governamental de alfabetização. Foi durante esses seis anos de circulação intensa que refleti, a partir de experiências precisas, sobre o Teatro do Oprimido. Escrevi livros. Na Argentina, comecei o Teatro Invisível com o grupo El Machete improvisando nos trens, nas

---

[2] Em agosto de 1984, Boal fez um estágio em Santiago, a convite da Embaixada da França. (Nota da edição francesa)

filas na frente das lojas, depois continuei no Peru o Teatro Jornal, com a equipe do Núcleo e empreendi outras coisas; o Teatro Novela, no Peru; o Teatro Imagem; o Teatro Fórum, com os espectadores.

Comecei no Teatro de Arena há vinte anos, exatamente, como diretor artístico. O teatro compreendia um grupo estritamente profissional, que só trabalhava no teatro, e pequenas equipes de choque, os núcleos: Núcleo 1, Núcleo 2, Núcleo 3, que conduziam experiências fora do teatro. Trabalhei principalmente com estes últimos.

Antes de 1964, o Arena fazia teatro para o povo. Nós encenávamos nas ruas, nas caçambas dos caminhões, em circos, com o suporte e o apoio do governo nacional e estadual, de esquerda, no Nordeste do Brasil. Obtínhamos até o suporte da polícia!... Isso até 1964. Golpe de Estado de direita, para deter o movimento de esquerda. Segundo golpe de Estado, em 1968, que implanta um governo fascista. Se, entre 1964 e 1968, nós ainda conseguíamos manter atividades de teatro popular, as ruas, as fábricas, as organizações sindicais ficam proibidas. Mas depois de 1968 não é possível mais nada de popular.

No Teatro, nós interpretávamos regularmente, por exemplo, *Arturo Ui*, de Brecht. Com os núcleos nós nos lançamos em experiências de Teatro Jornal.

O aspecto experimental dos núcleos tinha me interessado imediatamente, sem dúvida, mas menos pelo teatro experimental que por sua capacidade de fornecer respostas a questões concretas que tínhamos: a repressão, a dificuldade de continuar a estar com o povo, de fazer teatro para os camponeses, sob um regime ditatorial.

Há um problema da diáspora latino-americana na Europa. Eu queria fazer uma cena de Teatro Fórum a partir desse tema, na qual os latino-americanos tentariam uma solução de integração, que considero uma má solução. Eu queria pedir aos espectadores franceses que tomassem o lugar dos atores latino-americanos que encenam essa má solução da integração. Como os franceses veem a integração dos latino-americanos? E os atores latino-americanos fariam o papel dos franceses: como se comportariam no lugar deles? Tudo isso para mostrar a uns e a outros o ponto de vista contrário.

Quando nós, latino-americanos, vimos à França, a Paris, para descobrir o teatro francês, parisiense, sabemos onde e como encontrá-lo.

Compramos o *Officiel des Spectacles* ou o *Pariscope* e vemos onde se dão os espetáculos: quem é o diretor; o que está sendo apresentado e onde. Você quer ver o teatro popular latino-americano? Não existe no *Officiel des Spectacles*. Quase tudo é clandestino. No Brasil existe um teatro clandestino, desconhecido dos jornais. E, se você quer descobri--lo, precisa ter um amigo que conheça um amigo, que o porá em contato com um terceiro: todos permitirão talvez que você veja o que há para ver.

Um americano dos Estados Unidos me falava, outro dia, da imprensa subterrânea, *underground*. Eu lhe pedi para conhecê-la. Para entrar em contato com aqueles que a faziam. É fácil, ele respondeu. Consulte a lista telefônica, depois de ter selecionado o número deles nos classificados dos jornais! A imprensa subterrânea dos Estados Unidos tem números de telefone públicos! Na América Latina isso não acontece de maneira nenhuma. Quando alguma coisa é clandestina, ela é realmente clandestina, não a encontramos publicamente. É uma diferença importante. Muitas pessoas que vão para a América Latina procuram o teatro popular e não encontram. Se vão à *calle* Corrientes, a rua dos teatros, em Buenos Aires, encontrarão o mesmo Anouilh que em Paris. No Rio de Janeiro ou em Copacabana encontrarão o *Hair* de Nova York. Já o teatro popular real, é preciso saber onde procurar, com quem, e é esse teatro o mais interessante atualmente.

O teatro na América Latina foi utilizado, continua a ser utilizado como forma de libertação. As pessoas o utilizam para tentar realizar um ato liberatório (e não só na América Latina). Estou falando da América Latina porque é onde vivi. Mas sei de outros exemplos: sei que o exército de Moçambique, antes da libertação de Moçambique, o utilizou da mesma maneira que nós. Os representantes oficiais do exército de Moçambique estavam para encontrar representantes do exército português, no final da guerra de libertação nacional. Eles produziram um espetáculo. Alguns oficiais de Moçambique faziam o papel deles mesmos e outros oficiais, também de Moçambique, faziam o papel de oficiais portugueses. Eles testaram, ensaiaram, antes do fato, o encontro para a negociação! Eu acredito nesse tipo de teatro.

Marx disse algo como: basta de uma filosofia que interpreta o mundo! É preciso mudar a realidade. Marx teria talvez dito algo aproximado para o teatro. Precisamos de um teatro que nos ajude a mudar a realidade. Não só que ajude a mudar a consciência do espectador. O espectador que vai mudar sua realidade vai mudar com seu corpo. Isto é, uma revolução, uma luta contra diversos tipos de opressão, global. Nós representamos com a consciência, representamos com o corpo. É preciso libertar o espectador de sua condição de espectador, da primeira opressão que o teatro enfrenta. Espectador, você já é oprimido, porque a representação teatral lhe dá uma visão acabada do mundo, fechada; mesmo que aprove essa visão, você não pode mais mudá-la. É preciso libertar o espectador de sua condição de espectador, ele então poderá se libertar de outras opressões.

Você vai ver uma peça feminista. Uma mulher oprimida, como feminista, deve poder expressar sua própria opinião, não depois do espetáculo, no "diálogo" com os atores. Não. O espetáculo termina. O diálogo começa. Não. Os atores fazem, nesse caso, o papel de mestres de cerimônias, como eu dizia há pouco. Você fala, o outro fala. Está previsto. Nada muda no espetáculo. A opressão continua. Todas as formas de teatro devem servir para que o espectador saia de sua condição de espectador. Protagonista da ação dramática, o espectador deve enfim testar ações, mesmo que se engane. Se ele se engana, ele se engana na ação. Quando ele faz o papel de protagonista, ele muda a ação: ele descobre, de seu ponto de vista, que essa ação é ruim.

Você propõe então uma pedagogia de e pela intervenção?
... pela intervenção: isto é, um teatro de intervenção...

Não no sentido dado a esse termo...
Intervenção de quem? Do próprio espectador. Precisamos dar ao espectador a possibilidade de testar as ações revolucionárias; em espanhol *ensayar*, verificar antes da ação verdadeira, a ficção antes da realidade. Eu testei essa técnica e vi que ela produzia resultados maravilhosos. Ela não tem efeito catártico. Seria preciso inventar uma palavra oposta a catarse. A catarse esvazia o espectador de alguma coisa. É preciso inventar uma palavra como "estímulo". Ele não purifica como a catarse, através da qual o teatro retira alguma coisa do espectador.

Se você age a ação real numa situação fictícia, é um ensaio da ação, não a própria ação, enquanto tal; ainda assim uma ação, mas que não lhe dá o sentimento de ter concluído a ação real. Ela estimula a sua vontade de realizá-la, faz você sentir vontade. Todos aqueles que testaram essa técnica gostaram; ela é a prova de que podem utilizá-la e também sentem vontade de ver seus prolongamentos.

Estou interessado em todas as formas de teatro que libertam o espectador. Que os tornam protagonistas da ação dramática e, como tal, permitem que testem soluções para que possam se libertar.

Nesse ponto, a intervenção diretamente política ou sindical não seria mais eficaz, mais produtiva? Uma greve, uma manifestação têm mais alcance libertador que seu simulacro teatral?

Penso, é claro, que a greve é mais importante. Mais que o ensaio da greve. O teatro não substituirá a ação real. Mas pode ajudar a torná-la mais eficaz.

Lembro que no Peru trabalhei com operários. Eles pretendiam fazer uma greve no local de seu trabalho. Eles ensaiaram a greve... antes de fazê-la![3]

O teatro não é superior à ação. É uma fase preliminar. Ele não pode substituir-se a ela. A greve vai ensinar mais.

O teatro é um lugar de refração...

... onde podemos representar o ato real, que pode se efetuar.

Mas, então, qual é sua dimensão específica? Apenas uma preliminar? Que diferença resta entre o ensaio da greve e uma assembleia geral operária preparando sua greve?

O conhecimento. Na assembleia geral, tudo é falado. Você diz: acho que a solução é isso ou aquilo. Nós decidimos que vamos fazer alguma coisa amanhã. Nós falamos o que vamos fazer. Quando ensaiamos a cena, as pessoas participam e aprendem muito melhor (sobre elas mesmas) e muito mais (de todos) do que quando falam os atos. Os

---

[3] Depois desta entrevista, fizemos muitas vezes a mesma coisa na França e em outros países da Europa. (N. do A. para a edição francesa.)

membros de uma assembleia geral... mudam de opinião. Se ensaiam o que vai acontecer durante a greve... se, como no Peru, os desempregados presentes na assembleia geral fazem o papel dos grevistas e expõem, diretamente, a questão da atitude a adotar em relação aos desempregados...? Os problemas reais que aparecerão durante o movimento grevista, depois, são encenados antes: vividos, em parte, de forma mais rica.

Mas isso supõe, da parte daqueles que suscitam tais intervenções teatrais, uma técnica teatral bastante avançada e ao mesmo tempo alta consciência política. Maior humildade política, também (ou uma confiança ilimitada), para evitar que manipulem o movimento, que se tornem seus condutores.

Não há necessidade, creio, de uma preparação técnica significativa. Penso até exatamente o contrário. No Peru nós trabalhamos com mulheres. Tratava-se de discutir com elas o fornecimento de água de uma favela. Elas iriam negociar com representantes do governo. Nós ensaiamos a cena do encontro antes que ele ocorresse. Uma mulher de 70 anos, sem nenhuma experiência teatral, desempenhou um papel capital. Os espectadores do Teatro Fórum tinham que respeitar a regra do jogo: quando uma cena começa, não interrompê-la; se um movimento cênico se delineia, não detê-lo. Tornados atores, os espectadores deviam se adequar a essa situação. Só intervinham aqueles que tinham uma solução a propor. Um ator não poderia inventar aquela solução. Essa senhora, sim: porque ela sabia, podia convencer os atores a adotar uma solução que ela propunha a partir de sua experiência de moradora de uma favela.

Uma surpresa é ver a que ponto as pessoas gostam de fazer esse tipo de teatro. Reconheço que ele não pode substituir a ação real. Nesse caso, a senhora — e os outros — estavam preparados física e intelectualmente para um encontro que eles não poderiam ter imaginado de outra forma com tanta tranquilidade. Ao discutir diferentes soluções, eles compartilharam soluções variadas. E até a senhora que encenava seu papel de moradora da favela podia fazer o papel de um oficial vindo para discutir... com ela o problema da água! Acho que é um meio muito mais rico do que a assembleia geral, em que, com frequência, se dizem coisas por dizer. Aqui as pessoas são forçadas a fazê-las; fazer e dizer não é a mesma coisa. Fazer, com toda sua sensibilidade. Nós nos vemos todos mudando. Fazer na frente dos outros não é dizer uma frase. O tempo da demagogia termina porque a ação engaja mais, porque os outros estão presentes para dizer: "Não, o que você propõe é demagógico, ridículo". Com efeitos de voz bem colocados, durante uma assembleia, você pode obter muito sucesso. No Teatro Fórum, já não é possível, você tem que mostrar as coisas como se elas fossem reais, com a sanção imediata dos outros.

Trata-se, portanto, de uma fase inferior à ação real, verdadeira, mas de uma ação de longe superior à simples discussão abstrata.

Esses tipos teatrais diferentes remetem apesar de tudo a situações concretas: o Teatro Fórum supõe possibilidades de reunião, de encontro, durante um tempo mínimo dado (o tempo que os presentes "tomam" a palavra); o Teatro Invisível, o mais simples, supõe dois, três atores intervindo em conivência numa situação "x", qualquer uma. O Teatro Fórum se aproxima do teatro, digamos, tradicional. Eu me pergunto se todas essas formas não são etapas preliminares para o... grande teatro: subteatro? Aliás, o Teatro Invisível ainda é teatro? Seria apenas pelos dois ou três atores que são provocadores da ação e organizam seus desdobramentos?

Concordo que o Teatro Invisível pode ser feito em qualquer lugar, em quaisquer condições. Seus espectadores não são nem um pouco organizados. Já o Teatro Fórum, deve ser feito para espectadores organizados, sua audiência deve ser organizada. Não se pode fazer Teatro Fórum para e com pessoas que não se conhecem, mas para um grupo, uma coletividade de trabalho, estudantes numa faculdade, moradores de uma favela. Pessoas que se conhecem, que têm problemas comuns, e o tema também será comum, abordará problemas que lhes são comuns.

Você não adere, então, às técnicas ditas de grupo: dinâmica de grupo, psicodrama...? Os protagonistas são convocados e convidados a encenar uma situação traumatizante: um analista, um guia os ajuda a ver o lugar da neurose.

Eu não tenho uma grande experiência de psicodrama. Segui... como paciente. Não como técnico. Acho que o psicodrama se preocupa sobretudo com o passado, o Teatro Fórum, com o futuro, os problemas vindouros. O psicodrama tem também por objetivo curar o paciente, o Teatro Fórum, mudar a sociedade, duas diferenças importantes. No Teatro Fórum existem também formas que chamamos "quebrar a opressão". Escolhemos uma pessoa que sofreu, em seu passado, algum tipo de opressão. Pedimos que represente a cena como ela sentiu pela primeira vez a sua existência. Até então, ela sofreu e aceitou essa opressão.

Nós representamos uma segunda vez a ação, depois de ter pedido ao "ator" para tentar romper com o que ele sente, para "quebrar a opressão".

Terceira etapa, mudamos os papéis. O "ator" que, durante a segunda etapa, tentou quebrar a opressão faz agora o papel de seu opressor e o ator que o oprimia, o do oprimido, para que finalmente o verdadeiro oprimido chegue a perceber o que se produzia em sua cabeça e também na do opressor. Aí, sim, há certo parentesco com o psicodrama. Mas, nessa etapa, "quebremos a opressão", o objetivo continua sendo o futuro. No passado, o sujeito era oprimido: tenta-se oprimi-lo mais uma vez, mas para que dessa vez ele reaja. Trata-se de estimular o ator para que ele rompa com sua situação anterior. O objetivo último é a transformação da sociedade, não a "cura" de uma pessoa.

Já o Teatro Invisível procura provocar uma situação de conflito, num trem, num ônibus, num restaurante. Não concordo com você quando diz que isso não é teatro. Ou só para duas ou três pessoas. O Teatro Invisível começa como teatro totalmente tradicional. Os atores se encontram, discutem um tema, adotam esse tema, discutem personagens, sua vontade, sua contravontade, discutem a caracterização dessas personagens, depois ensaiam a cena. Ela está pronta. Eles convidam espectadores-amigos, pedem que reajam como espectadores futuros. Os atores representam sua cena diante de outros atores e estes últimos fazem o papel dos espectadores futuros críticos. Quando esse processo termina, a cena se instalará em um trem, um cais, e a ação terá início. Por que não seria teatro? Porque o espectador não tem consciência de ser espectador? Essa é a única diferença.

Sim, mas é uma diferença considerável. O teatro é instalado lá onde não era esperado, e é bom que assim seja. Mas o único papel não assumido conscientemente é o do público! Difícil de aceitar: o mais manipulado é aquele para quem você fala de Teatro do Oprimido!

O Teatro Fórum é uma forma mais elaborada e mais decisiva. Mas o Teatro Invisível é o primeiro grau da libertação do espectador. O espectador não tem consciência de ser espectador. É verdade... Então, ele se torna ator.

Em muitas civilizações, a civilização maia, por exemplo — excluo propositadamente a civilização grega —, ou entre os índios brasileiros, os tupi-guarani, existe um teatro. Primitivo, é verdade. Por exemplo, uma aldeia avalia que seu deus, feroz, se opõe a ela; ele mata ou não gosta dos habitantes. Os habitantes querem trocar esse deus feroz, desfavorável, por um deus amável, que lhes seja favorável. O feiticeiro intervém, canta, dança. Nós aqui pensamos que não existe deus feroz, mas elementos. Eles acham que sim, vão lutar contra ele, e toda a aldeia também começa a cantar, a dançar. Todos fazem um teatro... mas sem espectadores. Todos juntos lutam contra o deus mau. A sociedade indígena inteira participa do fenômeno teatral. Eles não imaginavam essa coisa monstruosa em que algumas pessoas são ativas, outras passivas, alguns atores, outros espectadores. Eles viam no teatro uma manifestação que unia a sociedade em um fenômeno estético único, e essa é uma maneira de compreender o teatro. A dicotomia espectador-ator não é inata. Só mais tarde é que ela apareceu, em inúmeras sociedades. A ideia de que alguns, os eleitos, sejam atores é uma ideia opressiva. Se eu quero dar a esses outros que são o povo imagens já existentes de sua realidade que são suas imagens, essa é uma forma de opressão!

No entanto, penso também que o Teatro Invisível sofre de uma carência, de uma falta, de um defeito: ele é incompleto. É preciso ir ainda mais longe. Esse defeito, essa carência, é a ausência, no espectador, da consciência de estar em uma ação dramática. Isso dito, o espectador muda a ação, de qualquer maneira, mesmo sem consciência. Mas prefiro os outros graus, mais conscientes, em que os espectadores sabem bem que papel eles vão ter, quem vai mudá-los.

É o espectador que deve empreender a mudança. E não os heróis. Não é Simón Bolívar, não é Che Guevara que vai fazer sua revolução para ele, para nós: se quisermos a revolução para nós, se quisermos que ela seja nossa, cabe a nós fazê-la. Fazê-la nós todos.

Isso supõe toda uma estratégia de técnicas teatrais, articuladas entre si, é claro, mas também estabelecendo de fato uma hierarquia entre elas. A técnica superior não seria, simplesmente, o teatro literário, a peça escrita a ser encenada, mais elaborada, que se alcança depois de galgar uma série de degraus. Você propõe, parece... uma aprendizagem de teatro.

Existe uma hierarquia, é verdade. Por exemplo, primeiro vem o Teatro Invisível, depois "quebremos a opressão", depois o Teatro Fórum, técnica mais elaborada. Mas não acho que elas levam ao teatro literário, escrito. Depois do Teatro Fórum: a ação. Não vamos dar no teatro, mas na ação real.

Não acho que as outras técnicas teatrais sejam ruins, não é isso que eu quero dizer. Alguns teatros têm a ambição de mostrar a realidade, interpretá-la, mudar a consciência do espectador ou dar a ele uma consciência da realidade. Mas sempre partindo de uma visão fechada do mundo. Esse esquema, Teatro Invisível-Teatro Fórum vai numa outra direção: a transformação do espectador em protagonista da cena dramática. Essa transformação não desemboca nunca no teatro escrito. Se alguém segue esse caminho, a prática, depois de ter discutido seu futuro, o futuro vem. O futuro virá. O que então ele fará? Se ele participou de uma ação invisível sobre a greve, se ele representou uma cena "quebremos a opressão" a partir da greve, se ele participou de um Teatro Fórum sobre a greve, depois dessas etapas vem a última: a greve. Não o teatro.

Cuba fez sua revolução em 1959. Suponhamos que você tenha praticado até aquela data as técnicas teatrais. Depois da revolução, o que acontece? Você volta às formas convencionais de teatro, procura novas formas, ou não faz mais teatro (a vida revolucionada)? As técnicas, as formas teatrais seriam impermeáveis à situação nova?

Numa sociedade que fez sua revolução, acredito, curiosamente, que é preciso voltar ao teatro aristotélico. Vivendo finalmente numa sociedade com uma Constituição aceita pelo povo, nós podemos retomar esse teatro, no qual as personagens encarnam os valores positivos exceto um, o mau, a *hamartia*, um teatro que postula que é preciso adaptar os cidadãos a essa sociedade. Mas ao mesmo tempo acredito que nesse tipo de sociedade certos temas, não os temas nacionais importantes, coexistem porque estar em revolução não é uma posição muito estável. A sociedade cubana é estável? Eu digo: não. Ela se transforma sem cessar. Ela tem seus problemas, que o Teatro Invisível, o Teatro Fórum, o Teatro Estátua podem tratar.

O teatro aristotélico pode ajudar a tratar temas fundamentais e a perceber a solução do cidadão para essa situação nova. Mas, para a continuação da revolução, é preciso que subsista sempre um Teatro do Oprimido: é assim que eu o chamo, mas poderia ser nomeado de outra maneira.

Tenho a impressão de ver uma contradição em sua posição: você pratica técnicas teatrais em que você desaparece como artista individual. Por outro lado, escreve peças encenáveis em teatro convencional. As duas posições se negam... ou é uma questão de ceder de um lado para preservar outro? Você escreve muitas peças para serem encenadas?

E gosto que elas sejam encenadas; é um conselho que dou aos jovens: encenem minhas peças! Elas são boas!

Mas você fala diversas linguagens. Para libertar o oprimido, não as encena?

A última que escrevi, com Chico Buarque de Holanda, um dos melhores compositores brasileiros, eu queria que fosse feminista. Inspirei-me em duas obras de Aristófanes, *A assembleia das mulheres* e *Lisístrata*, e em inúmeros documentos de movimentos feministas norte-americanos, franceses, portugueses, especialmente norte-americanos. Tentei escrever uma peça feminista. Quando terminei, descobri que ela era antimachista, mas não feminista; era uma peça dirigida contra o machismo de Aristófanes. A peça realmente feminista será sem dúvida escrita por uma mulher, e eu não sou uma mulher, e sim um homem que pode rejeitar a posição masculina machista. Essas duas tendências podem coabitar, mas eu posso escrever no lugar das mulheres um texto que possa ajudá-las a se libertar como mulheres escreveriam.

Três possibilidades são portanto abertas:

a) um homem expõe a mulheres o que ele sente, uma posição não "machista";

b) segunda possibilidade, uma dramaturga, uma mulher, escreve sobre e como cada mulher vive seu problema;

c) terceira possibilidade, mulheres vislumbram sua revolução.

Um nível não elimina o outro. Mas a espectadora que vê minha peça e se contenta com ela permanece oprimida. Se ela vê a peça de uma mulher sobre a libertação feminista e feminina, isso não basta: ela deve, como mulher, encontrar formas de libertação que lhe sejam próprias.

Por que é que eu continuo a escrever? Porque, é verdade, sou dicotomizado. Sou uma pessoa que sempre trabalhou para o teatro popular, que realizou teatro para o povo. Ora, eu mesmo não sou povo, não sou um proletário. Nunca passei fome; quando eu tinha fome, encontrava dinheiro para me alimentar; nunca tive problemas sérios de saúde. Não. Sou um pequeno-burguês, da *middle class*, mas todo o meu pensamento foi diverso do pensamento da classe média: realizei o teatro, no Brasil, para os camponeses, os proletários, para as mulheres, e não sou mulher, não sou proletário. Não sou camponês. Eu achava que era para eles todos que eu tinha que mostrar o meu trabalho, minha visão do mundo, uma visão antiburguesa e antimachista. Mostro-lhes minha visão para ajudá-los. Mas ajudá-los mais decisivamente é proporcionar-lhes os meios de produção do teatro... E reconhecer que não sou uma mulher. Eu mostro aos proletários, às mulheres, aos camponeses minhas técnicas... e minha visão, mas minha visão apenas não se substitui à vontade deles de se libertar.

Se, como autor, você continua a pensar que ainda tem alguma coisa para expor — aliás, alguma coisa messiânica. O artista é messiânico, isso permanece na tradição do artista: ele tem uma experiência, única, uma sensibilidade única, uma relação sensível com a realidade, e é tudo isso que ele quer comunicar. Bom, ao lado disso, compartilhamento explicável e escusável pela situação política e econômica da América Latina, há uma forma de teatro mais convencional, para a qual você escreve: ora, justamente por essas razões econômico-políti-

cas, a instituição teatral fechou-se a você. O Teatro do Oprimido seria o substituto técnico dessa impossibilidade de ser encenado, não se trata de um subproduto ditado pelas condições? Corajosamente, você faz abstração daquilo que você mesmo traria em outras circunstâncias. Essas técnicas novas seriam o último recurso, utilizável sobretudo em situações de ditadura e de opressão extrema? Não haveria deslizamento, de fato, da criatividade, a parte principal deslizando da escrita à tarefa de "grande organizador"... do Teatro Invisível, do Teatro Fórum etc.?

Compare o artista a um mágico. Ele tira o coelho de sua cartola. Mostra truques mágicos. Eis um bom espetáculo! Os espectadores se divertem. O artista, hoje, deve ser esse mágico que tira o coelho da cartola e que, depois, mostra como faz para tirar. De maneira que o espectador veja o resultado mágico, depois aprenda a mágica e se torne ele mesmo mágico.

Eu falei do nascimento do teatro tupi-guarani, no Brasil, do feiticeiro: ele cria o encantamento de toda a sociedade. Ele a precede num acontecimento estético e de natureza religiosa, que cria junto com ela. Ele a conduz porque domina suas técnicas. Mas seu objetivo, sua meta, é que a sociedade participe, seja produtora de uma busca comum: como convencer os deuses ferozes a não serem mais ferozes. O feiticeiro metamorfoseia a sociedade tupi-guarani em feiticeira. Uma mudança idêntica irá se produzir graças ao artista: ele encantará os espectadores, os transformará em artistas. Não como feiticeiro no sentido em que o feiticeiro imagina o mundo incognoscível, mas como artista que pensa o mundo conhecível. Se o encantamento é diferente, a ideia é semelhante. Criar o encantamento de todos, não só de alguns eleitos. É um processo, não uma teoria.

No Teatro de Arena dirigi durante quinze dias uma peça depois da outra, sem conseguir ter tempo para refletir; na noite da primeira representação de uma peça, eu me perguntava qual seria a seguinte. Sacrifiquei tudo por isso. Se eu tivesse continuado assim, talvez não teria imaginado outro tipo de teatro. A ditadura me prestou o serviço de me libertar de uma de minhas opressões — as necessidades do repertório!

Em seguida, no Peru, na Argentina, em todos os lugares senti a necessidade de outra coisa. Começou em 1970, com o grupo Núcleo; fizemos o Teatro Jornal. Como não podíamos mais atingir cinco mil espectadores como antes do golpe de Estado, precisávamos encontrar outros meios, e esse meio foi que... os espectadores produzissem seus espetáculos. Se ensinássemos nossas técnicas a dez grupos, esses dez grupos, por sua vez, poderiam ensinar... Foi uma posição determinada pela realidade, é verdade, não pensada previamente por mim. A polícia ocupa a sede do sindicato. Como atingir os sindicalizados? Por meio do Teatro Jornal. Ele mostrava aos operários, aos estudantes que eles podiam fazer desse teatro sua solução. A teoria vem dessa prática.

Em Portugal, onde trabalho atualmente com essas técnicas do Teatro Invisível, do Teatro Estátua, do teatro "quebremos a opressão", eu dirijo, além disso, duas de minhas peças, com profissionais.

É preciso também continuar a encenar nos teatros, quando é possível. Mas para questionar. Estou dirigindo *Arena conta Tiradentes*. Tiradentes é o primeiro rei da independência brasileira. Ele se chamava, na realidade, Joaquim José da Silva Xavier. Tiradentes, o arrancador de dentes, é um apelido: soldado e arrancador de dentes, o primeiro herói da independência brasileira, da luta contra Portugal, e é isso que os portugueses me pediram, que eu lhes falasse como ex-colonizado...!

Os atores com quem trabalho reconhecem que Portugal era um país colonizador. Eles descobrem que também era colonizado. Quando Portugal explorava o Brasil, o ouro brasileiro era entregue a Flandres, ao Vaticano. Flandres explorava Portugal e Portugal, o Brasil. Mais recentemente, Portugal explorava a África Negra, mas os Estados Unidos, a Suécia exploravam Portugal. Hoje as colônias portuguesas são independentes. E os colonizadores-colonizados descobrem que sempre foi assim: Portugal sempre foi um país colonizador/colonizado. Portugal ficava com 11% do lucro da colonização portuguesa na África, e os 89% restantes se repartiam entre os Estados Unidos, a Bélgica, a Suécia e a Alemanha Federal. Os colonizadores se descobrem colonizados; descobrem suas mãos vazias. E tem mais. A indústria portuguesa, pouco importante, é essencialmente de construção naval. Os portugueses constroem cascos de navios. Quando prontos, são rebocados à Suécia, onde a parte sofisticada do navio é montada. Por quem? Por operários portugueses imigrados! A metade é construída em Portugal, a outra metade na Suécia, sempre por operários portugueses. Mas um sueco afixará a marca "*Made in Sweden*".

Em Portugal, me pediram para escrever a partir dessa situação de ex-colonizado pelos portugueses, de dar, Gianfrancesco Guarnieri (que colabora comigo) e eu, nosso ponto de vista.

O teatro-peça, o teatro-literatura continua sendo importante como testemunho. Importa que ele mostre também quem testemunha, qual é a origem do testemunho, qual é a pessoa que fala, e era o estilo de *Arena conta Zumbi*, de *Arena canta Bahia*, mostrar quem se esconde, quem é o autor.

Acredito no teatro literário se ele revela a origem da escrita. Quero eliminar a empatia: dar às personagens o poder de pensar e de agir no lugar do espectador, sou contra.

O que foi feito dos membros do Teatro de Arena?

Eles se dispersaram. Mas os grupos do Núcleo não pararam de trabalhar. Existe uma rede de teatro clandestino atualmente no Brasil — clandestinos ou semiclandestinos: trabalhadores, estudantes fazem teatro, em São Paulo e em outros lugares. O grupo argentino com o qual eu tinha realizado o Teatro Invisível fez o mesmo em San Salvador, na América Central: sem trem, pois lá não existe rede ferroviária, em ônibus... ônibus-teatro! A progressão das ideias do Teatro do Oprimido é lenta, mas apesar de tudo progridem. O livro ajudou bastante, foi vendido em todos os países da América Latina: em Honduras, disseram-me, o capítulo "Poética do Oprimido" foi copiado, mimeografado, distribuído em folhetos. Houve muitas edições clandestinas. É uma pena pelos direitos autorais, uma vantagem pela progressão das ideias. Mesmo no Peru, apesar do pouco apoio que encontrou. Para o projeto de alfabetização que haviam me pedido para colaborar, o governo havia convocado 120 pessoas, em Lima; elas deveriam trabalhar um mês inteiro. Quando o governo compreendeu que não se tratava, para nós, de nos fazer porta-vozes de sua mensagem, não nos ajudou mais. Ao contrário, fez tudo para que a experiência acabasse. No entanto, alguns grupos continuam trabalhando. O importante é que essas experiências não pertencem a ninguém, a nem uma única pessoa; que sejam assumidas por aqueles a quem se destinam.

Na Dinamarca, que acabo de visitar, descobri que esse tipo de ideia aparecia. Com nuances, é claro. Eu estava nos Estados Unidos há cerca de três anos para conduzir um trabalho comparável com um grupo de mulheres de teatro. Comecei ensinando os métodos. Chegávamos à etapa do Teatro Estátua. Nessa técnica são corpos imóveis que atuam; corpos imóveis, estátuas, representando uma situação real; corpos imóveis, estátuas, apresentando a versão ideal. Nenhum protagonista do jogo fala: ele apenas muda, traço por traço, gesto por gesto, o sentido da postura da estátua inteira. Chega-se então à etapa seguinte, a da estátua animada. Os atores designados estátuas podem mudar sua postura, modificar o gesto, a um sinal dado, que se repete, e portanto progredir, da imagem real à imagem ideal. Quando eu praticava essa técnica na América Latina, os atores evocavam o desemprego, a fome, a repressão; nos Estados Unidos, onde também a pratiquei, as relações sexuais. Em Nova York, com mulheres, tínhamos discutido apaixonadamente as imagens da transição. Atingido o estágio da estátua animada, as mulheres, à medida que eu dava o sinal da animação, se reagrupavam, longe dos homens. Eu achava isso bom, era uma imagem de transição. Mas, à medida que elas se reagrupavam, elas expulsavam os homens. Por mais que eu dissesse que elas não tinham compreendido nada, que era preciso partir da realidade para chegar à solução ideal, elas não variavam. E uma delas, lésbica, me disse: "Você é que não compreendeu nada, você nos ensinou como utilizar técnicas. Nós as utilizamos. A resposta, somos nós que fornecemos". Para elas, naquele momento a solução era essa e não outra.

Você fornece os meios de produção a um grupo, ele faz disso o que quiser. Você deve aceitar a regra do jogo até o fim. É o risco que você corre. Você não deve pensar em manter o seu poder, garantir seu controle. Eu dou minhas técnicas, elas, as suas imagens.

Você também dá essas técnicas a atores profissionais e, por conseguinte, o poder de ser eliminado.

E também de se eliminarem. Apesar disso, gosto de trabalhar com trabalhadores profissionais; tanto quanto gosto com pessoas que não são atores. Gosto de trabalhar com bons atores. Com os ruins é terrível... Já trabalhei assim... Os bons atores gostam do Teatro Invisível, uma maneira, para eles, de arriscar alguma coisa e ao mesmo tempo de não se sentir mercadoria. Quando, num teatro, o espetáculo pago começa, o espectador olha o ator e se diz: será que ele merece o dinheiro que paguei? Se ele ri, se ele gosta da representação, ele esquece o dinheiro. Mas ele quer que o espectador esqueça o dinheiro para entrar em relação com o ator. No Teatro Invisível, não. O ator se sente livre desse tipo de relação, ele cria mais facilmente. Muitos gostam do Teatro Invisível duplamente, como pessoas e como atores. Eles se valorizam, sentem-se o mágico de que falávamos, com dois prazeres: prazer de atuar, de provocar o "ah!" de satisfação do público, e um segundo "ah!" de como realizar, espectador, o truque de prestidigitação.

No Peru, eu não tinha nenhum profissional comigo; 120 pessoas, 120 alfabetizadores, nenhum deles já tinha feito teatro, quatro ou cinco talvez tivessem visto teatro ou um espetáculo qualquer, mais nada.

Que relação havia entre suas técnicas teatrais e a alfabetização?
Eu tinha que ensinar o teatro como linguagem. Não o espanhol. O que é a linguagem teatral? O movimento, as técnicas do Teatro Jornal etc.

E eles, depois, o que fariam disso?
Eles também iriam ensinar a linguagem teatral, não o espanhol, o teatro entre outras técnicas, entre várias linguagens: a linguagem fotográfica, a pintura, a serigrafia etc. Cada alfabetizador podia depois fazer o teatro que desejasse... e ensinar espanhol. Se, numa classe onde havia dez, vinte, trinta alunos, ocorresse que um aluno conhecia melhor a pintura, ou o espanhol etc., ele era designado para ensinar aos outros. Os participantes do estágio eram preparados para diversas eventualidades, principalmente para compreender o analfabeto, uma pessoa que não compreende uma linguagem, essa linguagem, mas que possui a sua própria linguagem. Conhecendo outras. Muitos compositores, muitos músicos, no Brasil, não sabem ler, nem escrever, uma só nota de música, não sabem ler nem escrever. No entanto, são compositores, músicos maravilhosos, populares, que podem inventar poemas,

mas que não sabem escrevê-los. Eles conhecem a linguagem poética, a linguagem popular, mas não compreendem a linguagem escrita. É preciso então respeitá-los como pessoas, pessoas que se expressam. É preciso também convencê-los de que muitos conhecimentos são transmitidos através de jornais, revistas etc., não somente através da música tocada. Portanto, eles precisam adquirir a linguagem escrita.

Eles não são analfabetos em tudo, apenas analfabetos de uma linguagem.

Num caso assim, qual é o eixo da ação para você? Uma vontade política de libertação — proselitismo político? A propaganda? Qual é a motivação da sua intervenção? Vimos que ela não era teatral. A poética do autor, um novo sentido histórico para o papel do artista?

A poética do artista: o artista ensina a fazer arte, não a produz apenas, e em todo caso não sozinho. Ele ensina como produzi-la. Para mim, essa é uma descoberta importante. Eu a pressentia, e encontrei, é uma descoberta maravilhosa. Não só escrever peças; não só interpretá-las, montá-las. Ensinar e ver as pessoas realizarem elas mesmas as ações cênicas, as peças, encená-las, agruparem-se.

Atualmente, estou num período crucial: alguns anos atrás eu tinha decidido não encenar mais minhas peças, centrar todo o meu trabalho nessas formas de teatro popular. Ora, chego ao ponto, em Portugal, em que, ao mesmo tempo que faço o teatro dos oprimidos, retorno à encenação. Pela primeira vez, os dois caminhos se juntam, e não tenho a menor ideia do que essa junção vai produzir. Creio poder introduzir elementos de Teatro do Oprimido na encenação. Aonde isso vai nos levar? Não sei.

Uma peça, relativamente, pode ser encenada em qualquer lugar, diante (supõe-se) de qualquer um. Já o Teatro do Oprimido realizado não é transportável: o que ele ganha em eficácia perde em universalidade...

Para mim, a universalidade é colonialismo cultural: *Hair* pode ser apresentado em qualquer lugar.

Uma peça de Shakespeare também.

Uma peça de Shakespeare... É claro que podemos encenar, em nosso país, *A tempestade*. Mesmo assim não deixa de ser uma peça colonialista, terrificante, reacionária a nossos olhos. Por que Shakespeare diz que Caliban é feio? Caliban, para nós, é o mais bonito do mundo! Qual é o critério da beleza, da feiura? Os critérios shakespearianos, ocidentais! Quando escreveu *A tempestade*, Shakespeare foi um colonizador cultural.

Seguindo seu pensamento, isso significaria que os "tesouros culturais" não são universais?
A tempestade oferece um belo exemplo do contrário. Para Shakespeare existem os nativos da ilha, selvagens. Há Ariel e Caliban: Ariel é perfeito, ele aceita a cultura do invasor que é Próspero, e Caliban, um monstro — o contrário do que eu penso.

Roberto Fernández Retamar desenvolve a ideia que você defende de um "Caliban-canibal".
Ele até me convenceu — é um amigo — a escrever uma peça sobre esse tema, eu a escrevi, dediquei a ele, chama-se *A tempestade-Caliban*, com uma música de Manduca. Tratei, mantendo-me fiel a ele, o tema de *A tempestade* do ponto de vista de Caliban. Ele não é mais "feio": seu país foi invadido, sua cultura destruída, sua mãe assassinada. Ele não quer aceitar a cultura do invasor. Os "tesouros culturais", entre aspas, como você diz, devem ser aqueles vividos por cada país, cada habitante, segundo o ponto de vista de sua própria cultura.

Existem dois tipos de colonialismo cultural: aquele expresso em *A tempestade* e um outro, interior a cada país. Pensei em organizar na Argentina um festival. Eu tinha assistido a concertos de música folclórica latino-americana. Ali encontrava pessoas com *smokings*, eles ouviam religiosamente uma música tocada em pianos de cauda. Onde é que o povo possui pianos de cauda? O povo não tem piano. O povo possui um tesouro musical, sim, que a burguesia recupera para seus pianos de cauda. Bem, ela pensa que a cultura, o conhecimento, a experiência do povo são folclore, e a cultura da classe dominante é a verdadeira cultura, ao passo que muitas vezes ela não fez mais que traduzir para sua linguagem os tesouros do povo. Planejei, então, outro tipo de festival: imaginei o primeiro festival argentino de *burg-lore*, da cultura da burguesia, assim como existe o *folk-lore*; o primeiro festival de *oligo-lore*, da oligarquia: quais são os tesouros da burguesia, da oligarquia? A cultura popular deturpada segundo seus interesses, digerida. Integrá-la à burguesia é manter o mundo tal como ele é. Infelizmente, o projeto não pôde ser realizado: a burguesia provocou um novo golpe de Estado!

Se Shakespeare e suas obras são um tesouro cultural, não são o tesouro da humanidade inteira, somente de regiões, de países precisos. Para ser universais, eles têm de ser transformados. Não se trata, em *A tempestade*, de tornar bom o que é ruim e vice-versa, que Próspero se torne o invasor, que ele comande e depois vá embora, que Caliban saia vencedor... Não. Caliban não é o vencedor. Ele é vencido. Nós não somos os invasores na América Latina. É preciso rejeitar a visão bolivariana do libertador montado num cavalo branco, mostrar que Caliban é vencido sugerindo que sua cultura não deixava por isso de ser inferior, que os critérios de beleza de Caliban não eram inferiores porque ele era vencido. Ele foi vencido porque era diferente do ponto de vista tecnológico, e a tecnologia não é a medida universal de todas as coisas. Uma sociedade possui a pólvora. Isso quer dizer que ela é superior culturalmente? A tecnologia "superior" não mede, ela é a medida da tecnologia, nada mais, nada menos.

Essa tecnologia superior pode produzir a "fortaleza voadora", uma maravilha, um tesouro. Mas nós precisamos abater essa fortaleza voadora carregadora de bombas, destruir esse "tesouro" que nos domina.

No Brasil, por exemplo, utilizamos bastante Molière, mas nunca encenamos pensando em Luís XIV, quando estávamos diante de pescadores. Um dos grupos de choque do Núcleo circulou durante mais de um ano pelo litoral de São Paulo, com *Escola de mulheres*. Os pescadores discutiam muito, sem referências à França: eles falavam da propriedade das mulheres, vista por um autor desconhecido; de um problema que eles também enfrentavam. Alguns eram bastante revolucionários fora de casa, mas em casa pensavam em sua mulher como propriedade privada; Arnolfo era homem de ação como muitos deles. Molière serviu a nós e a eles; nesse caso, a obra de Molière torna-se "tesouro universal"; ela tinha aquele valor de falar da relação homens/mulheres, mas os outros valores enraizados na cultura francesa, relativos à monarquia do século XVII, não tinham lugar, não tinham prioridade para nós.

Citarei também *Tartufo*, encenado logo depois do golpe de Estado de 1964. Existia no Brasil um movimento, Tradição, Família e Propriedade (TFP), de extrema direita, que se manifestava com frequência nas ruas e se dizia o porta-voz de Deus, não mais juiz supremo, mas um aliado. Tartufo diz: Deus, eu o conheço; vocês são seus adversários. Nós queríamos mostrar que essa atitude é antirreligiosa: se somos religiosos, Deus deve permanecer o juiz supremo. Tartufo diz: Deus é meu, só eu posso interpretá-lo. Havia no Brasil uma censura implacável. Nós encenamos *Tartufo*, pois sabíamos que, se Guarnieri e eu escrevêssemos uma peça assinada por nós, ela seria proibida. Então montamos *Tartufo* sem preocupação de estilo, tendo sobretudo presentes no espírito as ideias sobre a situação concreta do Brasil no período, e essa relação levava emoção ao ator, permitia-lhe chegar a uma forma, não no estilo francês Luís XIV. Nós não nos preocupávamos com isso, eles representavam de maneira stanislavskiana, mas dizendo versos de Molière numa situação de Molière. Vi a montagem de Roger Planchon: nada a ver. Depois das representações, os espectadores vinham nos ver e nos diziam, a Guarnieri e a mim: "Que bela peça vocês escreveram!". Eles pensavam que Molière era um pseudônimo coletivo destinado a enganar a censura. A peça parecia muito próxima deles. Nós não tínhamos mudado nada no texto. Tínhamos simplesmente dado nosso ponto de vista de brasileiros, à maneira Arena. Na reviravolta final, quando os enviados do rei vêm fazer o discurso em favor da justiça real, o público ria. A representação se desenrolava num silêncio completo do público, e para ele o elogio final era um subterfúgio risível: naquele momento, Molière era, acredito, totalmente próximo.

Os tesouros da humanidade podem ser vistos em qualquer lugar, desde que permitam esse ponto de vista particular. Shakespeare, Molière... Mandrake, o mágico. Conversando com o autor de uma história em quadrinhos americana, mundialmente conhecido, eu disse que ele era um colonizador do espírito. Ele ficou surpreso e respondeu que desenhava sem pensar naqueles que o veriam. Suas histórias em quadrinhos eram imediatamente traduzidas em oitenta línguas e ele nunca pensava naqueles que o leriam! É bem essa a atitude do colonizador. Ele não tem que pensar. É assim. Você impõe um ponto de vista que considera evidente, o seu ponto de vista, dos Estados Unidos.

Nessa direção vai a técnica, ela aspira a ser dada e vista por todos os espectadores de cada grupo social, de cada Estado, indistintamente, sem revisão nenhuma, um processo de trabalho de alto rendimento técnico.

Mas de qual base... cultural e técnica vocês partiram ao criar o Teatro de Arena?

Quando comecei no Teatro de Arena, há vinte anos, o teatro brasileiro era dominado pelos diretores italianos. Cinco, seis tinham vindo da Itália realizar no Brasil o "belo" teatro brasileiro. Mas nós queríamos um teatro brasileiro. Nossa primeira etapa foi naturalista, contra esse teatro europeizado feito numa estética que recusávamos, queríamos algo da gente, nosso: criamos um seminário de dramaturgia, um laboratório de interpretação para estudar Stanislávski.

Mas e ele, não era colonizador?

Não, ele nos ajudava a encontrar uma forma brasileira de interpretação, enquanto os italianos nos impunham um estilo exterior, um modo Goldoni de representar. Os atores brasileiros falavam à italiana, com a frase cantada dos italianos. Stanislávski nos dava uma técnica para que encontrássemos nosso estilo, o que é completamente diferente.

Depois dessa etapa, importante, deparamos com um perigo, a tendência à reprodução quase fotográfica da realidade. Superamos isso encenando os clássicos... nacionalizados: *Tartufo*, *A mandrágora*, Lope de Vega nacionalizados porque vistos do ponto de vista brasileiro, do ponto de vista do povo.

Depois procuramos nos enraizar na realidade brasileira, nas nossas tradições. *Arena conta Zumbi*, as crianças conheciam sua fábula desde a escola, a história da república negra de Palmares, de um rei que se suicida. Mas introduzíamos ali nossa realidade imediata. Quando a personagem ditatorial falava, suas palavras eram as de Castelo Branco, o ditador brasileiro do momento. Também introduzimos música, a terceira etapa de nosso trabalho, o trabalho musical. A quarta etapa, já falei dela. Achávamos que tudo o que havíamos realizado não bastava, que o povo devia produzir seu teatro, tomar os meios de produção. Em seguida foram as técnicas do Teatro do Oprimido, o Teatro Invisível etc.

Obviamente, o que realizamos, nesses vinte anos, não representa todo o teatro brasileiro. Houve várias correntes, uma delas, animada pelo Teatro Oficina, era a mais marcante, notadamente com as representações de *O rei da vela*. Há uma diferença em relação ao nosso trabalho: nós queríamos trabalhar no sentido da cultura popular, enquanto o Oficina pensava mais a contracultura. Eles não queriam a cultura oficial existente.

Compositores e pessoas de teatro empreenderam a destruição da cultura oficial, em seu âmbito. Foi o movimento tropicalista, principalmente na música, com Caetano Veloso, Gilberto Gil. Alguns, muito dotados, músicos, homens de teatro, realizaram espetáculos interessantes, violentos, com resultados visíveis na música, no teatro.

Nós nunca tentamos seguir esse caminho da contracultura. Nós estávamos em outro lugar. Fui muito ligado ao Centro de Cultura Popular (CPC) de Paulo Freire, no Recife: ele ocupava-se de alfabetização e eu de teatro; foi o primeiro centro. O segundo foi o da União Nacional dos Estudantes (UNE) do Rio. Depois outros foram criados, milhares, particularizados; centro dos moradores de uma favela, centro de operários da metalurgia, de mulheres, de estudantes, de operários, de camponeses. Freire teve uma importância considerável nesse movimento... O Teatro do Oprimido se enraíza nesse movimento de cultura popular.

A especialização e o ofício, a vocação e a linguagem (1980)[1]

Este século já conheceu muitos movimentos de popularização do teatro. Não só aqui na França, como em muitos países da Europa, não só neste continente, mas também nas três Américas, muitos grupos teatrais tentaram, com metodologia diversa, com processos adequados às suas realidades, "levar o teatro ao povo".

Existia "o teatro", as "grandes obras da cultura nacional e universal", e essas grandes obras, esse teatro passaram a ser levados "às camadas menos favorecidas da população", às pessoas habitualmente afastadas daquilo a que se chamava "cultura".

Ampliou-se o mercado dos consumidores da "cultura". Porém a mercadoria continuou a ser a mesma. Em muitos casos, mercadoria de excelente qualidade; em outros, nem tanto. Às vezes, era Molière, Shakespeare, Calderón e Lope, e outros clássicos que passaram a ser "vulgarizados". E, para que essa "vulgarização" pudesse ser feita, os artistas acreditavam no poder de compreensão desse novo público e apresentavam seus espetáculos da forma como acreditavam que deviam fazê-lo, ou procuravam "facilitar o entendimento", simplificando, fazendo versões próprias para os menos "cultos", os menos habituados ao trato com as coisas do espírito...

Fosse qual fosse sua atitude, tratava-se sempre de mostrar o mesmo teatro que era antes oferecido à burguesia e às classes dominantes, o mesmo "patrimônio da cultura universal", agora também aos proletários, aos estudantes, aos desempregados, à população em geral.

Em outros países e outros momentos, outros artistas seguiram outros caminhos e dedicaram-se sobretudo à criação de uma nova dra-

---

[1] Capítulo de Augusto Boal, *Stop: c'est magique*, Rio de Janeiro, Civilização Brasileira, 1980.

maturgia, de um novo teatro, que tratasse mais especificamente dos problemas dessas novas plateias. Criou-se assim, por exemplo, um teatro proletário, que tratava dos temas e dos interesses da classe proletária. Criou-se, em alguns países, um teatro camponês, que, igualmente, tratava dos interesses dessa classe.

A revolução assim produzida não foi apenas temática: foi também uma revolução estética. Os proletários e os camponeses (com suas culturas específicas de cada país, época e região) foram levados em conta na elaboração de novas linguagens teatrais. Quem os levava em conta, porém, eram os artistas, os produtores da obra de arte. Camponeses e proletários continuavam a consumir a obra de arte, embora tivessem passado agora também a inspirá-la. Isto é, a relação continuava intransitiva: o artista produz, o espectador consome; o artista fala, o espectador escuta. Nesse diálogo muito especial, um dos interlocutores continuava mudo. Não era diálogo. Era monólogo, e todo monólogo é opressivo.

Paralelamente a essa evolução no domínio do teatro, o povo continuava a existir, a criar sua própria cultura. No confronto com a cultura oficial, no confronto com os meios de comunicação de massa — o rádio, a TV e o cinema —, é evidente que a cultura popular (a cultura produzida pelo próprio povo e não para o povo) sofreu um recuo, sofreu mesmo uma desvitalização, um afogamento mimético, e foi tremendamente influenciada e modificada por essa cultura imposta.

Se todas as estações de rádio emitem durante quase todo o dia música norte-americana, é difícil que um habitante de Paris ou de Cuzco, de Teyssières-Vieux-Village ou do Rio de Janeiro, de Nápoles ou de Yucatán, não interiorize o ritmo *disco*. O mesmo aconteceria se todas essas estações de rádio passassem a divulgar a *diablada* boliviana, a *chacarera* argentina, a *cueca* chilena ou o samba brasileiro!

Nenhuma cultura se mantém pura.

Mas os povos continuam a produzir arte, mesmo se outra arte é para eles produzida. E essas duas artes são fundamentalmente diferentes: numa, o povo intervém como recipiente, como destinatário, como ser passivo (mesmo quando se considera que a passividade absoluta não existe!). Em outra, o povo é fundamentalmente criador, produtor.

Essas duas artes coexistem: para o povo e do povo.

O Teatro do Oprimido é, entre outras coisas, o resultado do encontro entre a cultura popular e a cultura feita para o povo.

O Teatro do Oprimido não foi inventado por uma só pessoa, nem por pequenos grupos de pessoas. Não nasceu num determinado momento ou num determinado país. Sempre existiu! As mesmas formas que agora se tornam mais conhecidas e habituais (como, por exemplo, o Teatro Invisível) existiram desde sempre em matizes diferentes, mas de forma essencialmente semelhante. O Teatro Invisível não nasceu nem na Argentina quando eu e meu grupo (El Machete) começamos a praticá-lo, nem na Alemanha dos anos 1920, quando formas semelhantes foram intensamente praticadas, nem no Teatro da Vida de Evreïnoff, nem em Yucatán, onde índios maias utilizavam formas parecidas, nem em parte alguma do mundo, em momento algum da história. Trata-se de uma forma possível de manifestação estética, utilizada, com modificações e adequações ao momento e ao lugar, em todos os lugares e em todos os momentos.

O que é realmente novo é o que agora estamos tratando de fazer: uma ampla sistematização de todas as formas possíveis através das quais o oprimido pode manifestar-se teatralmente. O que é realmente novo é uma investigação e uma pesquisa, que se pretendem cada vez mais amplas e profundas, de todos os processos, técnicas, estilos, formas, exercícios, jogos, que os inter-relacionem. Essa sistematização, esse inter-relacionamento, essa pesquisa são novos — a isso chamamos, hoje, o Teatro do Oprimido.

1. *Teatro do Oprimido: um teatro-limite*

Da mesma forma que o Teatro do Oprimido é o encontro (e, de certa forma, a síntese) entre a cultura popular e a cultura para o povo, da mesma forma que se situa nesse exato limite, situa-se igualmente em outro limite de extraordinária importância: o limite entre a ficção e a realidade. Creio que o extraordinário poder, a extraordinária explosividade provocados por formas como o Teatro Invisível ou o Teatro Fórum devem-se justamente ao fato de os espetáculos teatrais desses gêneros serem, simultaneamente, ficção e realidade.

Por exemplo: os atores ensaiam uma peça de Teatro Invisível. Pura ficção: numa sala de ensaios, como quaisquer outros atores de qualquer outro teatro, preparam suas personagens, seus diálogos, seus movimentos. Uma peça como qualquer outra. Mas o espetáculo vai ser representado num bar, num trem, na rua, não importa onde, diante de espectadores que não são espectadores, e sim pessoas que ali estão por casualidade, que não sabem tratar-se de teatro (portanto, pessoas para as quais o que se apresenta é real, e não teatro). A mesma ação, os mesmos diálogos, quando ensaiados, eram ficção: agora, praticados diante de pessoas que não estão advertidas de que se trata de uma peça, esses diálogos e essa ação passam a ser realidade. São a realidade. São verdade.

Após um espetáculo de Teatro Invisível, nunca se deve dizer à plateia que se tratava de uma peça de teatro por uma simples razão: não era mais uma peça de teatro — era a realidade, era a verdade, era uma ação concreta. Que engendra toda a responsabilidade e todos os perigos de qualquer outra ação concreta, real e verdadeira.

O mesmo acontece com o Teatro Fórum. A mesma participação simultânea da realidade e da ficção. Quando o espectador diz *"Stop"* e entra em cena, substituindo a personagem e tentando ele mesmo outras formas possíveis de ação, nesse exato momento tem a consciência de que está em um teatro (um local teatral), de que participa de um jogo — mas sua autoativação, seu desejo de extrapolar para a vida real a ação que ensaia no espetáculo fazem com que esse ensaio já seja parte da ação a ser realizada no futuro. Se ele se prepara verdadeiramente para a ação real, sua preparação já é parte integrante dessa ação.

A mesma coisa poderia ser dita em outros termos, o mesmo limite ficção-realidade mostrado em outro exemplo: no Teatro do Oprimido, os participantes estão no exato limite entre a pessoa e a personagem. Se eu intervenho numa peça-fórum, a peça apresenta uma situação determinada, representada por personagens. Mas se intervenho, eu o faço por identidade com o protagonista, ou por simples analogia: nos dois casos, minha identidade se confunde com a do protagonista — ele, personagem, e eu, pessoa, somos uma coisa só.

Essa identidade, esse limite (pessoa-personagem, ficção-realidade) são, a meu ver, a causa fundamental do extraordinário potencial do

Teatro do Oprimido. Isso porque o Teatro do Oprimido não é o teatro para o oprimido: é o teatro dele mesmo. Não é o teatro no qual o artista interpreta o papel de alguém que ele não é: é o teatro no qual cada um, sendo quem é, representa seu próprio papel (isto é, organiza e reorganiza sua vida, analisa suas próprias ações) e tenta descobrir formas de liberação. Como se cada participante estranhasse a si mesmo, fosse ao mesmo tempo o analista e o objeto analisado.

2. O conceito de oprimido

O Teatro do Oprimido não é um teatro de classe. Não é, por exemplo, o teatro proletário. Esse tem como temática os problemas de uma classe em sua totalidade: os problemas proletários. Mas no interior mesmo da classe proletária podem existir (e evidentemente existem) opressões. Pode acontecer que essas opressões sejam o resultado da universalização dos valores da classe dominante ("As ideias dominantes numa sociedade são as ideias da classe dominante" — Marx). Seja como for, é evidente que na classe operária podem existir (e existem) opressões de homens contra mulheres, de adultos contra jovens etc. O Teatro do Oprimido será o teatro também desses oprimidos em particular, e não apenas dos proletários em geral.

Da mesma forma que o Teatro do Oprimido não é um teatro de classe, igualmente não é um teatro de sexo (feminista, por exemplo), ou nacional, ou de raça etc., porque também nesses conjuntos existem opressões.

Portanto, a melhor definição para o Teatro do Oprimido seria a de que se trata do teatro das classes oprimidas e de todos os oprimidos, mesmo no interior dessas classes. Não é o teatro das classes opressoras, nem dos oprimidos dentro dessas classes, porque nesses oprimidos predomina o caráter opressor. Jacqueline Kennedy pode ter sido severamente oprimida por seus célebres maridos (coisa que sinceramente acredito ter ocorrido), mas o que mais profundamente caracteriza essa personagem são menos as opressões que sofre do que as que inflige!

Um operário, ao contrário, no interior de sua família, pode ser o opressor de sua mulher e de seus filhos. Mas o conjunto de suas atividades sociais estará sempre marcado prioritariamente por sua condição de operário, de oprimido. E, creio, o próprio estado de sua opressão revelará seu caráter de oprimido-opressor.

Para que essa definição se torne mais clara, será necessário, antes de prosseguir, tentar definir, ou pelo menos delimitar com certa precisão, o próprio conceito de oprimido.

Para mim, as palavras oprimido e espectador são quase sinônimas. Um diálogo exige pelo menos dois interlocutores. Os dois interlocutores são duas pessoas, dois seres humanos e, como tais, dois sujeitos. Um diálogo comporta a emissão e a recepção de mensagens (verbais, visuais, táteis etc.). Um diálogo supõe a intermitência: cada interlocutor emite enquanto o outro recebe e recebe enquanto o outro emite. A cada momento de um diálogo, um dos interlocutores é ator e o outro, espectador. No momento seguinte, o ator se transforma em espectador, e vice-versa.

Nesse diálogo, a palavra "espectador" não é obscena: significa um dos momentos necessários ao diálogo. Seria impensável um diálogo no qual os dois interlocutores falassem constantemente ao mesmo tempo, emitissem mensagens sem recebê-las.

A obscenidade começa quando o diálogo se transforma em monólogo, quando um dos interlocutores se especializa em falar e o outro em ouvir, um se especializa em emitir mensagens e o outro em recebê-las e em obedecer a elas — um se transforma em sujeito e o outro em objeto.

Essa relação, na qual um aparente diálogo é, na verdade, um monólogo, existe em toda parte, em todas as relações inter-humanas. Ela existe, ou tende a existir, nas relações professor-aluno, pai-filho, marido-mulher (ou vice-versa), sargento-soldado, e assim por diante. Ela se sacraliza na relação ator-espectador. É nessa relação que o monólogo atinge seu mais alto grau de estratificação, em que o código social se transforma num ritual, e esse num verdadeiro rito.

Essa relação intransitiva é sempre autoritária, castradora, inibidora, e deve ser destruída em qualquer estrato da sociedade em que se encontrar, na família ou no partido político, na escola ou na paróquia, no bairro ou no teatro.

3. Opressão e subversão

Mas todas as sociedades que conhecemos são (ou tendem a ser) autoritárias, e o diálogo que nelas se produz é intransitivo.

"A ordem vem de cima, é preciso obedecer!" A sociedade autoritária produz uma pedagogia autoritária, uma hierarquização autoritária, uma família autoritária, um teatro autoritário!

Dentro de uma sociedade autoritária, produz-se uma cadeia de opressões que se consolida e se exerce através do oprimido-opressor. É a mesma cadeia de obediência feudal "suserano *versus* vassalo" —> "vassalo-suserano *versus* vassalo" (em que cada vassalo era, por sua vez, suserano de outro vassalo), a qual se reproduz na hierarquia militar, general-coronel-capitão-tenente-sargento-soldado-povo, em que cada elo da cadeia é representado por alguém oprimido que, por sua vez, exerce sua opressão contra o elo seguinte, o qual, por sua vez, oprimido, também oprime.

Um diálogo converte-se em monólogo, um sujeito converte-se em objeto. Essa conversão, porém, não é definitiva. Não se trata de uma verdadeira mutilação (a não ser em casos extremos), mas de uma atrofia.

É difícil reduzir um homem à condição de objeto, de receptor, de passivo, de espectador — isso de maneira permanente. Embora oprimido, o espectador mantém o impulso de também dialogar, pois conserva atrofiada sua capacidade de participação, de contribuição, de criatividade. Aquele que assume momentaneamente a condição de espectador diante de qualquer ator (seja esse general ou professor) conserva, não obstante, um caráter subversivo, um desejo de transformar essa relação em que seu papel é passivo. Esse caráter subversivo é sagrado, e é esse desejo subversivo que todo teatro verdadeiramente popular deve procurar estimular, desenvolver, desatrofiar, amadurecer, fazer crescer.

Esse caráter subversivo pode ser canalizado no sentido de destruir a opressão. Infelizmente, pode também ser canalizado no sentido de oprimir: o general oprime o coronel, que oprime o capitão, que... oprime o soldado, que oprime o povo. O assassino Pinochet, por suas próprias mãos, deve ter assassinado apenas algumas centenas de chilenos;

mas quem assassinou os cinquenta mil chilenos durante o golpe fascista de 1973 foram os *carabineros*, homens que, economicamente, são também oprimidos. Uma sociedade opressora, autoritária, conta com o oprimido-opressor para poder instalar-se e manter-se.

O patrão oprime o capataz, que oprime o operário, que oprime a esposa, que oprime os filhos... Essa cadeia de opressões deve ser redirigida em sentido contrário: contra o opressor e não a favor de uma nova opressão. Quando o oprimido-opressor exerce sua violência contra um novo oprimido, ele reforça a estabilidade da sociedade opressora. Quando, ao contrário, dirige sua violência contra o opressor, ele inicia um movimento de decomposição dessas estruturas sociais opressoras.

Esta é a tarefa do Teatro do Oprimido: inverter a cadeia de opressões. Uma tarefa profundamente democrática, a partir da base.

4. *O espectador oprimido*

Tempos atrás, li um livro sobre um pequeno e quase extinto povo da Polinésia que tinha sido recém-descoberto, e em cuja sociedade não existia a especialização. Todos faziam tudo o que era preciso. Quando era necessário pescar, os homens e as mulheres pescavam; se era necessário preparar a comida, velhos e velhas, meninos e meninas, todos juntos, preparavam-na. Nos momentos de lazer, todos cantavam e dançavam.

Não acreditei muito nesse livro, que me pareceu mais uma obra de ficção do que uma verdadeira análise científica. Encarei-o mais como o trabalho de um turista maravilhado, mas incapaz de perceber certas sutilezas, do que de um cientista metódico.

Fosse como fosse, o livro narrava imagens de uma sociedade feliz, idílica, em que ninguém se especializava em coisa alguma, e todos sabiam fazer tudo o que era necessário — a paz e a guerra, o trabalho e o ócio, a produção e o consumo.

E eu me pus a imaginar como seriam nossas sociedades se fôssemos — se pudéssemos ser — assim. Pois na verdade todos os homens são capazes de fazer tudo aquilo que um homem é capaz de fazer. Se um homem é capaz de cantar, isso significa que todos os homens podem cantar. Se um homem é capaz de nadar, de pintar, de falar, de saltar, de raciocinar, de somar, isso significa que todos os demais serão capazes de fazer o mesmo. Os homens não são todos iguais, mas certamente são semelhantes e possuem todos os mesmos atributos.

Se um elefante é capaz de fazer determinada coisa, todos os elefantes serão igualmente capazes. Se uma girafa é capaz de fazer determinada coisa, todas as girafas serão igualmente capazes. É certo que um elefante talvez consiga correr com mais elegância do que outro, mas todos poderão correr. Uma girafa talvez possa saltar com mais destreza do que as outras, mas todas poderão saltar. Com o homem, por que haveria de ser diferente?

Tudo aquilo que um homem é capaz de fazer, todos os homens são igualmente capazes. Todas as pessoas podem entregar cartas, até mesmo os carteiros. Todas as pessoas podem ensinar, até mesmo os professores. Todas as pessoas podem curar uma ferida, até mesmo os médicos. Todas as pessoas podem dirigir um país, até mesmo os políticos. Todas as pessoas podem guerrear, até mesmo os soldados. Todas as pessoas podem escrever, até mesmo os escritores. Todas as pessoas podem falar, até mesmo os oradores. Todas as pessoas podem fazer teatro, até mesmo os atores!

Essa é uma imagem ideal da sociedade, em que todas as pessoas podem fazer tudo, até mesmo dirigir essa sociedade! E esse ideal é perigoso! Por isso a sociedade se protege — isto é, as pessoas que nela ocupam posições de privilégio defendem necessariamente esses privilégios, elas se protegem! E a forma de proteger-se é através da consolidação de um *status quo*, através da especialização: e os homens se especializam em operários que devem produzir os bens materiais, em comerciantes que devem vendê-los, em capitalistas que devem gerir os capitais, em soldados que devem fazer a guerra, em políticos que devem conduzir o país e fazer as leis! "O estudante deve estudar!" — quantas vezes ouvimos essa frase?

A especialização, no entanto, conduz à hipertrofia de todos os elementos necessários ao desenvolvimento da tarefa específica que o indivíduo deve realizar (física e mentalmente), e igualmente conduz à atrofia de todos os elementos (físicos e mentais) desnecessários à realização dessa tarefa específica. Os corpos humanos nascem equivalentes, nascem semelhantes, mas a especialização encarrega-se de diferenciá-los. O mesmo acontece com o pensamento.

Felizmente, hoje em dia, em muitos países, em muitos campos da atividade humana, revela-se a tendência à desespecialização, a desatrofiar os seres humanos em todas as suas capacidades que, embora não necessárias ao desempenho de suas tarefas específicas, de sua especialização, os ajudem a se desenvolver mais plenamente. Começa-se a compreender que curar, física e mentalmente, não é apanágio da profissão de médico ou de psicólogo; que ensinar não é apanágio da profissão de professor, e que fazer teatro não é apanágio, não é propriedade privada, zona proibida, de acesso restrito aos artistas de teatro.

Começa-se a estabelecer a diferença entre vocação e profissão. Vocação teatral, todos nós a temos. O teatro é uma linguagem, entre outras linguagens possíveis. Todos podem utilizá-la, todos podem falar nessa linguagem, embora só alguns nela se especializem.

Seria ridículo pensar que só os oradores podem falar! Que só os especialistas da palavra têm o direito de usá-la.

Uma das atrofias mais graves de que sofrem os homens numa sociedade de especialistas é precisamente a atrofia estética.

A atividade estética é imanente a todos os homens, é constante e não pode ser impedida, como a respiração. Só um morto não respira — só os mortos não têm atividade estética. Quando falamos, escolhemos não apenas as palavras que vamos usar, mas escolhemos também a forma de pronunciá-las. O timbre de voz, o ritmo, a força, a intensidade. As palavras são moduladas esteticamente.

Estética — eis uma palavra que deve ser urgentemente desmistificada. O esteta, etimologicamente, é aquele que sente. E todos nós sentimos, todos nós somos estetas. A comunicação estética nada mais é do que a comunicação sensorial.

A obra de arte é uma forma particular de comunicação estética. É a forma fixa, repetida, reproduzível. Se eu falo, grito, sussurro, estou me comunicando esteticamente sem que por isso esteja produzindo uma obra de arte. Mas quando canto uma canção, quando organizo a emissão de minha voz em determinada maneira (melódica, rítmica etc.) fixa, então estou produzindo uma obra de arte.

O Teatro do Oprimido ocupa-se da comunicação estética em geral e não de uma de suas formas em particular. Ocupa-se da comunicação sensorial em geral e, também, mas não particularmente, da obra de arte, que é apenas um dos momentos possíveis dessa comunicação.

O que pretende este livro, seguindo o mesmo caminho dos dois que o antecederam (*Teatro do Oprimido* e *200 exercícios e jogos para o ator e o não ator com vontade dizer algo através do teatro*), é desenvolver formas e técnicas, mostrar caminhos através dos quais toda e qualquer pessoa, independentemente do seu ofício, pode igualmente desenvolver sua vocação de fazer teatro, utilizar o teatro como linguagem, embora não seja um especialista nessa forma de comunicação entre os homens.

Neste livro, narro especialmente as experiências que fiz ou conheci nestes últimos dois anos de atividade na Europa.

Prefácio à 2ª edição inglesa (2002)[1]

Nos últimos anos, tive três experiências novas que foram maravilhosas, cada uma muito diferente das outras duas... mas ao mesmo tempo muito similar.

A primeira foi em Stratford-upon-Avon em 1997. Cicely Berry e Adrian Noble me convidaram para conduzir um *workshop* com atores da Royal Shakespeare Company (RSC) para investigar as possibilidades de uso das técnicas introspectivas de *O arco-íris do desejo* na criação de personagens shakespearianas — nesse caso, as personagens de *Hamlet*.

Eu já havia feito isso com todo tipo de peça, musical e "tradicional", até com clássicos de Racine e Maquiavel — mas nunca com Shakespeare.

Como eu estava afastado do teatro profissional havia mais de dez anos — durante os quais trabalhei intensamente com grupos vindos de favelas, sindicatos e igrejas, e com outras pessoas pobres que usavam o teatro como meio de entender os próprios problemas e tentar encontrar as próprias soluções, em vez de apenas investigar esses problemas em relação às personagens de uma peça! —, Stratford-upon-Avon realmente foi um acontecimento.

Dirigir uma peça é como andar de bicicleta ou a cavalo: você nunca esquece. Me senti em casa desde o primeiro dia, conversando com profissionais iguais a mim, pessoas que, assim como Cicely e eu, tinham os corações e as mentes abertas para a nova experiência e o experimento que estávamos propondo.

---

[1] Publicado em *Games for Actors and Non-Actors*, Londres, Routledge, 2002. Tradução do inglês de Barbara Wagner Mastrobuono.

Quando, no início dos anos 1970, depois de passar décadas trabalhando principalmente com atores profissionais, me vi frente a frente com um grupo de índios peruanos que vinham de pequenos vilarejos e aldeias, não falavam minha língua e provavelmente desconfiavam de mim como desconfiariam de uma Criatura Estranha (e tenho certeza de que estavam corretos!), pensei: "Vou trabalhar com essas pessoas como se fossem atores profissionais!". E assim o fiz, e funcionou bem. Pensei o mesmo na Royal Shakespeare Company: "Vou trabalhar com eles como se fossem simpáticos favelados brasileiros". Funcionou de novo.

Eu os tratei como algo que, na realidade, não eram? De maneira alguma: eu simplesmente os tomei pelo que realmente eram — indígenas no Peru, atores em Stratford, camponeses na Índia: todos são, como eu, apenas seres humanos.

Nós nos vestimos diferente, temos hábitos diferentes, inventamos nossas próprias músicas, nossa própria culinária — mas nós não conseguimos viver apenas com nossas próprias criações, precisamos incorporar o outro, às vezes à maneira da literatura brasileira antropofágica do início do século XX! A vida é expansiva, ela expande dentro do nosso próprio corpo, crescendo e se desenvolvendo, e ela também expande em território físico e psicológico, descobrindo espaços, formas, ideias, significados, sensações — isso deve ser feito em diálogo: receber dos outros o que os outros criaram, dando a eles o melhor de nossa criação.

Não podemos viver isolados, presos dentro de nós mesmos. Podemos aprender muito quando nos reconhecemos na alteridade: o Outro também ama e odeia, teme e tem coragem — assim como eu e você, apesar de ele/ela, eu e você termos diferenças culturais. Justamente por isso conseguimos aprender um com o outro: somos diferentes ao sermos iguais.

Quando Sanjoy Ganguly me convidou para trabalhar com seus atores camponeses do Jana Sanskriti, em Calcutá, imaginei que quisesse que eu ensinasse a eles novas técnicas de ensaio para o Teatro Fórum e os ajudasse a aperfeiçoar a elaboração de seus espetáculos, algo que já faziam maravilhosamente bem. Eles falaram: "Teatro Fórum sobre problemas sociais, políticos, problemas concretos, já sabemos fazer bem. Agora queremos *O arco-íris do desejo*, porque também queremos descobrir o nosso eu interior, nossos sentimentos íntimos. Temos medos e frustrações, esperanças e desejos — nós também queremos entender isso melhor!".

Em Madhyamgram, na Índia — trabalhando com os mais pobres camponeses do mundo —, realizamos técnicas de *O arco-íris do desejo*, o mesmo trabalho que fizemos com os maravilhosos atores profissionais da Royal Shakespeare Company, o mesmo trabalho que fizemos com os psicoterapeutas em Langenbruck, Suíça, e ativistas políticos em Nova York, Estados Unidos. Nós simplesmente fizemos teatro!

Fizemos o mesmo na Royal Shakespeare Company... e o fizemos de maneira diferente. Neste livro, além de muitos exercícios e jogos completamente novos, eu adicionei todas as variações que introduzi em algumas das técnicas já existentes, de forma a torná-las mais úteis para atores profissionais trabalhando em produções profissionais. Para essas variações serem mais legíveis, as chamei de *Hamlet* — uma palavra que você vai encontrar muitas vezes nesta edição revisada. É claro que elas podem ser usadas em qualquer tipo de peça, não sendo exclusivas para Shakespeare.

À *propos* de técnicas, achei importante adicionar um último passo a todas as técnicas introspectivas durante o meu trabalho com os atores da Royal Shakespeare Company: bem no final, o ator que atua como protagonista em uma determinada improvisação deverá passar pelo processo completo do exercício na posição de protagonista.

Um exemplo: na técnica original chamada *O arco-íris do desejo*, o protagonista precisa produzir diversas imagens de seus diferentes desejos, ou diferentes "cores" do mesmo desejo, que serão incorporadas, encarnadas pelos outros atores para que nos permitam jogar ao mesmo tempo com essas facetas e aspectos diferentes. Na maneira como usualmente fazemos, o protagonista consegue ver cada uma dessas imagens lutando com o antagonista. Na peça *Hamlet*, há uma cena em que o protagonista confronta Gertrudes, sua mãe. Os diversos desejos que ele sente em relação a ela incluem, obviamente, amor filial, amor sexual, ciúme, admiração, medo e muitos outros. O ator mostra com o próprio corpo as imagens que ele consegue criar a partir desses sentimentos, e essas imagens são assumidas pelos outros atores; então, esses atores vão improvisar, sozinhos, cada uma delas contra Gertrudes.

Nessa nova variação, depois de ver esse processo de reimprovisações, o ator que interpreta Hamlet deverá personificar todas essas imagens, uma por uma, e reimprovisar todos aqueles desejos, emoções, sentimentos e situações. Ele precisa se sentir da maneira que se sentiria se fosse apenas essa necessidade ou desejo, essa vontade particular ou aquela emoção única: tal qual um pintor que tem uma paleta de cores puras antes de misturá-las como quiser.

O ator deve não só entender e sentir a sua personagem, como também precisa conseguir representar isso para a plateia de forma artística, como um artista. Para qualquer pessoa que esteja usando essa técnica com propósitos pessoais, é o suficiente aprender, saber, entender; para o ator, porém, é imperativo mostrar — por isso ele precisa sentir todas as etapas dentro de si para que possa mostrá-las externamente, para a plateia.

Quanto às técnicas de ensaio, na Royal Shakespeare Company testamos algumas novas ao lado das tradicionais. Eu recordo com felicidade um momento no qual trinta dos atores que estavam trabalhando comigo havia duas semanas estavam apresentando uma síntese de nosso trabalho para os colegas, diretores e funcionários administrativos. Eu estava demonstrando uma de nossas técnicas, chamada "variante de Hannover", na qual a plateia pode gritar "Para!" a qualquer momento e dirigir às personagens (não aos atores) qualquer pergunta que quiser. O objetivo é desequilibrar os atores e, ao serem forçados a responder imediatamente, em crise, eles precisam investigar, chegar ao cerne do papel, criar conhecimento e motivação para as personagens que estão representando.

Eu estava ciente de que os atores na plateia, não tendo participado do *workshop*, estariam mais que dispostos (de maneira amigável e cooperativa, é claro) a direcionar aos seus colegas as perguntas mais embaraçosas — é perfeitamente compreensível. Meus atores foram corajosos e disseram: "Que venham eles!".

Desde o começo foram feitas muitas perguntas e os atores responderam de forma bastante criativa... até que uma pessoa na plateia, ao ouvir o Fantasma falar dos crimes que cometera durante a vida, perguntou: "Quais crimes você cometeu?". Não é uma pergunta fácil: nós não conseguíamos nos lembrar de nenhum dos crimes dele, o rei Hamlet sempre tendo sido elogiado por sua integridade, e como ele era um homem admirável, e como ele sempre havia sido um rei maravilhoso... Quais crimes? Silêncio. O ator que representava o Fantasma respondeu, após uma pausa de duração média: "Eu fui rei: um rei é forçado a fazer guerras. Durante as guerras, os soldados invariavelmente cometem muitos crimes. Eu era rei, então assumi os crimes deles, porque eles eram minha responsabilidade". Ele foi aplaudido e eu perguntei à plateia: "Mais alguma pergunta sobre essa cena?". Não havia mais perguntas.

Sim, para que usem essas técnicas, os atores precisam ser bons, criativos e imaginativos. Ah, sim!

Em cooperação com Paul Heritage e seu projeto *People's Palace*, sediado no Queen Mary's College, Universidade de Londres, demos início a um projeto de teatro nas prisões — para ser mais preciso, em 37 prisões no estado de São Paulo.

Isso nos coloca um problema totalmente novo: nós estamos trabalhando com parceiros por quem não sentimos solidariedade alguma diante dos crimes que cometeram, apesar de apoiarmos fortemente o desejo deles de inventar um novo futuro para si. Também estamos trabalhando com os guardas — um deles tinha as palavras "direitos humanos" escritas em seu cassetete — com os quais também não concordamos: os prisioneiros foram condenados a aprisionamento, não a humilhação e mais sofrimento, e os guardas parecem se vingar nos prisioneiros pelas próprias condições precárias de trabalho, que são combinadas com salários baixos e altos níveis de perigo.

Tudo o que é proibido fora das prisões é prática usual dentro delas, desde que o prisioneiro tenha dinheiro para pagar: drogas, roubos, violência sexual, prostituição, brigas de gangues, tortura e assassinato.

Prisões no Brasil são basicamente repositórios de humanos, que ficam lá fazendo nada — que é como ter um hospital e depositar as pessoas doentes lá dentro, sem médico, enfermeiro ou remédios: como podemos esperar que os doentes se curem em um cenário desses? Nossas prisões são fábricas de ódio.

Durante as primeiras etapas desse projeto, descobrimos o óbvio: os presidiários têm o espaço restrito, porém, o tempo livre — nós, por outro lado, somos livres no espaço, mas temos o tempo restrito. O que eles podem fazer com o tempo livre deles? O Teatro do Oprimido cria espaços de liberdade em que as pessoas podem libertar suas memórias, emoções, imaginação, pensando no seu passado, no presente, e onde podem inventar o próprio futuro em vez de esperar por ele.

Como criar espaços de liberdade dentro das paredes de uma prisão? Prisioneiros têm a liberdade de analisar o próprio passado, com certeza; e a liberdade de inventar o futuro distante, por que não?

Mas... e quanto ao presente? É aqui que encontramos o maior problema: o presente deles é o seu confronto com o inimigo poderoso, os guardas, que também se consideram oprimidos. Os guardas não gostam de ver os presidiários fazendo teatro, "se divertindo", enquanto eles mesmos precisam trabalhar, assistindo aos presidiários.

Ambos os lados têm seu *parti pris*; cada um vê o outro como inimigo. Assim como quando eu trabalhei com protestantes e católicos em Derry, na Irlanda do Norte — seu *parti pris*, aparentemente, era religião, história, mas ambos os lados tinham famílias, parceiros, problemas pessoais e ansiedades. Não deveríamos estampar o nome da religião das pessoas na testa delas; em vez disso, devemos tentar vê-las. Ver as pessoas sem preconceitos!

É isso que estamos começando a fazer agora: a não ver no prisioneiro o homem encarcerado e no guarda o homem de uniforme. A ver os dois pelo que são, antes que essas classificações sejam afixadas neles: eles são pessoas. Estamos tentando trabalhar com temas que são comuns para os dois lados, principalmente problemas pessoais, que eles podem compartilhar.

Agora eles nos perguntam: "Se o que você fala é verdade, por que não fazemos *O arco-íris do desejo*?", assim como em Stratford-upon-Avon alguns dos atores me perguntaram: "Por que não fazemos o Teatro Fórum?".

É igual... e é diferente — o igual é diferente e o diferente é igual!

Pós-escrito — Com orgulho no nosso coração

Desde que eu escrevi o texto acima tive o privilégio de testemunhar, no Memorial da América Latina em São Paulo, uma cerimônia solene para marcar o encerramento do projeto *Direitos Humanos em Cena*, que foi realizado ao longo do ano em 37 prisões do estado. Em reconhecimento ao caráter humanístico de seu objeto de estudo e à excelência do resultado obtido — a abertura de diálogo entre quatro mil prisioneiros, centenas de funcionários e inúmeras populações vizinhas —, o projeto recebeu do município de São Paulo o Prêmio Betinho de Direitos Humanos, 2001.

Os guardas da prisão apresentaram sua peça durante a manhã, mostrando a dificuldade do trabalho deles nas prisões superlotadas, o salário baixo e o perigo constante que acompanha o ofício. Como sempre é o caso em nosso método teatral, foram os próprios guardas que desempenharam todos os papéis — inclusive o dos prisioneiros, para os quais vestiram os uniformes dos homens sentenciados, além de adotar a postura física deles — a cabeça baixa, a mão no ombro do homem à frente.

Isso foi seguido rapidamente pela peça dos prisioneiros, que falava de sua rotina diária. Um deles tinha dez filhos na plateia, encantados com o talento artístico recém-descoberto do pai: em uma cena particularmente tocante, a filha de 7 anos subiu ao palco para abraçá-lo, forçando-o a deixar o palco e levá-la de volta ao assento dela, ao lado da mãe, uma cidadã livre.

A noite chegou ao auge: as prisioneiras encenaram o momento em que uma delas, Amanda (contando fatos reais da própria vida), foi separada do bebê de seis meses, uma criança concebida na prisão — separação ordenada pela lei.

No Teatro do Oprimido, a realidade não é mostrada apenas como ela é, mas também, mais importante, como poderia ser. É para isso que vivemos — para nos tornarmos o que temos o potencial de ser. Esse elemento vital é confiado à criatividade da plateia: os espectadores sobem ao palco substituindo o protagonista, tentando encontrar soluções viáveis para problemas reais.

A plateia caiu em lágrimas pela cena da mãe beijando a criança pela última vez e se colocou no lugar dela inúmeras vezes, sugerindo a construção de creches anexadas às prisões, administradas pelas presas; ou visitas diárias, depois da escola e antes da hora de dormir; e ainda outras maneiras de evitar que uma mãe e sua prole tenham que romper os laços prematuramente: todos pensaram que a condição de mãe e mulher da protagonista prevalecia sobre a condição de presidiária. Apesar de serem a mesma pessoa, a primeira não deveria ter de pagar pelos pecados da segunda.

Quando o elemento teatral do evento chegou ao fim, as autoridades paulistas representativas dos três poderes foram unânimes em seus discursos, proclamando a necessidade de continuar com o projeto do Teatro do Oprimido nas prisões, com o objetivo de humanizar as relações entre esses dois eleitorados, compelidos pelas circunstâncias a coexistir diariamente apesar de serem diametralmente diferentes.

Então chegou a hora do adeus. Com carinho, abraçamos os prisioneiros e as prisioneiras, os guardas e os funcionários — pessoas que nos haviam feito chorar e rir enquanto compartilhavam suas histórias e esperanças naquele dia.

O tempo da despedida. Sete soldados armados subiram ao palco do amplo auditório do Memorial e cada prisioneiro deu o braço para seu guarda, e juntos partiram para o ônibus que os levaria de volta às celas. Enquanto partiam, um dos guardas ainda teve tempo de dizer: "Sabe de uma coisa? Quanto a direitos humanos, eu não aprendi nada — eu ainda não sei o que é isso. Mas tem algo que eu entendi hoje — que esses caras não são nossos inimigos. Eles são pessoas". Ele partiu, conversando com o prisioneiro dele — agora uma pessoa. Ele partiu sem saber que, na verdade, naquele dia, ele havia entendido, no nível mais profundo, o que quer dizer o termo "direitos humanos": o respeito pelo próximo. O reconhecimento de que o outro também é um homem, uma mulher, um ser humano. Como aquela mãe que foi obrigada pela lei a se separar de seu pequeno, ou aquele pai, o ator inesperado, que emocionou tanto a filhinha.

E agora, com orgulho nos nossos corações — mas não sem tristeza —, brilha no nosso peito a medalha de Betinho.

A terceira de minhas experiências está em curso enquanto escrevo este texto, e está se espalhando e ganhando impulso: trabalhando com o Movimento dos Trabalhadores Rurais Sem Terra (MST), o movimento social mais bem organizado do Brasil, um país em que mais de metade da superfície pertence a menos de 20% da população. Grande parte dessa terra é grilada, uma prática perspicaz de falsificação de documentos que envolve colocá-los em uma caixa junto de alguns desses insetos e então selar a caixa — depois de um ou dois meses os papéis ficam com uma aparência extremamente antiga e legal, devidamente amarelada, acima de qualquer suspeita.

Milhões de camponeses não têm terra para cultivar enquanto milhões de acres continuam áridos e inúteis, cujos donos estão aguardando o governo construir uma rodovia perto das terras para que o valor delas aumente. A terra é mantida improdutiva e inútil, como barras de ouro em um cofre.

O MST, uma organização não violenta, ocupa e cultiva apenas propriedades abandonadas. Os membros nunca ocupam uma área já produtiva; eles nunca invadem uma fazenda habitada. Ainda assim, a resistência dos donos "legais" das terras é extremamente violenta e camponeses desarmados são mortos constantemente. É claro que eles não dependem de técnicas do Teatro do Oprimido para salvar suas vidas: eles se organizam de todas as maneiras possíveis. Uma tática é tentar deixar clara a realidade de suas vidas para toda a população, angariando simpatia pela causa; os jornais e os canais de televisão quase nunca lhes dão cobertura.

No começo de 2001, eles nos abordaram com a seguinte pergunta em mente: como podemos usar o teatro para tornar nossos esforços e necessidades mais amplamente conhecidos? Eles certamente têm problemas. A polícia os trata com violência desumana; quando são presos, a polícia maltrata suas esposas e famílias; nos tribunais não é raro encontrarem juízes que são amigos dos proprietários de terras, mas não amigos da lei; no governo, se deparam com burocratas lentos.

Começamos trabalhando da maneira usual: exercícios, jogos, imagem e Teatro Fórum. Fizemos peças sobre o confronto com a polícia e os exércitos particulares dos "grileiros"; peças sobre o confronto com pessoas da cidade, que não sabem o que acontece no campo e que acreditam na informação falsa propagada pela mídia; peças sobre a organização interna deles... até que começamos a abordar assuntos mais domésticos, como sexismo; intolerância contra diferentes tipos de músicas folclóricas regionais; ou o confronto em uma família que havia recebido um pedaço de terra pequeno, ao passo que a família ainda vivia em péssimas condições nos barracos; se, mudando de lugar para lugar, esperando ocupar um pedaço de terra, havia democracia — uma vez dentro da nova fazenda, as velhas estruturas da família tendem a retornar, o pai sendo o chefe, a mãe o tenente e as crianças, as funcionárias.

O MST é composto de pessoas maravilhosas, mas elas são como nós, têm as mesmas qualidades e os mesmos defeitos... e é essa a razão pela qual, depois de terem feito muitas peças de Teatro Fórum, perguntaram: "Por que não podemos fazer *O arco-íris do desejo?*".

Igual aos prisioneiros, igual aos atores da Royal Shakespeare Company, igual a todo mundo.

O Teatro do Oprimido foi criado para servir as pessoas — não são as pessoas que servem o Teatro do Oprimido.[2] No começo, é ver-

---

[2] Uma nota a respeito de heresias criativas e desvios inaceitáveis: após uma sessão de Teatro Fórum em um lugarejo distante em Bengala Ocidental, Sanjoy Ganguly comentou com Julián Boal, com quem trabalhava na época: "Acho que o seu pai não aprovaria esta heresia: hoje eu permiti que um avô verdadeiramente opressor substituísse a personagem do avô na peça e mostrasse o quanto é bonzinho, contrariando a interpretação do ator! Por que eu fiz isso? Porque, ao se mostrar um velhinho bondoso e gentil na frente do vilarejo todo, ele assinou um contrato com toda a população de que a partir daquele momento seria bondoso e gentil!". Eu acho que isso foi uma heresia criativa — assim como a regra aplicada em alguns países africanos de que o autor da "melhor" intervenção recebe uma coroa de flores.

Mado Chatelain-Le Pennec, na Bretanha, trabalhou com funcionários do governo que devem ajudar as pessoas com os problemas delas. Esse é o dever deles, mas, cansados da monotonia, a maioria só maltrata as pessoas que vêm buscar ajuda. Mado os ensina a arte de ser um "Coringa" — alguém que não dá "conselhos" ou "ordens", mas que tenta descobrir o que precisa ser feito de forma sincera e democrática. Ao fazer o Teatro do Oprimido com pessoas que procuram ajuda, os assistentes sociais abandonam a postura autoritária e assumem uma mais humana. Eles "eram" opressores; como Coringas, eles se tornam aliados. Heresia criativa!

Há, porém, alguns desvios que são inaceitáveis — não se trata de adaptações dos mecanismos do Teatro do Oprimido por conta de condições específicas e problemas locais, mas sim de total traição da base filosófica dessa forma de teatro, que precisa ser teatro sobre, para e, acima de tudo, do Oprimido. Ouvi falar de alguns grupos que usam o Teatro do Oprimido nos "negócios", supostamente para ajudar os funcionários a realizar melhor o trabalho deles e assim ficar mais confortáveis... e produtivos — o patrocínio para isso geralmente vem dos chefes. Esse desvio é como usar a música de Wagner para estimular trabalhadores a construir caminhões mais rapidamente,

dade, nós tínhamos inimigos muito óbvios, a quem podíamos chamar de antagonistas, opressores: vivíamos em países que sofriam nas garras de tiranos. Não fazia sentido analisar os opressores e tentar descobrir se eles tinham alguma qualidade decente, se eles eram bons avôs para os netos. Um ditador é um ditador, mesmo que ele reze suas orações todas as noites ajoelhado na palha. Naquela época o Teatro Fórum era muito simples e claro: um protagonista oprimido, sabendo o que ele/ela queria realizar, enfrentando um inimigo brutal, um opressor, que frustra os desejos dele/dela. O Fórum era a busca por alternativas na procura por uma solução concreta, já que todo o resto já era aceito como verdade.

Mais para a frente, começamos a nos deparar com situações em que a opressão não era tão definida, e ambas as partes alegavam estar sendo reprimidas: entre um casal, entre amigos, pais e filhos, professores e alunos... os confrontos não eram puramente antagônicos, no sentido de que a reconciliação era possível e desejável. Nesses casos específicos, as substituições podiam ser feitas em ambos os lados, já que os dois afirmavam ser oprimidos.

Logo compreendemos que o Fórum não era o suficiente para lidar com essas questões, pois é de sua natureza trabalhar com opressões objetivas, visíveis, conhecidas — isso nos fez experimentar outras formas de Teatro do Oprimido, outras estruturas teatrais possíveis que podiam nos ajudar a entender situações mais complexas, não só aquelas consideradas familiares e óbvias para todos, como era o caso do primeiro Fórum.

Assim foram criadas as técnicas introspectivas, uma por uma. Este livro se concentra na preparação de modelos que devem ser desempenhados no Fórum por qualquer um disposto a falar usando linguagem teatral, e também na preparação de peças que serão apresentadas para plateias "normais", por atores profissionais. Ainda assim, contém alguns embriões das técnicas mais internas.

---

ou Debussy para encorajar programadores de software a serem mais meticulosos na hora de manipular os componentes delicados. Wagner e Debussy não são responsáveis por isso. E eu também não! (N. do A.)

Este livro é uma introdução prática a todas as formas de Teatro do Oprimido. Todas essas formas são complementares, pois o ser humano é complexo e não tão fácil de ser compreendido quanto gostaríamos. A melhor maneira de usá-las é usar todas.

Eu amo sonhar, mesmo quando sei muito bem que o meu sonho é impossível. Mesmo assim, eu sonho: um dia eu irei dirigir *Hamlet* com os atores da Royal Shakespeare Company, prisioneiros do Carandiru, camponeses do MST e trabalhadores das favelas do Rio. Um dia...

Isso nunca vai acontecer, eu sei. O papel da utopia não é ser alcançada: é nos estimular a tentar com mais afinco e ir mais longe. Poder sonhar já é um sonho sendo realizado!

Posfácio

Dialética da atuação

Sérgio de Carvalho

Jogos para atores e não atores é uma síntese da prática teatral de Augusto Boal. Encontram-se neste livro materiais de tempos diversos, desde exercícios criados no fim dos anos 1950 para atores profissionais, quando Boal era diretor no Teatro de Arena de São Paulo, até jogos produzidos para não atores, inventados nas oficinas europeias nos anos do exílio em Paris, na década de 1980.

A forma com que esse material foi organizado, entretanto — num processo de reelaborações sucessivas —, tende a apagar as diferenças históricas e as funções originais de cada técnica, de acordo com a vontade do autor de que essa relação fosse utilizada como um conjunto de ferramentas ou armas (o chamado Arsenal) de um projeto único chamado Teatro do Oprimido.

Não há dúvida de que Boal é a última grande referência de teatro político do século XX, artista cujo legado é incontornável para quem tenta aproximar crítica da representação e ação política, emancipação e aprendizado estético. Muito da força de seu método provém do fato de nomear e organizar o Teatro do Oprimido como um campo de conexões entre a estética, a política e a pedagogia: ele rompe com o caráter especializado, ideológico, dessas áreas e questiona sua dimensão de privilégio de classe ao propor uma nova produtividade artística em um tempo em que o modernismo saía de pauta.

Entretanto, a obra notável de Augusto Boal corre o risco de ser neutralizada à medida que o Teatro do Oprimido pouco a pouco se afasta da perspectiva histórica que o gerou. As razões externas desse esvaziamento são óbvias e ameaçam toda a cultura de esquerda que deseje algo mais do que ocupar o lugar de produção "marginal" em relação ao centro do consumo mercantil. Mas é preciso também compreender as razões internas desse processo, para evitar a instrumentalização de um legado que não foi só de um homem, mas de uma geração, e a sua redução a um conjunto de fórmulas autorreferentes.

Nas palavras de Boal, o Teatro do Oprimido foi desenvolvido em resposta a um momento político concreto, no começo dos anos 1970, quando se acreditava que "o povo não estava longe de ter um papel a desempenhar no futuro".[1] Diversos grupos mundo afora, desde então, se aproximaram das técnicas de Boal para participar, por meio da arte, de um processo revolucionário. O que se viu nas décadas seguintes, paradoxalmente, é que alguns desses grupos, por uma série de razões, se tornaram reprodutores de uma marca ideológica cujo comércio garante hoje sua sustentação profissional. Criaram-se redes de oficinas para militantes em que as técnicas inovadoras de Boal são difundidas pelo suposto sentido libertário imanente à ideia de um teatro antiopressivo. E aquilo que foi no passado um meio coletivizado para a rebelião cultural dos pobres e a prática política anticapitalista se tornou um fim em si mesmo, voltado à própria reprodução.

A questão mais complexa desse processo de esvaziamento surge quando verificamos que Boal, de certa forma, preparou o caminho para sua neutralização quando escolheu conferir um caráter de sistema ao projeto do Teatro do Oprimido e procurou ampliar suas formas de irradiação.

Na evolução dos escritos reunidos nestes *Jogos para atores e não atores*, esse processo, sempre contraditório, se anuncia. A primeira compilação da visão teatral de Augusto Boal foi escrita fora do Brasil. Surge num pequeno caderno com o título de *Categorias do teatro popular*, publicado em Buenos Aires, em 1972. Nas versões modificadas dos anos seguintes (Portugal, 1976, e Brasil, 1977), permanecia a questão de uma funcionalidade popular e anti-imperialista do teatro, como se vê no nome *Técnicas latino-americanas de teatro popular: uma revolução copernicana ao contrário*. Eram obras mais conceituais do que práticas, em que o Teatro Jornal, experiência dos últimos anos do Teatro de Arena de São Paulo, surgia como referência importante para uma teatralidade crítica cuja maior virtude já era se opor à represen-

---

[1] Neste volume, p. 58.

tação social dominante e ao mesmo tempo transferir os meios de produção teatral para qualquer pessoa.

Em 1977, Boal publica no Brasil, após uma edição portuguesa, seus *200 exercícios e jogos para o ator e o não ator dizer algo através do teatro*, em que organiza praticamente todos os exercícios inventados ou usados no Teatro de Arena entre 1956 e 1971, a maioria deles de influência stanislavskiana. A despeito das poucas menções diretas ao imaginário nacional-popular que as animava, são práticas organizadas em torno da ideia marxista de que a "alfabetização teatral" é uma grande ferramenta na luta dos homens contra as "classes que o oprimem".[2]

Quando *Jogos para atores e não atores* foi publicado em 1998, nascia como uma fusão dos livros anteriores, com diversos acréscimos e supressões (felizmente republicadas na presente edição). O anexo intitulado "O Teatro do Oprimido na Europa" foi deslocado para o começo do livro, assumindo-se como orientação decisiva para a leitura do volume atual. Algumas passagens novas deixavam claro o ponto de vista do autor que narra, a partir daí, teleologicamente sua trajetória: se no começo o Teatro do Oprimido podia ser "apresentado como um método latino-americano", agora devia ser separado de suas "origens geográficas e culturais".[3]

É compreensível o cuidado de Boal em relação à categoria teatro popular latino-americano diante dos novos rumos da cultura de esquerda com que seu teatro queria seguir em diálogo. Em meados da década de 1970, os movimentos revolucionários de caráter nacionalista da América Latina foram esmagados por forças conservadoras militarizadas, acumulavam-se anos de autocrítica em relação ao fracasso do populismo e do nacionalismo, e a nova inflexão das teorias culturais parecia autorizar algo mais do que a crítica ao marxismo clássico (do fetiche da mercadoria e da luta de classes): esses conceitos seriam logo eliminados do debate em favor de categorias consideradas menos "totalizantes".

---

[2] Augusto Boal, *200 exercícios e jogos para o ator e o não ator com vontade de dizer algo através do teatro*, Rio de Janeiro, Civilização Brasileira, 1989, 9ª ed., p. 17.

[3] Neste volume, p. 26.

Boal gostava de contar que o Teatro do Oprimido nasceu de uma verificação da insuficiência populista do teatro político do Arena e de sua geração. Mas a verdade é que surgiu menos como reação do que como consequência daquela prática experimental do passado profissional, que queria lançar sua dramaturgia para fora do teatro e sempre pretendeu, de algum jeito, transferir os meios de produção teatral para atores e não atores. Esse impulso se encontra nitidamente nos laboratórios, seminários e células de Teatro Jornal do Arena, frente pedagógica daquele trabalho de arte. O Arena e seu derivado, o Centro Popular de Cultura (CPC) da União Nacional dos Estudantes (UNE), deram a Boal, no início da década de 1960, uma consciência prática sobre os limites e as possibilidades do teatro político, desenvolvida a partir da observação dos movimentos sociais no Brasil, numa época que imaginava um país e uma América Latina mais igualitários. Foi esse legado que permitiu delinear o projeto do Teatro do Oprimido a partir dos encontros de alfabetização de camponeses no Peru, em 1973. Sem essa geografia imaginária que deslocava o conflito de classes — mas também o moldava —, e já distante do ambiente que gerou as ditaduras no continente, ficando mais próximo do movimento estudantil europeu, em poucos anos se instaura no trabalho de Boal uma mudança de abordagem que já se encontra neste livro: a luta contra a opressão converte-se na procura de uma consciência analítica sobre diversas situações opressivas passíveis de representação individual. Já não está em jogo, como questão central e deflagradora de outras, a opressão das classes dominantes sobre as classes trabalhadoras nos países periféricos.

Boal registra essa mudança nos temas das suas peças-fóruns:

> Na América Latina, o público era, em geral, pouco numeroso e homogêneo; os espect-atores eram sempre trabalhadores de uma mesma fábrica, moradores de um mesmo quarteirão, fiéis da mesma igreja, estudantes de uma mesma universidade etc. Na Europa, além desse tipo de "oficina-fórum", fiz, logo no início do meu exílio naquele continente, apresentações para centenas de pessoas totalmente desconhecidas umas das outras. Naturalmente, quando se apresenta

uma peça-fórum para uma plateia heterogênea, é normal que o tema seja mais geral e abrangente.[4]

Esse processo não se deu sem desvios e contratendências na medida em que, após seu retorno ao Brasil em 1986, ele seguiu próximo de movimentos sociais politizados, como o Movimento dos Trabalhadores Rurais Sem Terra (MST). Mas não é exagero dizer que o Teatro do Oprimido, afora exceções notáveis, pouco a pouco se separou de seu lugar social anterior e se distanciou da crítica revolucionária e da luta socialista, o que, paradoxalmente, facilitou sua circulação em tempos pós-modernos. De modo muito semelhante ao que ocorreu em outros setores, a ênfase na luta de classes foi substituída por questões mais abertas ao tratamento culturalista, como etnicidade e gênero. E diversas dimensões do sistema opressor, sobretudo aquelas "corporificáveis" em cena, passaram a ser convocadas ao palco — patriarcado, machismo, racismo, neocolonialismo, mídia, estado policial, destruição da natureza. O conjunto técnico, entretanto, tornou-se mais refratário à representação de um poder invisível, que para muita gente não devia nem ser mais nomeado por parecer economicista ou abstrato demais: o capitalismo.

A obra de Boal, entretanto, não se resolve na forma almejada de um sistema, vivendo também de suas tensões internas. O leitor praticante destes *Jogos* verá que seus registros mais importantes também se opõem a esse acomodamento às expectativas da nova esquerda: são aqueles que encenam a recusa ao processo de materialização dualista das relações entre opressor e oprimido. Principalmente nas técnicas mais anacrônicas e difíceis, naquelas que exigem de nós sua atualização prática, que em alguma medida desacomodam a estabilidade ideológica do próprio lema fundamental do Teatro do Oprimido (tornar-se sujeito da ação teatral) para nos convidar a um trabalho coletivo de sentido dialético, Boal oferece meios para levar adiante seu trabalho de luta contra a vida ritualizada pelas classes dominantes.

---

[4] Neste volume, p. 46.

O *dialético* Boal

Boal desde muito jovem foi um artista dialético. Seu interesse pelas formas em trânsito, pela mobilidade das coisas e ideias, pelas situações de ambiguidade, atravessa seu trabalho desde o início como diretor convidado do Teatro de Arena de São Paulo, até os últimos escritos sobre a Estética do Oprimido.

Seu livro mais pessoal, suas "memórias imaginadas", chama-se *Hamlet e o filho do padeiro*. Ali diversas vezes ele se refere à peça de Shakespeare, a mais amada e nunca encenada. O autor se define em comparação com o príncipe melancólico da Dinamarca: "A tragédia de Hamlet não é *ser ou não ser*: é *ser e não ser*. Hamlet é os dois [...] — e só não sabe ser ele próprio. Sou especialista nessa dicotomia...", diz Boal.[5]

Essa compreensão de que *o ser só é não sendo*, de que os movimentos nascem das contradições, é fundamental em seu pensamento. Para Boal, radicalizar o teatro significava, obrigatoriamente, negar o teatro. E sua visão dialética enfatizava a temporalidade das coisas: tinha uma atenção toda especial para a vida em fluxo. Mas também sabia que era preciso examinar as imagens ambíguas, as formas estáticas da dialética.

Boal se decide pelo teatro nos anos 1950, após concluir os estudos de química. Todo o seu interesse pela metamorfose das substâncias e pelos compostos fundamentais parece ter sido transmitido ao teatro. Nos primeiros trabalhos importantes que realizou no Arena de São Paulo, procurava uma sistematização teatral científica. Não foi à toa que usou a forma dos chamados *laboratórios teatrais* para transmitir seus conhecimentos ao elenco daquela companhia de atores, na qual ingressou em 1956, recém-chegado dos Estados Unidos.[6]

Pouca gente que pratica o Teatro do Oprimido dá a devida atenção ao fato de a grande maioria das técnicas descritas nos livros dos anos 1970 ter sido criada nos anos 1950 e 1960, pressionadas pela po-

---

[5] Augusto Boal, *Hamlet e o filho do padeiro: memórias imaginadas*, São Paulo, Cosac Naify, 2014, p. 144.

[6] Reproduzo nesse parágrafo ponto de vista esboçado em estudos anteriores.

litização do grupo. Naquele momento inicial, eram dois os principais horizontes de estudos do Arena: o trabalho de atuação e o de dramaturgia — considerando a escrita de peças brasileiras engajadas, capazes de representar o ponto de vista dos trabalhadores.

Enquanto esteve nos Estados Unidos, Boal conheceu de perto o trabalho do Actors Studio. Os Laboratórios de Atuação em São Paulo recriavam aquele ambiente. Ao conhecer melhor a fonte do método norte-americano, passou a inventar exercícios inspirados diretamente no trabalho de Stanislávski. O objetivo era "desmecanizar" a interpretação convencional, empostada e retórica, ainda comum no teatro brasileiro, em favor de uma vivência mais verdadeira, realista e íntima do papel. Ele procurava, ao mesmo tempo, coletivizar o estudo da história: o papel individual tornava-se consequência do estudo geral da peça.[7]

Boal foi um diretor stanislavskiano. Mas procurava adaptar o método a seu modo de ver e às demandas da temática social das peças. Passou então a descrever — com objetivos pedagógicos — o que seria a base de uma possível "estrutura dialética da interpretação", em bases hegelianas, como se vê no texto com o mesmo título aqui publicado.[8]

Como Stanislávski, Boal afirma que o conceito fundamental para o ator não é o *ser* mas o *querer*. Não se procura um estado em cena, mas um verbo de ação. E a personagem não se move por um querer unitário, na medida em que sua vontade é contraditória. Será preciso estudar antes a contravontade interna que dificulta o próprio ato. Esse atrito entre a vontade e seu contrário não é apenas um conflito dualista simples: o querer *versus* o não querer. A relação se modifica conforme o ator interage com outro ator-personagem. Assim, Hamlet não manifesta em si de modo estável as emoções do amor e do ódio por Ofélia; ele pode, sim, "odiar-amar" a moça quando percebe que ela está sendo usada por Polônio, numa unidade emocional contraditória.

Também como Stanislávski, Boal propõe que a definição dos elementos do caráter de uma personagem deve corresponder a um "sig-

---

[7] A enorme quantidade de jogos de desmecanização do Teatro do Oprimido, voltados para a libertação do gesto diante dos condicionamentos sociais, se origina dessa recusa aos mecanismos do velho teatro, seu falso *pathos* e sua ênfase retórica.

[8] Neste volume, pp. 85-93.

nificado transcendente", a uma ideia narrativa do autor, a uma supertarefa ou superobjetivo extraído do conjunto da peça. Sem que o ator compreenda narrativamente a visão crítica associada à sua vontade, não assimilará a especificidade da emoção produzida nem encontrará a forma exata de representá-la. A atuação será sempre uma escolha conjunta em face desse processo, será a eleição experimental de uma *ideia-vontade-emoção* "dominante" que aparece como unidade contraditória gerada nos exercícios de relação entre as personagens. É claro que Boal sabia ser impossível capturar e fixar o movimento fugidio de uma relação viva entre personagens. Queria, porém, oferecer ferramentas didáticas para que os atores pudessem gerar ações contraditórias, produzir "rios dinâmicos" e não apenas expor suas "lagoas emocionais" orientadas para o efeito estético. Em suas palavras:

> O que me parece realmente importante é que o ator tenha tempo para ensaiar cada uma das suas vontades e contravontades isoladamente, a fim de melhor compreendê-las e senti-las, como um pintor que primeiro escolhe as cores isoladas para depois misturá-las na tela. [...] Por isso fazíamos tantos exercícios de "motivação isolada", "contravontade", "pausa artificial", "pensamento contrário", "circunstâncias opostas" etc., e todos tinham por objetivo proceder a essa análise. [...] Sem fortalecer a dominante, torna-se impossível estruturar o espetáculo. Por mais que se voltem para dentro, as personagens vivem para fora. Por isso a "inter-relação" é fundamental.[9]

A análise, portanto, é necessária para que se dê uma síntese em movimento, que obedece a variações quantitativas e qualitativas. E a escolha artística depende da relação com o outro ator. Por isso Boal afirmou, poeticamente, que a personagem não nasce "de dentro", mas de fora. Ela vem da outra personagem e entra pelo olho do ator. Em suas palavras:

---

[9] Neste volume, p. 91.

Para mim, sempre foi esse o alicerce de todo espetáculo: dois atores se olhando. O olho é a parte mais vulnerável do corpo humano! Por isso procuramos, recatados, esconder nossos olhos em momentos de emoção. Ou oferecê-los, em momentos de amor. Os atores devem oferecer-se seus olhares. É no olhar que se cria a estrutura do espetáculo. É no olhar que nascem as personagens. [...] O ator não *entra* na personagem: falso. Nenhum ator pode interpretar uma personagem que não exista dentro de si. A personagem *sai* do ator, que a levava dentro. Sai pelos olhos! O ator entra, sim, nas personagens dos outros, não na própria. Entra pelos olhos![10]

Nos Laboratórios de Atuação praticavam-se exercícios que depois — no Teatro do Oprimido — seriam transmitidos a camponeses e operários. O desejo de Boal era alterar a relação com o espectador, que devia deixar de ser passivo para se tornar sujeito da ação dramática. Sua pedagogia dialética seguia em contato direto com os temas do nacionalismo revolucionário popular.

Antes do fim dos anos 1950, Boal expande esse estudo de atuação para a dramaturgia e passa a ensinar um "método dialético" de análise e escrita de peças, muito semelhante ao que propunha aos atores.

Para os atores era importante perceber que a vontade só aparece mediante o desenvolvimento da contravontade. O mesmo vale para os dramaturgos: a forma do drama não acontece na realização do ato, mas sim nas hesitações, dificuldades, tensões anteriores à tomada de decisão do protagonista. O escritor de teatro devia pesquisar as contradições internas e externas às personagens, de modo a que essas tensões móveis geradas nas relações operassem mudanças de estado e promovessem o andamento da peça.

Assim como o ator deve "distanciar-se voluntária e emocionalmente o mais possível do ponto de chegada"[11] para trabalhar a con-

---

[10] Augusto Boal, *Hamlet e o filho do padeiro*, op. cit., p. 160.

[11] Neste volume, p. 93.

trapreparação do que vai acontecer, o dramaturgo deve estar atento à interação contraditória entre as motivações de uma personagem dentro de si e no diálogo com as outras. É preciso, em suma, que esse sistema de atritos subjetivos e objetivos se mova, quantitativa e qualitativamente.

Essa estrutura aparentemente esquemática de uma possível dialética dramática (contradições internas de uma personagem entram em interação com contradições internas de outra, e a relação se intensifica quantitativamente até a mudança de estado, o salto qualitativo) inspirou muita gente, que entreviu aí a possibilidade de encenar aspectos da sociedade que nunca tinham aparecido no teatro brasileiro.

Ao combinar esquemas de dialética marxista, mesmo que sem maior perspectiva materialista, ao modelo dramático hegeliano, Boal criou um padrão de "estrutura" transmissível (era assim que Chico de Assis se referia ao modelo) que abriu as portas para que uma geração escrevesse algo que se pode chamar de *drama social brasileiro moderno*, uma forma em crise que tematizou sobretudo embates entre o país arcaico e o moderno.

Boal logo notou que esse esquema era insuficiente quando os dramaturgos tinham interesse em representar questões mais abstratas, ligadas a esferas coletivas ou a processos da alienação social ou psíquica, que ultrapassam o campo de possibilidades das ações conscientes de indivíduos. Já nos tempos do Seminário de Dramaturgia, ele observou que, na maioria das situações da vida social, a vontade individual não determina nada, somos antes agidos do que agentes. E que não se pode ser tão facilmente sujeito da história.

Desenvolve, então, um estudo prático de formas épicas do teatro, para além da dialética dramática hegeliana, tendo Erwin Piscator e Bertolt Brecht como referências centrais. E com isso critica os próprios princípios idealistas de sua visão dialética. Essa reflexão aparece no livro *Teatro do Oprimido*, ao discutir personagens que não são sujeitos da ação dramática, e sim objetos dela, personagens que não têm condições de agir pela vontade, em que as *necessidades* sociais falam mais alto. São esses os casos em que a forma dramática não pode mais ser absoluta, fechada em si mesma, em que o dialogismo intersubjetivo será abalado. A visão teatral precisa então — nas palavras de Boal —

"mostrar-se não como um 'conflito de vontades livres', como pretendia Hegel, mas sim como uma 'contradição de necessidades sociais', tal como é explicado pelo materialismo histórico".[12] O marxismo, enfim, aparecia no seu trabalho como orientação da pesquisa formal.

Como escritor de teatro, Boal poucas vezes tratou dessas figuras objetualizadas pelos processos sociais. A melhor peça escrita por ele no período do Arena, *Revolução na América do Sul*, de 1960, se afasta do padrão do conflito das vontades. Zé da Silva é um morto de fome, que não chega a compreender o sistema econômico que o explora e o leva à morte. Boal não faz dele nem um herói nem uma vítima. A estrutura em quadros irônicos está mais próxima dos números de palhaços em circo do que do drama. É uma peça negativa. Boal dialoga, mais do que nunca, com o teatro épico-dialético de Brecht.

Nos espetáculos posteriores ao golpe de 1964, em particular a partir da montagem de *Arena conta Zumbi*, Boal produz uma nova categoria pedagógica de atuação e dramaturgia, de sentido épico — o Sistema Coringa. Era uma técnica de encenação narrativa em que as personagens não se fixavam nos atores, mas transitavam entre a equipe da cena, sendo transmitidas de um ator a outro por meio de um gesto característico ou musical, complementado por comentários sobre a história.

Os exercícios de máscaras e rituais do Teatro do Oprimido surgem nessa fase. Imitar o comportamento de outra pessoa é reproduzir as forças internas que geraram sua aparência, entender os mecanismos sociais que se naturalizaram em padrões repetitivos. Boal passa a se interessar pelos rituais inconscientes que organizam as máscaras (funções sociais) dentro do mundo do capital. O patrão e o empregado, o latifundiário e o camponês, o professor e o aluno: os mundos do trabalho de um país de passado escravista que apareciam nesses ritos podiam ser mais bem analisados quando as máscaras eram trocadas pelo grupo, ou descoladas da pessoa por desvios de ordem mais subjetiva.

---

[12] Ver, a esse respeito, o capítulo "Hegel e Brecht: personagem-sujeito ou personagem-objeto?", em *Teatro do Oprimido e outras poéticas políticas*, São Paulo, Editora 34, 2019, pp. 101-25, e *200 exercícios e jogos para o ator e o não ator com vontade de dizer algo através do teatro*, op. cit., pp. 108 e 115.

Substituir a máscara serve para "revelar o caráter econômico de determinadas relações". Por isso era preciso ensaiar o ritual, suas máscaras ordenadoras, reiterar o automatismo antes de pôr esse sistema em crise pela exposição das motivações que fazem explodir as máscaras e o rito rígidos. Mas o trabalho com essas tipificações sociais exigia sempre a compreensão de aspectos que são muitas vezes inconscientes, e também se ligam a "violentas motivações econômicas".[13]

Diferentemente de Brecht, que orientou toda sua dramaturgia para a desmontagem ideológica do teatro, e que preferia ver os processos sociais em homens coisificados, em figuras com pouca consciência sobre o acontecimento de que participam, Boal acreditava ser importante destacar o papel dos indivíduos agentes na luta de classes. O debate com Anatol Rosenfeld sobre a permanência do herói dramático em meio à estrutura épica do Coringa é emblemático. Triste do país que precisa de heróis, dizia Brecht. Boal nunca deixou de acreditar que a heroificação era, em alguma medida, necessária em situações como a da América Latina.

Apesar de ter sido um agudo crítico do "sistema coercitivo" de Aristóteles, Boal, como muitos de sua geração no Brasil, parece ter resistido a abrir mão da convicção de que uma personagem teatral é feita de *caráter* e *pensamento*, numa existência marcada sempre por uma relação de consciência subjetiva sobre seu processo dramático, mesmo quando sua desumanização está em curso.

Brecht lamentava qualquer idealização, consciente de que não podia fugir delas. Dizia:

> Quando virá o tempo em que um realismo do tipo que a dialética poderia viabilizar será realmente possível? Temos a todo instante que idealizar, já que a todo instante temos de declarar nossa posição, e, portanto, fazer propaganda.[14]

---

[13] Neste volume, p. 192.

[14] Bertolt Brecht, *Diário de trabalho — Volume 2: 1941-1947*, Rio de Janeiro, Rocco, 2005, p. 75.

Boal, por sua vez, era um idealista dialético atento ao mundo, que parecia confiar nas idealizações como categorias de transição, como ferramentas para ação. Talvez se sentisse, nos tempos do Brasil da construção de uma cultura de esquerda, inevitavelmente obrigado a valorizar a importância da consciência da ação, por entender que a possibilidade de um drama crítico era também, naquelas condições, uma novidade histórica. De qualquer modo, tanto para Boal como para Brecht o teatro era um lugar de estudo concreto da relação contraditória entre indivíduos e classes, sem nenhum esquematismo dualista, atentos que estavam à impureza e às inúmeras mediações entre esses campos. Ambos aprofundaram sua pesquisa teatral ao negar a ideologia do teatro. Para eles, os critérios estéticos deviam nascer da luta social. E o teatro só fazia sentido na passagem dos sonhos aos planos de interferir no tempo histórico.[15]

No exílio, o contato com uma nova possibilidade de teatro popular junto a camponeses foi o fundamento que geraria o Teatro do Oprimido: um conjunto de experimentos laboratoriais de dramaturgia e de atuação dialética voltados para o mundo e animados pela cultura política de uma época em que os artistas se entendiam como participantes da luta de classes.

O Teatro do Oprimido nasceu de um acúmulo anterior, de uma nova situação de trabalho, e do desenvolvimento de uma necessidade de revolucionar o próprio teatro. E isso para Boal só aconteceria quando o povo deixasse de ser o inspirador e o consumidor de arte e passasse a ser o produtor. O Teatro do Oprimido inicia-se com uma avaliação da tradição central do drama ocidental, a aristotélica, e sugere que ela se baseia na intimidação poética e política do espectador. Co-

---

[15] Mesmo no último grande momento laboratorial no Brasil, que ocorreu em torno do Teatro Jornal, feito pelo Núcleo 2 do Teatro de Arena, o que estava em jogo para Boal era a experimentação dialética: explorar a contradição com o pensamento dominante. O noticiário do dia era encenado em perspectiva crítica à noite. O público não via apenas o assunto jornalístico, mas uma técnica transmissível que qualquer um poderia reproduzir para ter acesso a outras imagens da realidade. Boal procurava retomar uma técnica de *agitprop* aliada ao conceito da multiplicação de células. A ferramenta deveria ser capaz de se adequar à mão de quem usa. A vida real organizava a estética.

mo Boal apenas esboçou um rompimento com essa tradição por dentro da técnica do drama, imaginou o passo maior, um salto: romper com o teatro em seu funcionamento social. Era possível ir além e ativar literalmente o público, restituir ao espectador, ser passivo, a capacidade de ação em toda a sua plenitude. Em outros termos, era preciso que alguém parasse o tempo — *stop* — para que o próprio espectador subisse ao palco e contasse sua versão da história, como ocorre na técnica batizada por Boal de Teatro Fórum.

A proposta revelou desde cedo sua força, ainda que se baseie na simplificação teórica de dizer que o ato de espectação é necessariamente passivo. Como bom dialético, Boal sabia que exercer a imaginação, o senso crítico e a sensibilidade é também uma atividade produtiva — depende do modo como a relação teatral se configura. Ao mesmo tempo, nunca deixou de estar atento a essa ideologia da ação contida no projeto. E o Teatro Fórum é somente uma das técnicas do Teatro do Oprimido, limitada (nas palavras de seu inventor) e que, para se efetivar, precisa ser combinada a outras: Teatro Jornal, Teatro Imagem, Teatro Invisível, Fotonovela e, sobretudo, a uma reflexão crítica radical. A mesma fórmula que simplifica a questão, entretanto, facilita a sua transmissão, e é fácil parar na fase de aquecimento e desmecanização do grupo de não atores para em seguida apenas discursar sobre "o ato heroico de se tornar sujeito da história" sem pôr em questão as imagens do mundo.

O convite do Teatro Fórum para que a plateia represente sua própria cena e seja protagonista da história, esse simbolismo de um ato possível, depende muito de uma cultura política e de uma atitude dialética do grupo, estimulada pelo mediador do debate, o Coringa. Sem isso, o jogo pode ser tornar psicologizante, autorreferente e idealista.

Boal tinha consciência de que a oposição opressor-oprimido pode às vezes mentir sobre o próprio processo de opressão, ao individualizar demais o caso, ao vilanizar o opressor, ao ocultar as pressões sociais. Não por acaso, o centro móvel de seu método está no trabalho de dinamização e dialetização da cena. Mas a força da representação dramática na indústria cultural que se expandiu dos anos 1960 para cá só ajudou a consolidar a hegemonia do imaginário privatista, numa redução dos ditos conflitos "humanos" ao âmbito da família. Mesmo em ambientes de esquerda hoje é preciso um esforço narrativo enorme para que as pessoas considerem possível conectar o caso doméstico a uma pressão social mais geral, sem saltos fáceis do particular ao geral. Sem maior perspectiva política e dialética na escolha dos temas e formas, a tomada dos meios de produção teatral pode ser imaginária e se converter num elogio difuso, ainda que prazeroso, às virtudes libertárias da ação estética.

Nos anos 1970, Boal não precisava insistir para que os casos de opressão pessoal fossem exemplares socialmente: eram os próprios camponeses, operários e estudantes politizados que davam lições de dialética aos Coringas sobre a sobrevivência "anacrônica e desumana da propriedade privada dos meios de produção" que tanto determina rituais de posse, obediência, caridade e resignação. Não parecia necessário criticar em demasia as tendências à representação dualista, que cria visões moralistas sobre os comportamentos sociais — ao opor o anseio de liberdade do protagonista a uma repressão autoritária do antagonista —, porque a maioria de seus interlocutores julgava que o poder não era uma entidade que se incorpora nas pessoas; era gente que não tinha medo de dizer que somos o que somos também porque pertencemos a uma determinada classe social, porque cumprimos determinadas funções sociais e temos que desempenhar certos rituais que se cristalizam no nosso corpo. Daí o sentido da confiança de Boal na ideia de que "libertar-se é transgredir". Hoje, entretanto, quem diz isso em abstrato parece estar bem distante de qualquer posicionamento político, por mais que se possa querer o contrário.

Aquele que se utilizar das muitas ferramentas do Teatro do Oprimido descritas nestes *Jogos* deve, portanto, recuperar seus conteúdos politizados ligados ao mundo do trabalho, à desumanização, à vida coisificada e sobretudo a seu gosto pela contradição estética. Precisa enfrentar o limite de certas técnicas, como a do Fórum, quando há pouco trabalho dialético realizado na peça de base. Diante da simplificação excessiva dos processos sociais para que possam ser representados numa cena capaz de estimular os espectadores a subir no palco, diante de cenas em que "a opressão pode ser combatida", é comum que se criem ilusões sobre as possibilidades da ação individual. Boal sabia que a maioria das opressões não é visível a olho nu — como se vê no seu estudo psicológico sobre "O tira na cabeça".[16] Não se pode fingir que as coisas são o que não são apenas para que pareçam desmontáveis pelos espect-atores, com o risco de que as saídas estéticas falseiem os impasses e mistifiquem a ação sobre o real. A dialética deve incidir sobre o próprio Teatro do Oprimido. A função do Coringa é colaborar para que o grupo construa uma mediação negativa capaz de estimular a conexão com o macrocosmo social e dinamizar a prática por meio do exame das forças contrárias e também invisíveis, de modo que todos realizem algo improvável: a crítica formal das imagens do mundo que estão sendo apresentadas, uma crítica alegre, ensaística e coletiva, capaz de distanciar não apenas os temas do capital, mas suas formas, e também capaz de preparar novas práticas.

Boal jamais quis ser o especialista que assume a máscara de sua especialidade. Sua obra, tão contrária à "nefasta e mortal melancolia", tão avessa à resignação e ao conformismo, é um testemunho extraordinário de que o teatro participa da luta social em todos os níveis, conscientemente ou não. Romper com seu caráter de privilégio de classe é o primeiro passo concreto para que a estrutura ideológica se revele. O que talvez ele não pudesse avaliar é quanto o mundo da cultura, que inclui as formas contemporâneas de contracultura, regrediu do ponto de vista crítico e político, mesmo entre pessoas de esquerda, tornando-se fetichista nos poucos lugares em que não queria ser mercantil. A vitalidade de seu trabalho depende de que refaçamos conexões históricas que nos dizem respeito: a cena começa quando soubermos de onde viemos e onde estamos.

---

[16] Neste volume, pp. 254-66.

Sobre o autor

Augusto Boal nasceu em 16 de março de 1931, no Rio de Janeiro. Formou-se em engenharia química pela UFRJ, mas desde a infância interessou-se pelo teatro. Em 1952 viaja para os Estados Unidos para estudar na Escola de Arte Dramática da Universidade Columbia, onde frequenta os cursos de John Gassner, professor de dramaturgos como Tennessee Williams e Arthur Miller.

De volta ao Brasil, em 1956, passa a integrar o Teatro de Arena, onde aos poucos adapta o que aprendera nos Estados Unidos em espetáculos que buscam encenar e discutir a realidade brasileira, convidando o espectador a sair da passividade. Formado por Boal, José Renato, Giafrancesco Guarnieri, Oduvaldo Vianna Filho e outros, o grupo de dramaturgos do Arena promove uma verdadeira revolução estética nos palcos brasileiros.

O golpe de 1964 torna cada vez mais difícil a situação dos artistas que haviam se engajado na transformação social do período precedente. Em 1971, Boal é preso e torturado. Exila-se na Argentina com Cecilia Thumim, onde organiza *Teatro do Oprimido*, seu livro mais conhecido. A partir de então, os princípios e as técnicas desenvolvidos por Boal alcançam um público cada vez maior, difundindo-se inicialmente pela América Latina e, ao longo dos anos 1970, pelo mundo inteiro. Muda-se para Portugal em 1976, e dois anos depois se estabelece na França, onde passa a atuar e criar vários núcleos baseados em sua obra.

Com o fim da ditadura, retorna ao Brasil em 1986, estabelecendo-se no Rio de Janeiro. Em 1992, é eleito vereador pelo Partido dos Trabalhadores e desenvolve mais uma de suas técnicas, o Teatro Legislativo, discutindo projetos de lei com o cidadão comum em ruas e praças da cidade. A Unesco confere a Augusto Boal, em 2009, o título de "Embaixador do Teatro Mundial". Falece em 2 de maio de 2009, no Rio de Janeiro. Suas obras estão traduzidas para as principais línguas do Ocidente e do Oriente.

Publicou em português os seguintes livros:

Teatro
    Revolução na América do Sul (São Paulo, Massao Ohno, 1960)
    Arena conta Zumbi, com Gianfrancesco Guarnieri (São Paulo, Teatro de Arena, 1965)
    Arena conta Tiradentes, com Gianfrancesco Guarnieri (São Paulo, Sagarana, 1967)

Duas peças: A tempestade/Mulheres de Atenas (Lisboa, Plátano, 1977)
Murro em ponta de faca (São Paulo, Hucitec, 1978)
O corsário do rei (Rio de Janeiro, Civilização Brasileira, 1985)
Teatro de Augusto Boal, vol. 1 (São Paulo, Hucitec, 1986)
Teatro de Augusto Boal, vol. 2 (São Paulo, Hucitec, 1990)

Teoria e método
Teatro do Oprimido e outras poéticas políticas (Rio de Janeiro, Civilização Brasileira, 1975; 1ª ed.: *Teatro del Oprimido y otras poéticas políticas*, Buenos Aires, Ediciones de la Flor, 1974)
Técnicas latino-americanas de teatro popular (São Paulo, Hucitec, 1977; 1ª ed.: *Técnicas latinoamericanas de teatro popular*, Buenos Aires, Corregidor, 1975)
200 exercícios e jogos para o ator e o não ator com vontade de dizer algo através do teatro (Rio de Janeiro, Civilização Brasileira, 1977; 1ª ed.: *200 ejercicios y juegos para el actor y para el non actor con ganas de decir algo a través del teatro*, Buenos Aires, Crisis, 1975)
Categorias de teatro popular (São Paulo, Hucitec, 1979; 1ª ed.: *Categorias de teatro popular*, Buenos Aires, Ediciones CEPE, 1972)
Stop: c'est magique (Rio de Janeiro, Civilização Brasileira, 1980)
O arco-íris do desejo: método Boal de teatro e terapia (Rio de Janeiro, Civilização Brasileira, 1996; 1ª ed.: *Méthode Boal de théâtre et de thérapie: L'arc-en-ciel du désir*, Paris, Ramsay, 1990)
Teatro Legislativo: versão beta (Rio de Janeiro, Civilização Brasileira, 1996)
Jogos para atores e não atores (Rio de Janeiro, Civilização Brasileira, 1998; 1ª ed.: *Jeux pour acteurs et non-acteurs*, Paris, Maspero, 1978)
O teatro como arte marcial (Rio de Janeiro, Garamond, 2003)
A estética do oprimido (Rio de Janeiro, Garamond, 2009; 1ª ed.: *The Aesthetics of the Oppressed*, Londres/Nova York, Routledge, 2006)

Memórias
Hamlet e o filho do padeiro (Rio de Janeiro, Record, 2000)

Ficção e crônicas
Crônicas de nuestra América (Rio de Janeiro, Codecri, 1977)
Jane Spitfire (Rio de Janeiro, Codecri, 1977)
Milagre no Brasil (Rio de Janeiro, Civilização Brasileira, 1979; 1ª ed.: Lisboa, Plátano, 1976)
O suicida com medo da morte (Rio de Janeiro, Civilização Brasileira, 1992)
Aqui ninguém é burro! (Rio de Janeiro, Revan, 1996)

Créditos das imagens

p. 2: Augusto Boal em oficina de Teatro do Oprimido, década de 1990, acervo do Instituto Augusto Boal;

p. 8: Convite para oficina de Teatro Invisível com Augusto Boal em Perugia, na Itália, no festival XV Teatro in Piazza, 1978, acervo do Instituto Augusto Boal;

p. 10: Cartaz de oficina de Augusto Boal em Giessen, na Alemanha, 1987, acervo do Instituto Augusto Boal;

p. 24: Augusto Boal e Cecilia Thumim em Godrano, na Itália, 1977, acervo do Instituto Augusto Boal;

p. 70: Desenho esquemático de Augusto Boal utilizado em oficinas de teatro, s.d., acervo do Instituto Augusto Boal;

p. 94: Oficina de teatro com Augusto Boal na Cartoucherie de Vincennes, na França, 1980, acervo do Instituto Augusto Boal;

p. 298: Cartaz de divulgação de apresentação de Teatro Fórum pelo Grupo Periferia da Periferia em Barra Mansa, RJ, 1986, acervo do Instituto Augusto Boal;

p. 332: Cartaz de divulgação de apresentação de Teatro Jornal pelo Teatro de Arena, Paris, 1970, acervo do Instituto Augusto Boal;

capa: Oficina de Teatro do Oprimido, fotografia de Maria Kwiatek.

Este livro foi composto em Sabon pela Franciosi & Malta, com CTP e impressão da Edições Loyola em papel Pólen Natural 70 g/m² da Cia. Suzano de Papel e Celulose para a Editora 34, em janeiro de 2025.